K- IFRS

회계원리

ACCOUNTING PRINCIPLES

최웅용

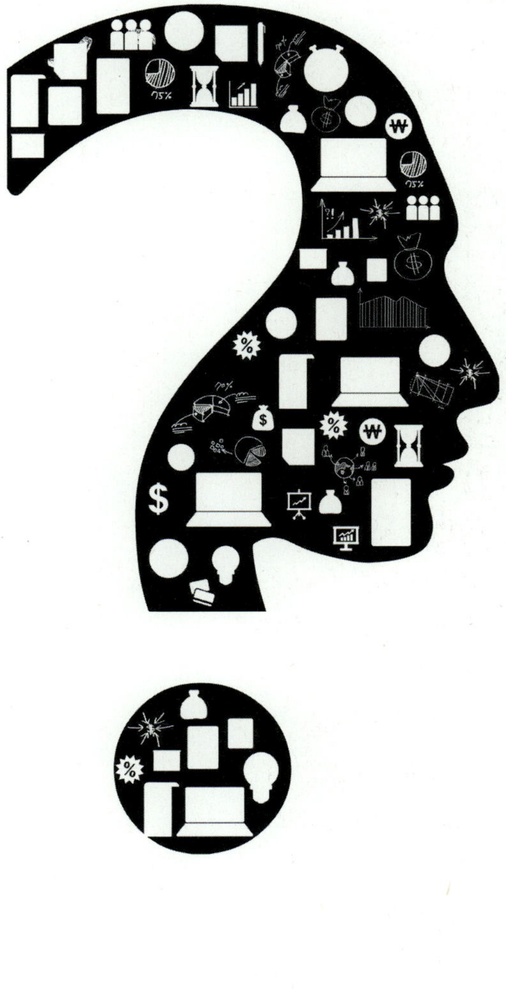

제9판

제9판 출간에 붙여

Accounting

기업과 사회의 연결 고리 역할을 담당하는 회계가 그 투명성을 높이기 위해서 우리나라는 국제적으로 인정된 기준을 채택하였다. 많은 국가들이 국제회계기준위원회가 제정한 국제회계기준(IFRS, International Financial Reporting Standards)을 채택하는 추세에 맞추어 우리나라에서도 이를 전면 수용하여 2011년부터 모든 상장회사는 '한국채택 국제회계기준(K-IFRS)'을 의무적으로 적용하고 있다. 국제회계기준의 전면 도입은 우리나라 회계환경에 매우 중요하고 커다란 변화라 할 수 있다.

제9판의 특징은 다음과 같다.

첫째, 4차산업혁명에 따른 회계의 역할 변화를 살펴보았다. 4차산업혁명으로 인하여 초연결사회에서 인공지능과 빅데이타관리의 중요성이 강조됨에 따라 회계에 미치는 영향과 과제 등을 1장에서 간략하게 살펴보았다. 앞으로는 전통적 복식부기의 많은 부분들은 인공지능이 담당하게 될 것이고 조직 내외의 빅데이터 관리가 그 중요도가 높아질 것이다. 회계정보의 활용을 강조하는 의미에서 전통적인 복식부기에 해당하는 부분을 과감히 줄였다. 7판까지는 제12장 "결산정리-종합"에서 계정과목별로 공부한 내용들을 총정리하였으나, 8판부터는 이 부분을 삭제하였다.

둘째, K-IFRS를 최대한 반영하였다. K-IFRS는 기업의 경제적 실질을 보다 투명하게 재무제표에 반영하기 위해 규정 중심이 아닌 원칙 중심 회계기준(principle-based standards)을 지향하고 있다. K-IFRS에서는 종속기업이 있는 경우 연결재무제표(consolidated financial statements)를 기본 재무제표로 하도록 하였으며, 아울러 재무제표의 명칭 및 구성이 개편되었다. 기존의 '대차대조표'

는 '재무상태표' 로 명칭이 변경되고, '손익계산서' 는 기타포괄손익이 포함된 '포괄손익계산서' 로 내용과 명칭이 변경되었으며, 이익잉여금처분계산서는 재무제표에서 제외되었다. 또한, 이용자에게 유용한 정보를 제공하기 위해 자산 · 부채를 공정가치(fair value)로 평가할 수 있도록 선택의 폭이 확대되었다. 유형 및 무형자산의 공정가치 평가를 위해 '손상차손(impairment losses)' 개념이 도입되었으며, 이러한 공정가치변동을 반영하는 방법으로 원가모형과 재평가모형이 도입되었다.

셋째, K-IFRS에서 사용하는 회계용어를 충실히 따랐다. 예컨대, 대차대조표를 재무상태표로, 고정자산을 비유동자산으로, 고정부채를 비유동부채로, 부채성충당금을 충당부채로, 처분전이익잉여금은 미처분이익잉여금으로 바꾸었다. 아울러 종전에는 가치, 금액, 가액 등의 용어를 혼용하여 사용하였는데, 이들을 명확하게 구분하였다. 즉, 공정가치, 순실현가능가치, 잔존가치, 장부금액, 액면금액, 발행금액 등으로 정확한 용어를 사용하였다. 그 이외에도 관계기업, 종속기업, 거래원가, 부대원가, 전환원가 등 K-IFRS에서 사용한 용어를 충실히 따랐다. 이러한 예들은 단순한 용어의 변경만을 의미하지 않는다. 용어의 정립은 정보이용자들에게 보다 정확한 의미를 전달하고자 하는 많은 노력의 결과물이라 할 수 있다. 처음부터 정확한 용어를 익혀 사용하기 바란다.

넷째, 내용 설명시 관련법규나 근거(상법, K-IFRS 등)를 명시함으로써 관련 내용을 확인하고자 하는 독자들에게 도움이 되도록 하였다. 개정된 상법(2011. 4. 14. 의결)에 반영된 무액면주식 제도의 도입, 자기주식 취득 허용 등 회계관련 주요 사항을 충실히 반영하였으며, 관련 규정의 개정사항을 각주에 달아 설명하였다.

다섯째, 회계순환과정을 강조하기 위해 제4장에서 "서비스기업의 회계순환과정"을 살펴본 후, 제5장에서 "상품매매기업의 회계순환과정"을 살펴보았다. 회계학을 처음 공부하는 학생들이 회계순환과정을 확실히 이해하고 스스로 정산표를 작성하면서 회계학에 대한 흥미와 관심을 가지게 된다. 회계순환과정 이외의 재고자산에 대한 보다 구체적인 설명은 제8장 "재고자산"에서 자세히 다루었다.

여섯째, 본 서를 통한 원칙 중심 회계기준에 대한 큰 틀을 이해한 후 회계학의 후속과정인 중급회계를 공부할 수 있도록 가교 역할을 충실하게 하였다. 재고자산의 저가법 적용, 당좌거래, 지분상품의 평가, 관계기업투자주식, 유형자산의 평가(원가모형과 재평가모형), 주당순이익 등에 대한 회계처리를 쉬운 예시, 비유, 도표 등을 통하여 그 원리를 쉽게 이해할 수 있도록 노력하였다.

일곱째, 회계학을 공부하는 것은 단순히 복식부기를 이해하기 위함이 아니라 경제현상을 이해하고 그 지식을 활용하기 위함을 강조하고자 관련 Chapter에서 실생활에서의 회계지식 응용을 다양하게 소개하였다. 자기앞수표, 당좌수표, 약속어음, 전자어음, 주식, 회사채 등에 대한 견본과 관련내용을 설명함으로써 살아 있는 경제/경영/회계 교육이 되도록 노력하였다.

여덟째, 강의 편의를 위해 파워포인트를 준비하였다. 본 서의 파워포인트 강의 자료를 기초로 수정 보완하여 실제 강의에 활용하여 교수님들이 학생지도에 더 많은 시간을 할애할 수 있을 것이다.

아홉째, 학습내용을 확인하고 복습하는 차원에서 예제와 연습문제를 보강하였다. 머리로 이해한 회계원리를 완벽하게 자기 것으로 소화하기 위해서는 많은 연습문제를 풀어보아야 한다. 연습문제를 대폭 보완하여 공인회계사 1차문제와 세무사 1차문제 중 본교재의 범위에 속하는 문제들을 보강하였다.

많은 분들의 도움으로 개정작업을 마무리 지을 수 있었다. 강의를 하면서 교재의 부족한 점을 지적해 주실 뿐만 아니라 끊임없이 격려해 주신 많은 교수님께 진심으로 감사를 드린다. 지금까지 아낌없는 지원과 도움을 주신 명경사 한의명 사장님과 김은희 편집담당자께도 감사를 드린다. 삶의 동반자로서 항상 나의 부족한 면을 채워주고 있는 아내와 가족에게도 감사를 드린다. 이 모든 분들의 도움이 없었다면 결실을 맺지 못했을 것이다.

2020년 1월초
용봉동에서…

차 례

Contents

제 3 장 분개와 전기

제 4 장 서비스기업의 기말결산과 재무제표 작성

제 5 장 상품매매기업의 기말결산과 재무제표 작성

제 6 장 현금및현금성자산

제 7 장 채권과 채무

제 8 장 재고자산

제 9 장 금융자산

제10장 비유동자산

제11장 비유동부채

CHAPTER

1 현대사회와 회계

회계는 정보이용자가 사정을 잘 알고서 판단이나 의사결정을 할 수 있도록 경제적 정보를 식별하고 측정하여 전달하는 과정이다. 본 장에서는 회계정보 이용자가 누구이며 왜 회계정보를 필요로 하는지와 나아가 현대사회에서 회계정보의 사회적 기능을 살펴보고자 한다. 아울러 회계의 이론적 틀에 대한 기초개념과 회계기준에 대해 간략하게 살펴보자.

제 1 절 회계의 정의

회계(會計)라는 한자어를 살펴보면 여러 사람이 모여(會: 모일 회) 함께 헤아린다는(計: 헤아릴 계) 두 음절로 구성되어 있다. 따라서 '회계'라는 용어는 여러 사람이 모여 조직의 성과나 재무상태를 계산한다는 뜻을 갖고 있다. 회계를 뜻하는 영어는 accounting이며, 이는 앞으로 공부할 계정(計定, account)에서 유래되었다. 왼쪽과 오른쪽으로 나누어진 계정을 이용하여 체계적으로 재산이나 빚의 증가 및 감소를 기록하는 복식부기 방식이 자리잡으면서부터 계정에의 기록이라는 뜻의 accounting이라는 용어가 등장하게 된 것이다.

한자어 회계(會計)나 영어의 accounting 모두 기록 내지 계산의 의미만을 지닌 한정된 표현이라서, 정보이용자의 의사결정을 지원하는 정보시스템이라는 오늘날의 의미를 용어 속에 담아내지 못하는 아쉬움이 크다.

회계에 대한 학문적 정립을 위해 대학의 회계학 교수 및 회계 이론가들로 구성된 미국회계학회(AAA, American Accounting Association)는 ASOBAT(A Statement Of Basic Accounting Theory, 1966)라고 알려진 유명한 보고서를 발간하였으며, 여기에서는 회계를 다음과 같이 정보시스템으로 정의하였다.

> "회계는 정보이용자가 사정을 잘 알고서 판단이나 의사결정을 할 수 있도록 경제적 정보를 식별하고 측정하여 전달하는 과정이다."
>
> (Accounting is the process of identifying, measuring, and communicating economic information to permit informed judgements and decisions by users of the information.)

ASOBAT의 정의에 따르면, 회계는 영리를 목적으로 하는 기업뿐만 아니라 개인, 정부기관 등 광범위한 이용자들이 경제적 의사결정을 내리는 데 도움이 되는 정보를 제공하고자 하는 정보시스템(information system)으로 간주된다.

정보시스템으로 본 회계에서 중요시되는 것은 의사결정자 또는 정보이용자에게 유용한 경제적 정보의 인식 · 측정 · 전달이라는 세 가지 기능이다.

◀ 도표 1-1
회계정보시스템

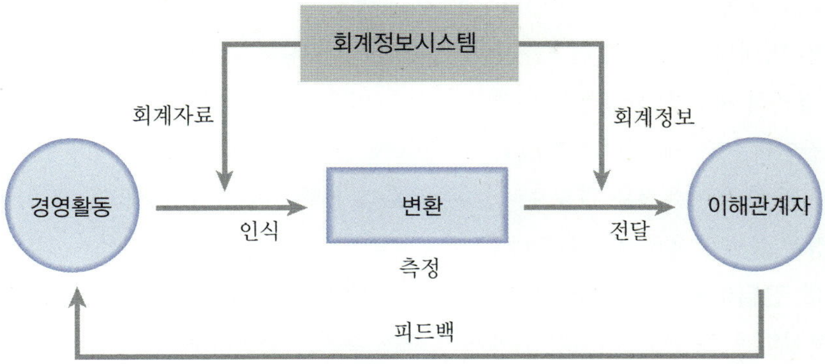

① **인식**(recognition) : 인식이란 무엇이 기록 대상이 되어야 하는가를 판단하는 것으로 마치 야구게임을 기록할 때 게임 중 발생하는 에러는 물론 투수견제, 타구 방향 등 정보이용자의 관점에서 유용할 것으로 판단되는 사건 또는 자료가 무엇인가를 파악하는 것과 같다. 이는 곧 정보이용자의 정보욕구를 염두에 두고 보고서가 작성되어야 한다는 회계정보의 전달지침을 실천에 옮기기 위한 첫걸음에 해당한다.[1]

② **측정**(measurement) : 측정이란 재무상태표와 포괄손익계산서에 인식되고 평가되어야 할 재무제표 요소의 화폐금액을 결정하는 과정이다(**K-IFRS**, 재무보고를 위한 개념체계).[2] 대학입시에서 이용되는 내신성적 산정이나 기업체의 매출액 산정 등이 모두 측정의 예에 해당한다. 전자는 지원생의 학업능력을, 그리고 후자는 기업의 수익창출 성과를 수치로 나타낸 것이다.

---

1) 인식은 재무제표 요소의 정의에 부합하고 다음 인식기준을 충족하는 항목을 재무상태표나 포괄손익계산서에 반영하는 과정을 말한다(K-IFRS, 재무보고를 위한 개념체계).
① 그 항목과 관련된 미래경제적효익이 기업에 유입되거나 기업으로부터 유출될 가능성이 높다.
② 그 항목의 원가 또는 가치를 신뢰성 있게 측정할 수 있다.

2) 측정은 특정 측정기준(역사적 원가, 현행원가, 실현가능가치, 현재가치)의 선택과정을 포함한다. 재무제표를 작성할 때 기업이 가장 보편적으로 채택하고 있는 측정기준은 역사적 원가이다. 역사적 원가는 일반적으로 다른 측정기준과 함께 사용된다. 예를 들어, 재고자산은 통상 역사적 원가와 순실현가능가치를 비교하여 저가로 평가되고, 시장성 있는 유가증권은 시가로 평가되기도 하며 연금부채는 현재가치로 평가된다.

측정과 유사한 용어로는 평가(valuation)를 들 수 있다. 과거와 현재의 수치화 대상인 경제적 사건 또는 사상(event)과 관련을 맺는 측정이 객관성을 중요시하는 반면, 미래의 사상과 관련맺는 평가는 자연히 주관적 추정을 배제할 수 없다. 그러나 경제적 사건을 취급하는 회계의 속성상 미래에 대한 예측없이 (가령, 특정 자산의 잔여내용연수에 대한 추정 등) 재무제표에 반영될 수치를 계산하기 곤란하다. 한마디로 회계는 측정을 특징으로 하는 정보 활용학이라고 할 수 있다. 종종 평가와 측정은 상호 혼용하여 사용된다.

③ **전달**(communication) : 전달은 발신인이 수신자에게 보내고자 하는 대상을 심볼화하여 알림으로써 수신인에게 영향을 주려는 행위이다. 「일방통행」, 「진입금지」 등의 도로표지판이 운전지침을 전달하기 위한 수단인 것처럼 재무상태표 등 재무제표는 기업의 경제적 실상을 알리기 위한 대표적인 전달수단이다. 회계를 간략히 '경영 또는 기업의 언어' (language of business)라고 정의하는 것도 바로 이러한 전달기능을 중요시한 데서 비롯된다.

제 2 절 회계정보 이용자

기업경영자가 가능한 한 양호한 자원공급자와 우수 대리점들과 거래하고 싶어하듯이, 주식투자자 등과 같은 사회 구성원들도 가능한 한 불량기업이 아닌 우량기업과 거래를 하고 싶어한다. 그러면 어떤 기업이 우량기업일까?

우량기업이란 일반적으로 **수익성**(profitability)이 좋고 **위험도**(risk)가 낮은 기업을 말한다. 여기서 수익성이란 보다 많은 이익을 창출할 수 있는 능력을 말하는 개념이고, 위험도란 도산할 가능성을 말하는 개념이라고 간략히 정의해두자.

주식투자자들을 포함하여 그 밖에 기업과 관련을 맺고 살아가는 수많은 사회 구성원들은 기업의 수익성 및 위험도에 대하여 큰 관심을 갖고 있다. 기업의 수익성 및 위험도를 사회 구성원들이 평가하고자 한다면 기업으로부터 어떤 정보를 수집하여야 할까? 그것은 곧 회계정보라고 말할 수 있다. 수익성은 예컨대 당기순이익을 총자산으로 나눈 비율인 총자산이익률 등으로 표현되고, 위험도 또한 예컨대 부채를 총자본으로 나눈 비율인 부채비율 등으로 표현되는데, 이들 각 수치들은 모두 회계보고서에 기재되기 때문이다.

그러면 회계정보를 필요로 하는 사회 구성원들이란 구체적으로 어떤 집단을 말하는 것이며, 이들은 각기 기업에 대하여 어떤 기대를 가지고 있기에 회계정보를 필요로 하는가? 아래에서는 이들이 어떤 의사결정 문제를 안고 있는지를 살펴본다. 기업을 둘러싸고 있는 여러 사회 구성원들 중 기업과 가장 밀접한 이해관계를 맺고 있는 집단은 바로 기업이 필요로 하는 자원(가령, 자금 및 인력 등)을 공급하는 경제주체들이라고 할 수 있다.

① **투자자**(주주, investors) : 기업은 투자자로부터 자금을 조달한다. 주주들은 투자에 내재된 위험과 투자수익에 대한 정보에 관심을 갖는다. 이들은 주식을 살 것인지, 계속 보유할 것인지, 팔 것인지에 관한 의사결정 문제(buy-hold-sell decision)를 안고 있으며, 이를 위하여 주가의 성장성, 배당의 안정성, 투자회수의 안정성 등을 판단하는 데 유용한 회계정보를 필요로 한다.

② **대여자**(채권자, creditors) : 기업은 또한 채권자(주로 금융기관)들로부터도 자금공급을 받는다. 채권자들은 대출 여부, 대출기간 연장 여부, 대출금 상환독촉 여부 등과 이자율 크기 결정 등에 관한 의사결정 문제를 안고 있으며, 이를 위하여 이자와 원금회수의 안정성 등을 판단하는 데 유용한 회계정보를 필요로 한다.

◀ 도표 1-2
회계정보 이용자

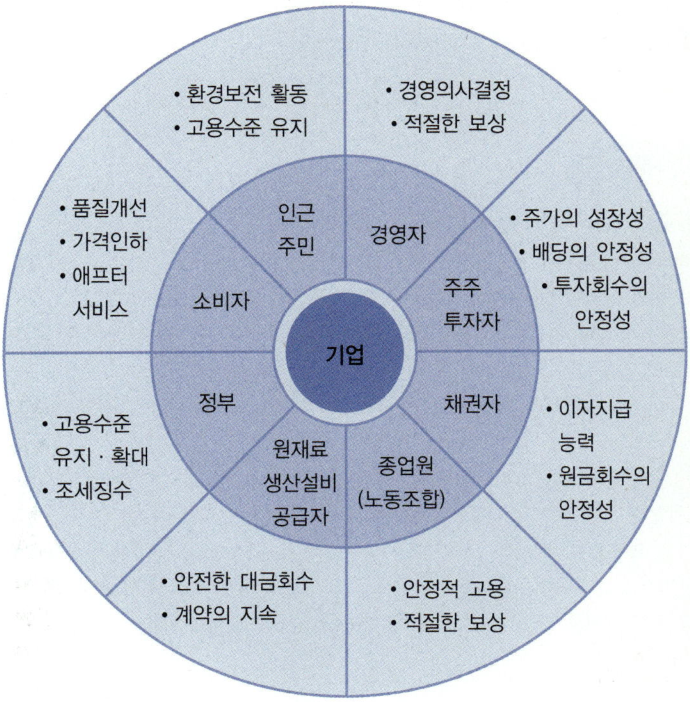

③ **경영자**(manager) : 조직이 추구하는 목적을 설정하고 이를 달성하기 위한 여러 가지 방안들을 비교 평가하는 가운데 가장 유리한 방안을 선택하는 의사결정을 하기 위해서는 수많은 정보를 필요로 한다. 경영자의 리더십이 조직의 성패를 좌우한다고 할 수 있을 정도로 중요하며, 경영자는 경영의사결정에 필요한 회계정보를 필요로 한다.

④ **종업원** : 기업은 사회로부터 인적자원을 공급받는다. 종업원(노동조합 포함)들은 기업의 안정성과 수익성에 대한 정보에 관심을 갖는다. 그들은 또한 기업의 보수, 퇴직급여 및 고용기회 제공능력을 평가할 수 있는 정보를 필요로 한다.

⑤ **공급자**와 그 밖의 거래 채권자 : 기업은 또한 기업 외부로부터 원재료 및 생산설비 등을 공급받는다. 공급자와 그 밖의 채권자는 기업의 지급기일 내 지급능력을 판단하기 위한 정보를 필요로 한다.

⑥ **고객**(**소비자**) : 소비자들은 기업이 판매하는 상품이나 제품의 품질 및 가격을 고려하여 최선의 구매선택을 내리고자 하는 의사결정 문제를 안고 있다. 소비자들은 품질개선, 가격인하, 애프터서비스 등을 요구해도 될 상태인지를 판단하는 데 유용한 회계정보를 필요로 한다.

⑦ **정부**와 유관기관 : 정부와 유관기관은 기업활동을 규제하고 조세정책을 결정하며 국민소득이나 이와 유사한 통계자료의 근거로 사용하기 위해 정보를 필요로 한다.

재무회계/관리회계/세무회계/회계감사

회계정보의 이용자가 누구냐에 따라 회계를 세분화하면 다음과 같다.

① **재무회계**(financial accounting) : 투자자, 채권자, 정부 등 기업 외부에 있는 불특정 다수의 정보이용자들에게 경제적 의사결정에 유용한 정보를 제공하기 위한 외부보고 목적의 회계이다.

② **관리회계**(management accounting) : 기업의 경영자 등 내부정보이용자가 경영의사결정을 하는 데 필요한 정보를 제공하기 위한 내부보고 목적의 회계이다.

③ **세무회계**(tax accounting) : 기업이 납부할 세금 계산에 기초가 되는 과세대상소득을 정확히 산출하기 위한 과정을 다루는 회계이다.

④ **회계감사**(auditing) : 공인회계사는 회계정보 이용자들을 대신하여 자기가 갖고 있는 회계 및 회계감사에 관한 전문지식을 바탕으로 기업의 회계정보가 회계기준에 따라 적절하게 작성되었는지를 객관적 입장에서 검토하고 전문가로서의 감사의견을 표명한다. 회사의 재무제표가 회계기준에 따라 중요서의 관점에서 적정히 표시된 경우에는 공인회계사는 적정의견(unqualified opinion)을 감사보고서에 표명한다. 그러나, 재무제표가 회계기준을 준수하지 않았을 경우 그 정도에 따라 한정의견(qualified opinion), 부적정의견(adverse opinion), 의견거절(disclaimer of opinion) 등이 제시된다.

⑧ **일반대중** : 일반대중은 재무제표에서 기업의 성장과 활동범위에 관한 추세와 현황에 대한 정보를 얻을 수 있다. 특히 인근 주민들은 기업의 환경보전활동이나 고용정책 등에 가장 민감한 반응을 보인다. 왜냐하면, 이들은 기업활동에 의하여 가장 직접적인 영향을 받기 때문이다.

제 3 절 조직경영과 회계정보

1. 조직의 목적과 유형

조직(organization)이란 특정 목적을 달성하기 위해 둘 이상이 모인 사람들의 집단을 말한다. 가장 대표적인 조직은 재화나 용역을 개발, 생산하고 이를 판매함으로써 이익을 얻고 그 성과물을 배분하기 위해 함께 일하는 사람들의 집단을 지칭하는 기업이다. 이들 조직이 존재하는 이유는 공통의 목적(이익획득, 교육서비스 제공, 의료서비스 제공, 행정서비스 제공 등)을 달성하기 위해 함께 일할 필요가 있기 때문이다.

조직의 목적에 따라 조직은 영리조직과 비영리조직으로 구분된다. 비영리조직은 정부와 같은 공공부문과 아름다운 재단 및 대학교와 같은 비영리단체를 말한다. 한편, 영리를 추구하는 대표적인 조직은 기업이다. 기업은 설립 목적 및 영업활동의 특성상 크게 상품매매업(이하, 상기업), 제조업 그리고 서비스업 세 가지 형태로 나뉜다. 이들 조직은 주된 거래 대상이 재화인가 서비스인가에 따라 상기업과 서비스기업으로, 그리고 재화를 직접 생산하는가 아니면 남이 만든 재화(즉, 제품)를 구입하여 판매하는가에 따라 제조기업(manufacturing company)과 상기업(merchandising company)으로 구분된다. 상기업은 다른 기업들이 생산한 제품을 소비자에게 판매하는 식품점, 백화점 등을 말한다.

또한 기업은 출자자가 1인의 개인인 개인기업(sole proprietorship)의 형태를 취하는 경우도 있고, 2명 또는 그 이상이 자본을 출자하여 공동으로 운영하는 조합기업(partnership)의 형태를 취하는 경우도 있다. 이러한 개인기업과 조합기업을 자연인기업이라 한다. 자연인기업은 기업주가 기업의 주체가 되는 기업이기 때문에 기업주로부터 분리 독립된 주체로서 인정되지 않는다.

한편, 자연인기업과는 대조적인 기업으로서 법인기업(corporation)이란 것이 있다. 이것은 법률상으로 권리와 의무의 주체가 될 수 있는 인격을 인정받고 있는 기업을 말한다. 우리나라 상법은 법인기업을 기업 구성원인 사원의 책임한계에 따라 합명회사, 합자회사, 유한책임회사, 주식회사, 유한회사 등 다섯 종류로 구분하고 있다. 이 중 주식회사는 회사의 소유주인 주주와는 별도로 그 자체로 권리와 의무의 주체가 되는 법인체이다. 주식회사의 소유주인 주주는 자신이 납입한 자본을 한도로 유한책임을 지며, 소유와 경영의 분리가 가능해지게 된다. 주식발행을 통해 기업활동에 필요한 자본을 광범위하게 조달할 수 있으며 또한 주식의 양도를 통해 개인과 달리 영속성을 지니는 등의 다양한 장점을 갖는 가장 보편적인 기업형태라고 할 수 있다.

주식회사가 가장 일반적인 기업형태이지만 적지 않은 규모임에도 불구하고 여전히 개인기업 형태를 고집하는 회사들이 더러 있다. 개인 기업 형태를 고집하는 이유는 경영권 때문이다. 즉, 남들이 경영에 대해 이래라 저래라 하는 것이 싫은 경우 주식회사에 비해 높은 세금을 부담하더라도 자신이 100% 통제할 수 있는 개인기업형태를 선호할 수 있다. 주식회사의 경우도 경영권 침해를 염려하는 소유주는 상장기업 대신에 비상장 기업형태를 선호하는 것도 같은 이유에서이다.

2. 기업경영활동

조직의 가장 대표적인 예로서, 우리 주위에 흔히 볼 수 있는 기업은 추구하는 목적을 달성하기 위해 일련의 활동을 수행한다. 일반적인 기업의 목적은 사람들의 니즈를 충족하기 위해 특정 형태의 자원을 보다 가치 있는 다른 형태로 변환시키는 소위 사업(business)을 수행하는 것이다. 기업이 보유 자원의 활용을 통한 변환과정에서 가치를 창조하여 사회에 기여하기 위해서는 재무, 인사, 영업 등 다양한 의사결정을 잘 내려야 한다.

기업에서 이루어지는 수많은 경영활동은 세 개의 핵심적인 활동으로 구분할 수 있다. 가장 핵심적인 활동은 필요한 자금을 조달하는 재무활동과 조달한 자금을 경영목적상 필요한 자원(예컨대, 건물 및 기계 등)을 구입하는 데에 활용하는 투자활동, 그리고 이들 획득된 자원을 활용하여 기업 본래의 목적을 달성함에 필요한 제품 또는 용역의 생산 및 판매에 관련된 영업활동으로 구성된다.

◀ 도표 1-3
기업경영활동

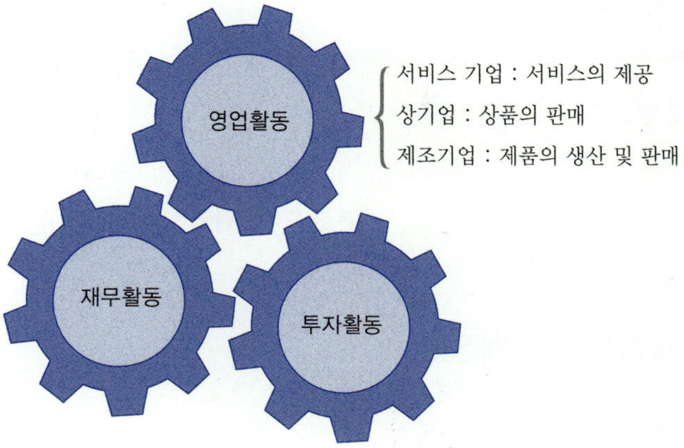

① **재무활동**(Financing activity) : 재무활동은 영업 및 투자활동에 소요되는 자금을 조달하는(상환하는 활동 포함) 활동을 말한다. 재무활동의 핵심은 과연 얼마만큼의 자금이 필요하며 이를 가장 싸게 조달하는 방법이 무엇인가를 파악하는 것이다. 필요자금을 예측함에 있어서는 영업 및 투자활동에 소요될 자금파악이 먼저 이루어져야 한다. 재무활동은 주식이나 사채 등을 이용한 장기적 재무활동과 은행차입이나 외상매입 등을 이용한 단기적 재무활동으로 구별될 수 있다.

재무활동은 영업활동이나 투자활동과 불가분의 관계를 맺는다. 왜냐하면 영업활동에 필요한 자산(건물, 차량 및 기계시설 등)을 구입하는 것이 투자활동이고 이에 필요한 자금을 조달하는 것이 재무활동이기 때문이다. 경영학 분야 중 재무관리는 이를 집중적으로 다루며 현금흐름표 작성과 관련한 회계정보가 주요 관심사항이다.

② **투자활동**(Investing activity) : 투자활동은 영업활동에 필요한 경제적 자원을 취득하는(처분하는 활동 포함) 활동을 말한다. 재화 및 용역 생산에 필요한 건물이나 설비, 차량, 사무실 비품 등의 구입은 물론 영업활동과정에서 획득된 여유자금을 주식 또는 채권으로 보유하는 것 등도 투자활동에 속한다. 장 · 단기적인 기업 현금흐름에 대한 분석을 토대로 영업활동 및 재무활동과 조화를 이루는 것이 투자활동의 핵심이다.

③ **영업활동**(Operating activity) : 영업활동은 기업의 핵심활동으로서 기업 본연의 목적을 달성하기 위한 활동을 말한다. 가령, 영화사의 경우 영화제작을 위한 촬영 및 판촉활동, 건설업의 경우 건물이나 아파트 건설활동 그리고 상기업의 경우 상품구입과 판매활동이 영업활동에 속한다. 이러한 영업활동은 마케팅, 생산, 인사 및 조직 등 주요 경영기능별로 세분될 수 있다.

3. 의사결정과 회계정보

어느 조직을 막론하고 조직은 본래의 설립 목적을 달성하기 위하여 그들이 보유하고 있는 한정된 자원을 최적으로 활용하고자 최선을 다한다는 점에서 공통점을 지닌다. 이는 곧 조직의 형태와 상관없이 조직설립 목적을 달성하는 과정에서 경영이 필수적임을 의미한다.

경영(經營: management)은 '조직이 추구하는 목적달성을 위해 인적 물적 자원을 조직화하고, 이들 자원을 활용하여 의사결정을 실행하고, 실행결과에 대한 성과평가를 통하여 의사결정의 적정성 여부 및 개선가능성을 검토하고, 종전 의사결정을 수정할지 계속 밀고 나갈지를 결정하는 일련의 과정' 이라고 정의할 수 있다.

이처럼 인적 · 물적 자원을 통합하여 미리 설정한 조직목적을 달성하고자 하는 경영활동은 항상 효율성과 효과성[3] 두 가지를 동시에 고려하면서 무수히 많은 대안들 중 최선의 대안을 선택하는 의사결정의 반복으로 이루어진다. 이들 조직은 모두 조직을 둘러싼 이해관계자가 필요로 하는 (주로 수익, 비용 및 투자에 관한) 정보를 제공하기 위해 회계를 필요로 한다.

---

3) 효율성(efficiency)은 투입량에 대한 산출량의 상대적 비율로서 희소한 자원을 얼마나 잘 활용하였는가를 나타내는 개념인 반면, 효과성(effectiveness: 유효성)은 목적을 얼마나 잘 달성하였는가를 의미하는 개념이다. 예컨대 야구선수의 타율 및 종업원 1인당 생산성 등은 효율성에 관한 수치이고, 월드컵 축구팀이 달성한 세계순위 등은 효과성에 관한 수치이다.

제 4 절 회계정보의 사회적 기능

1. 경제적 자원의 효율적 배분

경제학이나 회계학의 공통 관심사항인 자원의 효율적 배분이란 간략히 “한 경제권 내에 존재하는 모든 자원들이 그 사용을 정당화할 수 있는 부문들에 적절히 나누어 투입되는 것”이라고 말할 수 있다. 여기서 자원의 사용이 정당화될 수 있는 부문이라 함은 자원 사용의 우선순위까지를 고려한 개념이며, 이렇게 자원배분이 그 우선순위에 따라 정당하게 이루어질 때 사회의 각 구성원 및 나아가 사회 전체의 부와 복지는 가장 효율적으로 증진된다고 본다.

회계정보는 어떤 역할을 수행하기에 바람직한 사회건설에 기여한다고 보는 것일까?

회계정보는 한 기업의 경영활동 내용을 포괄적으로, 구체적으로, 일목요연하게 요약하여 보여준다. 이는 곧 회계정보가 개별 기업들의 자원활용 능력을 표현하는 수단이 된다는 것을 의미한다. 따라서 사회 구성원들은 기업의 회계정보를 통하여 한정된 자원을 효율적으로 활용할 줄 아는 기업과 그렇지 못한 기업을 구별할 수 있게 되고, 이를 바탕으로 자신의 자원배분에 관한 의사결정 문제를 해결할 수 있게 된다. 결국 회계정보는 주어진 자원을 잘못 활용하여 재무상태가 악화된 기업, 순이익 등의 경영성과가 빈약한 기업, 광고투자액에 비하여 매출성과가 별로인 기업들을 그렇지 않은 양호한 기업과 구별할 수 있게 해주는 역할을 함으로써, 자원소유자들의 개별적 의사결정에 공헌하고 나아가 사회 전체적으로 한정된 자원의 효율적 배분을 가능하게 하여 바람직한 사회건설에 기여한다고 말할 수 있다.

반면 회계정보가 없는 상황을 가정해 보자. 회계정보가 없는 상황에서는 기업에 관한 수많은 활동들을 일목요연하게 파악할 수 있는 적절한 수단이 존재하지 않으며, 따라서 효율적인 기업과 비효율적인 기업 사이의 구분을 바르게 내리기 어렵게 된다. 따라서 사회 구성원들은 부분적인 정보나 막연한 정보에 의존하여 그릇된 의사결정을 내릴 가능성이 높거나, 심지어는 아예 자원 제공을 중단할 가능성도 있다.

예컨대 투자자들이나 은행 등 채권자들이 거액의 자금을 곧 도산할 기업에 지속적으로 잘못 투자하거나 대출한 후 실제로 이 기업이 도산해 버리면 투자자들이나 채권자들은 개별적으로 당장 큰 타격을 받는다. 이 피해는 개별 경제주체 수준의 피해로 끝나지 않고 개별 투자대중들의 집합으로 이루어지는 자본시장의 전반적 경색을 가져와 곧바로 자금력이 부족한 중소기업의 연쇄부도 위험을 초래하고 나아가 국민경제를 크게 위축시킬 수 있다. 또한 당해 은행에 대한 전국 각지의 주주와 예금고객들도 은행부실화에 따른 피해를 입을 수 있고 정부로서도 세금수입 감소로 인하여 경제정책 운용에 막대한 지장을 받을 수 있다.

우리나라에서 1997년도 초에 불거진 한보철강 사태는 회계정보의 활용을 등한시한 결과 빚어진 어처구니 없는 사건이었으며, 대규모 분식사건으로 유명한 미국의 엔론사 사례가 대표적인 경우이다. 이와 같은 커다란 피해는 만일 사전에 적절한 회계정보의 활용을 통하여 거액의 자금이 물리기 전에 투자나 대출을 중지할 수 있다면 얼마든지 최소화할 수 있다.

2. 자원조달

경영자는 경영활동을 전개하는 데 필요한 자원들을 외부에서 조달하여야 한다. 이러한 자원의 대표적인 예로는 자본, 노동, 원재료 및 생산설비 등을 꼽을 수 있다. 이들 자원은 마치 학생에게 책이 꼭 필요한 것처럼 경영자에게 꼭 필요한 것이다. 개인이든 기업이든 자원 없이는 아무 일도 할 수 없기 때문이다. 또한 학생들이 좋은 책을 저렴하게 구입하고 싶어하듯이 경영자 역시 양질의 자원을 저렴한 가격으로 조달하기를 희망한다.

그러나 일반적으로 자원시장은 매우 경쟁적이다. 자원시장에는 수많은 기업들이 저마다 필요한 자원을 얻고자 경쟁하고 있으며, 이 과정에서 어떤 기업들은 싼 금리의 자본 · 양질의 노동력 · 양질의 원재료나 생산설비를 얻는 반면, 어떤 기업들은 그렇지 못할 뿐만 아니라 심한 경우에는 아예 자원조달이 막히고 도산하는 경우를 보게 된다.

이러한 경쟁적 자원시장에서 효율적으로 자원을 획득하기 위해서는 기업의 우월성을 알릴 수 있는 여러 가지 정보를 자원소유자(즉, 외부이해관계자)들에게 제공하는 것이 절대적으로 필요하다. 자원소유자들이 보이는 뚜렷한 특징 중의 하나는 거래대상 기업을 잘 알지 못하면 자원을 선뜻 제공하려 하지 않는다는 점이다. 잘 모르는 사람에게 누가 돈을 꾸어주려 하겠는가? 이 점을 감안하여 경영자는 예컨대 시장의 확대 가능성, 충분한 생산능력, 안정적인 노사관계 등등의 다양한 경영

정보는 물론 구체적으로 수치화한 회계정보를 제공함으로써 자원소유자들에게 기업의 우월성을 널리 알리고자(즉, 공시하고자) 하는 유인을 갖게 된다. 이와 관련하여 1990년대 중반 이후 국내 대기업들이 중요시하기 시작한 IR(Investor Relations: 투자자관리) 활동은 아주 좋은 예이다.

IR 차원에서 대기업들은 투자자를 비롯, 기타 정보를 필요로 하는 사람들에게(심지어는 기업에 흥미를 갖는 학생들에게도) 연차보고서를 작성하여 무료로 배포한다. 연차보고서(Annual Report)는 과거 수년간의 재무제표를 담고 있어서 기업의 재무상태 및 경영성과에 대한 추세를 파악할 수 있게 해줄 뿐만 아니라, 미래의 수익성이나 안정성에 관한 경영자의 전망까지도 친절하게 담고 있다.

3. 수탁책임 보고의무

경영자가 사회 구성원들로부터 인적 · 물적자원을 조달한다는 것은 곧 사회가 한정된 자원을 경영자들에게 대신 관리해 주도록 위탁한다는 것을 의미한다. 경영자가 수탁관리자의 입장에서 마땅히 이행하여야 할 **수탁책임**(stewardship responsibility)을 회계적으로 처리하여 보고해야 할 의무를 **회계책임**(accountability)이라 한다. 즉, 경영자가 사회 구성원들로부터 조달한 자원을 효과적이고 효율적으로 활용하였는지 여부를 사회 구성원들에게 보고해야 할 책임을 말하는 것이다.

4. 변화하는 환경과 새로운 회계이슈

3차, 4차산업혁명으로 인해 기업환경은 급변하고 있다. 인터넷을 비롯한 정보통신기술의 발달, 빅데이터 관리, 인공지능의 발전으로 지역, 공간, 언어적 차이가 없어지고 있으며, 사람과 사람, 사람과 사물, 사물과 사물이 서로 연결되는 초연결사회에 진입하고 있다.

(1) 3차산업혁명

1784년 영국에서 시작된 증기기관과 기계화로 대표되는 1차산업혁명이라고 말하고, 1870년 전기를 이용한 대량생산이 본격화된 2차산업혁명, 1969년 인터넷이 이끈 컴퓨터 정보화 및 자동화 생산시스템이 주도한 3차산업혁명이라고 한다.

도표 1-4 ▶
전자공시제도

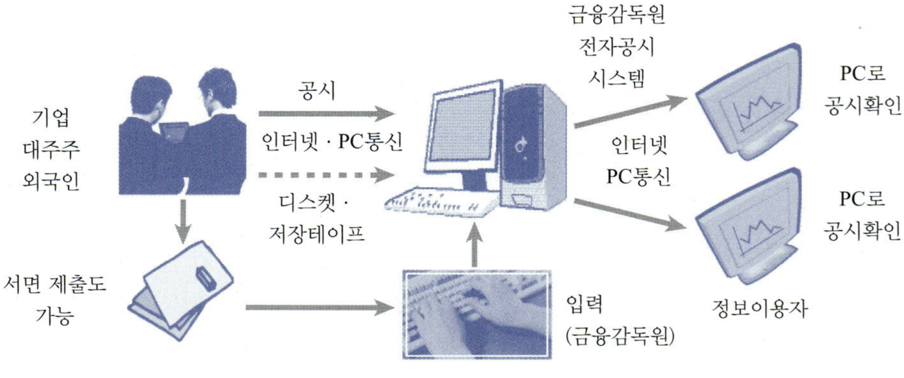

날로 발전하는 컴퓨터 하드웨어 및 소프트웨어 기술은 기업으로 하여금 저렴한 비용으로 대량의 정보를 저장 · 처리할 수 있게 함으로써 종전보다 훨씬 다양하고 신속한 회계정보시스템 구축을 가능하게 하고 있다. 회계정보 창출에 수주일씩 소요되던 종전과는 달리 이제는 전 세계에 퍼져 있는 지사망의 성과까지도 거의 한 순간에 파악할 수 있는 상황으로 바뀌고 있다. 이처럼 다양하고 신속한 회계정보의 활용이 가능해짐에 따라 의사결정에 이용되는 회계정보의 범위가 확장되면서 경영자의 회계정보 의존도는 대폭 증가하고 있다.

아울러 정보통신기술의 발달은 외부정보이용자들 관점에서도 정보 접근 용이성 및 정보획득 속도를 개선시켜 주고 있다. 소위 전자공시가 가능하게 되었기 때문이다. **전자공시**란 회사가 각종 공시서류(가령, 감사보고서, 재무제표, 사업보고서 등)를 관계기관에 온라인으로 원격 제출하고 아울러 일반 정보이용자들이 인터넷 등을 통하여 모든 공시자료를 실시간(real-time)으로 검색할 수 있는 시스템을 일컫는다. 상장기업의 연차보고서, 분기보고서뿐만 아니라 기타 공시된 정보는 금융감독원의 전자공시시스템(http://dart.fss.or.kr)을 이용하면 된다.

(2) 4차산업혁명

4차산업혁명은 ICBM(사물인터넷 Internet of Things, 크라우드 Cloud, 빅데이타 Big Data, 모바일 Mobile) 혹은 ABC(인공지능 Artificial Intelligence, Big data, Cloud) 기술이 서로 융합하여 사람과 사람, 사람과 사물, 사물과 사물이 서로 연결되는 초연결사회(hyper-connected society)를 말한다.

4차산업혁명은 속도, 범위, 영향력 측면에서 기존의 산업혁명과 차별화되고, 지금까지 인류가 한 번도 경험하지 못한 새로운 시대에 접하게 될 것이다. 4차산업혁명이 본격화되면 숙련도가 낮거나 정형화된 일자리는 지능화된 기술로 대체될 가능성이 크고, 이에 따라 직업 전망도 달라질 것이다. 한국고용정보원은 2018년에 발간한 '4차 산업혁명 미래 일자리 전망' 보고서를 통해 4차산업혁명 시대의 유망 직업으로 사물인터넷 전문가와 인공지능 전문가, 빅데이터 전문가, 가상현실 전문가, 3D 프린팅 전문가, 드론전문가, 생명공학자, 정보보호전문가, 응용소프트웨어 개발자, 로봇공학자 등 10개를 꼽았다. 반면에 콜센터 요원(고객상담원 및 안내원)과 생산 · 제조 관련 단순종사원, 의료진단 전문가와 금융사무원, 창고작업원, 계산원 등 6개를 위기직업으로 선정했다.

4차산업혁명은 회계 및 감사업계에도 커다란 영향을 미치고 있다. 1차적으로는 단순작업인 회계자료의 입력과 처리의 많은 부분들은 AI가 담당할 것으로 예상되어 조직내의 회계부서의 역할에 커다란 변화를 요구하고 있다. 나아가 조직 내외의 수많은 빅데이터들을 어떻게 관리하고 이들을 정보자산으로 만들고 활용할 것인가에 대한 숙제를 던져주고 있다.

제 5 절 회계전문가

1. 공인회계사

공인회계사(CPA, Certified Public Accountant)는 기업의 회계보고서가 분식(粉飾, window dressing) 없이 적정하게 작성되었는지 여부를 감사(監査, auditing)하는 회계 전문가이다. CPA들은 비록 개인이 회계서비스를 제공할 수도 있지만 주로 팀(감사반과 같은 소규모 형태 또는 Big 4와 같은 대형회계법인에 소속)을 이루어 공공회계 서비스를 제공한다. 대표적인 서비스는 감사와 인증, 경영컨설팅 및 세무서비스이다.

앞으로 한국 경제 규모의 확대나 회계서비스 시장 개방 등을 고려할 때 공인회계사 선발인원이 점점 더 증원될 것으로 예상된다(2021년, 최소선발예정인원 1,100명).[4] 공인회계사 시험과목은 다음과 같다.

Big Four

미국 회계법인(accounting firm) 중 가장 규모가 큰 4개 대형 회계법인을 Big Four라고 칭한다. 이들 Big Four는 전 세계적으로 영업망을 두고 수천에서 수만명의 CPA 및 컨설턴트를 보유하는 가운데 감사, 세무 및 컨설팅에 이르기까지 다양한 서비스를 제공하고 있다. 한동안 Big Eight으로 불렸었으나 90년대 유행한 M&A 붐과 최근의 엔론사 사태에 따라 일부가 도산하여 4개로 줄어 들었다.[5] 우리나라 대형 회계법인들은 이들 Big Four 중 어느 하나와 제휴관계를 맺고 있다.

PricewaterhouseCoopers (삼일회계법인)　　Deloitte Touche Tohmatsu (안진회계법인)
Ernst & Young (한영회계법인)　　KPMG (삼정회계법인)

1차시험(객관식) : 회계학, 경영학, 세법개론, 경제원론, 상법, 영어
2차시험(주관식) : 재무회계, 원가회계, 세법, 회계감사, 재무관리

CPA 자격을 취득하기 위한 최소한의 요건은 나라별로(심지어 미국의 경우 주별로) 차이를 보이지만 대개 일정 학점 이상의 회계 및 경제 · 경영 과목을 이수한 자를 대상으로 한 자격시험을 통과한 후에 일정기간(가령, 1~5년)의 실무경력을 쌓은 자에게 자격이 부여된다.

우리나라에서는 2007년부터 회계학 및 세무 관련 과목 12학점, 경영학 과목 9학점, 경제학 과목 3학점 등 총 24학점 이상 이수자에 한하여 응시자격이 부여되며, 영어는 TOEIC 등 공인영어시험으로 대체된다. 2차시험에서는 부분합격제가 도입되는 등 공인회계사 시험제도에 많은 변화가 있다.

2. 세무사

미국 건국의 아버지로 유명한 Benjamin Franklin(100달러 지폐의 인물)은 "인간에겐 피할 수 없는 두 가지가 있는데, 하나는 죽음이고 다른 하나는 세금이다"라고 하였다. 이 중 일상생활에서 당장 문제가 되는 것은 세금이다.

---

4) 2019년에 "주식회사 등의 외부감사에 관한 법률(新외감법)"이 본격 시행되면서 회계제도에 많은 변화가 나타나고 있다. 특히 주기적 지정감사제도에 따라 2020년 사업연도부터 모든 주권상장법인은 6년 연속 감사인을 자유선임하면 다음 3년간은 증권선물위원회가 감사인을 지정하게 된다. 아울러 표준감사시간제가 도입되었다. 이러한 변화에 따라 회계사에 대한 수요가 폭발적으로 증가하고 있다.

5) 얼마 전까지 Big Four에 속하던 아더 앤더슨(Arthur Anderson)은 파산한 엔론사에 대한 부실 회계감사와 여러 건의 회계스캔들에 연루되어 벌금추징과 신뢰성 실추로 파산하였다.

세무사는 세무지식이 부족한 납세의무자의 의뢰에 따라 세금납부에 관한 일체의 업무를 수행하는 세무에 관한 전문가이다. 이들 대부분은 개인 사무실을 운영하거나 여러 세무사가 공동으로 세무법인을 운영하고 있다. 경제 규모가 확대됨에 따라 세무사들의 업무도 더욱 늘어나고 전문화될 전망이다. 게다가 조세제도의 정비나 자진 신고납세제도의 확립은 세무사의 활동 영역을 더욱 넓혀주고 있다.

연간 세무사 시험에 합격하는 인원은 700명 정도이다. 세무사 시험과목은 다음과 같다.

1차시험(객관식) : 재정학, 회계학개론, 세법학개론, 상법 · 민법 · 행정소송법 중 택일
* 영어는 공인어학시험으로 대체

2차시험(주관식) : 세법학 1부, 세법학 2부, 회계학 1부, 회계학 2부

3. 기타 회계전문직

CPA 또는 세무사 자격증을 소지한 사람들 외에도 회계지식을 갖춘 전문가들(즉, 회계 전문가 : accountant)은 다양한 직무에 종사할 수 있다. 이들은 크게 공공회계와 기업회계 그리고 정부 및 비영리회계 분야에 종사할 수 있다. 특히, 정부의 복잡한 업무는 회계전문직을 필요로 하는데 이들이 수행하는 역할은 민간기업의 회계 담당자가 수행하는 역할과 대동소이하다.

제 1 장 연 습 문 제

현대사회와 회계

다음을 간단히 설명하시오.

01 회계정보에 대한 수요가 왜 발생하는가를 설명하라.

02 경영자에게 회계정보가 왜 필요한지를 의사결정과 자원조달 두 가지 측면으로 나누어 설명하라.

03 '회계정보는 바람직한 사회건설에 기여한다' 는 말을 설명하라.

04 현대사회의 회계정보 이용자들을 열거하고, 각각 무슨 이유로 회계정보를 필요로 하는지 설명하라.

CHAPTER 2

재무제표의 이해

일반적으로 인정된 회계원칙에 의해 작성하는 재무제표 중에서 재무상태표와 포괄손익계산서는 회계원리를 처음 공부하는 사람들에게 가장 중요하다. 특히 본 장부터는 회계학의 전공 용어들이 새로이 많이 등장하게 되며, 이에 대한 정확한 이해가 절대적으로 필요하다.

제 1 절 재무제표

재무제표(financial statement)라는 용어를 말 그대로 풀이하면 재무적인 여러 표라는 의미인데, 이를 내용적으로 풀이하면 기업의 경영활동을 재무적(화폐적)으로 표현한 여러 회계보고서라고 할 수 있다. **K-IFRS**에서는 재무제표에 재무상태표, 포괄손익계산서, 자본변동표, 현금흐름표, 주석[1] 등을 포함하도록 하고 있다(**K-IFRS** 제1001호, 재무제표 표시).[2]

기업의 이해관계자는 그 기업에 대한 의사결정을 하기 위하여 경제활동의 내용과 결과에 대하여 수시로 보고받기를 원한다. 각 기업은 이와 같은 이해관계자의 요구를 충족시켜 주기 위하여 6개월 또는 1년 등 인위적으로 구분된 기간을 설정하여 정보를 제공한다. 이 기간을 **회계연도**(fiscal year) 또는 **회계기간**(accounting period)이라 한다. 우리나라 기업의 회계연도는 대부분 1년이다.[3] 1년 단위의 회계기간을 대상으로 작성하는 재무제표를 **연차재무제표**(annual financial statements)라고 한다. 한편, 6개월의 반기재무제표, 3개월 단위의 분기재무제표 등 **중간재무보고**(interim financial reporting)를 통해 회계정보의 적시성을 높이려는 노력이 꾸준히 이루어지고 있다. 우리나라 증권선물거래소에 주식을 상장한 상장기업 등은 3개월 간격으로 작성하는 분기재무제표(quarterly financial statements)를 공시하여야 한다.

---

1) 주석(footnote)이란 재무제표의 해당 과목에 식별 번호를 붙이고, 별지에 동일한 식별번호를 기재하고 그 내용을 간결 명료하게 기술한 것을 말한다.

2) K-IFRS 제1001호(재무제표 표시)에서는 전체 재무제표에 다음을 모두 포함하여야 한다고 규정하고 있다.
(가) 기말 재무상태표, (나) 기간 포괄손익계산서, (다) 기간 자본변동표, (라) 기간 현금흐름표, (마) 주석, (바) 회계정책을 소급하여 적용하거나, 재무제표의 항목을 소급하여 재작성 또는 재분류하는 경우 전기 기초 재무상태표.
한편, 상법 등에서 이익잉여금처분계산서(또는 결손금처리계산서)의 작성을 요구하는 경우에는 재무상태표의 이익잉여금(또는 결손금)에 대한 보충정보로서 이익잉여금처분계산서(또는 결손금처리계산서)를 주석으로 공시하도록 하였다.

3) 우리나라, 독일, 프랑스의 회계연도는 매년 1월 1일 시작하여 12월 31일에 끝난다. 반면에, 미국의 회계 연도는 매년 10월 1일에서 다음해 9월 30일까지이며, 일본, 영국, 인도 등의 회계연도는 매년 4월 1일에서 다음해 3월 31일까지다.

이렇게 중요한 재무제표의 작성 책임은 누구에게 있을까? 주식회사 등의 외부감사에 관한 법률(2017. 9.) 제6조에 의하면, 회사의 대표이사와 회계담당 임원(회계담당 임원이 없는 경우에는 회계업무를 집행하는 직원을 말한다)은 해당 회사의 재무제표를 작성할 책임이 있으며, 회사는 해당 사업연도의 재무제표를 작성하여 대통령령으로 정하는 기간 내에 감사인에게 제출하여야 한다. 회사의 감사인은 해당 회사의 재무제표를 대표이사와 회계담당 임원을 대신하여 작성하거나 재무제표 작성과 관련된 회계처리에 대한 자문에 응하는 등 대통령령으로 정하는 행위를 하여서는 아니 된다.

이들 각 재무제표는 정보이용자들에게 제공할 회계정보를 담는 그릇이다. 음식이 다르면 담는 그릇도 달리 하듯이 회계정보의 내용이 다를 경우 보고서 역시 달라야 한다. 회계학을 처음 공부하는 학생들 입장에서는 재무제표 가운데 재무상태표와 포괄손익계산서가 가장 중요하고 기본적이므로 이에 초점을 맞추어 설명한다.

◀ 도표 2-1 재무제표

재무제표	재무정보
재무상태표	특정 시점의 재무상태 (자산, 부채, 자본)
포괄손익계산서	일정 기간의 경영성과 (수익, 비용, 순이익)
자본변동표	일정 기간의 자본변동
현금흐름표	일정 기간의 현금흐름
주석	재무제표의 해당과목에 대한 세부적 사항

*자산 120억원 이상의 외부감사 대상 비상장회사에 적용되는 일반기업회계기준(K-GAAP)에 따르면 재무제표는 대차대조표, 손익계산서, 현금흐름표, 자본변동표로 구성되며 주석을 포함한다고 규정하고 있다. 아울러 재무제표의 명칭은 전달하고자 하는 정보의 성격을 충실히 나타내야 하며 관련 법규와의 상충이 없는 경우에는 재무상태보고서, 경영성과보고서, 자본변동보고서(또는 소유주지분변동보고서), 현금흐름보고서 등 대체적인 명칭을 사용할 수 있다고 규정하고 있다.

제 2 절 재무상태표

1. 재무상태표의 의의

재무상태표(statement of financial position)는 기업의 특정 시점의 재무상태를 알려 주는 보고서이다. 과거에는 대차대조표(balance sheet)라고 하였다.[4] 재무상태란 자산, 부채, 자본의 상태를 총칭하는 말이며, 재무상태표에는 특정 시점을 나타내는 날짜(재무상태표일)가 항상 붙어 다닌다. 시간이 흐르면 경영활동의 계속으로 인해 재무상태가 달라져 간다. 따라서 날짜가 없으면 어느 시점의 재무상태를 나타내는지 알 수 없게 되어 보고서의 의미가 애매해진다. 이외에도 재무상태표에는 '재무상태표'라는 보고서의 명칭, 회사명, 보고통화 및 금액단위 등이 함께 기록된다.

축구경기가 끝난 시점에서는 골득실 결과가 확정된다. 경기 종료 시점의 골득실 결과(예컨대 3:2)는 90분 동안에 걸쳐 계속된 경기의 최종 결과치이며, 경기를 지켜보지 못한 축구팬은 이 최종 결과만이라도 무척이나 알고 싶어한다.

마찬가지로 기업이 특정 기간 영업활동을 해서 이익을 얻거나 손해를 보거나 하면 그 기간 종료 시점에서 기업이 가진 자산, 부채, 자본의 크기가 확정되며, 기업을 직접 운영하지 않은 기업 외부정보이용자들은 종료 시점의 재무상태표를 통해 기업의 재무상태를 파악하게 된다. 즉, 외부정보이용자들은 재무상태표를 통해 기업의 유동성, 재무적 탄력성, 수익성과 위험 등을 평가할 수 있게 된다.

2. 재무상태표의 구조와 형식

회계에서는 현금과 같이 경제적 가치가 있는 자원을 **자산**(assets)이라 하고, 남에게 갚아야 할 빚을 **부채**(liabilities)라 하며, 자기 돈을 **자본**(equity)이라 한다. 재무상태표의 구조를 구성요소인 자산, 부채, 자본의 상호관계에 따라 표현한 식을

---

4) IASB는 '대차대조표'라는 명칭이 단순히 차변과 대변이 동일하도록 요구하는 복식부기만을 반영한다고 보았다. 그 명칭은 보고서의 내용이나 목적을 알려주지 않는다. IASB는 '재무상태표'라는 명칭이 보고서의 기능을 보다 잘 반영하므로, 보고서의 명칭을 그 내용과 일치시키는 것이 재무제표이용자에게 도움을 줄 것이라고 결정하였다.

재무상태표 등식 또는 **회계등식**(accounting equation)이라 한다.

> 재무상태표 등식 : 자 산 = 부 채 + 자 본

위 등식은 자산 총액이 부채 및 자본을 합한 총액과 항상 일치한다는 뜻이며, 재무상태표의 구조적 특징은 경영활동을 통하여 자산, 부채, 자본에 변화가 발생하더라도 이 등식은 언제나 항상 성립한다는 점이다. 예를 통하여 살펴보자.

3월 1일에 남에게서 30만원을 빌리고 이에 자기 돈 70만원을 합하여 현금 100만원을 가지고 사업을 시작했다고 하자. 남에게서 빌린 돈을 **차입금**(借入金)이라 하고, 사업 시작 시점의 자기 돈을 **자본금**(資本金)이라 한다. 이 날의 재무상태표를 작성하면 다음과 같다.

A사 **재무상태표** (3월 1일)

자 산 : 현 금	100만원	부 채 : 차 입 금	30만원
		자 본 : 자 본 금	70만원
합 계	100만원	합 계	100만원

조달한 자금의 운용 ↑   자금의 조달 원천 ↑

3월 31일에 현금 100만원으로 상품을 사서 전부를 현금 180만원에 팔았다면 80만원의 순이익을 올린 것이 되며, 배당이 없다고 가정할 때 이 금액은 그대로 순이익(이익잉여금)으로 표시된다. 이제 자기 돈은 처음의 것 70만원과 합하여 150만원이 될 것이다.

A사 **재무상태표** (3월 31일)

자 산 : 현 금	180만원	부 채 : 차 입 금	30만원
		자 본 : 자 본 금	70만원
		순 이 익	80만원
합 계	180만원	합 계	180만원

재무상태표 하단의 양쪽에 적힌 금액을 보면 상품을 사고 파는 경영활동이 일어난 후에도 그 전과 마찬가지로 여전히 [자산 = 부채 + 자본]이라는 등식이 성립함을 알 수 있다.

우리는 여기서 재무상태표의 구조를 확실히 익혀 둘 필요가 있다. 재무상태표의 왼쪽에는 기업이 특정 시점에서 보유하고 있는 자원들(resources)이 열거되고, 오른쪽에는 이 자원들이 어떤 이유로 해서 기업에 존재하게 되었는지 그 원인들(causes)이 열거된다는 점이다. 왼쪽은 결과이고 오른쪽은 원인이라고 말할 수도 있다. 3월 31일의 재무상태표에서 왼쪽의 현금 180만원은 이날 현재 가지고 있는 자원이다. 그리고 이만큼의 현금을 갖고 있게 된 이유는 남에게서 빌린 돈이 30만원, 처음의 자기 돈이 70만원, 상품매매에서 번은 돈이 80만원이 있기 때문이다.

재무상태표의 형식으로 **K-IFRS**에서 인정하고 있는 것은 계정식과 보고식의 두 가지가 있다. **계정식**(計定式)은 지면을 2열로 나누어 왼쪽에는 자산을, 오른쪽에는 부채와 자본을 열거하는 방식이다. [도표 **2-2**]는 보다 많은 자원과 원인들을 사용해서 계정식으로 작성한 재무상태표이다.

계정식은 후술하는 보고식에 비해 지면 절약의 효과를 갖고 있다. 지면을 절약할 수 있다는 것은 기업들이 매년 재무상태표를 신문에 게재할 때 신문사에 지불해야 하는 게재비를 절약할 수 있다는 것을 말해 준다. 금액의 단위는 원, 천원, 백만원 단위로 할 수 있는데, 백만원 단위로 기록할 수 있도록 허용한 것도 게재비 부담과 무관하지 않다.

도표 2-2 ▶
재무상태표(계정식)

재 무 상 태 표

당기 20×2년 12월 31일 현재
전기 20×1년 12월 31일 현재

A주식회사 (단위 : 천원)

과 목	금 액		과 목	금 액	
	20×2년	20×1년		20×2년	20×1년
자 산			부 채		
현금 및 현금성자산	₩10,000	₩ 9,000	매 입 채 무	₩30,000	₩20,000
단기매매금융자산	•	•	단기차입금	•	•
매 출 채 권	•	•	미 지 급 금	•	•
단기대여금	•	•	선 수 금	•	•
미 수 금	생략	생략	사 채	생략	생략
상 품	•	•	자 본	•	•
건 물	•	•	자 본 금	•	•
비 품	•	•	이익잉여금	•	•
자산 총계	₩600,000	₩400,000	부채와 자본총계	₩600,000	₩400,000

*금액 표시에서 최근 연도를 계정과목 옆에 기록하며, 비교대상인 직전 연도를 그 오른쪽에 기록한다.

반면에 **보고식**(報告式)은 기업의 자산, 부채, 자본을 보고서처럼 일열종대로 쭉 열거하는 방식을 말하는데, 보고식 재무상태표는 계정의 의미를 전혀 모르는 일반 대중들도 쉽게 이해할 수 있다는 장점이 있다.

한편, 재무상태표의 금액란이 두 개인 이유는 당기말 금액과 전기말 금액을 비교하는 형식으로 모두 제공하여 기간 간 비교가능성을 높이기 위해서이다. 이런 재무상태표를 비교식(比較式) 재무상태표라 한다. **K-IFRS**에서는 재무상태표를 비롯한 모든 재무제표를 비교식으로 작성하도록 규정하고 있다.

3. 자산의 의의 및 주요 항목

지금까지 자산이라는 용어가 여러 번 등장했었다. 과연 자산이란 무엇이며, 어떤 항목을 자산이라 하는가?

학술적으로 **자산**(asset)이란 '과거 사건의 결과로 기업이 통제하고 있고 미래 경제적효익이 유입될 것으로 기대되는 자원'이다. 여기서 미래경제적효익(future economic benefit)이란 직접으로 또는 간접으로 특정 기업의 미래현금 및 현금성자산의 유입에 기여하게 될 잠재력을 말한다. 그러나 이처럼 어렵게 이해하지 말고, 당분간은 자산을 "경제적 가치가 있는 자원 즉, 가치가 있는 물건 또는 권리"라고 간단히 이해하기로 한다.

한편, 자산에는 구체적으로 어떤 항목들이 있는지 살펴 보자. 아래 열거된 자산 항목들을 독자들은 잘 기억해 둘 필요가 있다.

① **현금** : 돈, 또는 돈과 동일하게 사회에서 인정되는 것들. 예컨대 은행이 발행한 자기앞수표, 다른 기업이 발행한 당좌수표 등을 말한다.

② **단기매매금융자산** : 기업은 여유자금을 활용하여 타사가 발행한 주식(단기매매주식)이나 사채(단기매매사채) 등의 유가증권에 투자하기도 한다. 단기간 내의 매매차익을 얻기 위하여 취득한 경우 이를 단기매매금융자산이라 한다.

③ **매출채권** : 상품을 외상으로 판매하여 회수할 권리를 말한다. 이때 신용으로 외상판매하였으면 '외상매출금'이라 하고, 어음을 받고서 외상판매하였다면 '받을어음'이라 한다. 즉, 매출채권은 외상매출금과 받을어음을 총칭하는 계정과목이다.

④ **상 품** : 판매할 목적으로 보유하고 있는 재화를 상품이라 한다. 예컨대 운동화 판매회사의 운동화, 냉장고 판매회사의 냉장고, 자동차 판매회사의 자동차 등을 상품이라 한다. 자동차 판매회사가 사원휴게실에 냉장고를 비치하고 있다면 이 냉장고는 판매할 것이 아니기 때문에 상품이라 부르지 않고 후술하는 비품이라 부른다.

⑤ **제 품** : 판매를 목적으로 제조한 재화를 말한다.

⑥ **대여금** : 남에게 꾸어준 금액을 말한다. 나중에 현금을 돌려 받을 권리를 나타낸다. 회수기간의 장단에 따라 1년 이내의 것이면 '단기대여금'으로, 1년 이상의 것이면 '장기대여금'으로 각각 구분한다.

⑦ **미수금** : 상품 이외의 물건, 예컨대 후술하는 건물이나 비품을 외상으로 판매한 금액을 말한다. 상품의 외상매출액인 '외상매출금'과 혼동하지 말아야 한다.

⑧ **선급금** : 상품을 매입하기 위하여 미리 지급한 선금이나 계약금을 말한다.

⑨ **토 지** : 영업활동에 장기적으로 사용할 목적으로 취득한 땅을 말한다. 영업활동에 사용할 목적이 아니라 투자의 목적 또는 비영업용으로 소유하는 경우에는 토지라고 기록하지 말고 '투자부동산'이라고 기록해야 한다.

⑩ **건 물** : 영업활동에 장기적으로 사용할 목적으로 구입한 건물을 말한다. 영업활동에 사용할 목적이 아니라 재산증식 목적으로 구입한 것이면 건물이라 기록하지 말고 '투자부동산'이라고 기록해야 한다. 또한 건설회사가 판매용으로 건물을 건축했다면 이는 건물이라 하지 말고 '상품'이라고 기록해야 한다.

⑪ **기계장치** : 영업활동에 장기적으로 사용할 목적으로 구입한 기계장치를 말한다.

⑫ **비 품** : 사무용으로 보유하고 있는 책상, 전화, 컴퓨터 등과 사원복지용으로 보유하고 있는 냉장고, 정수기 등을 비품이라 한다.

이 외에도 자산은 많이 있다. 회계에서는 수많은 자산을 단순히 쭉 열거하지 않고, 성격에 따라 유사한 것들끼리 그룹핑하여 재무상태표에 제시함으로써 정보이용자들의 이해를 높이려고 하고 있다.

이런 목적에서 자산을 크게 유동자산과 비유동자산의 둘로 구분한다. **유동자산**(流動資産, current assets)이란 비교적 짧은 기간 안에 현금화할 수 있는 자산을 말하며,[5] 비유동자산(非流動資産, non-current assets)이란 장기에 걸쳐서 현금 창출에 공헌하는 자산을 말한다.

4. 부채의 의의 및 주요 항목

학술적으로 **부채**(liability)는 '과거 사건에 의하여 발생하였으며 경제적효익을 갖는 자원이 기업으로부터 유출됨으로써 이행될 것으로 기대되는 현재 의무' 이다. 그러나 부채 역시 당분간은 "현금으로 갚거나, 상품을 인도하거나, 용역을 제공해 주어야 할 의무, 즉 빚"이라고 간단히 이해하기로 한다.

한편, 부채에는 구체적으로 어떤 항목들이 있는지 살펴 보자. 부채항목은 자산항목과 대조되는 것이 많기 때문에 앞서 자산의 종류를 잘 이해하였으면 대부분 쉽게 이해할 수 있다.

① **매입채무** : 상품을 외상으로 매입하여 추후 갚아야 할 금액을 말한다. 이 때 신용으로 외상매입하였으면 '외상매입금'이라 하고, 어음을 주고서 외상매입하였다면 '지급어음' 이라 한다. 즉, 매입채무는 외상매입금과 지급어음을 총칭하는 계정과목이다. 매입채무는 매출채권과 반대되는 항목이다.

② **차입금** : 남으로부터 빌린 금액을 말한다. 나중에 현금으로 갚아주어야 할 의무를 나타낸다. 상환기간의 장단에 따라 '단기차입금' 과 '장기차입금' 으로 각각 구분한다. 차입금은 대여금과 반대되는 항목이다.

③ **선수금** : 상품을 사고자 하는 사람으로부터 미리 받은 선금이나 계약금을 말한다. 나중에 상품을 인도해야 할 의무를 나타낸다. 선수금은 선급금과 반대되는 항목이다.

④ **미지급금** : 상품 이외의 자산, 예컨대 건물이나 비품을 외상으로 매입한 금액을 말한다. 미지급금은 미수금과 반대되는 항목이다.

---

5) K-IFRS 제1001호(재무제표 표시)에서는 다음의 경우에 유동자산으로 분류한다.

(1) 기업의 정상영업주기 내에 실현될 것으로 예상하거나, 정상영업주기 내에 판매하거나 소비할 의도가 있다.

(2) 주로 단기매매 목적으로 보유하고 있다.

(3) 보고기간 후 12개월 이내에 실현될 것으로 예상한다.

(4) 현금이나 현금성자산(기업회계기준서 제1007호의 정의 참조)으로서, 교환이나 부채 상환 목적으로의 사용에 대한 제한기간이 보고기간 후 12개월 이상이 아니다.

그 밖의 모든 자산은 비유동자산으로 분류한다.

⑤ **사채** : 기업이 필요한 자금을 장기적으로 조달하기 위하여 원금의 상환기간과 정기적인 이자 지급을 명시한 채권을 발행하여 다수의 투자자로부터 자금을 차입한 부채이다.

이 이외에도 부채는 많이 있다. 부채 역시 회계에서는 그룹핑을 하여 재무상태표에 기록한다. 1년 이내에 만기가 도래하는 부채를 **유동부채**,[6] 1년 이후에 만기가 도래하는 부채를 **비유동부채**라 한다. 비유동부채의 대표적인 것은 장기자금조달을 위하여 발행한 사채, 장기차입금 등이 있다.

5. 자본의 의의 및 주요 항목

자본(owner's equity, capital)이라는 용어는 일상생활에서 흔히 사용되는 관계로 그리 어려운 개념으로 느껴지지는 않을 것이다. 굳이 정의를 해야 한다면 "자기가 출자한 금액과 영업활동을 통하여 벌은 순이익을 합한 순수한 자기 돈"이라고 간단히 이해하기로 한다.

또한 자본은 기업의 자산총액에서 부채총액을 차감하고 남은 잔여분이라고 정의할 수도 있다. 이를 식으로 나타내면 다음과 같으며, **자본 등식**(資本等式)이라 부른다.

자본 등식 : 자 산 − 부 채 = 자 본

위 자본등식에는 어떤 논리가 내재되어 있는지 살펴 보자. 자산은 경제적 가치를 갖고 있는 것이기 때문에 금액 측정의 대상이 분명하게 존재한다. 형체가 있는 물건은 물론이고 형체가 없는 권리라 하더라도 누군가로부터 얼마를 받을 권리가

---

6) K-IFRS 제1001호(재무제표 표시)에서는 다음의 경우에 유동부채로 분류한다.
(1) 정상영업주기 내에 결제될 것으로 예상하고 있다.
(2) 주로 단기매매 목적으로 보유하고 있다.
(3) 보고기간 후 12개월 이내에 결제하기로 되어 있다.
(4) 보고기간 후 12개월 이상 부채의 결제를 연기할 수 있는 무조건의 권리를 가지고 있지 않다. 계약 상대방의 선택에 따라, 지분상품의 발행으로 결제할 수 있는 부채의 조건은 그 분류에 영향을 미치지 아니한다.
그 밖의 모든 부채는 비유동부채로 분류한다.

있다는 식으로 측정대상이 존재한다. 부채 역시 남에게 갚아주어야 할 의무라면 누구에게 얼마를 지불할 것이 있다는 식으로 측정대상이 분명하게 존재한다.

반면에 자본은 그렇지 못하다. 즉, 측정대상이 모호하다. 물론 주머니에서 내놓았던 출자액은 자산, 부채와 마찬가지로 명쾌하게 측정할 수 있다. 문제는 그 이후이다. 그 이후에는 순이익에 의하여 자본이 증가하게 되는데, 얼마를 벌었는지는 독자적으로는 측정되지 않는다. 그래서 자본은 자산 평가액에서 부채 평가액을 차감한 잔액으로 계산한다는 자본등식의 논리가 설득력을 갖는다. 이런 의미에서 자본을 **잔여지분**(殘餘持分, residual equity)이라고도 한다.

자본에는 어떤 항목들이 있는가? 자본은 납입자본, 이익잉여금 이외에 기타자본구성요소로 구성된다.

① **납입자본**(paid-in capital) : 주주가 회사에 납입한 금액이다. 납입자본은 주식의 액면금액인 자본금과 주식발행초과금(또는 주식할인발행차금)으로 구분할 수 있다.

② **이익잉여금**(retained earnings) : 주식회사의 경우 순이익 중 일부는 주주에 대한 배당금으로 유출되고 나머지는 기업 내에 남겨진다. 이것은 어려운 시절, 즉 언제 닥쳐올지 모를 불황기를 대비하여 순이익 중 일부를 비축해 둔 것이라고 볼 수 있다. 물론 이러한 비축은 기업의 자발적 의사(정관이나 주주총회 등)에 의한 것도 있고, 법규(상법 등)에 의한 강제적인 것도 있으며, 채권자와의 계약에 의한 것도 있다. 어쨌든 순이익 중 주주들에게 배당하지 않고 기업 내에 유보된 부분을 이익잉여금(또는 유보이익)이라 한다.

③ **기타자본구성요소** : 자본조정(예 : 자기주식)과 기타포괄손익누계액을 포함한다. 기타포괄손익은 당기순이익에 포함되지 않는 손익을 말하며, 자본에 포함되는 기타포괄손익누계액은 과거 연도부터 발생한 기타포괄손익의 누계액을 의미한다. 기타포괄손익누계액의 예로는 유형자산 재평가로 발생한 재평가잉여금의 누계액, 매도가능금융자산평가손익의 누계액 등이 있다.

한편, 회계원리를 처음 공부하는 단계에서는 자본, 납입자본, 자본금 등 세 가지 용어를 구분할 필요가 있다. 납입자본은 자본을 구성하는 한 부분이며, 자본은 자본금보다 넓은 개념이다.

예제 2-1
재무상태표 작성

다음은 C사, 4월 1일 현재 재무상태에 대한 회계자료이다. 재무상태표를 작성하라.

현 금	50,000	매 출 채 권	200,000	단기대여금	130,000
건 물	300,000	비 품	20,000	매 입 채 무	200,000
단기차입금	100,000	자 본 금	100,000	이익잉여금	300,000

해답 C사 **재무상태표** 4. 1

현 금	50,000	매 입 채 무	200,000
매 출 채 권	200,000	단기차입금	100,000
단기대여금	130,000	자 본 금	100,000
건 물	300,000	이익잉여금	300,000
비 품	20,000		
자 산 합 계	700,000	부채와 자본 합계	700,000

예제 2-2
재무상태표 계정의 이해

다음은 한국(주)의 20×1년도말 자료이다.

받을어음	₩100,000	미 수 금	?	비 품	₩80,000
외상매입금	160,000	선 수 금	40,000	자 본 금	90,000
이익잉여금	50,000				

물음 ① 자산 합계액은 얼마인가?
② 미수금은 얼마인가?

해답 ① 부채 및 자본합계액 : 외상매입금 + 선수금 + 자본금 + 이익잉여금 = ₩340,000
따라서 자산합계액도 ₩340,000
② 자산합계액 ₩340,000 = 받을어음 100,000 + 미수금(?=160,000) + 비품 80,000

제 3 절 포괄손익계산서

1. 포괄손익계산서의 의의

포괄손익계산서(statement of comprehensive income)는 기업의 일정기간의 경영성과를 알려 주는 보고서이다. 그러므로 포괄손익계산서에는 기간을 나타내는 기간 표시가 항상 붙어 다닌다. 기업의 경영성과란 경영활동을 전개한 기간 동안의 성과이기 때문이다. 이 외에도 포괄손익계산서에는 포괄손익계산서라는 보고서의 제목, 회사명이 함께 기록된다.

포괄손익계산서는 최종 결과(당기순이익)에 이르기까지의 과정이 요약된 보고서이다. 앞서 예로 든 축구경기와 관련하여 축구 주요 장면을 5분 정도 압축 보도하는 '스포츠 하이라이트'는 기업의 포괄손익계산서에 해당한다.

마치 직접 경기를 관전하지 못했던 축구에 관심있는 애호가가 '스포츠 하이라이트'를 통해 특정 팀의 경기 내용을 사후적으로 유추할 수 있듯이, 특정 기업에 관심있는 투자자나 채권자는 '포괄손익계산서'를 통해 일정기간 동안의 기업 성과를 알게 되며, 이러한 정보를 통해 기업의 미래현금흐름과 수익창출 능력을 예측할 수 있게 된다.

2. 손익계산의 두 가지 방법

손익계산의 방법에는 두 가지가 있다. 하나는 순자산 비교법이고 다른 하나는 손익법이다.

(1) 순자산 비교법

순자산(純資産, net asset)이란 자산에서 부채를 차감한 잔액을 말하며, 자본과 동일한 것이다.

자 산 − 부 채 = 순자산
= 자 본

순자산 비교법이란 기말자본에서 기초자본을 차감하여 당기순이익을 계산하는 방법을 말한다.[7)]

---

7) 당분간 기타포괄손익은 없다고 가정한다.

기말자본 − 기초자본 = 당기순이익

만일 회계기간 중에 주주들이 자본을 추가로 출자한 것이 있으면 이를 적절히 고려하여 당기순이익을 산출하여야 한다.

이상의 내용을 다음과 같이 간단히 요약할 수 있다.

기초자본 + 추가출자액 + 당기순이익 = 기말자본

순자산 비교법에 의하면 기말자본 총액과 기초자본 총액을 이용하여 당기순이익을 간단히 구할 수 있다는 장점이 있지만, 당기순이익이 구체적으로 어떤 활동을 통해서 발생하였는지 그 발생 내역을 알 수 없다는 단점이 있다. 즉, 기업 본연의 영업활동을 성공적으로 수행했기 때문인지 아니면 10년 전에 싼 값에 사 두었던 부동산을 처분했기 때문인지를 알려주지 못한다. 따라서 미래에도 이만한 순이익을 얻을 가능성이 있는 기업인지 아닌지를 유추할 수가 없다.

대개의 경우 정보이용자들은 미래 이익창출능력에 더 관심이 있다. 왜냐하면 예컨대 미래의 주가 상승 여부, 미래 부채상환능력 등은 미래 이익창출능력에 의하여 결정되기 때문이다. 그러므로 정보이용자들은 당기순이익이 발생하게 된 상세한 내역을 알고 싶어하기 때문에 오늘날 많은 나라들에서는 순자산 비교법 대신 다음의 손익법으로 손익계산을 하도록 규정하고 있다.

예제 2-3

순자산 비교법

아래 물음에 답하라.

① 기초자본은 160만원, 기말자본은 200만원이다. 당기순이익은 얼마인가?

② 기초자산은 250만원, 기초부채는 150만원, 기말자산은 350만원, 기말부채는 140만원이다. 당기순이익은 얼마인가?

③ 기초자본은 160만원, 기중에 추가출자한 금액은 40만원, 당기순이익은 60만원이다. 기말자본은 얼마인가?

④ 기초자본은 300만원, 기말자본은 500만원이다. 그런데 기중에 추가출자한 금액이 70만원이 있었다. 당기순이익은 얼마인가?

⑤ 기초자본은 300만원, 기말자본은 450만원, 당기순이익은 30만원이었다. 기중에 추가출자한 금액은 얼마인가?

해답

① 당기순이익 = 기말자본 − 기초자본 = 40만원

② 당기순이익 = (기말자산 − 기말부채) − (기초자산 − 기초부채)
= 210만원 − 100만원 = 110만원

③ 기 말 자 본 = 기초자본 + 당기순이익 + 추가출자액 = 260만원
④ 당기순이익 = 기말자본 − 기초자본 − 추가출자액 = 130만원
⑤ 추가출자액 = (기말자본 − 기초자본) − 당기순이익= 150만원 − 30만원 = 120만원

---

(2) 손익법

손익법이란 일정기간 발생한 수익과 비용을 항목별로 요약한 다음, 이 항목들을 체계적으로 모두 열거함으로써 구체적인 수익 · 비용의 발생 내역, 총포괄이익 산출과정, 총포괄이익 금액 등의 세 가지 모두를 알게 해주는 손익계산 방법이다.

그런데 손익법으로 포괄손익계산서를 작성하려면 수익이 무엇이며 어떤 항목들이 있는지, 비용은 무엇이며 어떤 항목들이 있는지를 잘 알지 않으면 안된다. 먼저 포괄손익계산서의 구조와 형식을 간략히 설명한 다음, 포괄손익계산서 구성항목에 관해서 살펴보기로 한다.

3. 포괄손익계산서의 구조와 형식

포괄손익계산서에는 수익, 비용, 순이익의 세 가지 정보가 기록된다. 포괄손익계산서의 구조를 이 세 정보의 상호관계에 따라 식으로 표현하면 다음과 같다.

수 익 − 비 용 = 순이익

위 식에 따라 수익을 먼저 열거하고 이어서 비용을 차감하면서 총포괄이익에 도달하는 과정을 보여 주는 것을 보고식 포괄손익계산서라 한다.

한편, 위 식을 변형하면 다음과 같다.

비 용 + 순이익 = 수 익

위 식에 따라 T자 형식에서 왼쪽에 비용과 순이익을, 오른쪽에 수익을 기록한 것을 계정식 포괄손익계산서라 한다. **K-IFRS**에서는 계정식 포괄손익계산서를 허용하지 않으며, 반드시 보고식으로 포괄손익계산서를 작성하도록 규정하고 있다.

포괄손익계산서의 구조를 확실히 파악하기 위하여 예를 들어 살펴보자. 만일 3월 한 달 동안의 수익이 500만원, 비용이 300만원이었다면 순이익은 200만원이 되며, 각각의 포괄손익계산서는 다음과 같이 표시된다.

포괄손익계산서(보고식) 3월 1일–3월 31일

수 익	500만원
비 용	300만원
순 이 익	200만원

* 단순화를 위하여 회사명은 생략했음.

포괄손익계산서(계정식) 3월 1일–3월 31일

비 용	300만원	수 익	500만원
순 이 익	200만원		
합 계	500만원	합 계	500만원

* 계정식 포괄손익계산서는 학교에서의 교육목적으로 널리 이용되고 있음.

[도표 2-3]은 **K-IFRS**에서 제시하고 있는 보고식 포괄손익계산서의 예를 보인 것이다. 작성 방법은 다양하지만 여기서는 비용의 기능별 분류 방법[8]에 따라 작성한 포괄손익계산서를 중심으로 설명한다.[9] **K-IFRS**에서는 총포괄이익이 산출되는 과정을 다단계로 구분하고 있다. 이익을 구분 표시하도록 한 이유는 각 이익이 정보이용자들에게 독특한 정보를 제공하기 때문이다.

---

8) K-IFRS 제1001호(재무제표 표시)에 의하면 기업은 비용의 성격별 또는 기능별 분류 방법 중에서 신뢰성 있고 더욱 목적적합한 정보를 제공할 수 있는 방법을 적용하여 당기손익으로 인식한 비용의 분석 내용을 표시한다.
분석의 첫 번째 형태는 성격별 분류이다. 당기손익에 포함된 비용은 그 성격(예: 감가상각비, 원재료의 구입, 운송비, 종업원급여와 광고비)별로 통합하며, 기능별로 재배분하지 않는다. 비용을 기능별 분류로 배분할 필요가 없기 때문에 적용이 간단할 수 있다.
분석의 두 번째 형태는 기능별 분류법 또는 '매출원가' 법으로서, 비용을 매출원가, 그리고 물류원가와 관리활동원가 등과 같이 기능별로 분류한다. 이 방법에서는 적어도 매출원가를 다른 비용과 분리하여 공시한다. 이 방법은 성격별 분류보다 재무제표이용자에게 더욱 목적적합한 정보를 제공할 수 있지만 비용을 기능별로 배분하는데 자의적인 배분과 상당한 정도의 판단이 개입될 수 있다.

9) K-IFRS 제1001호(재무제표 표시)에서는 해당 기간에 인식한 모든 수익과 비용 항목은 다음 중 한 가지 방법으로 표시하도록 규정하고 있다.
• 단일 포괄손익계산서
• 두 개의 보고서: 당기순손익의 구성요소를 표시하는 보고서(별개의 손익계산서)와 당기순손익에서 시작하여 기타포괄손익의 구성요소를 표시하는 보고서(포괄손익계산서)
별개의 손익계산서를 표시하는 경우 그 손익계산서는 전체 재무제표의 일부이며 포괄손익계산서의 바로 앞에 표시한다.

◀ 도표 2-3
포괄손익계산서 (비용의 기능별 분류, 보고식)

포괄손익계산서(통합 형식)

과 목	20×9년
매출	₩10,000
매출원가	(6,000)
매출총이익	4,000
판매비	(1,400)
관리비	(700)
영업이익	1,900
이자수익	350
금융원가	(100)
세전이익	2,150
법인세비용	(430)
계속영업이익	1,720
중단영업손실(세후 순액)	(720)
당기순이익	1,000
기타포괄손익	
유형자산재평가이익	200
매도가능금융자산평가손실	(50)
총포괄이익	1,150

포괄손익계산서(분리 형식)

과 목	20×9년
매출	₩10,000
매출원가	(6,000)
매출총이익	4,000
판매비	(1,400)
관리비	(700)
영업이익	1,900
이자수익	350
금융원가	(100)
세전이익	2,150
법인세비용	(430)
계속영업이익	1,720
중단영업손실(세후 순액)	(720)
당기순이익	1,000

당기순이익	1,000
기타포괄손익	
유형자산재평가이익	200
매도가능금융자산평가손실	(50)
총포괄이익	1,150

매출총이익(gross profit)은 매출액에서 판매된 상품의 원가(매출원가, cost of goods sold)를 차감하여 계산하며, 매출총이익은 상품이나 제품의 부가가치를 알려주는 귀중한 정보이다.

매출총이익 = 매출액 − 매출원가

고부가가치 상품일수록 매출총이익이 크게 계산된다. 무릇 경영자는 고부가가치 상품의 개발에 심혈을 기울이고 있고, 외부정보이용자들도 그런 기업에 매우 큰 관심을 보인다.

영업이익[10]은 매출총이익으로부터 판매활동 및 기업의 관리활동에 발생하는 비용인 판매비와 관리비를 차감하여 계산한다. 판매비와 관리비 항목에는 종업원들에 대한 급여, 건물의 감가상각비, 상품이나 건물의 화재에 대비한 보험료, 광고선전비 등이 포함되는데, 이들은 정상적인 영업활동을 하는 과정에서 필연적으로 발생한다. 영업이익은 기업 본연의 설립목적에 따라 수행되는 영업활동의 수익성을 알려 주는 중요한 정보이다. 또한 영업이익은 기업의 미래경영성과를 예측하는 데 특히 유용하다. 왜냐하면 기업의 재무활동과 투자활동은 궁극적으로 영업활동을 지원하기 위한 부수적 활동이며, 핵심활동인 영업활동의 결과는 영업이익으로 나타나기 때문이다.

참고로, 국제회계기준(IFRS)에서는 영업이익의 표시를 요구하지 않는 반면에, 한국채택국제회계기준(K-IFRS)에서는 그 표시를 의무화하고 있다. 한국기업들은 국제회계기준을 채택하기 이전에 영업이익을 표시해 왔고, 투자자들도 영업이익 정보의 사용에 익숙하므로 이를 반영하여 K-IFRS는 영업이익의 표시를 요구하고 있다.

영업이익 = 매출총이익 − 판매비와 관리비

법인세비용차감전순이익은 영업이익에서 판매관리활동 이외의 기타수익과 기타비용을 가감하여 계산한다. 기타수익과 기타비용은 재무활동 및 투자활동으로부터 발생하는 것들을 말한다. 예컨대 기타수익에는 이자수익, 유형자산처분이익 등이 포함되고, 기타비용에는 이자비용, 유형자산처분손실 등이 포함된다.

법인세비용차감전순이익 = 영업이익 + 기타수익 − 기타비용

계속영업이익은 법인세비용차감전 순이익에서 법인세비용을 차감해서 계산하며, 당기순이익은 계속영업이익에서 중단영업손익을 가감하여 계산한다.

K-IFRS 이전에는 포괄손익계산서가 아닌 손익계산서를 작성하였는데, 그 당시에는 당기순이익이 손익계산서의 마지막 항목이었다. 그런데, K-IFRS에서는 손익계산서 대신에 포괄손익계산서를 기본재무제표로 작성하도록 하였는데, 단순히 명칭만 변경된 것이 아니라 이 보고서에 포함하여야 하는 정보도 달라졌다. 포괄손익계산서에는 당기순이익 이외에 추가적인 정보 즉 기타포괄손익까지 포함한다는

---

10) 기업회계기준서 제1001호 '재무제표 표시(2012년 1월 개정)' 에서는 영업이익을 포괄손익계산서에 표시하지 않은 경우 주석으로 공시하도록 하였다. 하지만 표준화된 영업손익 산정기준이 없어 투자자들이 영업손익의 기업간 비교가 힘들어 문제가 있다는 지적을 받아왔다. 기업회계기준서 제1001호 '재무제표 표시(2012년 9월 개정)' 에서는 포괄손익계산서 본문에 영업이익을 표시하도록 의무화하였다. 이 개정에서는 영업이익을 수익에서 매출원가와 판매비와관리비(물류원가 등을 포함)를 차감한 금액으로 정의하였다.

점이 특징적이라 할 수 있다. 즉, 포괄손익계산서는 포괄이익 개념을 도입하여 작성한다.

기타포괄손익(other comprehensive income)은 대부분 미실현손익이다. 당기에 실현되지 않은 손익이라서 당기순이익에 반영되지 않고 따로 표시한다. 가장 쉬운 예로서 1억원에 구입한 토지가 기말에 1.2억원으로 공정가치가 증가하였다고 하자. 기말 현재 토지를 처분하지 않고 보유하고 있으므로 증가된 가치 0.2억원은 실현되지 않은 이익이다. 실현되지 않았으므로 당기순이익에 반영해서는 안되며, 당기순이익 아래에 기타포괄이익(구체적으로 토지재평가이익) 0.2억원을 기록한다.

총포괄이익(total comprehensive income)은 거래나 그 밖의 사건으로 인한 기간 중 자본의 변동(소유주로서의 자격을 행사하는 소유주와의 거래로 인한 자본의 변동 제외)으로서 당기순손익과 기타포괄손익(other comprehensive income)의 모든 구성요소를 포함한다.[11)]

총포괄이익 = 당기순이익 + 기타포괄손익

회계원리를 처음 공부하는 학생들 입장에서는 중단영업활동이나 기타포괄손익에 대해서는 당분간 무시하고 공부하기 바란다. **중단영업활동이나 기타포괄손익이 없다면 계속영업이익이 당기순이익과 같으며, 당기순이익은 총포괄이익과 같게 된다.**

위와 같이 경영성과를 여러 단계로 구분하여 표시하지만, IFRS에서는 별도로 구분 표시하는 것이 금지된 항목도 있는데, 특별항목(extraordinary items)이 그것이다. 즉, IFRS에서는 어떠한 수익과 비용 항목도 포괄손익계산서상에 특별손익으로 구분하여 표시할 수 없으며, 주석으로도 그렇게 하지 못하도록 금지하고 있다. IFRS에서 특별항목의 구분표시를 금지하는 이유는 어떤 항목이 경상항목이냐 아니면 특별항목이냐를 구분하는데 자의성이 내재될 수 있고 이에 따라 투자자의 미래예측치가 왜곡될 가능성이 높기 때문이다.

---

11) 기타포괄손익은 재평가잉여금의 변동(유형자산재평가이익), 매도가능금융자산평가손익 등이 포함된다.

4. 수익의 의의 및 주요 항목

학술적으로 수익(revenue)은 "자산의 유입이나 증가 또는 부채의 감소에 따라 자본의 증가를 초래하는 특정 회계기간 동안에 발생한 경제적 효익의 증가"이다. 즉, 수익은 일정기간 동안 경영활동을 통해 벌어들인 자산(현금 또는 현금을 받을 권리)이다.

예컨대 상품을 매출하면 당장 현금을 받거나 매출채권이라는 권리를 획득하므로 수익이 발생한다. 상품 매출 이외에 건물의 매각이나 타인에게 자금 대여를 통한 이자의 획득을 통해서도 수익은 달성된다.

수익에는 어떤 항목들이 있는지 살펴 보도록 한다. 다음에 열거되는 수익항목을 잘 익혀두기를 바란다.

① **매출액** : 기업의 주된 영업활동에서 제품, 상품, 용역 등을 판매한 금액을 말한다. 한편, 인터넷쇼핑몰 운영회사와 같이 제품공급자로부터 받은 제품을 중개판매하거나 경매하고 수수료만을 수취하는 경우에는 판매금액 총액이 아니라 중개수수료만을 수익으로 인식해야 한다. 또한 수출업무를 대행하는 종합상사도 판매위탁 회사를 대신하여 재화를 수출하는 것이므로 수수료만을 수익으로 계상해야 한다.

② **이자수익** : 금융업 이외에 일반기업에서 대여금에 대한 이자수익과 국채, 공채, 사채 등을 보유함으로써 받는 이자를 말한다.

③ **배당수익** : 타사 주식에 투자할 때 받는 이익의 분배금을 말한다.

④ **로열티수익** : 산업재산권(특허권 등)이나 컴퓨터 소프트웨어 등과 같은 무형자산을 타인에게 사용하게 함으로써 받게 되는 사용대가를 말한다.

⑤ **임대료** : 당장 사용하지 않는 건물이나 토지를 빌려 주고 받는 월세 수입 등을 말한다.

⑥ **유형자산처분이익** : 장부에 기록되어 있는 금액 이상의 대가를 받고 유형자산을 처분할 경우, 그 초과액을 말한다.

수익, 수입, 이익의 구별

일상생활에서는 수익, 수입, 이익을 혼용하는 경우를 흔히 본다. 그러나 회계에서는 이들을 엄격히 구별한다. 회계에서 수입(receipt)은 현금의 유입을 지칭하는 용어이다. 한편, 이익(profit, income)은 수익에서 비용을 차감하여 계산되는 순액을 지칭하며, 수익은 비용을 차감하기 전의 총액을 말한다. 요약컨대 이익은 순액(net) 개념이고, 수익은 총액(gross) 개념이다.

5. 비용의 의의 및 주요 항목

학술적으로 비용(expense)은 '자산의 유출이나 소멸 또는 부채의 증가에 따라 자본의 감소를 초래하는 특정 회계기간 동안에 발생한 경제적 효익의 감소' 이다. 즉, 비용은 수익을 얻기 위해 일정기간 동안 소비한 자산(상품 또는 현금의 지급 및 현금을 지불할 의무)이며, 자본을 감소시킨다.

비용은 수익을 얻기 위해 소비된 것이라야 한다. 예컨대 매출액이라는 수익을 얻기 위하여 상품을 판매하면 상품이라는 자산이 소비된다. 매출된 상품의 원가가 곧 비용이 되는 것이다. 반면 수익을 얻는 데 공헌하지 못하고 소비된 것은 비용이라 부르지 않고 손실(損失, loss)이라 부른다. 예컨대 도난손실, 화재손실 등이 그것이다.

비용에는 어떤 항목들이 있는지 살펴 보자. 다음 열거된 비용항목들을 잘 기억해 둘 필요가 있다. 물론 이 이외에도 다른 것들이 많이 있다.

① **매출원가** : 판매한 제품이나 상품 등에 대한 제조원가 또는 매입원가를 말한다. 상기업의 경우 가장 중요한 비용 항목이다.

② **종업원급여**(employee benefits) : 종업원이 제공한 근무용역과 교환하였거나 해고하면서 기업이 제공하는 모든 종류의 대가(임금과 상여금 등)를 말한다.[12)]

③ **임차료** : 사무실, 건물 등을 빌려 쓰고 지급한 월세 등을 말한다.

④ **감가상각비** : 건물 등 유형자산의 취득원가를 각 회계기간에 배분한 금액을 말한다.

⑤ **광고선전비** : 판매 촉진을 위하여 발생한 광고비 및 선전비를 말한다.

⑥ **여비 교통비** : 종업원이 영업상의 업무로 출장가는 경우의 여비와 그 밖의 교통비 발생액이다.

---

12) K-IFRS 제1019호(종업원급여, 2011년 개정)에 의하면 종업원급여는 크게 단기종업원급여, 퇴직급여, 기타장기종업원급여, 해고급여 등으로 구성된다. 단기종업원급여는 종업원이 관련 근무용역을 제공하는 연차보고기간 이후 12개월 이전에 전부 결제될 것으로 예상되는 종업원급여이며, 퇴직급여는 퇴직 이후에 지급하는 종업원급여이다. 기타장기종업원급여는 단기종업원급여, 퇴직급여 및 해고급여를 제외한 종업원급여이다. 종업원이 관련 근무용역을 제공하는 연차보고기간말 이후 12개월 이전에 전부 결제될 것으로 예상되지 않는 경우로서, 장기근속휴가, 안식년휴가, 그 밖의 장기근속급여, 장기장애급여, 이익분배금과 상여금, 이연된 보상 등이다. 해고급여는 통상적인 퇴직시점 이전에 종업원을 해고하고자 하는 기업의 결정이나 해고의 대가로 기업이 제안하는 급여를 수락하는 종업원의 결정의 결과로서 종업원을 해고하는 대가로 제공하는 종업원급여를 말한다. 한편, 종업원은 전일제나 시간제 그리고 정규직이나 임시직으로 기업에 근무용역을 제공할 수 있다. 이 기준서에서 말하는 종업원은 이사와 그 밖의 경영진도 포함한다.

⑦ **통신비** : 영업과 관련한 우편요금, 전신요금, 전화요금 발생액이다.

⑧ **수도광열비** : 수도요금, 가스요금, 전기요금 등의 발생액이다.

⑨ **접대비** : 영업과 관련하여 거래처나 이해관계자에게 발생하는 교제비나 접대비를 말한다.

⑩ **보험료** : 상품이나 제품, 유형자산에 대한 화재보험료 등을 말한다.

⑪ **세금과 공과** : 자동차세나 재산세 등과 같이 기업에 대해 국가 또는 지방자치단체가 부과하는 조세와 공공지출인 동업조합이나 상공회의소 등 각종 공공단체의 회비, 조합비 등 공과금을 말한다.[13)]

⑫ **이자비용** : 차입금에 대하여 발생한 이자를 말한다.

⑬ **법인세비용** : 법인기업이 영업활동에서 번 소득에 대해 국가에 납부하여야 할 법인세(소득할 주민세 포함)를 말한다.

배당금의 회계처리

기업에서는 이익을 창출하기 위하여 인적자원, 물적자원을 사용한다. 따라서 이익 계산시 각각에 대한 대가를 비용으로 기록한다.

경영자 및 종업원의 인적자원에 대해서는'종업원급여'라는 비용으로 기록하며, 자신의 건물, 기계, 비품 등 물적자원의 사용에 대해서는'감가상각비'라는 비용으로 기록하며, 다른 사람에게서 빌린 돈(차입금)의 대가에 대해서는'이자비용'이라는 비용으로 기록한다. 그렇다면 출자자들이 낸 돈(납입자본)의 대가인'배당금'은 어떻게 회계처리할까?

배당금(dividend)은 기업의 이익을 출자자들에게 돌려 주는 것이므로 **이익(정확하게는 이익잉여금)의 처분항목**으로 회계처리한다. 즉, 이익잉여금의 감소이다. 어렵게 표현하면, 주주와의 직접거래에서 자산과 자본이 감소한다면, 이는 비용으로 보지 않는다. 참고로, 기업이 타기업의 주식을 취득하여 배당금을 받은 경우에는'배당수익'이라는 수익으로 회계처리한다.

회계를 처음 공부하는 학생들이 매우 혼동하여 실수를 많이 하므로 주의하기 바란다.

6. 당기순이익

수익과 비용을 비교하면 기업의 경영성과를 파악할 수 있다. 수익이 비용보다 많으면 **당기순이익**(net income)이 기록되고, 반대로 수익이 비용보다 적으면 **당기순손실**(net loss)이 기록된다.

13) 세금과 공과에는 법인세, 소득세, 주민세 등의 세금은 포함되지 않는다. 또한 토지나 건물 등의 취득세, 등록세 등은 취득원가에 산입되기 때문에 세금과 공과 계정에 포함되지 않는다.

적자와 흑자

흑자(黑字)는 일반적으로 수익이 비용을 초과하여 이익이 발생한 상태를 말하며 이를 표시할 때 검은 색으로 기록한다. 반면에, 적자(赤字)는 반대로 비용이 수익을 초과한 상태를 말하며 빨간 색으로 기록하는 데서 유래되었다. 빨간 색으로 기록하는 것은 주의를 환기(atten tion-dire cting) 시키기 위함이다.

한편, 블랙 프라이데이(black Friday)는 미국에서 11월 마지막 목요일 추수감사절(Thanksgiving Day) 다음날인 금요일을 일컫는 용어이다. 이날부터 연말까지 이어지는 세일기간은 미국 소비자들의 각종 상품구매가 집중되는데, 블랙 프라이데이 소비는 미국 연간 소비의 약 20% 가량을 차지하는 것으로 집계되고 있다. 이에 따라 장부상의 적자(red figure)가 흑자(black figure)로 전환된다고 해서 이 용어가 만들어졌다.

예제 2-4 포괄손익계산서 작성

다음은 A사, 3월 한 달 동안의 영업활동 자료이다. 포괄손익계산서를 작성하라. 당기순이익은 각자 계산할 것.

매 출 액	80만원	임 대 료	6만원	이 자 수 익	14만원
종업원급여	10만원	감가상각비	20만원	광고선전비	30만원

해답

A사	**포괄손익계산서**	3. 1 - 3. 31
매 출 액		80만원
기타수익		
임 대 료	6만원	
이 자 수 익	14	20
비 용		
종업원급여	10만원	
감가상각비	20	
광고선전비	30	(60)
당기순이익(=총포괄이익)		40만원

예제 2-5 포괄손익계산서 작성

다음은 B사, 4월 한 달 동안의 영업활동 자료이다.

매 출 액	90만원	임 대 료	10만원	로열티수익	6만원
유형자산처분이익	4만원	종업원급여	10만원	임 차 료	3만원
감가상각비	7만원	광고선전비	30만원	보 험 료	10만원
이 자 비 용	20만원				

물음

(1) 위의 항목에서 ① 수익과 ② 비용을 식별하라.
(2) 포괄손익계산서를 작성하라.

해답 (1) 수익 : 매출액, 임대료, 로열티수익, 유형자산처분이익
비용 : 종업원급여, 임차료, 감가상각비, 광고선전비, 보험료, 이자비용

(2) B사 **포괄손익계산서** 4. 1 - 4. 30

매 출 액		90만원
기타수익		
임 대 료	10만원	
로얄티수익	6	
유형자산처분이익	4	20
비 용		
종업원급여	10만원	
임 차 료	3	
감가상각비	7	
광고선전비	30	
보 험 료	10	
이 자 비 용	20	(80)
당기순이익(=총포괄이익)		30만원

제 4 절 재무제표의 연계

기업은 기초의 재무상태에서 출발하여 경영활동을 한다. 기중에 이루어지는 수익과 비용은 포괄손익계산서에 반영되며, 포괄손익계산서의 당기순이익은 기말에 자본의 크기를 변화시킨다.

간단한 예를 살펴 보자. A기업의 기초자본은 ₩1,120이며, 20×1년의 수익과 비용의 차이인 당기순이익은 ₩50이라고 가정하자. 이 경우 포괄손익계산서에서 구한 당기순이익은 재무상태표의 이익잉여금을 증가시키게 된다.

조금 복잡한 경우로 확장해 보자. 기중에 추가출자나 자본인출이 일어날 수 있다. 이 경우에는 수익이나 비용이 발생하는 것이 아니며, 납입자본에 영향을 미치게 된다. 추가출자는 납입자본을 증가시키며, 반대로 자본인출은 납입자본을 감소시킨다. 또한 출자자인 주주들에게 배당이 이루어진 경우, 앞에서 배당금은 영업활동의 결과를 주주들에게 배분하는 것이기 때문에 비용이 아니며 이익잉여금의 처분항목이라고 강조하였다. 즉, 배당금은 당기순이익이나 총포괄이익에 영향을

미치지 않는다. 배당금은 이익잉여금을 직접 감소시킨다.[14)]

기초이익잉여금 + 당기순이익 − 배당금 = 기말이익잉여금

◀ 도표 2-4 재무상태표와 포괄손익계산서의 연계-1

재무상태표(기초자본) 20×1.1.1.		포괄손익계산서 20×1.1.1.~20×1.12.31	재무상태표(기말자본) 20×1.12.31	
납입자본	1,000		납입자본	1,000
이익잉여금	100	+ 당기순이익 50	이익잉여금	150
재평가잉여금	20		재평가잉여금	20
합계	1,120		합계	1,170

◀ 도표 2-5 재무상태표와 포괄손익계산서의 연계-2

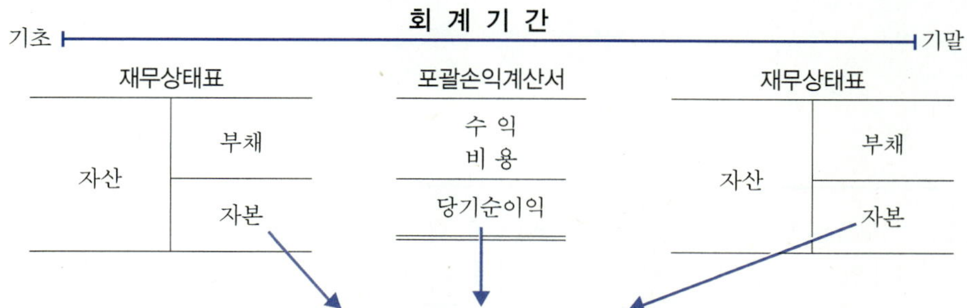

기초자본 + 당기순이익 = 기말자본

* 기중에 자본거래나 배당이 이루어진 경우에는 식이 달라진다.

◀ 도표 2-6 재무상태표와 포괄손익계산서의 연계-3

재무상태표(기초자본) 20×1.1.1.			재무상태표(기말자본) 20×1.12.31	
납입자본	1,000	+추가출자(-자본인출) 30	납입자본	1,030
이익잉여금	100	+포괄손익계산서의 당기순이익 50 -배당금 20	이익잉여금	130
재평가잉여금	20	+포괄손익계산서의 기타포괄이익 10	재평가잉여금	30
합계	1,120		합계	1,190

14) 유상증자나 배당금 지급은 주주와의 직접적인 자본거래로서, 이는 포괄손익계산서에 반영되지 않고 직접 재무상태표의 자본에 영향을 준다.

한편, 기업이 보유한 유형자산의 공정가치가 변하는 경우를 살펴 보자. 유형자산의 공정가치가 증가한 경우 그 금액을 유형자산재평가이익이라 하며, 이는 당기순이익에 포함되지 않고 기타포괄이익에 포함된다. 기타포괄이익이 발생하면 그 금액이 재무상태표의 자본에 영향을 미친다.

이와 같이 재무상태표와 포괄손익계산서는 서로 연계(articulaton)되어 있다.

summary 재무상태표와 포괄손익계산서의 연계

① 포괄손익계산서의 당기순이익 : 재무상태표의 자본(구체적으로 이익잉여금)을 증가시킨다.
② 포괄손익계산서의 기타포괄이익 : 재무상태표의 자본(구체적으로 기타포괄손익누계액)을 증가시킨다.
③ 배당금 : 재무상태표의 자본(구체적으로 이익잉여금)을 감소시킨다.
④ 유상증자 : 재무상태표의 자본(구체적으로 납입자본)을 증가시킨다.

예제 2-6
재무제표의 연계

대한(주)의 20×1년 기초자본은 자본금 ₩1,000, 이익잉여금 ₩100, 재평가잉여금 ₩50으로 구성되어 있다. 20×1년 중 다음과 같은 사건이 발생하였다. 이 회사의 기말자본을 구하라.

- 기중에 ₩100을 추가출자하였다.
- 당기순이익은 ₩200이며, 유형자산재평가이익은 ₩20이다.
- 20×1년 3월 주주총회에서 출자자들에게 ₩80을 배당하였다.

해답

기초자본 20×1.1.1.				기말자본 20×1.12.31	
자본금	1,000	+추가출자	100	납입자본	1,100
이익잉여금	100	+포괄손익계산서의 당기순이익 −배당금	200 80	이익잉여금	220
재평가잉여금	50	+포괄손익계산서의 유형자산재평가이익	20	재평가잉여금	70
합계	1,150			합계	1,390

제 5 절 재무보고 개념체계와 재무회계기준

수많은 외부정보이용자들이 경제적 의사결정을 위해 사용하는 회계정보는 어떠한 이론적 틀 속에서 만들어질까? 여기서 이론적 틀을 **재무보고를 위한 개념체계**(The Conceptual Framework for Financial Reporting)라 한다. 개념체계는 크게 (1) 재무보고의 목적, (2) 재무보고의 기본가정, (3) 재무정보의 질적 특성 등으로 분류할 수 있다(K-IFRS, 재무보고를 위한 개념체계). 이 이외에도 재무제표의 요소 등이 있으나 이 부분은 해당 절에서 설명할 것이며, 본 서에서는 회계원리 수준에 적합한 내용만을 소개한다.

1. 재무보고의 목적

특정 필요에 따른 특수보고서의 작성을 기업에 요구할 수 있는 위치에 있지 아니한 재무제표이용자의 정보요구를 충족시키기 위해 작성되는 재무제표를 일반목적 재무제표(general purpose financial statements)라 한다. 일반목적 재무보고의 목적은 현재 및 잠재적 투자자, 대여자 및 기타 채권자가 기업에 자원을 제공하는 것에 대한 의사결정을 할 때 유용한 보고기업 재무정보를 제공하는 것이다.

또한, 일반목적 재무보고서는 보고기업의 재무상태에 관한 정보, 즉 기업의 경제적 자원과 보고기업에 대한 청구권에 관한 정보를 제공하고, 경제적 자원과 청구권을 변동시키는 거래와 그 밖의 사건의 영향에 대한 정보도 제공한다.

2. 재무보고의 기본 가정

회계정보의 원활한 산출을 제약하는 요소들이 현실 속에 다수 존재한다는 사실에 대한 고려이다. 따라서 제반 현실적 제약을 완화하기 위하여 설정한 가정들을 **재무보고의 기본가정**(basic assumption)이라 하며, 이에는 계속기업의 가정이 있다.

재무제표는 일반적으로 기업이 **계속기업**(going concern)으로서 예상 가능한 기간 동안 영업을 계속할 것이라는 가정 하에 작성된다. 중세 서양에는 모험기업(venture business)이라는 것이 있어서, 사업목적이 끝나면 투자자들 간에 이익을 배분하고 해체되어 생명이 종료되었다. 그러나 오늘날에는 반증(예, 도산이 거의 확실한 경우)이 없는 한 기업의 생명이 영원하다는 계속기업을 가정한다. 그러나 실제로 기업의 생명은 영원하지 않다. 많은 기업이 설립된 후 수년 내에 파산하기도 하는데, 1997년 후반기에 시작된 외환위기에서 영원히 존재할 것 같던 대기업도 도산했다. 따라서 계속기업 가정은 단지 기업이 생명을 다하는 시점(파산, 해산)을 사전적으로 예측할 수 없기 때문에 설정한 회계를 위한 편의상의 가정으로 이해하면 된다.

3. 재무정보의 질적 특성

재무보고가 정보이용자에게 유용하기 위해서는 어떤 속성을 지니는 것이 바람직할까? 유용한 재무정보의 **근본적 질적 특성**(fundamental qualities)은 재무보고가 정보이용자들에게 유용한 것이 되기 위해 갖추어야 할 비계량적 속성이며 구체적으로 목적적합성과 표현충실성이다.

① **목적적합성**(relevance) : 목적적합한 재무정보는 정보이용자의 의사결정에 차이가 나도록 할 수 있다. 재무정보에 예측가치(predictive value), 확인가치(confirmatory value) 또는 이 둘 모두가 있다면 의사결정에 차이가 나도록 할 수 있다.

② **표현충실성**(faithful representation) : 재무정보가 유용하기 위해서는 나타내고자 하는 현상을 충실하게 표현하여야 한다. 완벽하게 충실한 표현을 하기 위해서

도표 2-7 ▶
회계정보의 질적 특성 : 계층적 구조

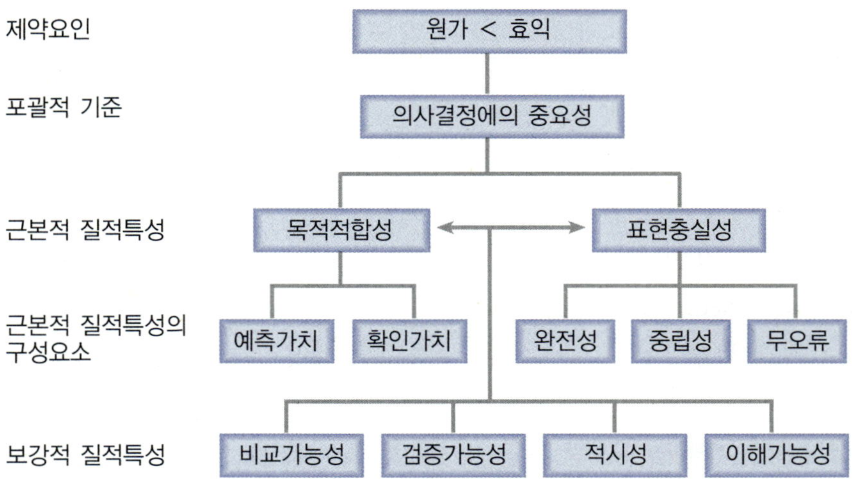

서술은 완전(completeness)하고, 중립적(neutrality)이며, 오류가 없어야(free from error) 할 것이다.

한편, 원가(cost)는 재무보고로 제공될 수 있는 정보에 대한 포괄적 제약요인이다. 재무정보의 보고에는 원가가 소요되고, 해당 정보 보고의 효익(benefit)이 그 원가를 정당화한다는 것이 중요하다.

보강적 질적 특성(enhancing qualities)

목적적합하고 충실하게 표현된 정보의 유용성을 보강시키는 질적 특성은 다음과 같다.

① **비교가능성**(comparability) : 정보이용자가 항목 간의 유사점과 차이점을 식별하고 이해할 수 있게 하는 질적 특성이다.

② **검증가능성**(verifiability) : 합리적인 판단력이 있고 독립적인 서로 다른 관찰자가 어떤 서술이 충실한 표현이라는 데 대체로 의견이 일치할 수 있다는 것을 의미한다.

③ **적시성**(timeliness) : 의사결정에 영향을 미칠 수 있도록 의사결정자가 정보를 제때에 이용가능하게 하는 것을 의미한다.

④ **이해가능성**(understandability) : 정보를 명확하고 간결하게 분류하고, 특징지으며, 표시하면 이해가능하게 된다.

4. 재무회계기준

(1) 한국채택 국제회계기준

우리나라는 1997년에 IMF경제위기를 겪었다. 단기외화부족이 직접적인 원인이지만, 우리나라 기업의 회계정보의 신뢰도가 땅바닥으로 떨어졌다. 1998년에 우리나라 정부와 세계은행(IBRD)은 회계정보의 신뢰성과 기업경영의 투명성을 제고하기 위해 정부로부터 독립적인 민간 회계기준제정기구를 설립하기로 합의하였다.

민간부문 회계기준제정기구인 한국회계기준위원회가 1999년 9월 발족되기 전까지 우리나라는 〈기업회계기준〉을 재정경제부 산하의 금융감독위원회에서 제정해 왔다. 이는 재무회계기준을 정부라는 공공기관이 제정해 왔다는 것을 의미한다. 반면에 미국의 경우에는 재무회계기준의 제정권한을 우리와 같이 정부기관인 증권감독원(SEC, Securities & Exchange Commission)이 가지고 있지만 이 임무를 민간기구인 「재무회계기준위원회」(FASB, Financial Accounting Standards Board)에 대부분 위임하고 있다. 우리나라도 1999년 민간 주도의 독립된 회계기준 제정기구를 발족시킨 후 재무회계기준 제정권한을 민간에 위임하고 있다.

우리나라 〈기업회계기준〉의 제정 근거는 '주식회사의 외부감사에 관한 법률'(줄여서 **외감법**(外監法))이다. 이 법은 본래 공인회계사에 의한 회계감사를 규정하기 위한 법이지만, 2010년 5월에 개정된 외감법의 근거조항(제13조)과 외감법 시행령(제7조의 3)에 따라 민간기구인 한국회계기준원에서 회계기준을 제정하였다.[15)]

국제적으로 많은 나라들이 **국제회계기준위원회**(IASB, International Accounting Standards Board)가 제정한 **국제회계기준**(IFRS, International Financial Reporting Standards)을 채택하는 추세에 맞추어 우리나라에서도 이를 전면 수용하였다.

한국회계기준원의 회계기준위원회(KASB, Korea Accounting Standards Board, www.kasb.or.kr)는 회계기준의 국제적 정합성 및 회계정보의 유용성을 높이기 위하여 2007년 11월 23일 **'한국채택 국제회계기준(K-IFRS)'**을 제정 의결하였다. K-IFRS는 '기업회계기준서'와 '기업회계기준해설서'로 구성되어 있다. 이에 따라 2011년부터 모든 상장회사(上場會社, listed company)는 국제회계기준을 의무적으로 적용하여야 한다. 앞으로 국내 법규에 의해 작성된 재무제표를 국제자본시장에서 그대로 사용할 수 있게 되어 글로벌 기업들의 부담이 줄어들 것으로 예상된다.

한편, 자산 120억원 이상 등의 외부감사 대상 비상장회사는 「일반기업회계기준」(K-GAAP)에 따라 회계처리하고 있다(주식회사의 외부감사에 관한 법률 시행령, 2014.9). 아울러 「일반기업회계기준」이 복잡하여 중소기업에는 큰 부담으로 작용할 수 있어 일반기업회계기준의 약 1/10 분량으로 「중소기업회계기준」을 2013년 2월 1일에 제정하였고 2014년 1월 1일 이후 최초로 시작되는 회계연도부터 적용하고 있다.

도표 2-8 ▶ 우리나라의 회계기준

회계기준	적용대상
한국채택 국제회계기준(K-IFRS)	모든 상장회사
일반기업회계기준(K-GAAP)	자산 120억원 이상 등의 외부감사 대상 비상장회사
중소기업회계기준	중소기업

15) 그 동안 "주식회사"에 한해 적용하던 규율이 "유한회사, 비영리법인" 등에 확대 적용하기 위해 법률명이 "주식회사 등의 외부감사에 관한 법률"로 2017년 10월 31일 개정되었으며, 2018년 11월 1일부터 시행되고 있다. 동법 제5조(회계처리기준) 제4항과 "주식회사 등의 외부감사에 관한 법률 시행령" 제7조 제1항에 따라, 금융위원회는 회계처리기준의 제정 또는 개정 등의 업무를 금융위원회의 허가를 받아 설립된 한국회계기준원에 위탁하고 있다.

(2) K-IFRS의 주요 특징

국제회계기준의 주요한 특징은 다음과 같다.

첫째, 국제회계기준은 **원칙 중심**(principle-based)이다. 원칙 중심이란 재무보고의 기본원칙이나 방법론을 제시하고, 세부적인 방법과 절차를 제시하지 않는다는 것이다. 기존의 한국회계기준은 규칙 중심(rule-based)의 회계기준으로서 특정 상황에서 필요한 회계처리 방법을 구체적으로 제시하였다.

둘째, 국제회계기준은 자산과 부채의 **공정가치**(fair value) 측정을 강조하고 있다. 기존의 한국회계기준은 역사적 원가(historical cost)에 의해 자산과 부채를 측정하였는데, 역사적 원가는 과거에 발생한 정보이므로 현재의 가치를 반영하지 못하는 경우가 많았다. K-IFRS 제1113호(공정가치측정)에 의하면, 공정가치란 측정일에 시장참여자 사이의 정상거래(orderly transaction)에서 자산을 매도하면서 수취하거나 부채를 이전하면서 지급하게 될 가격(유출가격, exit price)이다.

셋째, 국제회계기준에서는 **연결재무제표**를 주된 재무제표로 작성하도록 요구하고 있다. 예를 들어 A회사가 B회사의 주식을 90% 소유하고 있다고 하자. 기존의 한국회계기준에서는 각각의 회사가 따로따로 작성하는 개별재무제표가 주재무제표이었다. 국제회계기준에서는 비록 법적 실체가 다르지만 하나의 경제적 실체라 보고 두 회사의 재무제표를 합쳐 연결재무제표를 작성하도록 하고 있다.

제 2 장 연 습 문 제

재무제표의 이해

01 산업별 재무상태표의 차이점 이해

아래 수치들은 백화점, 은행, 자동차제조회사, 회계법인의 재무상태표 각 항목을 당해 회사의 자산총액으로 나눈 비율이다. 이런 방식으로 작성한 재무상태표를 공통규모 재무상태표라고 부르는데, 기업 간 규모 차이를 극복하고 동등한 바탕 위에서 기업 간 재무상태를 비교하는 데 유용하게 사용되는 수단이다.

	①	②	③	④
현금및현금성자산	10%	20%	20%	5%
매 출 채 권	–	20	50	15
단기대여금	60	–	–	–
상 품	–	50	–	–
제 품	–	–	–	30
원 재 료	–	–	–	10
매도가능금융자산	20	–	28	10
설비자산(기계건물비품)	10	10	2	30
자산 합계	100%	100%	100%	100%
매 입 채 무	–	40%	–	30%
단기차입금	50%	10	20%	20
미지급비용	8	20	–	5
장기차입금	30	20	10	20
자 본	12	10	70	25
부채 및 자본합계	100%	100%	100%	100%

참고 : (–) 표시는 0이라기 보다는 무시할 수 있을 정도로 작은 비중이라는 뜻.

물음 자산구성, 부채구성의 차이를 기초로 각각 어느 회사의 재무상태표인지 말하고 그렇게 판단한 근거를 간략히 기술하라.

02 발생기준과 현금기준

12월 초에 개업한 택배회사의 용역수익에 대한 정보는 다음과 같다.

① 12월의 현금매출액은 ₩100,000이며, 외상매출액은 ₩200,000이다.

② 외상매출액 중 60%는 당월에 회수되며, 나머지 40%는 차월에 회수된다.

물음

(1) 발생기준에 따라 12월 매출액을 구하라.

(2) 현금기준에 따라 12월 매출수입을 구하라.

03 재무상태표 작성

다음은 E사의 5월 31일 현재 재무상태에 대한 회계자료이다. 재무상태표를 작성하라. 단, 이익잉여금은 각자 계산할 것.

현금 예금	20만원	단기매매금융자산	10만원	매출채권	30만원
단기대여금	10만원	미 수 금	15만원	건 물	100만원
비 품	20만원	차량운반구	50만원	매입채무	40만원
단기차입금	60만원	미 지 급 금	10만원	자 본 금	120만원

04 재무상태표 작성

다음은 20×1년 12월 31일 현재 D사의 회계자료이다.

현 금	10만원	매출채권	30만원	단기대여금	10만원
미 수 금	4만원	상 품	6만원	건 물	50만원
비 품	20만원	매입채무	40만원	단기차입금	30만원
미지급금	10만원	자 본 금	30만원	이익잉여금	?

물음

(1) 위 항목에서 자산, 부채, 자본를 식별하라.

(2) 이익잉여금은 얼마인가?

(3) 재무상태표를 작성하라. 단, 자산, 부채와 자본으로만 분류하고 유동자산, 비유동자산, 유동부채, 비유동부채로 세분할 필요는 없다.

(4) 이 회사의 20×1년 당기순이익이 5만원이며, 배당금은 없다고 가정할 경우, 기초이익잉여금은 얼마인가?

05 순자산비교법에 의한 당기순이익 등 계산

(1) 기초자본은 70만원, 기말자본은 100만원이다. 당기순이익은 얼마인가 ?

(2) 기초자산은 100만원, 기초부채는 70만원, 기말자산은 300만원, 기말부채는 180만원이다. 당기순이익은 얼마인가 ?

(3) 기초자본은 100만원, 기중에 추가출자한 금액은 20만원, 당기순이익은 80만원이다. 기말자본은 얼마인가 ?

(4) 기초자본은 70만원, 기말자본은 100만원이다. 그런데 기중에 추가출자한 금액이 10만원이 있었다. 당기순이익은 얼마인가?

(5) 기말자본은 100만원이고 기중에 추가출자한 금액이 10만원이 있었다. 당기순이익은 40만원이었다면 과연 기초자본은 얼마이었을까?

(6) 기초자본은 100만원, 기말자본은 200만원, 당기순이익은 60만원이었다. 기중에 추가출자한 금액은 얼마인가 ?

06 순이익 계산

다음 빈 칸을 채워라.

경우	기초자산	기초부채	기말자본	수익	비용	순손익
1	₩900,000	₩400,000	( )	₩540,000	( )	₩85,000
2	800,000	300,000	( )	150,000	200,000	( )
3	( )	150,000	200,000	( )	100,000	20,000
4	250,000	( )	100,000	( )	70,000	30,000
5	500,000	( )	360,000	260,000	( )	60,000

07 순이익 계산

다음 빈 칸을 채워라.

경우	자산		부채		자본		수익	비용	순손익
	기초	기말	기초	기말	기초	기말			
1	30,000	32,000	( )	12,000	( )	( )	( )	6,000	2,000
2	( )	50,000	10,000	( )	25,000	( )	25,000	10,000	( )
3	70,000	( )	20,000	25,000	( )	55,000	90,000	( )	( )

08 순이익 계산

다음 빈 칸을 채워라.

경우	기초			기말			수익	비용	순손익
	자산	부채	자본	자산	부채	자본			
1	90,000	30,000	( )	( )	50,000	( )	80,000	( )	10,000
2	( )	65,000	20,000	100,000	( )	40,000	( )	70,000	( )
3	50,000	30,000	( )	( )	35,000	( )	25,000	( )	−5,000
4	50,000	( )	30,000	( )	40,000	( )	38,000	25,000	( )
5	( )	15,000	35,000	70,000	40,000	( )	( )	25,000	( )
6	80,000	20,000	( )	60,000	( )	( )	43,000	( )	−12,000

09 순이익 계산

아래 괄호를 채워라.

경우	기초자산	기초부채	기말자산	기말부채	수 익	비 용	순이익	추가출자
A기업	490	340	520	250	600	( )	100	( )
B기업	( )	380	960	460	700	460	( )	100

10 순자산비교법에 의한 당기순이익 계산

천지상사의 기초 및 기말 현재 자산 및 부채내역은 다음과 같다. 당기 중 출자와 배당이 없었다면 천지상사의 당기순이익은 얼마인가?

(기초)				(기말)			
현 금	50,000	매입채무	270,000	비 품	195,000	차 입 금	200,000
미지급금	150,000	매출채권	230,000	상 품	170,000	건 물	550,000
건 물	500,000	상 품	120,000	매입채무	250,000	현 금	75,000
대 여 금	250,000	토 지	700,000	매출채권	320,000	미 수 금	300,000
				토 지	700,000		

11 당기순이익과 총포괄이익

다음 빈 칸을 채워라.

경우	총수익	총비용	당기순이익	기타포괄손익	총포괄손익
1	( )	₩500,000	₩50,000	₩30,000	( )
2	2,400,000	( )	300,000	−20,000	( )
3	2,000,000	1,800,000	( )	( )	300,000

12 포괄손익계산서 작성

다음 B사 영업활동 자료를 바탕으로 포괄손익계산서를 작성하라.

매출액	₩900,000	매출원가	₩500,000	종업원급여	₩250,000
감가상각비	40,000	이자비용	30,000	법인세비용	20,000
유형자산재평가이익	40,000				

13 영업이익 계산

(주)대한의 20×3년 말 회계자료는 다음과 같다.

매출액	₩300,000	매출원가	₩128,000	대손상각비*	₩4,000
급여	30,000	사채이자비용	2,000	감가상각비	3,000
임차료	20,000	유형자산처분이익	2,800	매도가능금융자산처분이익	5,000

*대손상각비는 매출채권에서 발생한 것이다.

물음 (주)대한이 20×3년도 기능별 포괄손익계산서에 보고할 영업이익은 얼마인가? (14CTA)

14 재무상태표와 포괄손익계산서의 분석

아래는 C사의 20×1년도 회계자료이다.

① 수익의 총계는 ₩110,000이며, 비용의 총계는 ₩80,000이다.
② 기초이익잉여금은 ₩8,000이며, 당기의 배당금은 ₩5,000이다.
③ 기말자산의 총계는 ₩1,400,000이며, 기말부채의 총계는 ₩900,000이다.

물음

(1) 20×1년의 당기순이익은 얼마인가?
(2) 기말이익잉여금은 얼마인가?
(3) 기말자본의 총계는 얼마인가?
(4) 기초자본은 얼마인가?

15 재무상태표와 포괄손익계산서의 분석

다음은 C사의 당년도 4월 중 자료이다.

① 4월말 자산총액 250만원
② 4월말 항목잔액

현금예금	8만원	단기매매금융자산	20만원	외상매출금	30만원
받을어음	10만원	단기대여금	15만원	미수금	25만원
건물	100만원	비품	42만원		
외상매입금	30만원	지급어음	50만원	단기차입금	40만원
미지급금	10만원	장기차입금	25만원	사채	30만원
자본금	20만원	이익잉여금	?		

물음

(1) C사의 4월말 재무상태표를 작성하라.
(2) 4월의 당기순이익이 10만원이라면 기초자본은 얼마인가?

16 기초재무상태의 추정

(1) 미래기업의 자산은 기초에는 ₩50,000이었는데 기말에는 ₩10,000이 증가하였다. 기말부채는 ₩27,500인데 당기의 순이익은 ₩7,500이었다. 기초자본은 얼마인가?
(2) 기말에 장부를 조사한 즉, 자산합계 ₩762,000, 부채합계 ₩389,000, 연도 중의 수익합계 ₩1,967,000, 비용합계 ₩2,012,000이었다. 기초의 자산합계가 ₩582,000이었다면 기초의 부채합계는 얼마인가?

17 기말자산의 추정

미래상사의 기초의 자산 · 부채 · 자본은 다음과 같다.

현금	₩180,000	단기매매금융자산	₩120,000	매출채권	₩267,000
상품	465,000	비품	20,000	매입채무	82,000
장기차입금	100,000	자본금	?	이익잉여금	250,000

당기의 수익은 ₩1,762,000, 비용은 ₩1,363,000, 기말의 부채총액은 ₩320,000이었다. 기말의 자산총액은 얼마인가?

18 재무제표의 연계

한양(주)은 20×0년 1월 1일에 ₩2,000,000을 출자하여 영업을 개시하였다. 20×0년 12월 31일 현재의 자산, 부채의 현황과 20×0년의 수익, 비용은 다음과 같다.

현금	₩170,000	단기매매금융자산	₩1,000,000	매출채권	₩362,000
상품	1,430,000	비품	124,000	매입채무	100,000
사채	900,000	매출액	3,200,000	매출원가	?
종업원급여	533,000	수도광열비	18,000	임차료	150,000
단기매매금융자산처분이익	205,000	이자비용	160,000		

물음

(1) 기말이익잉여금을 구하라.
(2) 매출원가를 구하라.
(3) 재무상태표는 계정식으로, 포괄손익계산서는 보고식으로 작성하라.

19 재무제표의 연계

(주)미래의 기초 자산, 부채, 자본의 내역은 다음과 같다.

현금및예금	₩2,000	단기매매금융자산	₩4,000	매출채권	₩5,000
상품	6,000	비품	7,000	매입채무	8,000
사채	3,000	자본금	5,000	이익잉여금	?

(주)미래의 당기순이익은 ₩28,000이며, 기말자산총액은 ₩61,000이다.

물음

(1) (주)미래의 기초이익잉여금은 얼마인가?
(2) 기말부채 총액은 얼마인가?
(3) 기중 출자한 금액이 ₩1,000이라면 기말이익잉여금은 얼마인가?

20 재무제표의 연계

(주)미래의 기초 자산, 부채, 자본의 내역은 다음과 같다.

현 금	₩1,000	비 품	₩3,000	외상매출금	₩2,000
상 품	3,000	토 지	5,000	외상매입금	4,000
장기차입금	5,000	자 본 금	?	이익잉여금	1,500

(주)미래의 당기 수익, 비용 등의 내역은 다음과 같다.

매 출 액	₩15,200	매출원가	?	광고선전비	₩1,500
종업원급여	1,000	보 험 료	300	감가상각비	500
이 자 수 익	1,000	유형자산처분손실	2,500	법인세비용	700

(주)미래의 기말부채총액은 ₩12,000이며, 당기순이익은 ₩1,200이다.

물음

(1) (주)미래의 기초자본금은 얼마인가?
(2) 매출원가는 얼마인가?
(3) 기말자산은 얼마인가?

CHAPTER 3

분개와 전기

기업에서는 수많은 거래들이 끊임없이 발생하며, 회계는 우선 이들을 장부에 기록하고 재무제표로 요약한다. 올바른 재무제표의 작성을 위해서는 기중에 발생하는 수많은 거래들을 체계적으로 기록하고 정리해 두는 것이 매우 중요하다.

본 장에서는 복식부기 방법에 따른 체계적 기록과정 중 핵심에 해당하는 분개와 전기에 관해서 공부한다. 회계를 처음 접하는 독자들의 편의를 위하여 먼저 서비스 기업에서 발생하는 단순한 거래들을 기초로 분개와 전기를 공부한다.

제 1 절 거 래

1. 회계상 거래의 정의

회계정보의 제공을 위해 기업이 무엇보다도 먼저 해야 할 일은 여러 경영활동 중에서 장부에 기록할 대상을 인식(recognition)하는 일이다. 어떤 것을 장부에 기록하고 어떤 것을 기록하지 말아야 할 것인가 하는 문제이다.

경영활동이 계속되는 한 기업의 재무상태는 계속 변동하게 된다. 예컨대 현금을 빌려오면 현금이 증가하는 한편 갚아야 할 빚도 그만큼 증가한다. 또한 비품을 현금으로 구입하면 비품이 증가하는 한편 현금이 감소한다. 짐작하듯이 기업은 이런 변동을 장부에 적절히 반영함으로써 기업의 자산, 부채, 자본의 현재 잔액을 언제라도 장부를 통해서 알 수 있게 만들고자 한다. 그러나 이때 만일 자산, 부채, 자본에 발생하는 변화의 크기를 금액으로 측정할 수 없다면 기록을 하고 싶어도 할 수가 없다. 회계상 거래(transaction)란 자산, 부채, 자본에 변화를 가져오는 것이면서 동시에 그 변화의 크기를 금액으로 측정할 수 있는 사건을 뜻하며, 바로 이러한 거래는 장부 기록의 대상이 된다.

자산, 부채, 자본에 전혀 변화를 가져오지 않는 사건은 장부에 기록할 필요가 없고, 변화의 크기를 금액으로 측정할 수 없는 것은 장부에 기록할 수가 없다. 따라서 이들은 회계상 거래가 되지 못한다.

일상적으로 우리가 거래라고 말하는 것들은 대부분 회계상으로도 거래가 된다. 상품을 매입하고 판매하는 일, 자금을 차입하고 상환하는 일, 건물이나 비품을 매입하고 처분하는 일 등은 일상생활에서도 거래라고 부르며, 회계상으로도 거래가 된다. 이처럼 대부분의 사건들은 일상적으로나 회계상으로나 거래가 된다. 그러나 양자가 일치하지 않는 점도 있음을 유념할 필요가 있다.

예컨대 다음의 사건들은 일상적으로는 거래라고 부르지 않지만 금액을 알 수 있는 한 회계상으로는 거래가 된다.

① 현금을 분실하였다, 건물이 불에 탔다: 현금, 건물이라는 자산에 변화가 일어났기 때문에 회계상 거래이다.

② 차입금에 대하여 시간이 경과하여 이자가 발생하였다: 이자를 지급해야 할 부채가 발생하였기 때문에 회계상 거래이다.

2. 거래의 이중성

거래의 **이중성**(duality)이란 어떤 거래에도 자산, 부채, 자본에 변화를 초래하는 원인과 결과라는 두 가지 속성이 함께 들어 있다는 사실을 지칭하는 말이다.

예를 통하여 거래의 이중성을 살펴보자. '현금 10만원으로 비품을 구입하였다'라는 거래를 분석하면, 다음과 같은 두 가지 내용이 들어 있음을 알 수 있다.

① 현금 10만원이 감소하였다(자산 감소).
② 비품 10만원이 증가하였다(자산 증가).

즉, 현금이 감소하는 대신 비품이 증가한 것이다. 현금 감소가 원인이 되어 비품 증가라는 결과가 얻어진 것이다. 반대로 비품 증가가 원인이 되어 현금 감소라는 결과가 나타났다고 보아도 무방하다. 어찌 되었든 한 쪽은 다른 쪽의 원인이 되고 또한 다른 쪽은 한 쪽의 결과가 된다.

모든 거래는 이처럼 원인과 결과를 항상 함께 가지고 있으며, 또한 앞의 예에서 보듯이 원인의 금액과 결과의 금액도 항상 일치한다.

회계에서는 거래의 이중성에 따라 모든 거래를 원인과 결과로 나누어 이중으로 기록한다. 이처럼 하나의 거래를 이중으로 기록하는 기록방법을 **복식부기**(複式簿記, double-entry book-keeping)라 부른다.

복식부기와 대조되는 것으로 단식부기가 있다. 단식부기는 원인과 결과 가운데 어느 하나만을 기록하는 방법이다. 예컨대 위 거래에 대하여 '비품 구입 10만원' 이라고만 기록하는 것이 그것이다. 이러한 단식부기는 어떤 단점이 있을까? 이 기록만으로는 10만원 짜리 비품을 구입했다는 사실은 알 수 있지만, 비품을 현금으로 구입했는지 아니면 외상으로 구입했는지 알 수가 없다.

복식부기는 비록 한 거래를 이중으로 기록하는 불편이 따르지만 그 불편을 상쇄하고 남는 엄청난 장점이 있다. 우선 위의 경우 비품 구입이 현금 구입인지 외상 구입인지를 알 수 있다는 장점이 있다. 또한 이보다 훨씬 더 큰 장점인 자기검증기능(自己檢證機能)이라는 것이 있는데, 이에 관해서는 시산표 부분에서 살펴 본다.

summary 복식부기(複式簿記, double entry book-keeping)

1. 거래의 이중성에 따라 원인과 결과를 이중으로 기록하는 방식
2. 특정 자산이나 부채의 발생 원인을 알게 해주는 장점이 있음
3. 자기검증기능을 지님

복식부기의 역사

이탈리아의 수학자인 Luca Pacioli는 그의 저서《산수, 기하, 비(比) 및 비례 전서(比例全書)(Summa de arithmetica, geometria, proportioni et proportionalita)》(1494)를 발간하였고 그 책 제2권의 마지막 부분에 복식부기(複式簿記)의 서술이 있어 이에 관한 가장 오래된 인쇄에 의한 문헌으로 인정받고 있다.

한편, 우리나라에서는 고려의 개성상인(송상)이 송도사개치부법(松都四介治簿法) 또는 개성부기[開城簿記]라고 불리는 복식회계를 사용하였다. 여기서 사개(四介)는 장부를 기록할 때에 있어야 하는 주는 사람, 받는 사람, 주는 것, 받는 것을 뜻한다. 고려시대이므로 서양보다 2세기 앞선다. 그렇지만 조선은 상업을 가장 천대하다보니 그 역사와 전통이 단절되었다.

제 2 절 재무상태표 등식을 이용한 거래의 기록

본 절에서는 복식부기가 갖는 장점을 보다 쉽게 이해하도록 하기 위하여 재무상태표 등식(자산 = 부채 + 자본)을 이용한 기록 방법을 소개한다. 포괄손익계산서 항목인 수익과 비용은 재무상태표 등식에 직접적으로 포함되지 않으나 궁극적으로 자본 항목인 이익잉여금의 증가 또는 감소를 발생시켜 재무상태표 등식에 반영된다.

서비스 기업 사례

1월 1일에 설립된 심부름센터의 거래는 다음과 같다.

거래 1 (1월 1일)	현금 ₩1,000,000을 출자하여 심부름센터를 개업하다.
거래 2 (1월 1일)	1월분 사무실 임차료 ₩100,000을 현금으로 지급하다.
거래 3 (1월 5일)	심부름을 해주고 현금 ₩200,000을 받다.
거래 4 (1월 10일)	은행으로부터 현금 ₩500,000을 단기간 차입하다.

거래 5 (1월 12일)　심부름을 하고 대가 ₩300,000을 추후에 받기로 하다.
거래 6 (1월 15일)　현금 ₩300,000을 단기간 대여하다.
거래 7 (1월 20일)　1월 12일의 외상매출금 ₩300,000을 현금으로 받다.
거래 8 (1월 31일)　은행으로부터 차입한 금액 중 ₩400,000을 20일간의 이자 ₩5,000과 함께 현금으로 상환하다.
거래 9 (1월 31일)　종업원급여 ₩300,000을 현금으로 지급하다.

이상의 거래를 하나씩 분석해 보자.

거래 1 (1월 1일) 현금 ₩1,000,000을 출자하여 심부름센터를 개업하다.

이 거래가 기업에 미치는 효과를 재무상태표 등식을 이용하여 분석하면 현금자산이 증가하고 동시에 동액의 자본이 증가했다. 이하의 재무상태표 등식에서는 편의상 금액을 천원 단위로 표시하였다.

	자 산	=	부 채	+	자 본		
	현 금				자본금	+	이익잉여금
[거래 1]	+1,000	=			+1,000		

이 분석은 첫번째 거래 발생 후 기업실체이며 동시에 회계주체인 심부름센터의 재무상태표 등식이 성립함을 보여 준다.

거래 2 (1월 1일) 1월분 사무실 임차료 ₩100,000을 현금으로 지급하다.

	자 산	=	부 채	+	자 본		
	현 금				자본금	+	이익잉여금
거래 2 추가전	+1,000	=			1,000	+	0
[거래 2]	−100	=					−100(임차료)
거래 2 추가후	900	=			1,000	−	100

남의 사무실을 임차한 결과, **현금**(자산)이 감소하고 **임차료**(비용)의 발생으로 자본이 감소한 후에도 재무상태표 등식이 여전히 성립함을 보여 준다.

거래 3 (1월 5일) 심부름을 해주고 현금 ₩200,000을 받다.

	자산	=	부채	+	자본		
	현 금				자본금	+	이익잉여금
거래 3 추가전	900	=			1,000	−	100
[거래 3]	+200	=					+200(매출*)
거래 3 추가후	1,100	=			1,000	+	100

* 때로는 용역매출이라고 써서 상품매출과 구별하기도 함.

본래의 영업목적인 용역제공 활동 결과, **현금**(자산)이 증가하고 **매출**(수익)의 발생으로 자본이 증가한 후에도 재무상태표 등식이 계속 성립함을 보여 준다.

거래 4 (1월 10일) 은행으로부터 현금 ₩500,000을 단기간 차입하다.

	자산	=	부채	+	자본		
	현 금		단기차입금		자본금	+	이익잉여금
거래 4 추가전	1,100	=			1,000	+	100
[거래 4]	+500	=	+500				
거래 4 추가후	1,600	=	500		1,000	+	100

자금조달 활동 결과, **현금**(자산)이 증가하고 **단기차입금**(부채)이 발생한 후에도 재무상태표 등식은 여전히 성립한다.

거래 5 (1월 12일) 심부름을 하고 대가 ₩300,000을 추후에 받기로 하다.

	자산			=	부채	+	자본		
	현 금		외 상 매출금		단 기 차입금		자본금	+	이 익 잉여금
거래 5 추가전	1,600			=	500	+	1,000	+	100
[거래 5]		+	300	=				+	300(매출)
거래 5 추가후	1,600	+	300	=	500	+	1,000	+	400

외상으로 용역을 제공한 결과, 외상매출금(자산)이 증가하고 매출(수익)의 발생으로 자본이 증가한 후에도 재무상태표 등식은 계속 성립한다.

거래 6 (1월 15일) 현금 ₩300,000을 단기간 대여하다.

	자		산	=	부 채	+	자		본
	현 금	외 상 매출금	단 기 대여금		단 기 차입금		자본금	+	이 익 잉여금
거래 6 추가전	1,600 +	300		=	500	+	1,000	+	400
[거래 6]	−300		+ 300	=					
거래 6 추가후	1,300 +	300 +	300	=	500	+	1,000	+	400

남에게 돈을 빌려 준 결과, 현금(자산)이 감소한 대신 단기대여금(자산)이 추가됨으로써 재무상태표 등식은 여전히 성립한다. 이 거래의 특징은 재무상태표 등식의 왼쪽에 있는 자산 내부의 구성이 변화되어도 재무상태표 등식이 성립한다는 점이다.

거래 7 (1월 20일) 1월 12일의 외상매출금 ₩300,000을 현금으로 받다.

	자		산	=	부 채	+	자		본
	현 금	외 상 매출금	단 기 대여금		단 기 차입금		자본금	+	이 익 잉여금
거래 7 추가전	1,300 +	300 +	300	=	500	+	1,000	+	400
[거래 7]	+300	−300		=					
거래 7 추가후	1,600 +	0 +	300	=	500	+	1,000	+	400

거래 6의 경우와 동일하게 자산 내부의 구성이 변화된 것이다.

거래 8 (1월 31일) 은행으로부터 차입한 금액 중 ₩400,000을 20일간의 이자 ₩5,000과 함께 현금으로 상환하다.

	자산			=	부채	+	자본		
	현 금	외 상 매출금	단 기 대여금		단 기 차입금		자본금	+	이 익 잉여금
거래 8 추가전	1,600 +	0 +	300	=	500	+	1,000	+	400
[거래 8]	−405			=	−400				−5(이자비용)
거래 8 추가후	1,195 +	0 +	300	=	100	+	1,000	+	395

이 거래는 다소 복잡해 보이지만 두 개의 거래로 나누어 분석하면 쉽게 이해할 수 있다. 하나는 단기차입금의 원금상환 거래로서, 현금자산의 감소와 단기차입금이라는 부채의 감소를 가져 오는 것이다. 다른 하나는 이자지급 거래로서, 현금자산의 감소와 비용(이자비용)의 발생으로 인한 자본의 감소를 가져오는 것이다.

거래 9 (1월 31일) 종업원급여 ₩300,000을 현금으로 지급하다.

	자산			=	부채	+	자본		
	현 금	외 상 매출금	단 기 대여금		단 기 차입금		자본금	+	이 익 잉여금
거래 9 추가전	1,195 +	0 +	300	=	100	+	1,000	+	395
[거래 9]	−300			=					−300 (종업원급여)
거래 9 추가후	895 +	0 +	300	=	100	+	1,000	+	95

지금까지 살펴 본 바를 하나의 표로 정리하면 [**도표 3-1**]과 같다.

그러나 재무상태표 등식을 이용한 거래의 기록은 문제점이 있다. 그것은 항목 수가 많을 때는 종이 크기의 한계로 인하여 기록이 곤란하다는 점이다. 항목 수가 모두 합해서 6개밖에 안됨에도 불구하고 벌써 종이가 꽉 차서 오른쪽 여백이 없는 것을 보면 이를 쉽게 이해할 수 있다. 더 큰 문제점은 개별 항목에 변화가 일어났다는 사실은 알려주지만 그 원인이 무엇이었는지를 일목요연하게 알려주지 못한다

◀ 도표 3-1 재무상태표 등식을 이용한 거래의 기록 (단위 : 천원)

	자산					=	부채	+	자본		
	현 금		외상매출금		단기대여금		단기차입금		자본금	+	이익잉여금
[거래 1]	+1,000					=			+1,000		
[거래 2]	−100					=				−	100(임차료)
	900					=			1,000	−	100
[거래 3]	+200					=				+	200(매출)
	1,100					=			1,000	+	100
[거래 4]	+500					=	+500				
	1,600					=	500	+	1,000	+	100
[거래 5]			+300			=				+	300(매출)
	1,600	+	300			=	500	+	1,000	+	400
[거래 6]	−300				+300	=					
	1,300	+	300	+	300	=	500	+	1,000	+	400
[거래 7]	+300		−300			=					
	1,600	+	0	+	300	=	500	+	1,000	+	400
[거래 8]	−405					=	−400			−	5(이자비용)
	1,195	+	0	+	300	=	100	+	1,000	+	395
[거래 9]	−300					=				−	300(종업원급여)
	895	+	0	+	300	=	100	+	1,000	+	95

는 점이다. 예컨대 자산 중 외상매출금 항목이 1월 한 달 동안 어떻게 변화했는가를 파악하려면 수십 페이지의 장부를 일일이 들춰 보아야 할 것이다. 이러한 문제점들은 다음에 소개될 계정을 이용하면 쉽게 해결된다.

제 3 절 계 정

1. 계정의 의의

재무제표를 올바로 작성하기 위한 첫 걸음은 회계기간 중에 발생하는 수많은 거래들을 체계적으로 기록하는 것이라고 설명하였다.

회계에서는 기중의 거래들을 정보항목별로 체계적으로 기록하기 위하여 **'계정'**(account)이라는 것을 사용한다. 계정이란 "자산, 부채, 자본, 수익, 비용에 속하는 여러 항목들을 각기 구분하여 기록하는 장소"라고 말할 수 있다. 정보항목마다 하나씩의 계정을 설정하면 아무리 많은 자산이나 부채의 변화가 있더라도 각각의 계정을 찾아봄으로써 특정 항목의 발생 내역과 현재 잔액을 쉽게 파악할 수 있다. 계정의 양식을 가장 단순하게 요약한 형태는 다음과 같다.

현 금

왼 쪽 차 변	오른쪽 대 변

비 품

왼 쪽 차 변	오른쪽 대 변

이렇게 생긴 계정을 그 모양을 본따 'T 계정'이라 부른다. 본래는 표준식 계정이라는 것과 잔액식 계정이라는 것이 있으나, 우리는 이들 양식 자체를 공부하고자 하는 것이 아니므로 계정을 이처럼 약식의 것으로만 이해해도 충분하다. 이들 각 계정은 현금과 비품이라는 계정의 명칭을 갖고 있는데, 이를 **계정과목**(計定科目, title of account)이라 부른다.

도표 3-2 ▶
표준식 계정(예)

현 금 계정번호 : 10001

일자		적요	분면	금액	일자		적요	분면	금액
1	1	자본금	1	1,000,000	1	4	차량운반구	1	500,000
	10	단기차입금	1	800,000		8	광고선전비	1	100,000
	15	용역수익	1	500,000		11	소모품비	1	50,000
	20	매출채권	1	400,000		30	종업원급여	1	450,000
							차기이월	✓	1,600,000
		합계		2,700,000			합계		2,700,000
2	1	전기이월	✓	1,600,000					

* 분면이란 분개장의 페이지를 뜻함.

계정들은 중앙의 선을 기준으로 하여 왼쪽과 오른쪽의 양편으로 나누어져 있는데, 회계에서는 왼쪽을 **차변**(借邊, debtor: Dr), 오른쪽을 **대변**(貸邊, creditor: Cr)이라 부른다. 차변, 대변이라는 용어는 회계의 초기 발전단계에서는 의미를 갖는 용어였지만, 오늘날에는 전혀 의미를 갖지 못한 채 단지 왼쪽 및 오른쪽을 가리키는 말로 사용될 뿐이다.

이제 현금의 유입이나 유출을 수반하는 거래가 발생하면 현금계정에 기록하고, 비품의 증가나 감소를 수반하는 거래가 발생하면 비품계정에 기록한다. 여기서 한 가지 궁금증이 들 것이다. 과연 왼쪽과 오른쪽은 무엇 때문에 구분해 놓은 것일까 하는 점이다. 이에 대해서는 아래에서 살펴본다.

2. 계정 기입의 원칙

거래를 분석하여 해당 계정에 기입할 때는 일정한 규칙을 따라야 한다. 이를 계정 기입의 원칙이라 한다. 여기서 제시하는 원칙들은 재무상태표 및 포괄손익계산서의 양식과 밀접한 관련이 있다. 이들의 양식을 계정식으로 다시 한번 제시하면 다음과 같다.

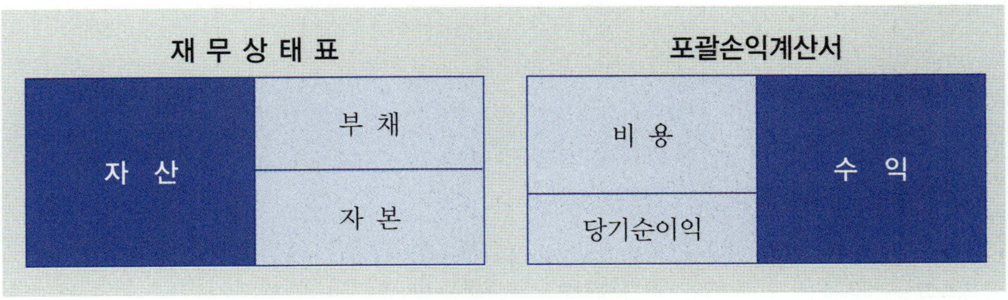

자산은 왼쪽 차변에, 부채와 자본은 오른쪽 대변에 기록되어 있다.[1] 또한, 자본을 증가시키는 수익은 자본과 같은 쪽인 오른쪽 대변에, 자본을 감소시키는 비용은 반대쪽인 왼쪽 차변에 기록되어 있다. 이 사실을 잘 기억하고 있으면 계정기입의 원칙을 쉽게 이해할 수 있다.

1) '차변에 기록한다' 를 '차기(借記)한다' 라고 표현하기도 하며, '대변에 기록한다' 를 '대기(貸記)한다' 라고 표현하기도 한다.

계정 기입의 원칙

① 자산의 증가는 왼쪽 차변에, 자산의 감소는 오른쪽 대변에 ② 부채의 증가는 오른쪽 대변에, 부채의 감소는 왼쪽 차변에
③ 자본의 증가는 오른쪽 대변에, 자본의 감소는 왼쪽 차변에 ④ 비용의 발생은 왼쪽 차변에
⑤ 수익의 발생은 오른쪽 대변에

현 금	
+ (증가)	− (감소)

단기차입금	
− (감소)	+ (증가)

자본금	
− (감소)	+ (증가)

종업원급여	
+ (발생)	

매 출	
	+ (발생)

여기서 자산의 증가 및 감소, 부채의 증가 및 감소, 자본의 증가 및 감소, 비용 및 수익의 발생과 같은 것들을 거래요소(去來要素)라 부르는데, 이들 간의 관계에 대해서는 다음 절에서 살펴 본다.

제 4 절 회계순환과정

오늘날 회계는 회계기간을 인위적으로 구분한 후, 각 회계기간마다 회계정보를 산출하고 보고하게 된다. 이를 위하여 회계에서는 매 회계기간마다 수많이 발생하는 거래들을 장부에 일단 일일이 기록한 후 기말에 이를 몇 페이지의 재무제표로 요약하는 과정을 반복적으로 수행한다. **회계순환과정**(accounting cycle)이란 거래를 기록하고 요약하여 재무제표를 작성하는 과정이 매 회계기간마다 순환적으로 반복된다는 뜻에서 붙여진 용어이다.

회계순환과정의 전체 모습을 이해하면 앞으로 공부할 분개와 전기 그리고 다음 장에서 공부할 시산표 및 정산표 작성 등의 중간과정을 왜 공부하는지를 명쾌하게 파악할 수 있게 된다. 이 과정은 [**도표 3-3**]과 같다.

◀ 도표 3-3
회계순환과정

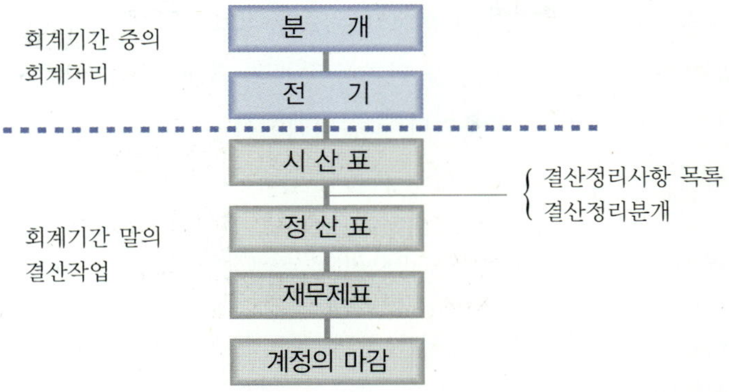

회계순환과정은 크게 두 부분으로 구분된다. 하나는 회계기간 중에 이루어지는 것으로서 수없이 많이 발생하는 거래들을 식별하고 분개장에 분개하며, 총계정원장의 해당 계정에 전기하는 일이다. 회계기간 중에 이 일들은 계속적으로 이루어진다.

다른 하나는 회계기간말에 이르러 그간의 기록을 요약하여 최종적으로 재무제표를 작성하는 일로서 흔히 결산(決算)이라 부르는 것이다. 이러한 결산을 위해서는 먼저 시산표를 작성해 봄으로써 기중의 분개와 전기가 오류없이 바르게 이루어졌는지를 점검한 후, 결산정리사항목록(inventory sheet, 재고조사표)을 작성하여 결산시점에서 각 계정의 잔액을 수정해야 할 사항들을 집계한다. 이를 바탕으로 결산정리분개를 행한 후 정산표를 작성하며, 정산표 내용을 바탕으로 재무제표를 작성한다. 이상의 모든 과정이 종료하고 나면 총계정원장의 각 계정을 마감하여 다음 회계기간을 위한 새 장부, 즉 새 계정들을 준비한다.

제 5 절 분 개

1. 분개의 정의

예컨대 '비품 ₩100,000을 현금으로 구입하다' 라는 거래를 기록함에 있어서는 앞서 말한 것처럼 현금계정과 비품계정에 곧바로 기록할 수도 있다. 그러나 회계에서는 그렇게 하지 않고, 대신 분개라는 중간 절차를 거친 다음에 계정에 옮겨 적는다. 그 이유는 수많은 거래들을 기록하다 보면 자칫 누락되거나 중복되는 등 오류가 발생할 위험이 있기 때문이다. 즉, 회계에서는 위의 비품 구입거래를 복식부기의 논리에 따라 먼저 다음과 같이 기록한다.

(차변) 비　　품　　100,000　(대변) 현　　금　　100,000

이러한 기록활동을 회계에서는 **분개**(分介, journalizing)라 한다. 분개를 말 그대로 풀이하면 나누어 격리시킨다는 말인데, 내용적으로 보면 거래에 내재된 원인과 결과를 서로 구분하여 차변과 대변에 따로따로 기록하는 것을 의미한다. 한편, 분개를 기록하는 장부를 **분개장**(分介帳, journal)이라고 부른다.

그런데 분개를 하기 위해서는 다음 세 가지를 먼저 판단하여야 한다.

① 거래에 내재된 자산, 부채, 자본을 어떤 계정에 기록할 것인가?
② 얼마의 금액으로 기록할 것인가?
③ 왼쪽 차변과 오른쪽 대변 중 어느 편에 기록할 것인가?

이 중 회계 공부의 출발 단계에서 문제가 되는 것은 세번째의 어느 편에 기록할 것인가 하는 점이며, 이를 해결하려면 거래요소의 결합관계에 대한 이해가 먼저 있어야 한다.

2. 거래요소 간 결합관계

예를 통하여 거래요소 간 결합관계를 살펴 본 후 이들의 관계를 그림으로 요약해 보기로 한다. 다음 각 거래에 내재된 거래요소들을 먼저 살펴 보자. 지금까지는 금액을 나타낼 때 예컨대 '10만원' 과 같이 표기했으나, 이하에서는 정식으로 아라비아 숫자를 사용하여 '₩100,000' 과 같이 표기하기로 한다. 다만 분개시에는 원(₩) 표시는 생략한다.

❶ 건물 ₩100,000을 현금으로 구입하다.
　자산(건물)의 증가　　　자산(현금)의 감소
❷ 현금 ₩100,000을 단기간 빌리다.
　자산(현금)의 증가　　　부채(단기차입금)의 증가

❸ 주식을 발행하여 현금 ₩100,000을 조달하다.[2)]

자산(현금)의 증가　　　　　　　자본(납입자본)의 증가

❹ 대여금에 대한 이자로 현금 ₩100,000을 받다.

자산(현금)의 증가　　　　　　　수익(이자수익)의 발생

이들 거래의 공통점은 왼쪽 차변에 자산의 증가가 기록되었다는 사실이다. 왼쪽의 자산 증가와 결합되는 반대편을 정리하면 [**도표 3-4**]와 같다.

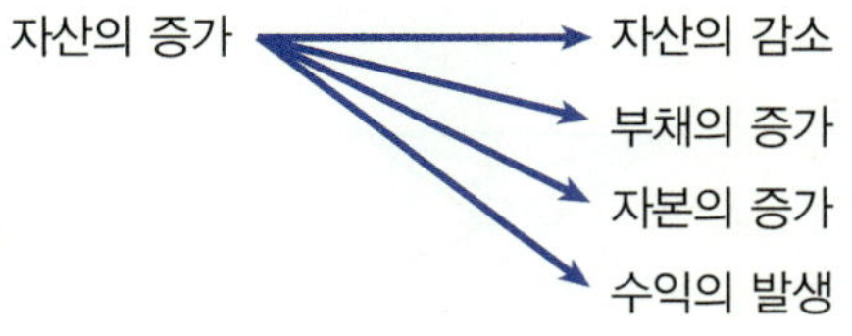

◀ **도표 3-4**
자산의 증가와 결합하는 거래요소

이번에는 자산의 감소와 결합되는 거래요소를 살펴 보자.

❺ 현금 ₩100,000으로 비품을 구입하다.

자산(비품)의 증가　　　　　　　자산(현금)의 감소

❻ 단기차입금 ₩100,000을 현금으로 상환하다.

부채(단기차입금)의 감소　　　　자산(현금)의 감소

❼ 주주에 대한 배당금으로 현금 ₩100,000을 지급하다.

자본(이익잉여금)의 감소　　　　자산(현금)의 감소

❽ 종업원급여 ₩100,000을 현금으로 지급하다.

비용(종업원급여)의 발생　　　　자산(현금)의 감소

위 거래들의 공통점은 오른쪽 대변에 자산의 감소가 기록되었다는 점이다. 오른쪽의 자산 감소와 결합되는 거래를 정리하면 [**도표 3-5**]와 같다.

---

2) 평상시 거래에서는 자본이 변하지 않는다. 자본이 변하는 경우는 당분간 다음과 같은 거래가 발생한 경우라고 이해하기 바란다. 이 이외에도 자본이 변하는 경우는 얼마든지 있지만, 최소한 아래의 경우에 자본이 변한다는 것을 이해하여야 한다.
① 회사를 설립하거나 증자할 때(납입자본의 증가)
② 경영성과로서 당기순이익(또는 당기순손실)이 발생할 때(당기순이익은 자본의 한 항목인 이익잉여금을 증가시킴)
③ 배당을 할 때(배당은 자본의 한 항목인 이익잉여금을 감소시킴)

도표 3-5 ▶
자산의 감소와 결합하는 거래요소

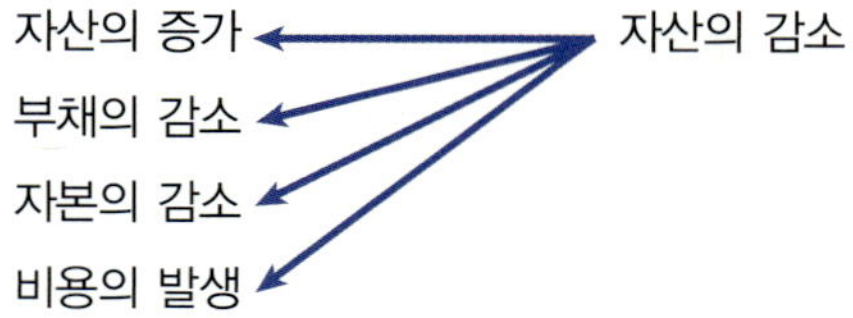

한편, 자산의 증가와 감소를 함께 고려하면 [**도표 3-6**]과 같은 거래요소의 결합관계가 성립한다.

도표 3-6 ▶
자산을 중심으로 한 거래요소의 결합관계

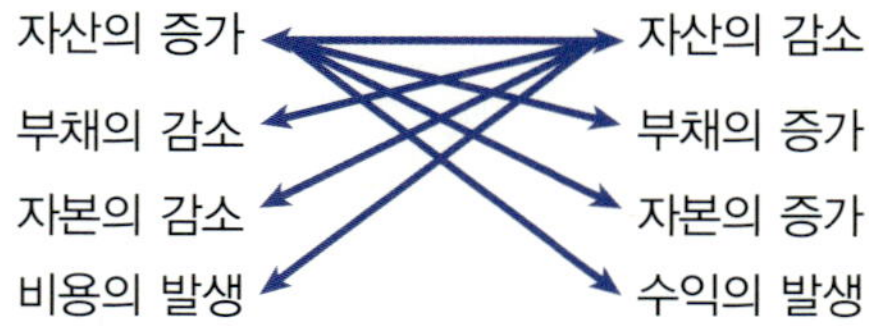

부채나 자본, 비용, 수익 등 어느 한 가지를 중심으로 살펴보더라도 위의 결합관계는 모두 성립한다. 더 이상의 설명은 생략하고, 전체를 포괄하는 일반적 그림을 제시하면 [**도표 3-7**]과 같다.

도표 3-7 ▶
거래요소의 결합관계

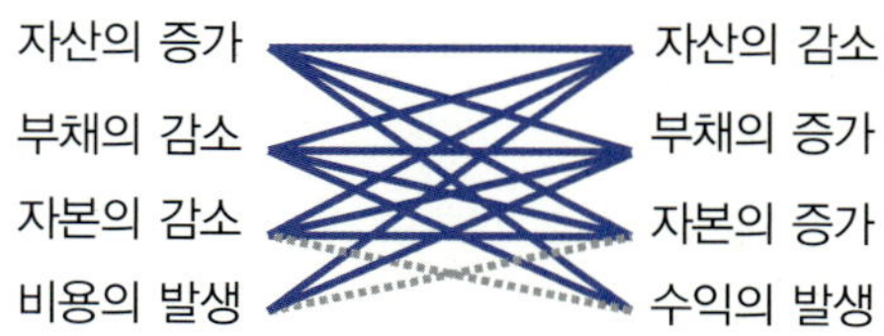

[**도표 3-7**]의 아래 부분에 있는 비용 발생과 자본 증가의 결합, 그리고 자본 감소와 수익 발생의 결합은 현실에서는 별로 발생하지 않기 때문에 점선으로 표시하였다.

위의 결합관계와 관련하여 한 가지 유의할 사항이 있다. 그것은 왼쪽과 오른쪽이 결합하되, 반드시 왼쪽의 하나와 오른쪽의 하나만이 결합하는 것은 아니라는 점이다. 경우에 따라서는 왼쪽의 하나 이상이 오른쪽의 하나 이상과 결합하기도 한다.

예컨대 '단기대여금 ₩100,000과 이자 ₩1,000을 합쳐 총 ₩101,000의 현금을 받다' 라는 거래를 보자. 이 거래의 결합관계는 다음과 같다.

⑨ 단기대여금 ₩100,000과 이자 ₩1,000을 합쳐 총 ₩101,000의 현금을 받다.

자산(현금)의 증가 { 자산(단기대여금)의 감소 / 수익(이자수익)의 발생 }

아무리 복잡한 거래라 할지라도 반드시 왼쪽의 한 개 이상의 거래요소와 오른쪽의 한 개 이상의 거래요소가 결합한다는 것을 기억하자.

3. 분개 방법

분개 방법을 이해하기 위해 비품 ₩100,000을 현금으로 구입한 거래의 결합관계를 다시 살펴 보자.

자산(비품)의 증가	100,000	자산(현금)의 감소	100,000

분개시에는 이 결합관계에서 자산이라는 포괄적 명칭 대신 비품이라는 구체적 명칭을 사용한다. 또한 비품이라는 자산이 차변에 기록되면 그 자체가 비품의 증가를 의미한다. 마찬가지로 현금이라는 자산이 대변에 기록되면 그 자체가 현금의 감소를 의미한다. 따라서 위의 기록에서 구체적 계정명칭을 사용하고, 아울러 증가, 감소라는 불필요해진 말을 제거하면 다음과 같이 분개가 완성된다.

(차변) 비　품	100,000	(대변) 현　금	100,000

위의 분개를 보고 거꾸로 어떤 거래가 발생하였는가를 추론할 수도 있다.

'(차변) 비품 100,000'은 비품 ₩100,000의 증가를 뜻하며, '(대변) 현금 100,000'은 현금 ₩100,000의 감소를 뜻한다. 이 둘을 연결하면 '비품 ₩100,000을 현금으로 구입하다'라는 거래가 된다.

회계학에서 분개가 차지하는 비중은 매우 크다. 분개가 이루어져야만 그 다음 과정이 이루어지기 때문이다. 최종적으로 작성하고자 하는 재무상태표나 포괄손익계산서는 수많은 분개가 요약되고 정리된 것이므로, 회계업무를 실제로 담당할 사람이 아닐지라도 재무제표를 잘 이해하고 활용하기 위해서는 반드시 분개를 정확히 이해하여야 한다.

이런 의미에서 제2절에서 사용했던 서비스 기업 사례를 이용하여 분개를 연습하여 보기로 한다. 서비스 기업은 상품이 존재하지 않아서 매출원가 산정이라는 어려운 과정이 필요치 않다. 따라서 회계처리가 그만큼 단순하다. 상기업의 회계순환과정에 대해서는 다음 장에서 다룬다.

서비스 기업 사례

1월 1일에 설립된 한국심부름센터의 거래는 다음과 같다.

거래 1 (1월 1일)	현금 ₩1,000,000을 출자하여 심부름센터를 개업하다.
거래 2 (1월 1일)	사무실 6개월분 임차료 ₩600,000을 현금으로 지급하다.[3)]
거래 3 (1월 5일)	심부름을 해주고 현금 ₩200,000을 받다.
거래 4 (1월 10일)	은행으로부터 현금 ₩500,000을 단기간 차입하다.
거래 5 (1월 12일)	심부름을 해주고 대금 ₩300,000을 외상으로 하다.
거래 6 (1월 15일)	현금 ₩300,000을 단기간 대여하다.
거래 7 (1월 20일)	1월 12일의 외상매출금 ₩300,000을 현금으로 받다.
거래 8 (1월 31일)	은행으로부터 차입한 금액 중 ₩400,000을 20일간의 이자 ₩5,000과 함께 현금으로 상환하다.
거래 9 (1월 31일)	종업원급여 ₩300,000을 현금으로 지급하다.

이상의 거래를 분개해 보자.

거래 1 (1월 1일) 현금 ₩1,000,000을 출자하여 심부름센터를 개업하다.

(차) 현 금	1,000,000	(대) 자 본 금	1,000,000

☞ 자산(현금)이 증가하고 자본(자본금)이 증가한다.
기업실체의 가정에 따라 소유주의 관점이 아닌 기업의 관점에서 회계처리를 하여야 한다. 기업의 관점에서는 현금의 유입이 발생한 것이다.

---

3) 제2절에서는 1월 한달분 임차료 ₩100,000을 지급한 것으로 가정하였으나 여기서는 6개월분 ₩600,000을 한꺼번에 지급한 것으로 가정하였음을 유념하여야 한다.

거래 2 (1월 1일) 사무실 6개월분 임차료 ₩600,000을 현금으로 지급하다.
(차) 임 차 료 600,000 (대) 현 금 600,000

☞ 비용(임차료)이 발생하고, 자산(현금)이 감소한다.

거래 3 (1월 5일) 심부름을 해주고 현금 ₩200,000을 받다.
(차) 현 금 200,000 (대) 매 출 200,000

☞ 자산(현금)이 증가하고, 수익(매출)이 발생한다. 수익을 용역매출이라고 기록할 수도 있다.

거래 4 (1월 10일) 은행으로부터 현금 ₩500,000을 단기간 차입하다.
(차) 현 금 500,000 (대) 단기차입금 500,000

☞ 자산(현금)이 증가하고, 부채(단기차입금)가 증가한다.

거래 5 (1월 12일) 심부름을 해주고 대금 ₩300,000을 외상으로 하다.
(차) 외상매출금 300,000 (대) 매 출 300,000

☞ 자산(외상매출금)이 증가하고, 수익(매출)이 발생한다.

거래 6 (1월 15일) 현금 ₩300,000을 단기간 대여하다.
(차) 단기대여금 300,000 (대) 현 금 300,000

☞ 자산(단기대여금)이 증가하고, 자산(현금)이 감소한다.

거래 7 (1월 20일) 1월 12일의 외상매출금 ₩300,000을 현금으로 받다.
(차) 현 금 300,000 (대) 외상매출금 300,000

☞ 자산(현금)이 증가하고, 자산(외상매출금)이 감소한다.

거래 8 (1월 31일) 은행으로부터 차입한 금액 중 ₩400,000을 20일간의 이자 ₩5,000과 함께 현금으로 상환하다.

(차)	단기차입금	400,000	(대) 현　　금	405,000
	이 자 비 용	5,000		

☞ 부채(단기차입금)가 감소하고 비용(이자비용)이 발생하며, 아울러 자산(현금)이 감소한다.

거래 9 (1월 31일) 종업원급여 ₩300,000을 현금으로 지급하다.

(차) 종업원급여	300,000	(대) 현　　금	300,000

☞ 비용(종업원급여)이 발생하고, 자산(현금)이 감소한다.

4. 분개장

분개장(分介帳, journal)이란 분개를 기록하는 회계장부이다. 분개장에는 거래를 발생 순서에 따라 기록한다. 분개장의 양식은 [**도표 3-8**]과 같다. 이 표에는 심부름 회사의 거래 내용 일부가 분개되어 있다. 여기서 보듯이 분개장에는 거래 발생 날짜, 계정과목 및 차변과 대변의 금액, 그리고 거래 내용이 간략히 기술된다. 원면은 원장의 계정번호를 말하는 것인데, 분개장 기록과 원장 기록을 대조해야 할 때를

도표 3-8 ▶ 분개장

일	자	적　　요	원면	차　변	대　변
1월	1일	(현　금)	11	1,000,000	
		(자 본 금)	31		1,000,000
		현금을 출자하여 개업			
	1일	(임 차 료)	53	600,000	
		(현　금)	11		600,000
		사무실 임차료 6개월분 지급			
	5일	(현　금)	11	200,000	
		(매　출)	41		200,000
		심부름을 해줌			

대비하여 분개장에 원장의 계정번호를 기록한다. 원장에 관해서는 절을 바꾸어 살펴 본다.

한편 회계원리를 공부하는 우리들은 정식 분개장을 사용하지 않고, '(차) --- (대) --- '와 같은 식으로 약식으로 분개를 하기로 한다.

summary 분개장에 기입하는 방법

① 일자 : 거래가 발생한 날짜를 기록한다.
② 적요 : 차변의 계정과목을 왼쪽에, 대변의 계정과목을 오른쪽에 기입하고, 거래 내용을 간단히 적는다.
③ 원면 : 분개를 전기할 해당 계정과목의 고유번호를 기입한다.
④ 차변, 대변 : 분개의 차변, 대변의 금액을 해당 난에 기입한다.

제 6 절 전 기

앞서 살펴 본 분개는 각 계정에 거래 내용을 기록함에 있어 누락이나 중복이 발생하지 않도록 하기 위한 중간적 절차였다. 그러므로 분개가 완료되면 이제는 해당 계정에 옮겨 적는 과정을 밟아야 한다. 이처럼 분개장의 거래 기록을 해당 계정에 옮겨 적는 것을 **전기**(轉記, posting)라고 한다.

각 계정에 전기된 내용을 읽음으로써 우리는 특정 시점의 현금이나 단기차입금 등의 잔액이 얼마인지, 또한 기초부터 그 시점까지의 매출액이나 임차료가 얼마였는지를 쉽게 파악할 수 있다.

자산, 부채, 자본, 수익, 비용의 각 항목별 계정은 **원장**(元帳, ledger)이라는 두꺼운 장부에 편철되어 있다. 즉, 원장이란 각 계정을 모아 놓은 두꺼운 장부이며, 이런 의미에서 **총계정원장**이라 부르기도 한다.

분개장에서 원장 내 각 계정으로의 전기 요령은 다음과 같다.

❶ 분개의 차변은 해당 계정과목의 차변에 전기하며, 분개의 대변은 해당 계정과목의 대변에 전기한다.

❷ 금액 : 분개시 해당 계정과목의 금액을 기입한다.

❸ 적요 : 분개시 상대 계정과목을 기입한다. 이때 상대 계정과목이 둘 이상일 때에는 '제좌'(여러 계좌라는 뜻임)라고 기입한다.

거래 1 (1월 1일) 현금 ₩1,000,000을 출자하여 심부름센터를 개업하다.
(차) 현　　금 1,000,000　(대) 자 본 금 1,000,000

현 금 11

1/1 자본금 1,000,000	

자 본 금 31

	1/1 현금 1,000,000

거래 8 (1월 31일) 은행으로부터 차입한 금액 중 ₩400,000을 20일간의 이자 ₩5,000과 함께 현금으로 상환하다.
(차) 단기차입금 400,000　(대) 현　금 405,000
이자비용 5,000

단기차입금 21

1/31 현　금 400,000	

현 금 11

	1/31 제 좌 405,000

이자비용 54

1/31 현　금 5,000	

거래 1부터 9까지 모두 총계정원장의 각 계정에 전기하면 [**도표 3-9**]와 같다.

◀ 도표 3-9
총계정원장

현 금			11
1/1 자 본 금	1,000,000	1/1 임 차 료	600,000
1/5 매 출	200,000	1/15 단기대여금	300,000
1/10 단기차입금	500,000	1/31 제 좌	405,000
1/20 외상매출금	300,000	1/31 종업원급여	300,000

외상매출금	14
1/12 매 출 300,000	1/20 현 금 300,000

단기대여금	17
1/15 현 금 300,000	

단기차입금	21
1/31 현 금 400,000	1/10 현 금 500,000

자 본 금	31
	1/1 현 금 1,000,000

매 출	41
	1/5 현 금 200,000
	1/12 외상매출금 300,000

임 차 료	53
1/1 현 금 600,000	

이 자 비 용	54
1/31 현 금 5,000	

종업원급여	57
1/31 현 금 300,000	

주요장부와 보조장부

장부는 크게 주요장부와 보조장부로 구별할 수 있다. 주요장부(main book)는 반드시 작성해야 할 장부로서 분개장과 원장이 이에 포함된다. 보조장부(subsidiary book)는 주요장부에 기록되어 있는 내용을 보다 상세하게 기록하는 장부이다. 예컨대, 매출채권(매입채무)이라는 원장에 대해 구체적으로 거래처별로 매출채권(매입채무)을 기록하기 위한 매출처원장(매입처원장)이나 상품재고장, 현금출납장, 당좌예금출납장 등이 보조장부에 속한다.

제 3 장 연습문제

분개와 전기

01 거래의 결합관계

다음 각 거래에 대하여 〈보기〉의 예시처럼 차변요소와 대변요소를 구분하여 결합관계를 분석하라. ( )에는 구체적인 계정과목 명칭을 말하라.

〈보기〉 현금 ₩300,000과 건물 ₩500,000을 출자하여 고급인력 알선사업을 개시하다.
(차) 자산(현금)의 증가 (대) 자본(자본금)의 증가
자산(건물)의 증가

① 추가로 자본금 ₩200,000을 현금으로 출자하다.
② 건물을 보험에 가입하고 보험료로 현금 ₩200,000을 지출하다.
③ 컴퓨터를 ₩400,000에 구입하고 현금을 지급하다.
④ 타기업에 CPA를 알선해 주고 대금 ₩200,000을 현금으로 받다.
⑤ 타기업에 감사를 알선해 주고 대금 ₩300,000을 외상으로 하다.
⑥ 현금 ₩500,000을 남에게 단기간 빌려주다.
⑦ 단기대여금 ₩500,000을 이자 ₩50,000과 함께 현금으로 회수하다.
⑧ 앞서 감사 알선수수료 외상대금 ₩300,000을 현금으로 받다.
⑨ 사무보조원 인건비 ₩200,000을 현금으로 지급하다.

02 거래의 결합관계

다음 각 거래에 대하여 〈보기〉의 예시처럼 차변요소와 대변요소를 구분하여 결합관계를 분석하라. ( )에는 구체적인 계정과목 명칭을 말하라.

〈보기〉 예시 : (차) 자산(비품)의 증가 (대) 부채(차입금)의 증가

① 현금 ₩5,000,000을 출자하여 신속배달서비스를 개시하다.
② 사무실 임차료 ₩400,000을 지급하다.
③ 개업을 알리는 광고를 하고 현금 ₩100,000을 지출하다.
④ 사업에 필요한 오토바이 3대를 현금 ₩3,000,000에 구입하다.
⑤ 현금 ₩1,000,000을 은행에서 단기간 차입하다.
⑥ 배달서비스를 제공하고 대금 ₩400,000은 외상으로 하다.
⑦ 단기차입금 이자 ₩20,000을 현금으로 지급하다.
⑧ 배달서비스 대가 ₩500,000을 현금으로 받다.
⑨ 종업원에게 급여 ₩800,000을 현금으로 지급하다.
⑩ 앞서의 외상대금 중 ₩300,000을 현금으로 받다.
⑪ 단기차입금 중 ₩500,000을 현금으로 갚다.

⑫ 배달서비스를 제공하고 대금 중 ₩200,000은 현금으로 받고 잔액 ₩50,000은 외상으로 하다.

03 분개와 전기

다음은 회계자문회사의 거래 활동이다.

① 현금 ₩1,000,000을 출자하여 회계자문 사업을 개시하다.
② 개업을 알리는 광고를 하고 현금 ₩100,000을 지출하다.
③ 비품 ₩200,000을 구입하고 현금을 지급하다.
④ 현금 ₩300,000을 은행에서 단기간 차입하다.
⑤ 회계자문을 제공하고 대금 ₩400,000은 외상으로 하다.
⑥ 단기차입금 중 ₩200,000을 이자 ₩10,000과 함께 현금으로 지급하다.
⑦ 회계자문을 제공하고 현금 ₩500,000을 받다.
⑧ 종업원에게 급여 ₩100,000을 현금으로 지급하다.
⑨ 앞서의 회계자문 외상대금 중 ₩300,000을 현금으로 받다.
⑩ 사무실 임차료 ₩100,000을 현금으로 지급하다.

물음

(1) 각 거래에 대해 분개하라.
(2) 각 계정에 전기하라.
(3) 잔액시산표를 작성하라. 이 문제는 다음 장의 시산표를 공부한 다음에 풀 것.

04 분개와 전기

다음은 고급인력 알선사업자(head hunting business)의 거래활동이다.

① 현금 ₩300,000과 건물 ₩500,000을 출자하여 고급인력 알선사업을 개시하다.
② 건물을 보험에 가입하고 보험료로 현금 ₩200,000을 지출하다.
③ 비품 ₩100,000을 구입하고 현금을 지급하다.
④ 타기업에 사장을 알선해 주고 대금 ₩600,000을 현금으로 받다.
⑤ 타기업에 이사를 알선해 주고 대금 ₩300,000을 외상으로 하다.
⑥ 현금 ₩300,000을 남에게 단기간 빌려주다.
⑦ 단기대여금 ₩300,000을 이자 ₩30,000과 함께 현금으로 회수하다.
⑧ 앞서의 이사 알선에 대한 외상대금 중 ₩100,000을 현금으로 받다.
⑨ 광고비 ₩200,000을 현금으로 지급하다.
⑩ 추가로 현금 ₩300,000을 출자하다.

물음

(1) 각 거래에 대해 분개하라.
(2) 각 계정에 전기하라.
(3) 잔액시산표를 작성하라. 이 문제는 다음 장의 시산표를 공부한 다음에 풀 것.

05 계정과목의 올바른 이해 : 분개 오류의 수정

아래 분개에는 차변에 오류가 포함되어 있다. 미미한 오류로 보일지라도 회계에서는 매우 중대한 오류들이다. 이를 바로 고쳐라.

(1) 상품 ₩100,000을 매출하고, 대금은 상대방이 발행한 당좌수표로 받다.
(차) 당 좌 예 금 100,000 (대) 매 출 100,000

(2) 비품 ₩200,000을 외상으로 판매하다.
(차) 외상매출금 200,000 (대) 비 품 200,000

(3) 현금 ₩300,000을 단기간 빌려주고 어음을 받다.
(차) 받 을 어 음 300,000 (대) 현 금 300,000

(4) 상품을 매입하기 위하여 대금의 일부인 ₩400,000을 현금으로 미리 지급하다.
(차) 선 급 비 용 400,000 (대) 현 금 400,000

(5) 상품 ₩500,000을 외상으로 매출하다.
(차) 미 수 금 500,000 (대) 매 출 500,000

(6) 회사의 노조 사무실에 비치하기 위하여 TV ₩600,000을 현금으로 구입하다.
(차) 상 품 600,000 (대) 현 금 600,000

(7) 비품의 외상구입대금 ₩700,000을 현금으로 갚다.
(차) 외상매입금 700,000 (대) 현 금 700,000

06 계정과목의 올바른 이해: 분개 오류의 수정

아래 분개에는 대변에 오류가 포함되어 있다. 이를 바로 고쳐라.

(1) 비품 ₩100,000을 외상으로 구입하다.
(차) 비 품 100,000 (대) 외상매입금 100,000

(2) 현금 ₩200,000을 단기간 빌리고 어음을 써 주다.
(차) 현 금 200,000 (대) 지 급 어 음 200,000

(3) 상품을 매입하고자 하는 사람으로부터 대금의 일부인 ₩300,000을 현금으로 미리 받다.
(차) 현 금 300,000 (대) 선 수 수 익 300,000

(4) 상품 ₩400,000을 외상으로 구입하다.
(차) 매 입 400,000 (대) 미 지 급 금 400,000

(5) 비품의 외상판매대금 ₩500,000을 현금으로 회수하다.
(차) 현 금 500,000 (대) 외상매출금 500,000

07 거래의 추정

다음의 분개를 보고, 어떤 거래가 발생하였는지 추정하라.

(1) (차) 현 금 10,000 (대) 단기차입금 10,000
(2) (차) 현 금 20,000 (대) 외상매출금 20,000
(3) (차) 현 금 30,000 (대) 이 자 수 익 30,000

(4) (차) 비 품	40,000		(대) 현 금	40,000
(5) (차) 외상매입금	50,000		(대) 현 금	50,000
(6) (차) 현 금	100,000		(대) 자 본 금	300,000
건 물	200,000			
(7) (차) 단기차입금	100,000		(대) 현 금	110,000
이 자 비 용	10,000			
(8) (차) 토 지	300,000		(대) 현 금	200,000
			미 지 급 금	100,000

08 분개와 거래의 추정

다음은 회계자문회사의 거래 활동을 전기한 원장이다. 각 번호에 대해 분개하고, 어떤 거래활동이 발생하였는지를 추정하라. (단위 : 천원)

현 금

(1) 자 본 금	1,000	(2) 광고선전비	100
(4) 단기차입금	300	(3) 비 품	200
(7) 매 출	500	(6) 제 좌	210
(9) 매출채권	300	(8) 종업원급여	100

자 본 금

		(1) 현 금	1,000

광고선전비

(2) 현 금	100		

비 품

(3) 현 금	200		

단기차입금

(6) 현 금	200	(4) 현 금	300

매출채권

(5) 매 출	400	(9) 현 금	300

매 출

		(5) 매출채권	400
		(7) 현 금	500

이자비용

(6) 현 금	10		

종업원급여

(8) 현 금	100		

09 분개의 추정

다음 현금 약식 원장을 보고 날짜 순으로 분개를 추정하라.

현 금

1/1 자 본 금	1,000,000	1/1 임 차 료	100,000
1/5 매 출	200,000	1/15 단기대여금	400,000
1/10 단기차입금	300,000	1/31 종업원급여	600,000
1/20 외상매출금	500,000		

10 재무상태표 등식을 이용한 거래의 기록

'신속택배서비스'의 9월 중 거래(편의상 날짜 생략)이다. 재무상태표 등식을 이용하여 기록하라. 단, 자본은 납입자본과 이익잉여금 둘로 구분하여 표시할 것.

① 현금 ₩2,000,000을 출자하여 영업을 개시하다.
② 은행으로부터 ₩1,000,000을 차입하다.
③ 전화기와 컴퓨터(회계상 비품)를 현금 ₩400,000에 구입하다.
④ 첫번째 배달을 해주고 대가 ₩100,000을 현금으로 받다.
⑤ 두번째 배달서비스 대가 ₩200,000은 나중에 받기로 하다.
⑥ 9월분 임차료 ₩300,000을 현금으로 지급하다.
⑦ 매출채권 ₩200,000을 현금으로 회수하다.
⑧ 9월분 종업원급여 ₩800,000을 현금으로 지급하다.
⑨ 차입금의 일부(₩500,000)와 이자(₩5,000)를 현금으로 지급하다.

11 재무상태표 등식을 이용한 거래의 기록

〈퀵〉세탁서비스의 10월 중 거래(편의상 날짜 생략)이다. 재무상태표 등식을 이용하여 기록하라. 단, 자본은 납입자본과 이익잉여금 둘로 구분하여 표시할 것.

① 현금 ₩8,000,000을 출자하여 영업을 개시하다.
② 은행으로부터 ₩2,000,000을 차입하다
③ 미래 건물신축에 필요한 토지를 ₩3,000,000에 현금으로 구입하다.
④ 전화기와 컴퓨터(회계상 비품)를 ₩400,000에 외상으로 구입하다.
⑤ 세탁에 사용할 기계를 현금 ₩2,000,000에 구입하다.
⑥ 첫번째 세탁을 해주고 대가 ₩100,000을 현금으로 받다.
⑦ 두번째 세탁을 해주고 대가 ₩200,000은 나중에 받기로 하다.
⑧ 10월분 임차료 ₩30,000을 현금으로 지급하다.

CHAPTER 4

서비스기업의 기말결산과 재무제표 작성

본 장에서는 회계순환과정 중 회계기간 말에 수행되는 결산에 대하여 살펴 본다.

결산 과정은 시산표 작성, 정산표 작성, 재무제표 작성, 계정의 마감 순서로 이루어진다. 결산을 하려면 먼저 시산표를 작성해야 하는데, 시산표는 기중 계정기록의 정확성 여부를 점검해 보는 과정이다. 시산표 작성을 통해 기중 회계기록의 정확성을 점검한 후에는 이들 계정잔액을 기말 시점에서 조정하기 위한 결산정리분개를 한다.

정산표는 잔액시산표상의 계정 잔액과 결산정리분개를 통합하여 재무제표의 대략적인 윤곽을 파악하기 위한 표이다. 정산표를 제대로 작성할 수 있으면 회계학에 흥미를 가지게 될 것이다.

제 1 절 결산의 의의와 절차

결산(closing)이란 회계기간 전체에 걸쳐 계속적으로 발생한 자산, 부채, 자본의 변동 내용 및 그 변동들로 인한 결과를 종합하여 의미있는 재무제표로 일목요연하게 요약하는 것을 말한다. 이 결산절차는 회계에서 매우 중요한 과정으로 간주되는데, 그 이유는 결산절차를 통하여 비로소 정보이용자들에게 제공할 의미있는 회계보고서가 산출되기 때문이다.

결산이 이루어지는 절차를 개괄적으로 살펴 보자. 회계기간 전체에 걸쳐 계속적으로 발생해 온 거래들은 이미 해당 계정에 잘 정리되어 있다. 따라서 결산절차는 각 계정들이 재무상태표 항목인지 포괄손익계산서 항목인지에 따라 각각 재무상태표와 포괄손익계산서에 모으는 것으로 대부분 완료된다. 여기서 '대부분'이라고 말하는 이유는 재무제표의 개략적 윤곽이 이미 기중에 발생한 거래들에 의하여 거의 결정되기 때문이다.

여기서 한 가지 유념할 것은 각 계정의 잔액을 재무제표별로 모으는 것으로 결산절차가 대부분 완료된다 하더라도, 실은 일부의 계정에 대하여 기말잔액을 다소간 조정해야 할 것이 있을 수 있기 때문에 이 조정을 마친 후에 재무제표별로 모아야 한다는 점이다. 이 수정작업을 오류없이 체계적으로 전개하기 위하여 기업들은 정산표라는 것을 이용한다. 여기서 보면 결산절차가 시산표의 작성에서 출발하여 정산표 작성을 거쳐 최종적으로 재무제표를 작성하고 계정을 마감하는 것으로 완료되는 것임을 알 수 있다.

시산표는 기중에 발생한 거래들을 그동안 정확하게 계정에 전기해 왔는지를 점검하기 위하여 작성하는 표이다. 재무제표가 본질적으로 각 계정잔액을 모아서 작성하는 것이기 때문에, 계정잔액에 오류가 포함되어 있어서는 올바른 재무제표를 얻을 수가 없다. 그러므로 기업은 본격적인 결산작업에 들어가기에 앞서 재무제표의 기초자료인 계정잔액이 정확한지 여부를 점검하게 된다. 이때 작성되는 표가 곧 시산표이다. 따라서 시산표 작성은 어디까지나 결산을 위한 준비작업이라는 점을 유념할 필요가 있다.

시산표 작성을 통해 계정잔액에 오류가 없는 것이 판명되면 본격적인 결산절차로 들어가는데, 이에는 ① 결산정리사항의 파악, ② 결산정리사항의 기록, ③ 기말의 계정잔액과 결산정리사항의 통합이라는 세 가지 작업이 포함된다. 결산 시점에서

◀ 도표 4-1
결산 절차

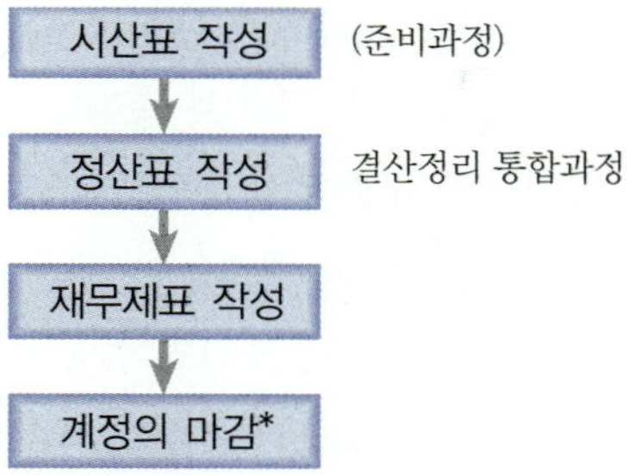

* 계정의 마감은 극히 기계적 과정이며, 따라서 본 장의 본문에는 설명이 생략되어 있음.

정리사항을 분개하는 것을 결산정리분개라고 부른다.

그런데 대기업일수록 수정사항의 수가 많고 복잡하여 자칫하면 누락이나 중복이 발생하기 때문에 결산작업이 어렵고 힘든 일이 된다. 결산작업을 쉽고, 정확하게 수행하기 위하여 거의 모든 기업이 정산표라는 일종의 연습장 작업을 수행한다. 비록 연습장 작업이긴 하지만, 정산표의 작성은 결산작업에서 가장 핵심적인 위치를 차지한다. 그 이유는 정산표가 정확히 작성되고 나면 최종 목표인 재무제표 작성작업이 단지 '옮겨 적기'라는 단순노동이 되기 때문이다. 바로 이 점이 정산표를 작성하는 이유가 된다.

결산절차의 세번째 단계에 해당하는 재무제표(작성)에 관해서는 앞에서 설명한 바 있으므로 여기서는 생략한다. 한편 결산절차의 마지막 단계인 '계정의 마감'은 극히 단순하고 기계적인 작업인 관계로 본 장의 [부록]에서 설명하기로 한다.

제 2 절 시산표

1. 대차평형의 원리

시산표(試算表, trial balance)는 결산 기초자료인 계정기록의 정확성 여부를 점검하기 위한 표라고 하였는데, 이는 복식부기에 대차평형의 원리라는 것이 존재하기 때문에 가능한 것이다. 먼저 대차평형의 원리에 관하여 살펴 본다.

복식부기에서는 모든 거래를 차변과 대변으로 나누어 동일한 금액으로 양변에 각각 분개한 다음, 차변에 분개된 금액은 총계정원장의 차변에 전기하고, 대변에 분개된 금액은 총계정원장의 대변에 전기한다. 따라서 만일 모든 거래를 바르게 분개하고 또한 바르게 전기했다면 각 계정들의 차변을 합계한 금액과 대변을 합계한 금액은 완전히 일치하게 된다. 이를 복식부기가 가지고 있는 **대차평형의 원리**(貸借平衡의 原理, principle of equilibrium)라고 한다. 대차평형의 원리는 분개 및 전기를 모두 올바르게 했을 때 달성되는 결과임을 유념할 필요가 있다.

만일 차변 합계액과 대변 합계액이 일치하지 않는다면, 이는 분개와 전기 중 적어도 하나 이상이 잘못 이루어졌음을 의미한다. 다시 말해 회계기록의 어딘가에 잘못이 있음을 뜻한다. 그러므로 차변 합계액과 대변 합계액을 구하여 일치 여부를 점검해 보면 회계기록상에 오류가 있었는지 여부를 즉각 알 수 있다. 그래서 복식부기는 자기검증기능(self-verification function)을 가지고 있다고 말한다. 대차평형의 원리가 복식부기로 하여금 자기검증기능을 가지게 하는 것이다.

2. 시산표

시산표란 총계정원장에 있는 모든 계정의 차변 합계액과 대변 합계액을 단순히 한 곳에 모아 놓은 표이다. 이처럼 단순히 한 곳에 모아 보는 것만으로도 계정기록의 정확성 여부를 점검하는 좋은 방법이 되는 이유는 전술한 대차평형의 원리 때문이다.

시산표에서는 다음의 등식이 성립한다.

시산표 등식 : 기말자산 + 비용 = 기말부채 + 기초자본 + 수익

시산표를 작성하면 계정기록의 정확성을 점검하는 외에, 모든 계정들의 잔액을 한 눈에 파악할 수 있어 재무제표의 개략적인 윤곽을 사전에 그려볼 수 있다는 장점이 있다. 기업에서는 총계정원장이 몇 권의 책이 될 정도로 계정의 수가 많기 때문에 윤곽의 파악 없이 직접 원장만을 바탕으로 재무제표를 작성하기란 쉽지가 않다.

3. 시산표의 종류

시산표는 모든 계정의 금액을 집계하여 작성하는데, 집계 방법에 따라 합계시산표, 잔액시산표, 합계잔액시산표로 구분된다.

합계시산표는 각 계정의 차변 합계액과 대변 합계액을 모아서 작성한 것이며, 잔액시산표는 각 계정의 잔액만을 모아서 작성한 것이다. 합계잔액시산표는 이 둘을 합한 것이다.

시산표 작성시 계정과목의 열거 순서는 어떻게 하더라도 상관없으나, 일반적으로 자산, 부채, 자본, 수익, 비용의 순서로 체계적으로 열거하는 것이 좋다. 이렇게 하면 나중의 재무제표 작성 작업이 보다 더 용이해진다.

합계잔액시산표에는 양쪽에 각각 2개씩의 금액란이 있는데, 이 중 안쪽에 있는 두 개의 금액은 합계시산표를 나타내고, 바깥쪽에 있는 두 개의 금액은 잔액시산표를 나타낸다. 잔액시산표는 합계시산표에 양변에 적혀 있는 금액의 차이로 작성되는 것임을 확인할 수 있다.

◀ 도표 4-2 합계잔액시산표

한국심부름센터 (1. 31 · 단위: 천원)

차 변		계정과목	대 변	
잔 액	합 계		합 계	잔 액
₩395	₩2,000	현 금	₩1,605	
0	300	외상매출금	300	
300	300	단기대여금		
	400	단기차입금	500	₩100
		자 본 금	1,000	1,000
		매 출	500	500
300	300	종업원급여		
600	600	임 차 료		
5	5	이 자 비 용		
₩1,600	₩3,905	합 계	₩3,905	₩1,600

* 각 열에서 첫 번째 금액과 합계란 금액에는 원(₩) 표시를 하였음. 이하 모든 표에서 마찬가지임.

도표 4-3 ▶ 잔액시산표를 이용한 재무제표 작성

한국심부름센터 (단위 : 천원)

계정과목	잔액시산표		포괄손익계산서		재무상태표	
	차 변	대 변	차 변	대 변	차 변	대 변
현 금	₩395				₩395	
외상매출금	0				0	
단기대여금	300				300	
단기차입금		₩100				₩100
자 본 금		1,000				1,000
매 출		500		₩500		
종업원급여	300		₩300			
임 차 료	600		600			
이 자 비 용	5		5			
합 계	₩1,600	₩1,600	₩905	₩500	₩695	₩1,100
당기순손실				405	405	
합 계			₩905	₩905	₩1,100	₩1,100

한편, 잔액시산표로부터 재무상태표와 포괄손익계산서를 작성해 볼 수 있다. 잔액시산표에서 자산, 부채, 자본계정들을 떼어 재무상태표를 만들 수 있고, 수익, 비용계정들을 떼어 포괄손익계산서를 만들 수 있다. [**도표 4-3**]에 이 과정이 나타나 있다.

잔액시산표를 이용한 재무제표 작성 방법은 다음과 같다.

❶ 잔액시산표의 계정과목과 금액을 그대로 옮겨 적는다.

❷ 잔액시산표상의 계정과목 중 비용, 수익의 금액은 포괄손익계산서에 옮겨 적고, 자산, 부채, 자본의 금액은 재무상태표에 옮겨 적는다.

❸ 포괄손익계산서와 재무상태표 각각에서 차변 합계와 대변 합계의 차액을 구하여 금액이 적은 쪽에 기입함으로써 차변 합계와 대변 합계를 일치시킨다. 포괄손익계산서에서 대변 합계(즉, 수익)가 차변 합계(즉, 비용)보다 크다면 그 차이는 당기순이익이다. 재무상태표에서 차변 합계(기말자산)가 대변 합계(기말부채와 기초자본)보다 크다면 그 차이는 당기순이익이다. 포괄손익계산서상의 당기순이익과 재무상태표상의 당기순이익은 항상 일치하여야 한다.

◀ 도표 4-4
재무제표의 연계

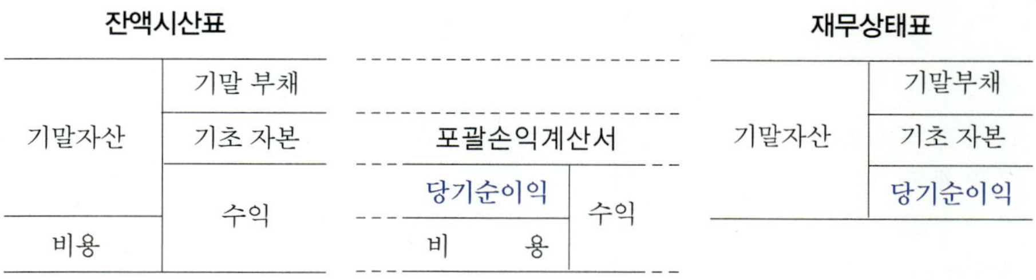

* 포괄손익계산서의 당기순이익과 재무상태표의 당기순이익이 항상 일치함을 보여준다.
* 포괄손익계산서를 작성할 때에는 수익과 비용을 기록한 후, 그 차이를 당기순이익으로 기록한다.

4. 시산표 기능의 한계

시산표 기능에 관하여는 다음 두 가지 사항을 유의할 필요가 있다.

첫째, 시산표는 오류의 존재 유무만을 알려줄 뿐, 그 오류가 구체적으로 어느 계정에서 발생한 것인지는 알려 주지 못한다. 그러므로 시산표를 통해 오류의 존재가 확인된 경우에는 그 오류가 어디에서 발생한 것인지를 찾기 위한 노력이 추가되어야 한다.

둘째, 시산표의 양변 합계액이 일치한다고 해서 계정기록에 오류가 전혀 없다는 것을 의미하는 것은 아니다. 예컨대 현금계정 차변에 기록해야 할 것을 외상매출금계정 차변에 기록했다면 이는 분명히 오류이지만 이런 오류는 시산표에서 파악되지 않는다. 양변 합계액이 일치하는 한, 오류가 있음을 감지하지 못하기 때문이다.

예제 4-1
잔액시산표 작성

다음은 한국기업의 12월 31일 각 계정의 잔액이다. 종업원급여 금액을 구하고, 잔액시산표를 작성하라.

현 금	₩30,000	단기매매금융자산	₩720,000	매출채권	₩500,000
건 물	2,500,000	종업원급여	?	감가상각누계액	800,000
매입채무	1,500,000	자 본 금	950,000	매 출	1,000,000

해답

각 계정과목이 자산(현금, 단기매매금융자산, 매출채권, 건물), 부채(매입채무), 자본(자본금), 수익(매출), 비용(종업원급여) 중 어느 항목에 속하는 지를 먼저 분류한 후, 시산표 등식에 따라 종업원급여 금액을 구한다. 참고로, 감가상각누계액은 자산의 차감 항목이다. 잔액시산표나 정산표를 작성할 때에는 대변에 기록한다.

잔액시산표

현 금	30,000	감가상각누계액	800,000
단기매매금융자산	720,000	매입채무	1,500,000
매출채권	500,000	자 본 금	950,000
건 물	2,500,000	매 출	1,000,000
종업원급여	? = 500,000		
합 계	4,250,000	합 계	4,250,000

예제 4-2

정리후시산표를 이용한 재무제표 작성

정리후시산표를 이용하여 재무제표를 작성하고자 한다. 다음 정산표를 완성하라.

계정과목	정리후시산표		포괄손익계산서		재무상태표	
	차변	대변	차변	대변	차변	대변
현 금	20				( )	
외상매출금	( )				260	
상 품	( )				200	
비 품	80				80	
외상매입금		100				( )
차 입 금		( )				50
자 본 금		( )				( )
매 출		700		( )		
이자수익		( )		60		
종업원급여	400		( )			
임 차 료	100		( )			
당기순이익			( )			( )
합 계	1,060	1,060	( )	( )	( )	( )

해답 자산(현금, 외상매출금, 상품, 비품), 부채(차입금), 자본(자본금)은 재무상태표에 기입하고, 수익(매출, 이자수익)과 비용(종업원급여, 임차료)은 포괄손익계산서에 기입한다. 한편, 정리후 시산표상의 자본금은 대차평형의 원리에 의해 구한다.

정산표 (단위: 천원)

계정과목	정리후시산표		포괄손익계산서		재무상태표	
	차변	대변	차변	대변	차변	대변
현 금	20				(20)	
외상매출금	(260)				260	
상 품	(200)				200	
비 품	80				80	
외상매입금		100				(100)
차 입 금		(50)				50
자 본 금		(150)				(150)
매 출		700		(700)		
이 자 수 익		(60)		60		
종업원급여	400		(400)			
임 차 료	100		(100)			
당기순이익			(260)			(260)
합 계	1,060	1,060	(760)	(760)	(560)	(560)

제 3 절 결산정리분개

1. 결산정리분개의 필요성과 목적

앞서 일부의 계정에 대하여 기말잔액을 조정해야 할 것이 있을 수 있으며, 이런 조정사항을 결산정리사항이라고 하였다. **결산정리**(year-end adjustment)란 계정의 기말잔액을 결산 시점에서 조정하는 것을 말하며, 기말정리 또는 기말조정이라고도 부른다.

기업은 기말의 계정잔액을 수정하기 위하여 **결산정리분개**(adjusting entry)를 하게 된다. 이러한 결산정리분개의 목적은 무엇인가? 먼저 아래의 두 예를 통하여 결산정리분개가 왜 필요한지를 살펴 본 후 이 물음에 답하기로 한다.

첫째, 기업은 매출수익 증대를 위하여 현금매출만을 고집하지 않고 외상매출을 하는 경우가 많다. 당기의 수익증대를 위해서는 외상매출이 불가피한 경우가 많다. 그런데 상품을 외상매출하는 경우에는 외상거래처의 중도파산으로 인하여 대금 중 일부를 떼이는 일이 발생하기도 한다. 이처럼 떼일 부분이 있는데도 불구하고 만일 외상매출금계정 잔액 전부를 재무상태표에 기록한다면 이는 자산을 과대표시하는 결과가 된다. 또한 떼임으로 인하여 발생할 예상손실을 적절히 포괄손익계산서에 기록하는 것도 수익 · 비용 대응(matching)의 관점에서 적절한 회계처리가 된다. 외상매출이 당기의 매출수익 증대에 공헌하는 것이라면 그로 인하여 발생할 손실을 당기 비용으로 처리하는 것이 적절하기 때문이다. 바로 이러한 점들을 반영하기 위한 결산정리분개가 필요한 것이다.

둘째, 앞의 심부름센터 예에서 임차료를 보자. 1월 1일에 6개월분 임차료를 지급하였다. 6개월분 임차료 지급액 전부가 1월의 포괄손익계산서에 비용으로 기록되면 안된다는 것은 자명하다. 즉, 1개월분 임차료만을 1월의 포괄손익계산서에 기록하고, 나머지는 미래에 사무실을 이용할 수 있는 권리 즉, 자산으로 재무상태표에 기록하는 것이 필요하다. 그러나 임차료에 대해서는 현금지출 시점에서 전액을 임차료로 한번 기록했을 뿐, 기말까지 아무런 추가적 기록을 한 적이 없다. 그러므로 6개월분 현금 지급액을 1:5의 비율로 비용과 자산으로 분할하여, 전자는 포괄손익계산서에, 후자는 재무상태표에 기록하기 위한 결산정리분개를 할 필요가 있다.

이상의 내용을 정리하면 다음과 같다. 외상매출금의 예에서 결산정리분개를 하지 않으면 자산이 과대하게 기록되고 비용이 과소하게 기록된다. 임차료의 예에서는 결산정리분개를 하지 않으면 자산이 과소하게 기록되고 비용이 과대하게 기록된다. 이런 이유들로 인하여 적절한 결산정리분개가 필요함을 알 수 있다.

그러면 결산정리분개를 통해서 달성하고자 하는 목적은 무엇인가? 이 목적을 분명히 아는 것은 매우 중요하다. 이를 분명히 알고 있으면 결산정리분개가 쉽게 느껴질 것이라고 본다. 결산정리분개의 목적은 포괄손익계산서와 재무상태표에 올바른 금액을 기록하기 위함이라고 요약할 수 있다.

앞에서 본 것들 외에도 결산정리사항들이 많이 있다. 기업은 이들을 빠짐없이 파악하기 위하여 결산정리사항 목록을 작성한다. 결산정리사항 목록에는 기말 현재의 자산과 부채의 가치, 아직 지급하지 않은 비용(미지급비용), 아직 받지 않은 수익(미수수익), 미리 지급한 비용(선급비용), 미리 받은 수익(선수수익) 등이 집계된다.

2. 수익 · 비용의 결산정리분개

재무제표는 그 목적에 부합하기 위하여 발생기준을 적용하여 작성한다. **발생기준**(accrual basis)에서는 거래나 그 밖의 사건의 영향을 (현금이나 현금성자산의 수취나 지급 시점이 아니라) 발생한 기간에 인식하며 해당 기간의 장부에 기록하고 재무제표에 표시한다. 반면에, **현금기준**(cash basis)에서는 거래나 그 밖의 사건의 영향을 현금(또는 현금성 자산)의 수취나 지급 기간에 인식하며 해당 기간의 장부에 기록한다. 현금의 수취나 지출 여부는 누구나 쉽게 이해할 수 있다는 장점이 있으나 기간별 경영성과를 파악하는 데 있어 중대한 결함을 안고 있는데, 그 이유는 다음과 같다.

영업활동은 상품의 구입과 판매를 거쳐 대금회수로 종료되며, 이러한 영업활동은 반복하여 계속적으로 발생한다. 만일 매 회계연도마다 그 해의 모든 영업활동이 기초에 시작되어 기말 이전에 전부 종료하면서 그에 따른 현금의 수입과 지출까지도 모두 완결된다면 현금주의에 따라 경영성과를 파악하는 데 아무런 문제가 없다.

그러나 많은 영업활동들이 다음 회계연도에까지 걸쳐 계속적으로 발생한다. 즉, 당기의 상품 판매에 따른 현금회수가 차기 이후에 이루어지는 경우가 많다. 회계에서는 경영성과를 기간별로 파악하는데, 만일 기말에 아직 대금회수가 이루어지지 않은 영업활동이 있다면 현금주의에 따라 경영성과를 계산할 경우 필연적으로 이 부분은 누락되게 된다. 또한 전기 영업활동으로 인한 현금수입이 당기에 이루어질 경우 이 부분이 부당하게 당기 경영성과로 집계된다. 그러므로 현금주의에 의하면 결코 기간별 경영성과를 올바르게 계산할 수 없다. 따라서 회계연도의 현금흐름과 발생흐름이 상이한 부분에 대하여 결산시점에서 정리를 해 줄 필요가 있다.

결산정리분개의 네 가지 유형인 ① 미지급비용, ② 미수수익, ③ 선급비용, ④ 선수수익에 대한 이해를 용이하게 하려면 무엇보다도 미지급, 미수, 선급, 선수라는 용어의 의미를 쉽게 떠올릴 수 있어야 한다. 이들의 의미를 쉽게 떠올릴 수만 있어도 문제를 상당히 쉽게 해결할 수 있다.

(1) 미지급비용(accrued expense)

이자비용을 아직 지급하지 않았다는 것은 차입금에 대한 이자비용이 이미 발생했다는 것을 의미한다. 따라서 포괄손익계산서에는 '이자비용'이라는 비용을, 재무상태표에는 '미지급비용'이라는 부채를 기록해야 하며, 다음과 같은 결산정리분개가 필요하다.

결산정리사항 : 이자비용 ₩1,000을 아직 지급하지 않았다.
결산정리분개 : (차) 이자비용 1,000 (대) 미지급이자 1,000

미지급이자, 미지급급여, 미지급임차료 등을 통틀어 미지급비용이라 하는데, 미지급비용은 상품의 외상매입대금인 외상매입금이나 상품 이외의 자산(건물, 비품 등)의 외상구입대금인 미지급금과는 구별되는 것임을 꼭 유념하기 바란다.

한편, 미지급이자는 미지급이자계정에, 미지급임차료는 미지급임차료계정에 각각 구분하여 분개하는 것이 필요하다. 기업으로서는 이자 미지급액이 얼마, 임차료 미지급액이 얼마라는 식으로 각각 구체적으로 파악하고 있어야 하기 때문에 이처럼 구분하여 기록을 유지하는 것이 필요하다. 한편, **K-IFRS**에서는 유사한 항목은 중요성 분류에 따라 재무제표에 구분하여 표시하도록 하고 있다. 즉, 외부 보고용 재무상태표에는 이들의 금액이 중요하지 않은 작은 금액이라고 판단될 경우, 정보이용자의 편의를 고려하여 중요성의 원칙[1)]에 따라 금액들을 모두 통합한 후 '미지급비용' 이라는 단일 항목으로 기재한다.

(2) 미수수익(accrued revenue)

이자수익을 아직 받지 못했다는 것은 대여금에 대한 이자수익이 이미 발생했다는 것을 의미한다. 따라서 포괄손익계산서에는 '이자수익' 이라는 수익을, 재무상태표에는 '미수수익' 이라는 자산을 기록해야 하며, 다음과 같은 결산정리분개가 필요하다.

결산정리사항 : 이자수익 ₩1,000을 아직 받지 못하였다.
결산정리분개 : (차) 미수이자 1,000 (대) 이자수익 1,000

1) K-IFRS 제1001호(재무제표 표시)에 의하면 어떠한 항목의 누락이나 왜곡표시가 개별적으로 또는 집합적으로 재무제표에 기초한 재무제표이용자의 경제적 의사결정에 영향을 미치는 경우 그 항목의 누락이나 왜곡표시는 중요하다. 중요성은 관련 상황을 고려하여 누락이나 왜곡표시의 크기와 성격에 따라 결정된다. 그 항목의 크기나 성격 또는 두 요소의 결합이 결정요소가 될 수 있다.

미수이자, 미수임대료 등을 통틀어 미수수익이라 하는데, 미수수익은 상품의 외상판매대금인 외상매출금이나 상품 이외의 자산의 외상판매대금인 미수금과는 구별되는 것임을 꼭 유념하여야 한다.

한편 미수수익을 분개할 때는 전술한 미지급비용과 마찬가지로 각 항목을 구분하여 분개하되, 재무상태표에는 여러 미수항목을 통합하여 미수수익이라는 단일 항목으로 기재하는 것이 권장된다. 이러한 처리는 이하 선급비용이나 선수수익의 경우에도 동일하게 적용된다.

(3) 선급비용(deferred expense)

12월 1일에 향후 6개월분 이자비용 ₩6,000을 현금으로 줄 경우 회계처리는 다음 두 가지 방법이 있다.

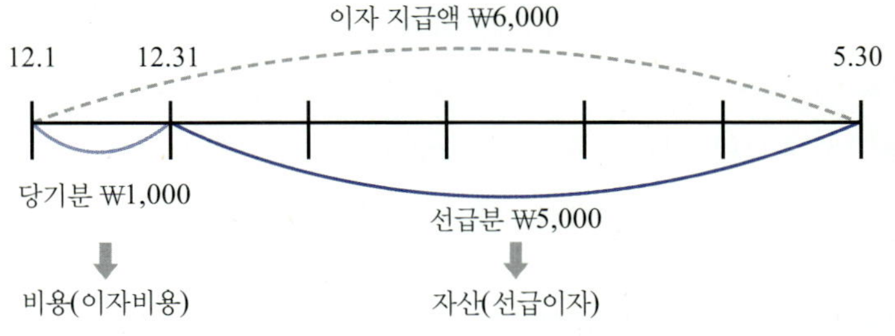

◀ 도표 4-5
선급비용

〈방법 1〉은 현금 지급시 '이자비용'이라는 비용으로 회계처리하는 방법이다. 어차피 비용으로 지출된 금액이므로 처음부터 해당 비용으로 회계처리하는 방법이다.

〈방법 2〉는 현금 지급시 '선급이자'라는 자산으로 회계처리하는 방법이다. 현금 지급시에는 향후 6개월분을 미리 지급(선급)하였으므로 자산으로 회계처리하는 방법이다.

어떠한 방법을 사용하였느냐에 따라 결산정리분개는 달라진다.

구체적으로 결산정리분개를 하기 이전에 결산정리사항을 분석하면 다음과 같다.

12월 1일의 현금 지급액 ₩6,000 중 12월분 이자비용은 ₩1,000뿐이고, 나머지 ₩5,000은 미래 이자를 미리 지급한 것으로 12월말 시점에서는 자산이 된다. 즉, 어떤 회계처리 방법을 사용하더라도 당기의 이자비용은 ₩1,000이고, 선급이자(자산)는 ₩5,000이 되어야 한다. 이 결론에 합당하도록 결산정리분개를 하면 다음과 같다.

	방법 1	방법 2
기중 분개	(차) 이자비용 6,000 (대) 현　　금 6,000	(차) 선급이자 6,000 (대) 현　　금 6,000
결산정리 사항	12월말 이자비용을 분석한 결과, 이 중 ₩1,000만이 12월분 이자비용이다(즉, ₩5,000은 내년 이자비용이다).	
결산정리 분　개	(차) 선급이자 5,000 (대) 이자비용 5,000	(차) 이자비용 1,000 (대) 선급이자 1,000

〈방법 1〉에서는 현금 지급시 이자비용 ₩6,000에서 ₩5,000을 차감하여 선급이자라는 자산으로 옮겨야 한다. 이 결과로 포괄손익계산서의 이자비용은 ₩1,000이 되며, 재무상태표의 선급이자는 ₩5,000이 된다. 반면에 〈방법 2〉에서는 현금 지급시 선급이자 ₩6,000에서 ₩1,000을 차감하여 이자비용으로 옮겨야 한다. 이 결과로 포괄손익계산서의 이자비용은 ₩1,000이 되며, 재무상태표의 선급이자는 ₩5,000이 된다. 본 서에서는 〈방법 1〉을 주로 사용하였다.

(4) 선수수익(deferred revenue)

12월 1일에 향후 6개월분 이자수익 ₩6,000을 현금으로 받을 경우 회계처리는 다음 두 가지 방법이 있다.

도표 4-6 ▶
선수수익

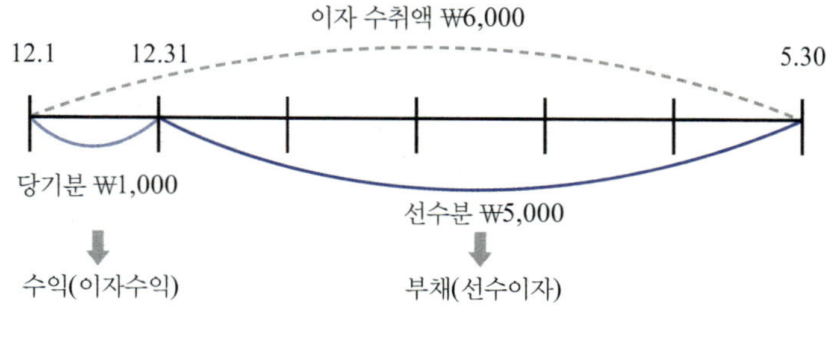

〈방법 1〉은 현금 수취시 '이자수익'이라는 수익으로 회계처리하는 방법이다. 어차피 수익으로 받은 금액이므로 처음부터 해당 수익으로 회계처리하는 방법이다.

〈방법 2〉는 현금 수취시 '선수이자'라는 부채로 회계처리하는 방법이다. 현금 수취시 향후 6개월분을 미리 받았으므로 부채로 회계처리하는 방법이다.

어떠한 방법을 사용하였느냐에 따라 결산정리분개는 달라진다.

구체적으로 결산정리분개를 하기 이전에 결산정리사항을 분석하면 다음과 같다.

12월 1일의 현금 수령액 ₩6,000 중 당기의 이자수익은 ₩1,000뿐이고, 나머지 ₩5,000은 미래분을 미리 받은 금액으로서 12월말의 부채가 된다. 즉, 어떤 회계처리 방법을 사용하더라도 당기의 이자수익은 ₩1,000이고, 선수이자(부채)는 ₩5,000이 되어야 한다. 이 결론에 합당하도록 결산정리분개를 하면 다음과 같다.

	방법 1	방법 2
기중 분개	(차) 현 금 6,000 (대) 이자수익 6,000	(차) 현 금 6,000 (대) 선수이자 6,000
결산정리사항	12월말 이자수익을 분석한 결과, 이 중 ₩1,000만이 12월분 이자수익이다(즉, ₩5,000은 내년 이자수익이다).	
결산정리분개	(차) 이자수익 5,000 (대) 선수이자 5,000	(차) 선수이자 1,000 (대) 이자수익 1,000

〈방법 1〉에서는 현금 수취시 이자수익 ₩6,000에서 ₩5,000을 차감하여 선수이자라는 부채로 옮겨야 한다. 이 결과로 포괄손익계산서의 이자수익은 ₩1,000이 되며, 재무상태표의 선수이자는 ₩5,000이 된다. 반면에 〈방법 2〉에서는 현금 수취시 선수이자 ₩6,000에서 ₩1,000을 차감하여 이자수익으로 옮겨야 한다. 이 결과로 포괄손익계산서의 이자수익은 ₩1,000이 되며, 재무상태표의 선수이자는 ₩5,000이 된다. 본 서에서는 〈방법 1〉을 주로 사용하였다.

◀ 도표 4-7 미지급비용, 미수수익, 선급비용, 선수수익 등이 재무제표에 미치는 영향

	포괄손익계산서		재무상태표	
결산정리사항	비용	수익	자 산	부 채
지급하지 않은 비용	증가			증가(미지급비용)
아직 받지 못한 수익		증가	증가(미수수익)	
미리 지급한 비용*	감소		증가(선급비용)	
미리 받은 수익*		감소		증가(선수수익)

* 기중에 현금 지급시 전액을 비용으로 회계처리하였다고 가정하며, 기중에 현금 수취시 전액 수익으로 회계처리하였다고 가정함.

3. 자산의 결산정리분개

기말 시점에서 자산, 부채의 계정잔액은 재무상태표일의 재무상태와 차이가 날 수 있다. 여기에서는 소모품, 단기매매금융자산과 유형자산에 대한 결산정리분개를 간단히 살펴 보기로 한다.

(1) 소모품의 결산정리

소모품(supplies)이란 쓰는 대로 닳거나 줄어들어 없어지거나 못 쓰게 되는 물품이다. 이에는 종이, 볼펜, 연필, 빗자루, 프린터에서 사용되는 카트리지 등이 있다. 소모품의 회계처리는 앞에서 공부한 선급비용의 회계처리와 매우 유사하다. 간단한 예를 통하여 살펴보자.

12월 1일에 A4 복사용지 6박스(박스당 ₩1,000)를 현금으로 구입할 경우 회계처리는 다음 두 가지 방법이 있다.

〈방법 1〉은 현금 지급시 '소모품비'라는 비용으로 회계처리하는 방법이다. 어차피 비용으로 지출된 금액이므로 처음부터 해당 비용으로 회계처리하는 방법이다.

〈방법 2〉는 현금 지급시 '소모품'이라는 자산으로 회계처리하는 방법이다. 현금 지급시에는 복사용지를 전혀 사용하지 않은 상태이므로 자산으로 회계처리하는 방법이다.

어떠한 방법을 사용하였느냐에 따라 결산정리분개는 달라진다.

	방법 1	방법 2
기중 분개	(차) 소모품비 6,000 (대) 현 금 6,000	(차) 소 모 품 6,000 (대) 현 금 6,000
결산정리 사항	12월말 A4 복사용지 재고를 파악한 결과, 5박스가 남았다(즉 1박스가 사용되었다).	
결산정리 분 개	(차) 소 모 품 5,000 (대) 소모품비 5,000	(차) 소모품비 1,000 (대) 소 모 품 1,000

구체적으로 결산정리분개를 하기 이전에 결산정리사항을 분석해 보자. 어떤 회계처리 방법을 사용하더라도 당기의 소모품비는 ₩1,000이고, 소모품(자산)은 ₩5,000이 되어야 한다.

〈방법 1〉에서는 소모품비 ₩6,000에서 ₩5,000을 차감하여 소모품이라는 자산으로 옮겨야 한다. 이 결과로 포괄손익계산서의 소모품비는 ₩1,000이 되며, 재무상태표의 소모품은 ₩5,000이 된다. 반면에 〈방법 2〉에서는 소모품 ₩6,000에서 ₩1,000을 차감하여 소모품비로 옮겨야 한다. 이 결과로 포괄손익계산서의 소모품비는 ₩1,000이 되며, 재무상태표의 소모품은 ₩5,000이 된다. 본 서에서는 〈방법 1〉을 주로 사용하였다.

(2) 단기매매금융자산의 결산정리

증권거래소에 상장되어 거래되고 있는 주식(= 상장주식)에 대해서는 취득원가 기준 대신 공정가치 기준을 적용한다. 상장주식은 다른 자산과 달리 매일의 시세표에서 공정가치를 '객관적'으로 평가하는 것이 가능하기 때문에 공정가치 기준으로 평가하더라도 회계정보의 신뢰성을 해치지 않기 때문이다.

단기매매금융자산계정의 기말잔액에 비하여 결산일의 공정가치가 ₩100,000만큼 상승한 경우의 결산정리분개는 다음과 같다.

(차) 단기매매금융자산	100,000	(대) 단기매매금융자산평가이익	100,000

반면에 결산일의 공정가치가 ₩200,000만큼 하락한 경우의 결산정리분개는 다음과 같다.

(차) 단기매매금융자산평가손실	200,000	(대) 단기매매금융자산	200,000

단기매매금융자산평가이익은 수익항목이고, 단기매매금융자산평가손실은 비용항목이다.

(3) 유형자산의 결산정리

건물이나 비품 등의 장기성 자산은 1년 이상 장기간에 걸쳐 영업활동에 사용할 목적으로 보유하는 것이다. 기업은 이들 자산의 매년도 사용에 따른 비용을 포괄손익계산서에 기록하는 것이 필요하며, 이를 위하여 취득원가를 수명기간에 걸쳐 나누어 조금씩 비용화하는 처리를 해야 한다.

유형자산의 매년도 사용에 따른 비용을 **'감가상각비'** 라 부른다. 한편, 감가상각비와 결합되는 상대편 계정 이름은 **'감가상각누계액'** 이라고 부르며, 이는 취득한 때로부터 당기말 시점까지의 매년도 감가상각비를 누계한 금액을 나타내는 계정이다.

당기의 건물 감가상각비가 ₩300,000인 경우의 결산정리분개는 다음과 같다.

(차) 감가상각비	300,000	(대) 감가상각누계액	300,000

감가상각누계액은 해당 유형자산의 차감항목이며, 재무상태표에 기록된다. 즉, 감가상각누계액은 분개시 대변에 기록되므로 시산표, 정산표에는 대변에 나타나지만, 재무상태표를 작성할 때에는 대변에 기록하는 것이 아니라 해당 유형자산에서 차감하는 형식으로 차변에 기록함에 유의하여야 한다.

earning shock / earning surprise

삼성전자가 2018년 4분기 영업이익이 10조 8000억원을 기록했다고 공시했다. 매출액이 아니라 이익 더군다나 분기별 이익이 10조를 넘어서는 어마어마한 금액이지만 주식시장에서는 "어닝 쇼크"라는 반응을 보였다. 기업은 분기 또는 반기별로 실적(earning)을 발표하는데, 이 영업실적이 당초 시장의 예상치보다 저조하게 나타나는 경우를 "earning shock"라 하며 이 경우 주가의 하락으로 이어지게 된다. 반대의 경우를 "earning surprise"라고 한다. 여기서 유의할 사항은 실적치와 시장예상치와의 비교라는 점이다. 아무리 실적치가 높다하더라도 당초 예상치보다 낮으면 당초 시장의 예상치에 의해 형성된 주가는 하락하게 된다.

제 4 절 정산표

결산정리사항이 없으면 시산표에서 바로 최종적인 재무제표를 작성할 수 있음을 앞에서 보았다. 그러나 결산정리사항이 있으면 결산정리분개를 통하여 잔액시산표상의 계정잔액을 조정한 후에 재무제표를 작성하여야 한다. 이러한 조정작업은 **정산표**(精算表, worksheet)에서 이루어진다.

정산표는 반드시 작성하여야 하는 정식 회계보고서는 아니다. 재무제표 작성에 필요한 사항을 한 곳에 모아 결산정리 및 당기순이익 계산을 용이하게 하기 위한 보조양식 즉, 연습장에 불과하다. 정산표를 작성하지 않아도 재무제표 작성에 어려움이 없다면 얼마든지 생략할 수 있다. 그러나 학교교육에서는 정산표를 많이 강조한다. 정산표를 바르게 작성할 수 있다면 회계처리의 기본원리인 발생주의를 완전히 이해하였다고 볼 수 있기 때문이다. 아래에서는 정산표의 작성절차를 자세히 살펴 본다.

1. 정산표의 작성 절차

정산표의 양식은 [**도표 4-8**]과 같은데, 양식을 보면서 작성절차를 이해하기로 하자. 정산표에는 잔액시산표, 결산정리분개, 정리후시산표, 포괄손익계산서, 재무상태표 등 5개 난이 있으며, 각각 차변과 대변이 있어서 금액을 기록할 수 있는 칸은 총 10개가 된다. 이를 10칸식(또는 10위식) 정산표(10-column worksheet)라 한다. 정리후시산표를 별도로 두지 않고 생략하는 경우도 많은데, 이를 8칸식(또는 8위식) 정산표라 한다.

정산표 작성 절차를 단계별로 살펴 보자.

• 1단계: 잔액시산표의 작성

잔액시산표의 계정과목과 금액을 정산표 왼쪽에 옮겨 적고, 차변 및 대변의 합계액을 기록한다. 이때 계정잔액이 ₩0인 계정도 보통 옮겨 적는다. 계정잔액이 ₩0인 것은 아예 계정 자체가 없는 것과는 다르며, 결산정리분개 과정에서 금액이 기록될 가능성도 있다.

• 2단계: 결산정리분개의 기입

결산정리사항별로 결산정리분개를 하여 결산정리분개(또는 조정분개)란에 기입

◀ **도표 4-8** 정산표 양식 (10칸식)

계정과목	잔액시산표		결산정리분개		정리후시산표		포괄손익계산서		재무상태표	
	차변	대변	차변	대변	차변	대변	차변	대변	차변	대변
현 금										
외상매출금										
……										
합 계	×××	×××								
……										
합 계			×××	×××	×××	×××	×××	×××	×××	×××
당기순이익										
합 계							×××	×××	×××	×××

한다. 결산정리분개 과정에서 새로 생겨난 계정과목이 있으면 계정과목란 하단의 빈칸에 추가로 기재한다. 결산정리분개를 마치면 차변 합계와 대변 합계를 계산한 후 이들 금액이 상호 일치하는지 확인하고 합계란에 기록한다.

- **3단계: 정리후시산표의 작성**

잔액시산표란의 금액과 결산정리분개란의 금액을 통합하여 정리후시산표란에 기록한다. 이때 두 금액이 같은 변(차변 또는 대변)에 기록되어 있으면 더해서 적고, 두 금액이 반대편에 기록되어 있으면 큰 금액이 기록되었던 변에 차이금액을 적는다. 그리고 차변 합계와 대변 합계를 구하여 일치하는지 확인하고 합계란에 기록한다.

- **4단계: 정리후시산표 잔액을 포괄손익계산서와 재무상태표에 옮겨 적음**

정리후시산표에 남아 있는 계정 중 수익 · 비용계정은 포괄손익계산서란에 옮겨 적고, 자산, 부채, 자본계정은 재무상태표란에 옮겨 적는다.

- **5단계: 포괄손익계산서에서 당기순이익을 계산**

포괄손익계산서에서 차변의 비용금액을 합계하고 대변의 수익금액을 합계하여 각각 합계란에 기록한다. 이들 합계는 일치하지 않는다. 당기순손익이 기록되지 않았기 때문이다. 차변의 비용 합계와 대변의 수익 합계 간의 차이는 당기순손익(당기순이익 또는 당기순손실)이다. 차이나는 금액을 작은 쪽에 기록하여 차변과 대변의 합계를 일치시킨다. 수익 합계가 비용 합계보다 크면 당기순이익으로, 반대의 경우에는 당기순손실로 기록된다.

- **6단계: 재무상태표에서 당기순이익을 계산**

재무상태표 차변의 자산금액을 합계하고 대변의 부채 및 자본금액을 합계하여 각각 합계란에 기록한다. 이 경우 포괄손익계산서의 경우처럼 양 금액은 일치하지 않는다. 왜냐하면 당기순손익이 계산되지 않았기 때문이다. 차이나는 금액을 작은 쪽에 기록하여 차변과 대변의 합계를 일치시킨다. 차변 합계가 대변 합계보다 크면 당기순이익으로, 반대의 경우에는 당기순손실로 기록된다.

- **7단계: 당기순이익의 기록**

5단계의 포괄손익계산서에서 구한 당기순이익과 6단계의 재무상태표에서 구한 당기순이익이 일치하면, 포괄손익계산서 차변과 재무상태표 대변에 기록하여 각기 차변 합계액과 대변 합계액을 일치시킨다. 반대로 당기순손실이면 포괄손익계산서 대변과 재무상태표 차변에 기록하여 역시 각기 차변 합계액과 대변 합계액을 일치시킨다.

이상 7단계로 나누어 정산표 작성과정을 살펴 보았는데, 정산표는 결국 최종적인 포괄손익계산서와 재무상태표의 윤곽을 확정하고 동시에 당기순이익을 계산하기 위한 표라고 간단히 요약할 수 있다.

2. 정산표 작성 예

앞서 제시한 한국심부름센터의 사례에 다음과 같은 결산정리사항이 있다고 하자. 이를 반영하여 결산정리분개를 하고 정산표를 완성해 보자.

〈결산정리사항〉

1) 기말 현재 미리 지급한 임차료는 ₩500,000이다.

2) 기말 현재 아직 받지 않은 이자수익은 ₩3,000이다.

이들에 대한 결산정리분개는 다음과 같다.

1) (차) 선급임차료	500,000	(대) 임 차 료	500,000
2) (차) 미 수 이 자	3,000	(대) 이 자 수 익	3,000

이를 반영하여 정산표를 완성하면 [**도표 4-9**]와 같다.

◀ 도표 4-9 정산표

한국심부름센터 (단위 : 천원)

계정과목	잔액시산표		결산정리분개		정리후시산표		포괄손익계산서		재무상태표	
	차변	대변	차변	대변	차변	대변	차변	대변	차변	대변
현 금	395				395				395	
외상매출금	0				0				0	
단기대여금	300				300				300	
단기차입금		100				100				100
자 본 금		1,000				1,000				1,000
매 출		500				500		500		
종업원급여	300				300		300			
임 차 료	600			500	100		100			
이 자 비 용	5				5		5			
합 계	1,600	1,600								
선급임차료			500		500				500	
미 수 이 자			3		3				3	
이 자 수 익				3		3		3		
합 계			503	503	1,603	1,603	405	503	1,198	1,100
당기순이익							98			98
합 계							503	503	1,198	1,198

예제 4-3

수정전시산표와 수정후시산표

다음은 회계자문업을 하는 회사의 수정전시산표와 수정후시산표이다.

(단위 : 천원)

계정과목	수정전시산표		수정후시산표	
	차변	대변	차변	대변
현 금 과 예 금	50		50	
매 출 채 권	500		500	
건 물	1,250		1,250	
감가상각누계액		800		1,000
자 본 금		500		500
매 출		1,000		1,000
종 업 원 급 여	500		600	
미 지 급 급 여				100
감 가 상 각 비			200	
합 계	2,300	2,300	2,600	2,600

물음 (1) 결산정리분개를 추정하라.

(2) 당기순이익을 구하라.

해답 (1) 수정전시산표상의 금액과 수정후시산표상의 금액이 차이나는 계정을 분석한다.

(차) 감가상각비	200,000	(대) 감가상각누계액	200,000
(차) 종업원급여	100,000	(대) 미지급급여	100,000

(2) 수정후시산표에서

수익 = 매출 = ₩1,000,000

비용 = 종업원급여 + 감가상각비 = ₩800,000

당기순이익 = 수익 − 비용 = ₩200,000

예제 4-4

정산표의 완성

다음은 정산표의 일부분이다. 빈 칸을 채우고 결산정리분개를 추정하라.

정 산 표

(단위 : 천원)

계정과목	잔액시산표		결산정리분개		포괄손익계산서		재무상태표	
건 물	1,000						1,000	
감가상각누계액		( )		( )				500
종업원급여	100		( )		110			
……								
감가상각비			100		100			
미지급급여				( )				( )

해답

정 산 표 (단위 : 천원)

계정과목	잔액시산표		결산정리분개		포괄손익계산서		재무상태표	
건 물	1,000						1,000	
감가상각누계액		(400)		(100)				500
종업원급여	100		(10)		110			
……								
감가상각비			100		100			
미지급급여				(10)				(10)

결산정리분개의 추정

① (차) 감가상각비	100,000	(대) 감가상각누계액	100,000
② (차) 종업원급여	10,000	(대) 미지급급여	10,000

제 5 절 재무제표

정산표가 정확히 작성되면 이제 정산표에 기록된 내용을 그대로 옮겨 포괄손익계산서와 재무상태표를 작성할 수 있다. 정산표를 바탕으로 포괄손익계산서와 재무상태표를 작성할 때, 정산표상 계정과목의 배열 순서가 **K-IFRS**와 차이가 있기 때문에 배열 순서를 바로 잡아 기재해야 한다. 또한 계정과목의 통합 즉, 현금 등의 통합, 외상매출금과 받을어음의 통합, 외상매입금과 지급어음의 통합, 미지급항목 등의 통합 등을 해야 할 경우도 있다. 최종적으로 공시되는 재무상태표를 작성할 때에는 기초이익잉여금에 포괄손익계산서에서 구한 당기순이익을 더해서 기말이익잉여금을 구한다. 한편, 계정잔액이 ₩0인 계정은 재무제표에 더 이상 기록할 필요가 없다. 이에 따라 재무제표를 작성하면 [**도표 4-10**], [**도표 4-11**]과 같다.

◀ 도표 4-10 재무상태표

한국심부름센터 (단위 : 천원)

자 산		부 채	
1. 현금및현금성자산	₩395	1. 단기차입금	₩100
2. 단기대여금	300	**자 본**	
3. 미 수 수 익	3	1. 자 본 금	1,000
4. 선 급 비 용	500	2. 이익잉여금	98
합 계	₩1,198	합 계	₩1,198

도표 4-11 ▶ 포괄손익계산서

한국심부름센터	20×0.1.1 ~ 20×0.12.31	(단위 : 천원)
1. 매출액		₩500
2. 기타수익과 비용		
• 이자수익		3
• 종업원급여	₩300	
• 임차료	100	
• 이자비용	5	(405)
3. 당기순이익(=총포괄이익)		98

부 록 장부의 마감

기업실무에서는 정산표 작성 후 계정의 마감이라는 절차를 꼭 거친다. 계정의 마감이란 다음 회계기간의 거래들을 새 장부에 기록하기 위하여 지금까지 기록해 온 계정들에 대하여 기술적인 마무리를 하는 절차를 말한다. 계정의 마감은 포괄손익계산서 계정의 마감과 재무상태표 계정의 마감으로 나누어진다.

1. 포괄손익계산서 계정의 마감

포괄손익계산서와 관련된 수익계정 및 비용계정은 당기의 경영성과를 파악하기 위하여 기록한 것이었다. 그러므로 차기에는 차기의 경영성과를 파악하기 위하여 영(0, zero)에서부터 출발하여 다시 새롭게 기록해 나가지 않으면 안된다. 즉, 차기에는 새로운 장부를 마련하고 여기에 차기에 발생하는 수익과 비용들을 기록하여 차기의 경영성과를 파악하는 데 사용하여야 한다.

그러면 지금까지 사용해 온 수익 및 비용계정은 어떻게 처리하여야 하는가? 결론부터 말하면 지금까지 사용해 온 수익 및 비용계정은 정리하여 캐비닛 속에 집어넣는 처리를 하여야 한다. 이를 위하여 먼저 **집합손익**(income summary account)이라는 별도 계정을 설정한 다음, 수익계정의 대변 잔액은 '집합손익' 계정 대변으로 옮기고, 비용계정의 차변 잔액은 '집합손익' 계정 차변으로 옮긴다.[2] '집합손익'

2) 한 계정의 금액을 다른 계정으로 옮겨 적는 것을 '대체'(transfer)라 한다.

계정은 당기의 수익과 비용을 총괄적으로 집계하기 위한 계정이다. 이렇게 되면 수익 및 비용계정들은 잔액이 0이 되어 더 이상 의미있는 장부가 되지 못하므로 캐비닛 속으로 들어갈 상태가 되는 것이다.

이처럼 수익 및 비용 계정은 회계기간의 종료와 함께 소멸하기 때문에 임시계정(temporary accounts)이라 부르기도 한다.

한편, '집합손익' 계정에 집계된 수익과 비용은 당기순이익을 계산하는 데 사용된다. 집합손익 계정에서 산출한 당기순이익은 재무상태표상의 '이익잉여금' 계정으로 대체된다.

수익 및 비용계정의 잔액을 '집합손익' 계정으로 옮길 때 및 당기순이익을 이익잉여금계정에 옮길 때는 모두 분개를 거쳐 옮겨야 하는데, 이 분개를 **마감분개**(closing entries)라 한다. 원칙적으로 분개 없이는 원장에 어떤 것도 기록할 수 없다.

(1) 수익계정의 마감

수익계정의 잔액을 '집합손익' 계정에 대체하기 위한 마감분개를 살펴 보자.[3] 편의상 수익계정의 대표적 예로서 매출을 살펴 보자. 1월 중의 매출액이 ₩500,000이라 할 때 마감분개는 다음과 같다.

> 수익계정의 마감분개 :
> (차) 매 출 500,000 (대) 집합손익 500,000

위의 마감분개를 전기하면 다음과 같다(굵은 글씨 부분).

매 출

1.31 집합손익	**500,000**	현금 등	500,000
합계	500,000	합계	500,000

집합손익

		1.31 매출	**500,000**

3) 마감분개는 어디까지나 계정을 마감하기 위한 기계적 분개일 뿐, 경제적 의미를 갖는 것은 아님에 유의하여야 한다. 본 마감분개에서 매출이라는 수익이 차변에 기록되었다고 해서 이를 수익의 감소거래가 발생한 것이라고 생각하면 안된다. 마감분개는 단지 한 계정의 잔액을 다른 계정으로 옮기기 위한 기술적 분개에 불과하다. 오늘날에는 컴퓨터 회계프로그램이 마감분개를 자동으로 수행해 준다.

수익계정의 마감을 통해 다음의 사실을 확인할 수 있다. 첫째, 매출이라는 수익계정의 잔액이 '집합손익' 계정으로 옮겨진다. 둘째, 매출계정은 잔액이 ₩0이 되어 다음 회계기간 초에는 0에서부터 새로이 시작하게 된다.

(2) 비용계정의 마감

종업원급여계정을 이용하여 비용계정의 마감분개를 살펴본다. 1월 중의 종업원급여가 ₩300,000일 때 마감분개는 다음과 같다.

비용계정의 마감분개 :

(차) 집합손익 300,000 (대) 종업원급여 300,000

위의 마감분개를 전기하면 다음과 같다(굵은 글씨 부분).

종업원급여				집합손익	
1.31 현금	300,000	**1.31 집합손익**	**300,000**	**1.31 종업원급여** **300,000**	
합계	300,000	합계	300,000		

이제 종업원급여라는 비용계정의 잔액이 '집합손익' 계정으로 옮겨졌으며, 종업원급여 계정잔액은 0이 되어 다음 회계기간 초에는 0에서부터 새로이 시작된다.

지금까지의 과정을 그림으로 표시하면 [**도표 4-12**]와 같다.

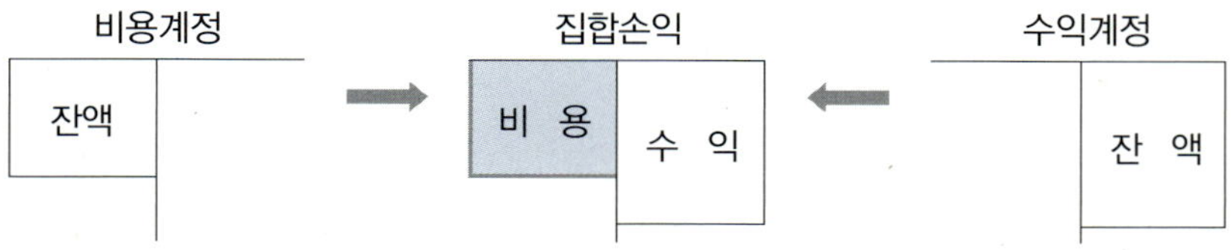

도표 4-12 ▶ 수익과 비용 계정의 마감

이상의 설명에 따라 본문의 한국심부름센터 사례에서 나타난 포괄손익계산서 계정을 마감하면 [**도표 4-13**]과 같다.

◀ 도표 4-13 포괄손익계산서 계정의 마감 (단위 : 천원)

매 출

차변	금액	대변	금액
1.31 집합손익	**500**	1. 5 현 금	200
		1.12 외상매출금	300
합 계	500	합 계	500

임 차 료

차변	금액	대변	금액
1. 1 현 금	600	1.31 선급임차료	500
		1.31 집합손익	**100**
합 계	600	합 계	600

이자비용

차변	금액	대변	금액
1.31 현 금	5	**1.31 집합손익**	**5**
합 계	5	합 계	5

종업원급여

차변	금액	대변	금액
1.31 현 금	300	**1.31 집합손익**	**300**
합 계	300	합 계	300

이자수익

차변	금액	대변	금액
1.31 집합손익	**3**	1.31 미 수 이 자	3
합 계	3	합 계	3

집합손익

차변	금액	대변	금액
1.31 임 차 료	**100**	**1.31 매 출**	**500**
이자비용	**5**	**이자수익**	**3**
종업원급여	**300**		

(3) 집합손익 계정의 마감

수익 및 비용계정의 잔액들이 '집합손익' 계정이라는 단일계정에 요약된 후에는 양자의 차액으로 당기순이익을 계산할 수 있다. 즉, '집합손익' 계정의 차변에는 모든 비용들이 집계되고 대변에는 모든 수익들이 집계된 만큼, 양자의 차액으로 당기순이익(또는 당기순손실)을 계산할 수 있다.

당기순이익은 이익잉여금을 증가시킨다. '집합손익' 계정상의 당기순이익(₩98,000)을 이익잉여금(보다 엄밀하게 말하면 '미처분이익잉여금')으로 대체하는 마감분개는 다음과 같다.

> '집합손익' 계정의 마감분개:
> (차) 집합손익 98,000 (대) 이익잉여금 98,000

위의 마감분개를 전기하면 다음과 같다(굵은 글씨 부분).

집합손익

차변	금액	대변	금액
1.31 임 차 료	100	7.31 매 출	500
1.31 이 자 비 용	5	7.31 이자수익	3
1.31 종업원급여	300		
1.31 이익잉여금	**98**		
합 계	503	합 계	503

이익잉여금

차변	금액	대변	금액
		1.31 손 익	**98**

이를 통하여 '집합손익' 계정의 잔액은 0이 된다. '집합손익' 계정은 결산 시점에서 수익 및 비용계정을 마감하기 위해 일시적으로 등장하였다가 당기순이익을 이익잉여금계정에 대체함과 동시에 소멸한다.[4]

장부 마감시 포괄손익계산서 계정을 먼저 마감하고 그후에 재무상태표 계정을 마감하는 이유는 포괄손익계산서 계정의 마감에 따라 이익잉여금계정의 금액이 달라지기 때문이다.

2. 재무상태표 계정의 마감

재무상태표에 기록되는 자산, 부채, 자본계정의 마감은 포괄손익계산서 계정의 마감과 전혀 다르다. 즉, 재무상태표 계정들은 마감 후에도 소멸하지 않는다. 재무상태표 계정들은 그 잔액이 차기로 이월되어 계속 존속하게 된다. 이런 이유로 재무상태표 계정들을 영구계정(permanent accounts)이라고 부르기도 한다.

자산에 속하는 계정의 잔액은 차변에, 부채 · 자본에 속하는 계정의 잔액은 대변에 존재하는데, 이 금액들은 차기의 기초잔액으로 이월된다. 재무상태표 계정의 잔액을 차기로 이월시키는 것을 재무상태표 계정의 마감이라 한다.

재무상태표 계정을 마감하는 과정을 살펴 보자. 결산일에 각 계정별로 잔액을 계산한다. 그런 다음에는 해당 계정의 반대편 변에 그 금액과 동일한 금액을 **차기이월**(次期移越, 차기로 이월함)이라 기록한다. 이렇게 되면 일단 차변 합계액과 대변 합계액이 일치된다. 차기 첫 날짜로 원래 잔액이 있던 변에 **전기이월**(前期移越, 전기에서 이월됨)이라 기록하고 동일한 금액을 기재한다.

재무상태표계정 중 현금을 예로 들어 보자. 현금계정의 차변 합계액이 ₩2,000,000이고 대변 합계액이 ₩1,605,000이라고 하자. 결산 시점의 현금계정 잔액은 ₩395,000이며, 이 금액이 차기로 이월되어야 할 금액이 된다. 현금계정을 마감하기 위해서는 대변에 붉은 글씨로 '차기이월 395,000' 이라 기록하고 차변과 대변에 각각의 합계액 ₩2,000,000을 기록한 후, 두 개의 밑줄을 긋는다. 여기서 두 개의 밑줄은 당기의 계정기록과 차기의 계정기록이 이 두 개의 밑줄 부분에서 서로

4) 만약 기타포괄손익이 존재하는 경우에는 그 계정의 금액을 해당 자본계정항목에 직접 옮겨주면 된다. 예를 들어 당기의 유형자산재평가이익이 존재하면, 이 금액을 재무상태표의 재평가잉여금에 가산해(누적시켜) 준다. 기타포괄손익은 당기순이익에 포함되지 않기 때문에 집합손익으로 옮겨 주어서는 안된다. 집합손익에 들어가면 이익잉여금에 변화를 주기 때문이다.

구분된다는 것을 의미한다. 아울러 차기 초에는 차변에 '전기이월' 로 이 금액을 기록한다. 이를 도시하면 [**도표 4-14**]와 같다.

이상의 설명에 따라 본문의 사례에서 나타난 재무상태표 계정을 마감하면 [**도표 4-15**]와 같다.

◀ **도표 4-14** 현금계정의 마감 (단위 : 천원)

〈장부 마감 이전〉

현금			
1.1 자 본 금	1,000	1.1 임 차 료	600
1.5 매 출	200	1.15 단기대여금	300
1.10 단기차입금	500	1.31 제 좌	405
1.20 외상매출금	300	1.31 종업원급여	300

〈장부 마감 이후〉

현금			
1.1 자 본 금	1,000	1.1 임 차 료	600
1.5 매 출	200	1.15 단기대여금	300
1.10 단기차입금	500	1.31 제 좌	405
1.20 외상매출금	300	1.31 종업원급여	300
		차기이월	**395**
합 계	2,000	합 계	2,000
전기이월	**395**		

전기이월과 차기이월

20×2년을 기준으로 한다면 20×1년을 전기(前期), 20×2년을 당기(當期), 20×3년을 차기(次期)라고 한다. 이월(移越)은 "옮기어 넘김"이라는 한자이다. 전기이월은 "전기에서 넘어옴"이란 뜻이며, 차기이월(ending balance)은 "차기로 넘김"이란 뜻이다. 전기이월을 "전기에서 넘어옴"이라고 한다면, 차기이월은 "차기에서 넘어옴"이란 뜻일 텐데 그렇지 않다. 참고로, 3월 장부를 기준으로 2월 장부에서 넘어온 것은 "전월이월(前月移越)," 3월 말 잔액을 4월로 넘기는 것을 "차월이월(次月移越)"이라고 한다. 이렇게 어렵고 또한 그 의미도 헷갈리는 용어보다는 "전기에서," "차기로" 또는 "앞달에서," "다음달로"라는 한글용어를 사용하였으면 한다.

도표 4-15 ▶ 재무상태표계정의 마감(단위 : 천원)

현 금

차변	금액	대변	금액
1. 1 자 본 금	1,000	1 1 임 차 료	600
1. 5 매 출	200	1.15 단기대여금	300
1.10 단기차입금	500	1.31 제 좌	405
1.20 외상매출금	300	1.31 종업원급여	300
		차기이월	**395**
합 계	2,000	합 계	2,000
전기이월	**395**		

외상매출금

차변	금액	대변	금액
1.12 매 출	300	1.20 현 금	300
합 계	300	합 계	300

단기대여금

차변	금액	대변	금액
1.15 현 금	300	**차기이월**	**300**
합 계	300	합 계	300
전기이월	**300**		

단기차입금

차변	금액	대변	금액
1.31 현 금	400	1.10 현 금	500
차기이월	**100**		
합 계	500	합 계	500
		전기이월	**100**

자 본 금

차변	금액	대변	금액
차기이월	**1,000**	1. 1 현 금	1,000
합 계	1,000	합 계	1,000
		전기이월	**1,000**

선급임차료

차변	금액	대변	금액
1.31 임 차 료	500	**차기이월**	**500**
합 계	500	합 계	500
전기이월	**500**		

미수이자

차변	금액	대변	금액
1.31 이자수익	3	**차기이월**	**3**
합 계	3	합 계	3
전기이월	**3**		

이익잉여금

차변	금액	대변	금액
차기이월	**98**	1.31 집합손익	98
합 계	98	합 계	98
		전기이월	**98**

제 4 장 연 습 문 제

서비스기업의 기말결산과 재무제표 작성

01 결산정리분개

각각의 경우에 결산정리분개를 하라.

(1) 기중에 향후 1년분 임차료 ₩10,000을 현금으로 지급하면서 다음과 같이 분개했었다.

(차) 임 차 료 10,000 (대) 현 금 10,000

이 중 당기분 임차료는 ₩7,000이고 나머지 ₩3,000은 차기분이다.

(2) 기중에 향후 1년분 임차료 ₩10,000을 현금으로 지급하면서 다음과 같이 분개했었다.

(차) 선급임차료 10,000 (대) 현 금 10,000

이 중 당기분 임차료는 ₩7,000이고 나머지 ₩3,000은 차기분이다.

(3) 기중에 문방용 소모품 ₩30,000을 현금으로 구입하면서 다음과 같이 분개했었다.

(차) 소 모 품 비 30,000 (대) 현 금 30,000

기말 현재 ₩10,000의 소모품이 아직 남아 있다.

(4) 기중에 문방용 소모품 ₩30,000을 현금으로 구입하면서 다음과 같이 분개했었다.

(차) 소 모 품 30,000 (대) 현 금 30,000

기말 현재 남아 있는 소모품이 ₩10,000이다.

(5) 12월말 현재 12월분 임차료 미지급액은 ₩100,000이다.

(6) 12월말 현재 대여금에 대한 이자 미수액은 ₩200,000이다.

(7) 12월말 현재 보험료 선급액은 ₩600,000이다.(7월 1일 보험료 ₩1,200,000 지급시 보험료계정에 분개했었음)

02 결산정리분개의 오류

아래 결산정리분개에는 차변 또는 대변에 오류가 포함되어 있다. 미미한 오류로 보일지라도 회계에서는 매우 중대한 오류들이다. 올바른 결산정리분개를 하라.

① 기말 현재 보험료 ₩300,000이 선급상태이다.

(차) 선 급 금 300,000 (대) 보 험 료 300,000

② 기말 현재 건물의 임대료 ₩200,000이 미수상태이다.

(차) 미 수 금 200,000 (대) 임 대 료 200,000

③ 기말 현재 기계의 임대료 ₩400,000을 미리 받은 상태이다.

(차) 임 대 료 400,000 (대) 선 수 금 400,000

④ 기말 현재 단기차입금에 대한 이자 ₩300,000이 미지급상태이다.

(차) 이자비용 300,000 (대) 미지급금 300,000

03 결산정리분개의 추정

다음은 결산정리분개이다. 각각의 경우에 결산정리사항을 추정하라.

(1) (차) 종업원급여	100,000	(대) 미지급급여	100,000
(2) (차) 미 수 이 자	200,000	(대) 이 자 수 익	200,000
(3) (차) 선급보험료	300,000	(대) 보 험 료	300,000
(4) (차) 임 대 료	400,000	(대) 선수임대료	400,000

04 결산정리사항이 당기순이익에 미치는 영향

다음은 ABC사의 결산정리사항이다. 이들 결산정리사항이 당기순이익에 미치는 영향은 얼마인가?

① 12월말 현재 12월분 종업원급여 미지급액은 ₩100,000이다.

② 12월말 현재 대여금에 대한 이자 미수액은 ₩200,000이다.

③ 12월말 현재 보험료 선급액은 ₩300,000이다.(보험료를 지급시 전액을 보험료계정에 분개했었음)

④ 12월말 현재 임대료 선수액은 ₩500,000이다.(임대료를 받을 때 전액을 임대료 계정에 분개했었음)

05 잔액시산표의 작성

다음은 미래(주)의 20×2년말 잔액시산표이다. 그러나 이 잔액시산표는 몇 가지 오류로 인하여 대차의 금액이 일치되지 않았다. 추가정보를 바탕으로 올바른 잔액시산표를 작성하라.

잔액시산표

미래(주) 20×2.12.31. 현재 (단위 : 원)

차 변	계정과목	대 변
₩12,350	현 금	
8,250	외상매출금	
480	선급보험료	
5,000	비 품	
	외상매입금	₩23,000
	자 본 금	10,000
3,000	종업원급여	
2,270	소 모 품 비	
₩31,350	합 계	₩33,000

불일치 원인을 조사하는 과정에서 발견한 추가정보는 다음과 같다.

〈추가정보〉 ① 수도광열비 ₩200이 전기 과정에서 누락되었다.

② 소모품비 ₩2,270은 ₩2,720을 전기하면서 잘못 기록한 것이다.

③ 외상매입금에 대한 현금 지급 ₩500을 전기하면서 대변에 기록하였다.

06 결산정리사항의 영향

다음은 (주)미래의 당기(20×1. 1. 1. ~ 20×1. 12. 31.)의 거래 내용에 대한 잔액시산표이다.

계정과목	잔액시산표	
	차변	대변
현 금	₩380	
외상매출금	800	
단기대여금	500	
단기차입금		₩200
자 본 금		1,000
매 출		1,000
종업원급여	300	
임 차 료	120	
이 자 비 용	100	
합 계	₩2,200	₩2,200

〈결산정리사항〉

① 기말 현재 지급되지 않은 급여가 ₩200이다.

② 위 임차료는 20×1. 11. 1.에 1년분을 지급한 것이다.

③ 기말 현재 아직 받지 않은 이자수익은 ₩50이다.

물음

(1) 결산정리분개에 의하여 증가되는 자산의 금액은 얼마인가?

(2) 기말의 자산 총액은 얼마인가?

(3) 당기순이익은 얼마인가?

07 정산표 작성

다음은 A회사의 잔액시산표(정산표에 기록함)와 결산정리사항이다.

정 산 표 (단위 : 천원)

계정과목	잔액시산표		결산정리분개		정리후시산표		포괄손익계산서		재무상태표	
	차변	대변	차변	대변	차변	대변	차변	대변	차변	대변
현 금	1,390									
외상매출금	100									
비 품	200									
단기차입금		100								
자 본 금		1,000								
매 출		900								
종업원급여	100									
임 차 료	100									
광고선전비	100									
이 자 비 용	10									
합 계	2,000	2,000								
합 계										
당기순이익										
합 계										

〈결산정리사항〉

① 기말 현재 종업원급여 미지급액 ₩50,000

② 기말 현재 임차료 선급액 ₩40,000

물음

(1) 결산정리분개를 하라.

(2) 정산표를 완성하라.

(3) 재무상태표와 포괄손익계산서를 작성하라.

08 정산표 작성

다음은 A기업의 정산표와 결산정리사항이다. 결산정리분개를 하고, 정산표를 완성하라.

정 산 표

(단위 : 천원)

계정과목	잔액시산표		결산정리분개		정리후시산표		포괄손익계산서		재무상태표	
	차변	대변	차변	대변	차변	대변	차변	대변	차변	대변
현 금	720									
외상매출금	200									
비 품	100									
건 물	500									
자 본 금		1,100								
매 출		900								
이 자 수 익		20								
광고선전비	300									
보 험 료	200									
합 계	2,020	2,020								
합 계										
당기순이익										
합 계										

〈결산정리사항〉

① 기말 현재 광고선전비 선급액 ₩80,000

② 기말 현재 이자수익 선수액 ₩10,000

③ 기말 현재 종업원급여 미지급액 ₩100,000

09 결산정리분개의 추정

다음은 K회사의 결산정리분개 이전 잔액시산표와 정리후시산표이다. 결산정리분개를 추정하고, 10칸식 정산표를 완성하라.

K회사 **정 산 표** (단위 : 천원)

계정과목	잔액시산표		결산정리분개		정리후시산표		포괄손익계산서		재무상태표	
	차변	대변	차변	대변	차변	대변	차변	대변	차변	대변
현 금	1,000				1,000					
매출채권	1,500				1,500					
소모품비	200				190					
단기차입금		900				900				
자 본 금		1,000				1,000				
매 출		1,910				1,910				
종업원급여	900				920					
임 차 료	100				70					
광고선전비	100				100					
이자비용	10				10					
합 계	3,810	3,810								
소 모 품					10					
미지급급여						20				
선급임차료					30					
합 계					3,830	3,830				
당기순이익										
합 계										

10 정산표 작성

다음은 B사의 잔액시산표와 결산정리사항이다. 결산정리사항에 대한 결산정리분개를 하고, 정산표를 완성하라.

B사 **정 산 표** (단위 : 천원)

계정과목	잔액시산표		결산정리분개		포괄손익계산서		재무상태표	
	차변	대변	차변	대변	차변	대변	차변	대변
현 금	400							
단기매매금융자산	800							
건 물	700							
감가상각누계액		200						
자 본 금		300						
이 익 잉 여 금		600						
매 출		1,600						
이 자 수 익		100						
임 대 료		400						
종 업 원 급 여	500							
보 험 료	800							
합 계	3,200	3,200						

〈 결산정리사항 〉

① 당기분 이자비용 ₩200,000
② 당기분 임대료 700,000
③ 당기분 종업원급여 600,000
④ 당기분 보험료 200,000
⑤ 기말 단기매매금융자산 공정가치 900,000
⑥ 당기분 건물 감가상각비 100,000

11 정산표 작성

다음은 A사의 잔액시산표 및 8칸식 정산표이다. 결산정리분개를 하고, 정산표를 완성하라.

A사 **정 산 표** (단위 : 천원)

계정과목	잔액시산표		결산정리분개		포괄손익계산서		재무상태표	
	차변	대변	차변	대변	차변	대변	차변	대변
현금	400							
단기매매금융자산	800							
건물	700							
감가상각누계액		200						
자본금		300						
이익잉여금		600						
매출		1,000						
이자수익		100						
임대료		400						
종업원급여	500							
보험료	200							
합계	2,600	2,600						
합계								
당기순이익								
합계								

〈결산정리사항〉

① 기말 현재 이자수익 미수액 ₩200,000
② 기말 현재 임대료 선수액 300,000
③ 기말 현재 종업원급여 선급액 100,000
④ 기말 현재 보험료 미지급액 200,000
⑤ 기말 단기매매금융자산 공정가치 700,000
⑥ 당기의 건물 감가상각비 100,000

12 정산표 작성

다음은 ABC사의 정산표상의 잔액시산표와 결산정리사항이다. 결산정리분개를 하고, 10칸식 정산표를 완성하라.

정 산 표

(단위 : 천원)

계정과목	잔액시산표		결산정리분개		정리후시산표		포괄손익계산서		재무상태표	
	차변	대변	차변	대변	차변	대변	차변	대변	차변	대변
현 금	390									
단기매매금융자산	300									
외 상 매 출 금	100									
비 품	200									
단 기 차 입 금		200								
자 본 금		800								
매 출		700								
종 업 원 급 여	100									
임 차 료	200									
보 험 료	300									
광 고 선 전 비	100									
이 자 비 용	10									
합 계	1,700	1,700								

〈결산정리사항〉

① 기말 현재 종업원급여 미지급액 ₩10,000
② 기말 현재 보험료 선급액 20,000
③ 기말 현재 임차료 선급액 30,000
④ 기말 현재 이자 미지급액 40,000
⑤ 기말 단기매매금융자산 공정가치 400,000
⑥ 당기 비품 감가상각비 60,000

13 정산표의 완성

다음은 C기업의 부분 정산표이다.

C사 정 산 표 (단위 : 천원)

계정과목	잔액시산표		결산정리분개		포괄손익계산서		재무상태표	
	차변	대변	차변	대변	차변	대변	차변	대변
현 금	400						400	
단기매매금융자산	800						900	
건 물	700						700	
감가상각누계액		200						300
차 입 금		100						100
자 본 금		200						200
이 익 잉 여 금		600						600
매 출		1,600						
이 자 수 익		100						
임 대 료		400						
종 업 원 급 여	?							
보 험 료	800							
합 계								
미 지 급 이 자								10
미 수 임 대 료							200	
미 지 급 급 여								300
선 급 보 험 료							400	
합 계							2,600	1,510
당 기 순 이 익								1,090
합 계								2,600

물음

(1) 잔액시산표의 종업원급여 계정잔액을 구하라.

(2) 결산정리사항에 대한 결산정리분개를 추정하라.

(3) 8칸식 정산표를 완성하라.

14 결산정리분개의 추정

다음은 대한(주)의 부분정산표상의 잔액시산표와 포괄손익계산서이다. 결산정리분개를 추정하라.

부분정산표 (단위 : 천원)

계정과목	잔액시산표		포괄손익계산서	
	차변	대변	차변	대변
단기매매금융자산	1,000			
감가상각누계액		400		
이자수익		400		400
임대료		900		500
종업원급여	500		450	
임차료	200		200	
단기매매금융자산평가이익				100
감가상각비			200	
이자비용			300	

15 결산정리분개의 추정

다음의 수정전 잔액시산표와 재무상태표에 의하여 결산정리분개를 추정하고, 8칸식 정산표를 완성하라. 단, 당기순이익은 ₩230,000이다.

수정전 잔액시산표

차변 계정	금액	대변 계정	금액
현금과 예금	30,000	감가상각누계액	800,000
단기매매금융자산	720,000	외상매입금	1,500,000
매출채권	500,000	자본금	950,000
건물	2,500,000	매출	1,000,000
종업원급여	500,000		
합계	4,250,000	합계	4,250,000

재무상태표

차변 계정	금액	대변 계정	금액
현금과 예금	30,000	외상매입금	1,500,000
단기매매금융자산	750,000	미지급급여	100,000
매출채권	500,000	자본금	950,000
건물	2,500,000	이익잉여금	230,000
감가상각누계액	(1,000,000)		
합계	2,780,000	합계	2,780,000

CHAPTER 5

상품매매기업의 기말결산과 재무제표 작성

상품매매를 주된 영업활동으로 하는 기업을 상품매매기업(또는 상기업)이라 한다. 상품매매기업의 회계순환과정도 서비스기업의 경우와 근본적인 차이는 없다. 다만, 서비스기업에 비하여 상품매매라는 영업활동이 추가되는 관계로 이에 관한 회계처리가 추가될 뿐이다.

상품의 기말재고액과 매출원가를 알기 위해서는 수량과 단가를 파악하여야 한다. 수량을 파악하는 방법으로는 계속기록법과 실지재고조사법이 있으며, 단가를 파악하는 방법으로는 선입선출법과 가중평균법이 있다.

여기에서는 계속기록법과 실지재고조사법 각각에 의해 상품을 매입/매출하였을 때 회계처리와 아울러 결산시점에서의 회계처리를 살펴본다.

제 1 절 재고자산과 매출원가

재고자산(inventories)은 정상적인 영업활동 과정에서 판매를 위하여 보유하고 있거나(상품과 제품) 생산 중인 자산(재공품), 생산이나 용역 제공에 사용될 원재료 등을 뜻한다.

상품매매기업의 상품은 ① 기업 경영활동의 주요 대상이고, ② 이익 창출의 주요 원천이며, ③ 적정한 재고 규모가 결정되면 이에 따라 생산계획이나 자금계획이 수립되고, ④ 금액이 커서 재고자산의 평가 방법에 따라 재고자산 평가액이나 당기순이익이 크게 영향을 받을 수 있다.

매입한 상품 가운데 기말 현재 아직 판매되지 않고 창고에 남아 있는 상품을 재무상태표에 **재고자산**으로 기록되며, 판매된 상품의 원가는 포괄손익계산서에 **매출원가**(cost of goods sold)로 기록된다. 이와 같이 상품의 회계처리는 기말재고자산과 당기의 매출원가를 결정하는 매우 중요한 부분이라 할 수 있다.

도표 5-1 ▶ 기말재고와 매출원가

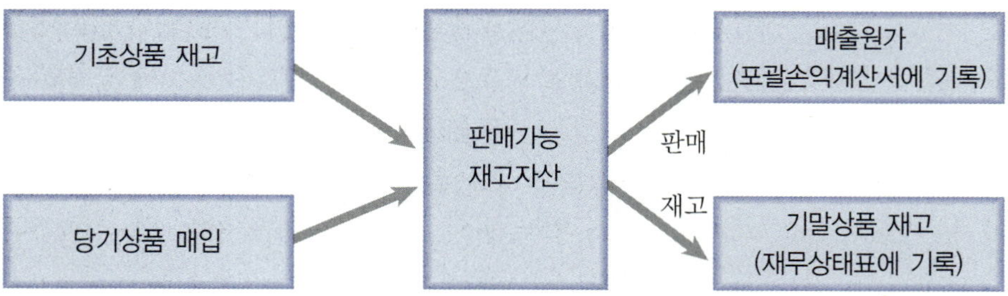

제 2 절 상품매매의 분개

기말재고량을 파악하는 방법에는 평소에 철저하게 장부기록을 함으로써 장부에서 기말재고량을 파악하는 계속기록법과, 기말에 창고에 가서 실물을 직접 눈으로 확인함으로써 기말재고량을 파악하는 실지재고조사법이 있다. 계속기록법과 실지재고조사법 중 어느 것으로 기말재고량을 파악하는가에 따라 기중의 상품매매에 대한 분개 방법이 달라진다.

1. 계속기록법

계속기록법(perpetual inventory method)은 장부상의 계속적인 기록에 의해 기말 재고수량을 결정하는 방법이다. 즉, 계속기록법에서는 재고자산을 판매할 때마다 판매량과 매출원가를 계속 장부에 기록함으로써 기말에 판매되지 않은 재고자산 수량과 기말재고액을 결정하게 된다.

계속기록법에서는 상품의 기초재고액을 자산계정인 상품(또는 재고자산)계정에 기록하는 동시에, 상품의 매입을 자산증가로 보고 상품계정 차변에 분개하며, 대변에는 제공한 대가에 따라 현금, 외상매입금, 지급어음 등으로 분개한다. 예컨대 상품 ₩100,000을 현금으로 매입한 경우의 분개는 다음과 같다.

계속기록법에서의 매입 분개

(차) 상　　품	100,000	(대) 현　　금	100,000

한편, 상품을 매출하면 차변에 현금(또는 외상매출금, 받을어음)이라는 자산증가와 대변에 매출이라는 수익발생을 분개하며, 동시에 차변에 매출원가라는 비용발생과 대변에 상품이라는 자산감소를 분개한다. 매출원가(cost of goods sold, CGS)란 판매된 상품의 원가를 말한다. 예컨대 앞의 상품 전부를 현금 ₩150,000에 매출한 경우의 분개는 다음과 같다.

계속기록법에서의 매출 분개

(차) 현　　금	150,000	(대) 매　　출	150,000
매출원가	100,000	상　　품	100,000

계속기록법을 사용하는 경우에는 여기서 보는 것처럼 상품계정 차변에는 기초상품 원가 및 당기 중에 매입한 상품의 원가가 계속적으로 기록되고 대변에는 매출된 상품의 원가가 또한 계속적으로 기록되기 때문에, 상품계정의 차변잔액은 곧 특정 시점(가령, 기말시점)의 상품재고액(원가)을 나타낸다. 그리고 계속기록법을

사용하면 매출원가계정이 존재하기 때문에 기말에 이 계정의 차변 합계액을 구하여 당기 매출원가를 즉시 파악할 수 있다.

상 품 (계속기록법)

차변	대변
기초상품 원가 (= 기초재고액)	당기매출상품 원가 (= 매출원가)
당기매입상품 원가 (= 당기매입액)	기말상품 원가 (= 기말재고액)

한편, 계속기록법을 사용할 때는 분개장 외에 취급상품별로 상품재고장(stock ledger)이라는 별도의 장부에 추가적으로 기록한다. 바로 이 상품재고장에 매입 및 매출되는 상품의 수량이 계속적으로 기록되기 때문에 장부를 통하여 기말재고량을 즉시 파악할 수 있다([**도표 5-2**] 참조).

상품재고장에는 입고란, 출고란, 잔고란이 있다. 입고란에는 매입수량이 기록되고, 출고란에는 매출수량이 기록되며, 잔고란에는 매 시점마다의 재고수량이 계속 기록된다. 따라서 기말 날짜의 잔고란을 읽으면 기말재고량을 즉시 파악할 수 있다.

도표 5-2 ▶ 상품재고장(예)

상품재고장 [상품명: 펜티엄컴퓨터] (금액단위 : 천원)

20××년		적 요	입 고			출 고			잔 고		
			수량	단가	금액	수량	단가	금액	수량	단가	금액
7	1	기초재고	60	10	600				60	10	600
	2	매 입	10	10	100				70	10	700
	4	매 출				50	10	500	20	10	200

summary 계속기록법 요약

1. 기말재고량을 장부에서 파악하는 방법임.
2. 상품매입을 자산증가로 보고, 자산계정인 상품계정에 기록함.
3. 상품매출시, 매출액 분개 외에 매출원가를 추가적으로 분개함.
4. 기말의 상품계정 차변 잔액은 상품의 기말재고액을 나타냄.
5. 매출원가계정을 통하여 당기 매출원가를 즉시 계산할 수 있음.
6. 취급상품별로 상품재고장을 기록함.

2. 실지재고조사법

실지재고조사법(실사법, physical inventory method)은 기말에 재고조사를 하여 보유하고 있는 재고량을 실제로 파악하는 방법이다.

실지재고조사법에서는 상품의 기초재고액은 자산계정인 상품계정에 기록하되, 그 이후 회계기간 중의 상품 매매거래는 상품계정에 기록하지 않는다. 즉, 상품의 매입을 자산증가로 보지 않고 비용발생으로 보아 비용계정의 하나인 매입계정 차변에 분개한다.[1] 예컨대 상품 ₩100,000을 현금으로 매입한 경우의 분개는 다음과 같다.

실지재고조사법에서의 매입 분개

(차) 매 입	100,000	(대) 현 금	100,000

한편, 상품을 매출하면 현금(또는 외상매출금, 받을어음)이라는 자산증가와 매출이라는 수익발생만을 분개하며, 매출원가라는 비용발생은 분개하지 않는다. 예컨대 위 상품 전부를 현금 ₩150,000에 매출한 경우의 분개는 다음과 같다.

실지재고조사법에서의 매출 분개

(차) 현 금	150,000	(대) 매 출	150,000

실지재고조사법에서는 매출원가를 기중에는 기록하지 않기 때문에 추후 기말결산 시점에서 기록해야 하는데, 이에 관해서는 제4절에서 살펴 본다.

---

1) 상품의 매입을 자산증가로 보지 않고 비용발생으로 본다는 것을 의아하게 생각할 독자도 있으리라 생각되어 부연 설명하면 다음과 같다.
상품은 판매를 목적으로 구입되는 자산이다. 따라서 이 자산은 곧 판매될 것이고, 상품의 매입원가는 이때 판매된 상품의 원가, 즉 매출원가라는 비용으로 바뀌게 된다. 앞의 계속기록법 사용시의 분개를 다시 한번 보면 이를 잘 이해할 수 있을 것이다. 계속기록법에서는 먼저 상품매입시에 자산증가를 기록한 후, 상품매출시에 자산의 감소로 인한 매출원가라는 비용발생을 기록했었다. 이때 만일 상품매입대금을 처음부터 아예 매출원가라는 비용계정으로 분개해 두면 후에 또 다시 매출원가를 분개해야 하는 번거로움이 없어지기 때문에 보다 더 간편한 기록방법이 된다. 다만 상품의 구입시점에서는 아직 판매된 것이 아니기 때문에 매출원가계정으로 분개하지 않고 일단 매입계정에 분개하는 것뿐이다.

실지재고조사법으로 기중의 상품 매매거래를 분개하면 원장에는 기초재고액이 기록된 상품계정, 당기 중에 매입한 상품의 원가를 기록하는 매입계정, 그리고 판매가격으로 기록되는 매출계정이 존재한다. 이들 계정 어디에도 기말상품재고액 및 매출원가를 알려 주는 계정은 존재하지 않는다.

실지재고조사법에서의 계정 (결산 이전)

계정과목	회계처리
상 품 (또는 재고자산)	결산정리분개 이전에는 기초재고가 차변에 기록됨 기중 상품의 매입, 매출시에는 상품계정의 변화가 없음
매 입	기중 상품의 매입시 매입계정의 차변에 기록
매 출	기중 상품의 매출시 매출계정의 대변에 기록

summary 실지재고조사법 요약

1. 기말재고량을 장부가 아닌 창고에서 직접 눈으로 파악하는 방법.
2. 상품매입을 비용발생으로 보고 비용계정인 매입계정에 기록함.
3. 상품매출시 매출 분개만 하고, 매출원가 분개는 하지 않음.
4. 상품계정은 기초재고액만을 나타냄.
5. 장부에서는 상품의 기말재고액과 매출원가를 알 수 없음.
6. 기말결산 시점에서 매출원가를 계산함.

예제 5-1
상품매매의 분개

아래 자료로 물음에 답하라.
① 상품 ₩300,000을 외상으로 매입하다.
② 위 상품 전부를 ₩500,000에 외상으로 매출하다.

물음 (1) 계속기록법을 사용할 때의 분개를 하라.
(2) 실지재고조사법을 사용할 때의 분개를 하라.

해답 (1) 계속기록법 사용시

	차변	금액	대변	금액
①	(차) 상 품	300,000	(대) 외상매입금	300,000
②	(차) 외상매출금	500,000	(대) 매 출	500,000
	매출원가	300,000	상 품	300,000

(2) 실지재고조사법 사용시

① (차)	매 입	300,000	(대) 외상매입금	300,000
② (차)	외상매출금	500,000	(대) 매 출	500,000

3. 계속기록법과 실지재고조사법의 비교

계속기록법은 평소 상품을 판매할 때마다 판매량을 계속 기록함으로써 재고관리에 도움을 준다. 장부상의 재고와 실지재고조사에 의한 재고를 비교하여 재고가 차이나는 사실에 대해 관심을 가지게 된다. 회계상으로는 재고자산감모손실을 파악하게 된다. 그러나, 계속기록법은 상품을 판매할 때마다 매출원가를 계산하여 기입하여야 한다는 어려움이 있다. 최근에는 재고자산을 관리하는 바코드 시스템, 전자태그(RFID, Radio Frequency IDentification) 시스템, 그리고 소프트웨어의 개발로 인하여 계속기록법의 사용이 용이하게 되면서 점점 많은 기업들이 계속기록법을 사용하고 있다.

한편, 실지재고조사법은 기말재고량을 직접 눈으로 파악하는 방법이기 때문에 평소 상품을 판매할 때마다 판매량이나 매출원가를 장부에 기록할 필요가 없다는 큰 장점을 지니고 있다. 하루에도 수십 번 이상의 매출거래가 발생하는 경우(가령 할인점이나 백화점 등)를 떠올리면, 그것도 성미가 급한 고객들이 밀어닥치는 상황을 떠올리면 실지재고조사법의 장점을 충분히 이해할 수 있을 것이다. 그러나, 실지재고조사법에서는 도난, 유실, 오기로 인한 재고자산감모손실을 알 수 없다. 실지재고조사로 확인되지 않는 상품은 판매되거나 불출된 것으로 가정되어, 재고자산감모손실이 매출원가 속에 포함되는 결과가 될 수 있다.

제 3 절 분개, 전기, 시산표

본 절부터 제5절까지 상품매매기업의 회계순환과정을 살펴 봄에 있어서 아래의 자료를 이용한다.

[자료] A사의 7월 1일 현재 기초 재무상태표는 다음과 같다.

A사 **재무상태표** 7월 1일

현 금	₩600,000	외상매입금	₩700,000
외상매출금	800,000	자 본 금	800,000
상 품	300,000	이익잉여금	200,000
합 계	₩1,700,000	합 계	₩1,700,000

7월 중에 발생한 거래 및 결산정리사항은 다음과 같다.

- 거래 1 (7월 5일) 상품 ₩400,000을 현금으로 매입하다.
- 거래 2 (7월 10일) 상품 ₩600,000을 외상으로 매입하다.
- 거래 3 (7월 15일) 상품을 ₩500,000에 현금으로 매출하다.
- 거래 4 (7월 20일) 상품을 ₩1,500,000에 외상으로 매출하다.

〈결산정리사항〉 7월 31일의 실지재고조사법에 의한 기말상품재고액은 ₩500,000이다.

이상의 내용을 분개, 전기한 후, 시산표를 작성하고, 결산정리사항을 반영하여 정산표를 작성한 다음, 재무상태표와 포괄손익계산서를 작성하는 과정을 살펴보자.

1. 분 개

실지재고조사법에 따라 7월 중의 거래를 분개하면 다음과 같다.

거래 1 (7월 5일) 상품 ₩400,000을 현금으로 매입하다.
(차) 매 입 400,000 (대) 현 금 400,000
거래 2 (7월 10일) 상품 ₩600,000을 외상으로 매입하다.
(차) 매 입 600,000 (대) 외상매입금 600,000
거래 3 (7월 15일) 상품을 ₩500,000에 현금으로 매출하다.
(차) 현 금 500,000 (대) 매 출 500,000
거래 4 (7월 20일) 상품을 ₩1,500,000에 외상으로 매출하다.
(차) 외상매출금 1,500,000 (대) 매 출 1,500,000

2. 전 기

상품매매기업의 분개를 원장에 전기하는 방법도 서비스기업에서 살펴 본 것과 동일하다. 즉, 차변분개는 해당 계정의 차변으로, 대변분개는 해당 계정의 대변으로 옮겨 기록한다.

한편, 사업을 개시한 첫 해를 제외하고는 전기로부터 당기로 이월된 금액, 즉 전기이월액(또는 기초재고액)이 존재한다. 기초 재무상태표에는 이 전기이월액들이 나타나 있으며, 이 금액들은 우선적으로 해당 계정에 기록한다(실은 전기말 결산시에 이미 이월기록이 이루어짐). A사의 전기이월액과 전기 내용을 보면 [도표 5-3]과 같다.

3. 시산표

위의 계정기록을 이용하여 합계잔액시산표를 작성하면 [도표 5-4]와 같다.

시산표의 상품계정 금액 ₩300,000은 기초재무상태표에 있던 기초 상품재고액이라는 것을 알 수 있다. 상품계정에 기록되어 있던 기초재고액을 기계적으로 시산표에 옮겨 적었기 때문이다. 결산정리사항에서 실지재고조사에 의한 기말재고액 ₩500,000은 아직 상품계정에 반영되어 있지 않음을 알 수 있다. 이제 이와 관련된 기말의 결산정리분개를 어떻게 하는지를 다음에 살펴 본다.

도표 5-3 ▶
A사의 총계정원장
(단위 : 천원)

현　　금

전기이월 600	7.5 매　입 400
7.15 매　출 500	

상　　품*

전기이월 300	

외상매출금

전기이월 800	
7.20 매　출 1,500	

외상매입금

	전기이월 700
	7.10 매　입 600

자 본 금

	전기이월 800

이익잉여금

	전기이월 200

매　　입

7. 5 현　금 400	
7.10 외상매입금 600	

매　　출

	7.15 현　금 500
	7.20 외상매출금 1,500

* 상품 대신에 재고자산이라고 표시할 수도 있음.

도표 5-4 ▶
합계잔액시산표
(7. 31 단위 : 천원)

차 변		계정과목	대 변	
잔 액	합 계		합 계	잔 액
₩700	₩1,100	현　금	₩400	
2,300	2,300	외상매출금		
300	300	상　품		
		외상매입금	1,300	₩1,300
		자 본 금	800	800
		이익잉여금	200	200
		매　출	2,000	2,000
1,000	1,000	매　입		
₩4,300	₩4,700	합　계	₩4,700	₩4,300

제 4 절 결산정리분개

실지재고조사법을 이용하는 경우에는 상품과 관련하여 기말에 결산정리분개를 할 필요가 있다.[2] 그 이유는 다음과 같다.

첫째, 전술한 것처럼 상품계정 금액이 기말상품재고액을 나타내지 못하고 기초상품재고액을 나타내고 있다.

둘째, 상품매매를 하는 기업이라면 마땅히 상품의 매출원가라는 비용항목이 포괄손익계산서에 기재되어야 한다는 생각이 들 것이다. 그러나 장부에는 상품계정, 매입계정, 매출계정만 있을 뿐, 이 중 어느 것을 보아도 매출원가를 즉각 알 수 있게 해주는 계정은 없다.

결론적으로 실지재고조사법 사용시 결산정리분개가 필요한 이유는 기말 재무상태표에 기말상품재고액을 기록하여야 하고, 또한 포괄손익계산서에 당기의 매출원가를 기록하여야 하기 때문이다.

이제 실지재고조사법에 의한 상품의 결산정리분개를 어떻게 해야 하는지를 파악하기 위하여 다음과 같이 생각해 보기로 하자.

첫째, 기초상품재고액이 기록된 상품계정 금액과 당기상품매입액이 기록된 매입계정 금액을 합하면 어떤 금액이 계산될까? 이에 대한 대답은 당기 중에 판매가 능했던 상품의 원가, 즉 판매가능액(원가)이 된다는 것이다.

기초상품재고액 + 당기상품매입액 = 판매가능액 ·········(1)

둘째, 판매가능액으로부터 기말상품재고액(원가)을 차감하면 어떤 금액이 계산될까? 이에 대한 대답은 당기 중에 실제로 판매된 상품의 원가, 즉 매출원가가 된다는 것이다.

판매가능액 − 기말상품재고액 = 매출원가 ···············(2)

이상의 두 식을 결합하면 다음과 같은 매출원가 계산식이 나온다.[3]

---

2) 계속기록법을 사용하면 재무상태표에 기록해야 할 기말상품재고액을 상품계정에서 즉각 알 수가 있고, 또한 포괄손익계산서에 기록해야 할 매출원가를 매출원가계정에서 즉각 알 수가 있다. 그러므로 계속기록법 사용시에는 기말시점에 결산정리분개를 할 필요가 없다는 것을 눈치챌 수 있을 것이다.

(기초상품재고액 + 당기상품매입액) − 기말상품재고액 = 매출원가 ······(3)

회계에서는 모든 덧셈과 뺄셈을 분개를 통하여 수행하기 때문에 위의 셈을 위해서도 분개가 필요하다. 이것이 곧 상품에 관한 결산정리분개이다.

상품의 결산정리분개는 세 개로 구성된다. 하나는 기초상품재고액을 매출원가로 보내는 분개이다. 다른 하나는 당기상품매입액을 매출원가로 보내는 분개이다. 이로써 상품계정 금액은 영(0)이 되고, 매출원가계정은 판매가능액이 된다. 마지막으로 판매가능액이 기록된 매출원가계정에서 기말상품재고액을 차감하여 매출원가를 계산하는 한편, 이 기말상품재고액을 재무상태표 자산으로 기재하기 위하여 상품계정 차변에 기록하는 분개이다.

A사의 예에 따른 결산정리분개를 보이면 다음과 같다.

〈결산정리사항〉

7월 31일에 실지재고조사법에 의한 기말상품재고액은 ₩500,000이다. 한편, 기초상품재고액은 ₩300,000이며, 당기상품매입액은 ₩1,000,000이다.

〈결산정리분개〉

① 기초상품 :	(차) 매출원가	300,000	(대) 상 품	300,000
② 당기매입 :	(차) 매출원가	1,000,000	(대) 매 입	1,000,000
③ 기말상품 :	(차) 상 품	500,000	(대) 매출원가	500,000

결산정리분개를 전기하면 상품계정과 매입계정은 [**도표 5-5**]와 같다(굵은 글씨가 결산정리분개를 전기한 것임).

---

3) 이 식을 통해 알 수 있듯이, 실지재고조사법에 의하면 기말에 창고에 남아 있지 않는 상품의 원가는 모두 매출원가로 간주하는 오류를 범하게 된다. 그러나 엄밀히 말하면 기말 현재 창고에 없는 상품이라 하더라도 그것이 꼭 판매된 것이라고 볼 수는 없다. 대부분의 상품은 정말 판매되었겠지만 그 중 일부는 보관 중에 증발, 도난되었을 수도 있다. 회계에서는 이들을 재고자산감모손실이라고 부른다. 따라서 보다 엄정한 회계처리를 하려면 계속기록법과 실지재고조사법을 병용함으로써, 계속기록법을 통해서는 '창고에 남아 있어야 할 수량'을 파악하고 실지재고조사법을 통해서는 '창고에 실제로 남아 있는 수량'을 파악하는 것이 필요하다. 그렇게 하면 양자의 차이로써 보관 중의 감모손실을 계산할 수 있어서 매출원가를 보다 정확하게 산출할 수 있게 된다.

◀ 도표 5-5 결산정리분개 전기 결과(단위 : 천원)

상품 (차변)	상품 (대변)	매입 (차변)	매입 (대변)	매출원가 (차변)	매출원가 (대변)
전기이월 300	① 매출원가 300	당기매입액 1,000	② 매출원가 1,000	① 상품 300	③ 상품 500
③ 매출원가 500				② 매입 1,000	

이 전기 결과를 보자. 상품계정 잔액은 먼저 ₩0이 되었다가 후에 ₩500,000으로 바뀌어 기말상품재고액을 나타내며, 이제 재무상태표에 옮겨 적어도 되는 올바른 금액으로 정리되었다. 한편, 포괄손익계산서에 기록할 매출원가는 매출원가 차변 잔액인 ₩800,000이 되었다.

제 5 절 정산표 및 재무제표

1. 정산표

상품매매기업의 정산표 작성원리도 서비스기업의 경우와 동일하며, 다만 상품 관련 계정이 포함된다는 점만 다르다. A사의 정산표는 [도표 5-6]과 같다.

◀ 도표 5-6 정산표 (단위 : 천원)

계정과목	잔액시산표		결산정리분개		포괄손익계산서		재무상태표	
	차변	대변	차변	대변	차변	대변	차변	대변
현　　금	700						700	
외상매출금	2,300						2,300	
상　　품	300		500	300			500	
외상매입금		1,300						1,300
자 본 금		800						800
이익잉여금		200						200
매　　출		2,000				2,000		
매　　입	1,000			1,000				
합　　계	4,300	4,300						
매출원가			300 1,000	500	800			
당기순이익					1,200			1,200
합　　계			1,800	1,800	2,000	2,000	3,500	3,500

상품매매기업의 정산표와 관련하여 특히 유의해야 할 계정은 상품, 매입, 매출원가 계정이다. 상품계정을 살펴 보면 잔액시산표에는 기초금액이 기록되지만, 재무상태표에는 기말금액으로 기록됨을 알 수 있다. 매입계정을 살펴 보면 잔액시산표에는 당기상품매입액이 기록된다. 한편, 매출원가계정은 결산정리분개시 등장함을 확인하기 바란다.

2. 재무제표

정산표가 정확히 작성되고 나면 정산표에 기록된 것을 이용하여 포괄손익계산서와 재무상태표를 작성한다. 이렇게 하여 작성된 재무상태표와 포괄손익계산서가 [**도표 5-7**]과 [**도표 5-8**]이다. 상품매매기업의 포괄손익계산서는 여기서 보는 것처럼 매출액 외에 매출원가와 매출총이익이 기재된다는 점이 서비스기업과 다르다.

도표 5-7 ▶ 재무상태표

A사 **재무상태표** (7.31 · 단위 : 천원)

자 산		부 채	
1. 현 금	₩700	1. 매 입 채 무	₩1,300
2. 매 출 채 권	2,300	자 본	
3. 상 품	500	1. 자 본 금	800
		2. 이익잉여금	1,400
합 계	₩3,500	합 계	₩3,500

도표 5-8 ▶ 포괄손익계산서

A사 **포괄손익계산서** (단위 : 천원)

1. 매 출 액		₩2,000
2. 매출원가		
1) 기초상품재고액	₩300	
2) 당기상품매입액	1,000	
3) 기말상품재고액	(500)	(800)
3. 매출총이익		₩1,200

* 위 포괄손익계산서는 실지재고조사법을 감안한 포괄손익계산서이다. 왜냐하면 매출원가 산정이 <기초상품재고액 + 당기상품매입액 − 기말상품재고액> 식으로 3줄에 걸친 계산결과를 담고 있기 때문이다.
계속기록법에 의해 재고자산을 평가하고 매출원가를 산정하는 기업의 경우에는 계속기록법의 결과인 매출원가 ₩800,000을 한 줄로 기록한다.

예제 5-2

매출원가계정을 사용한 매출원가의 산정

기초의 상품계정 및 매입계정은 다음과 같다. 한편, 기말상품재고액은 ₩400,000이다.

상 품	
200,000	

매 입	
1,200,000	

물음

(1) 매출원가계정을 이용하여 결산정리분개를 하라.
(2) 결산정리분개 내용을 상품, 매입, 매출원가계정에 전기하라.
(3) 상기 내용을 표시하는 다음의 8칸식 정산표를 완성하라.

정 산 표 (상품 관련 부분) (단위 : 천원)

계정과목	잔액시산표		결산정리분개		포괄손익계산서		재무상태표	
	차변	대변	차변	대변	차변	대변	차변	대변
……								
상 품								
……								
매 입								
합 계								
매출 원가								

해답

(1) 매출원가계정을 이용한 결산정리분개

① 기초재고액을 매출원가계정 차변으로 옮기면서 상품계정 잔액을 ₩0으로 만든다.

(차) 매출원가 200,000 (대) 상 품 200,000

② 매입계정을 매출원가계정 차변으로 옮긴다.

(차) 매출원가 1,200,000 (대) 매 입 1,200,000

③ 기말재고액을 매출원가계정 대변으로 옮기면서 상품계정 잔액을 기말재고액으로 만든다.

(차) 상 품 400,000 (대) 매출원가 400,000

(2) 각 계정에의 전기(단위: 천원)

상 품	
전기이월 200	① 매출원가 200
③ 매출원가 400	

매 입	
1,200	② 매출원가 1,200

매출원가	
① 상 품 200	③ 상 품 400
② 매 입 1,200	

정 산 표 (상품 관련 부분) (단위 : 천원)

계정과목	잔액시산표		결산정리분개		포괄손익계산서		재무상태표	
	차변	대변	차변	대변	차변	대변	차변	대변
……								
상　　품	200		③ 400	① 200			400	
……								
매　　입	1,200			② 1,200				
합 계								
매출 원가			① 200 ② 1,200	③ 400	1,000*			

* 매출원가 : ① ₩200 + ② ₩1,200 − ③ ₩400 = ₩1,000

제 6 절 매출에누리와 환입(매입에누리와 환출)

매출한 상품에 하자가 있으면 판매대금의 일부를 에누리해 주기도 하고, 그 하자가 중대한 경우에는 반품을 받아주기도 한다. 외상매출을 한 후에 에누리를 해주거나 반품을 받으면 매출채권을 감소시키는 한편, 동액을 **매출에누리**(sales allowances)와 **환입**(sales returns)계정 차변에 분개한다. 매출액에서 매출에누리와 환입계정 차변 합계액을 차감한 것을 순매출액(net sales)이라 하는데, 포괄손익계산서에는 이 순매출액을 기록하여야 한다.

반대로 매입한 상품에 하자가 있으면 매입대금의 일부를 에누리받기도 하고, 그 하자가 중대한 경우에는 반품을 시키기도 한다. 외상매입을 한 후에 에누리나 반품이 발생하면 매입채무를 감소시키는 한편, 동액을 **매입에누리**와 **환출**계정 대변에 분개한다. 매입액에서 매입에누리(purchase allowances)와 환출(purchase returns)계정 대변 합계액을 차감한 것을 순매입액(net purchases)이라 하는데, 포괄손익계산서에는 이 순매입액을 당기상품매입액란에 기록하여야 한다.

예제 5-3 매출에누리와 환입

다음 일련의 거래를 실지재고조사법으로 분개하라.

① 상품을 ₩300,000에 외상으로 매출하다.

② 위 상품에 중대한 하자가 있어 판매가 ₩10,000의 상품을 반품받다.

③ 외상매출금 잔액 ₩290,000을 현금으로 회수하다.

해답

① (차) 매출채권 300,000 (대) 매 출 300,000

② (차) 매출에누리와 환입 10,000 (대) 매출채권 10,000

* 되돌려 받는 상품이 있으면 매출에누리와 환입계정 차변에 기록하며, 그 후, 연말 포괄손익계산서 작성시에는 이 계정 차변합계액을 매출액에서 차감한 순매출액을 구하여 매출액란에 기록한다.

③ (차) 현 금 290,000 (대) 매출채권 290,000

제 7 절 매출할인(매입할인)

상품을 외상으로 매출하면 현금이 회수될 때까지 기업이 자금난을 겪을 수 있다. 이에 기업은 현금회수를 촉진할 목적에서 구매자가 대금을 빨리 갚도록 인센티브를 제공하기도 한다. 예컨대 "2/10, n/30"[4)]의 형태로 표시되는 현금할인(cash discount) 조건이 그것이다. 이 표현의 의미는 '10일 이내(할인기간, discount period)에 대금을 상환하면 매출액의 2%를 할인해 준다. 그리고 늦어도 30일 내(신용기간, credit period)로는 상환해야 한다' 는 것이다. 결국 현금할인 조건을 제시하지 않았더라면 판매 후 30일경에나 회수할 것을 현금할인 조건으로 인하여 10일경에 회수하기 때문에 기업은 대략 20일 정도 일찍 현금을 회수할 수 있게 된다. 그리고 이를 위해 기업은 매출액의 2% 할인을 감수하겠다는 것이다.[5)]

이와 유사한 매출할인의 예는 다음과 같다.

"2/EOM, n/60" : 월말(end of month)까지 상환하면 2%를 할인해 주고, 늦어도 60일 이내 상환하라.

---

4) two percent ten days, net thirty days로 읽는다.

5) 20일에 2% 이자율은 단순 계산하더라도 1년(360일로 간주)이면 연 36% 이자율에 해당하기 때문에, 결코 작지 않은 인센티브가 된다. 따라서 구매자는 현금할인조건을 이용할 충분한 동기를 갖게 된다.

"2/10/EOM, n/60" : 외상거래가 이루어진 월말 이후 다음 달 10일 이내에 상환하면 2%를 할인해 주고, 늦어도 60일 이내 상환하라.

현금할인 조건으로 상품을 판매한 경우 회계상 대두되는 문제는 과연 매출액을 얼마로 기록할 것인가 하는 점이다. 즉, 할인혜택을 공제하기 전 금액(즉, 송장가격 총액)으로 기록할 것인가, 아니면 공제 후 금액으로 기록할 것인가 하는 점이다. 전자를 **총액법**(gross method)이라 하고 후자를 **순액법**(net method)이라 한다.

총액법에서는 판매 시점에 매출액을 총액으로 기록하는 한편, 할인기간 내에 현금을 회수하여 할인혜택을 제공한 경우에는 현금할인액을 **매출할인**(sales discounts)계정 차변에 기록한다. 그 후, 연말 포괄손익계산서 작성시에는 이 계정 차변합계액을 매출액에서 차감한 순매출액을 구하여 매출액란에 기록한다.

순매출액 = 총매출액 − 매출에누리와 환입 − 매출할인

마찬가지로 총액법에서는 구매자가 구매시점에 매입액을 총액으로 기록하는 한편, 할인기간 내에 현금을 지급하여 할인혜택을 받은 경우에는 현금할인액을 **매입할인**(purchase discounts)계정 대변에 기록한다. 그 후, 포괄손익계산서 작성시에는 이 계정 대변합계액을 매입액에서 차감한 순매입액을 구하여 당기상품매입액란에 기록한다.

순매입액 = 총매입액 − 매입에누리와 환출 − 매입할인

현금할인은 단골 또는 대량 구매자에게 판매대금 일부를 깍아줌으로써 고객과 좋은 관계를 유지하고자 하는 목적의 **거래할인**(trade discount)과는 전혀 다른 개념이다. 상품에 표시된 가격(예: 권장소비자가격)에 비하여 실제 거래발생 시점의 교환가격(이를 송장(送狀)가격, invoice price이라 함)이 낮은 경우가 대부분이다. 이 차액을 거래할인이라 한다. 여기서 "송장"이란 "매매상품을 멀리 떨어진 곳으로 발송할 때 받을 사람에게 보내는 상품의 명세서"란 뜻이다.

거래할인이 이루어지는 경우에는 실제 거래금액으로 매출액을 기록하기 때문에 거래할인을 별도 회계처리하지 않는다. 거래할인은 거래 성립 시점에서 발생하는 반면 현금할인은 그 후의 대금회수 시점에서 발생한다는 차이가 있다. 또한 거래할인은 판매한 상품의 하자가 원인이 되어 값을 깎아 주는 매출에누리와도 다르다.

분 류	의 미	회계처리
매출에누리	매출한 상품에 하자가 있어 판매대금의 일부를 에누리해 줄 때	총매출액에서 차감
매출환입	매출한 상품에 하자가 있어 반품이 들어올 때	총매출액에서 차감
매출할인	외상판매대금을 구매자가 빨리 갚도록 제공한 인센티브	총매출액에서 차감
거래할인	단골 또는 대량구매자에게 판매대금 일부를 깎아줄 때	기록하지 않음

예제 5-4

매출할인

A사는 송장가격 ₩100,000의 상품을 2/10, n/30의 현금할인 조건으로 B사에 외상매출하였다. A사(판매자) 입장에서 총액법으로 답하라.

① 판매시점
② 할인기간 내 회수한 경우
③ 할인기간 경과 후 회수한 경우

해답

① 판매시점

(차) 매출채권	100,000	(대) 매 출	100,000

② 할인기간 내 회수한 경우

(차) 현 금	98,000	(대) 매출채권	100,000
매출할인	2,000		

③ 할인기간 경과 후 회수한 경우

(차) 현 금	100,000	(대) 매출채권	100,000

예제 5-5

매출에누리와 환입, 매출할인

다음 자료에 의하여 당기의 순매출액, 매출원가, 매출총이익을 각각 구하라.

당기현금매입상품	₩100,000	당기외상매입상품	₩200,000
당기현금매출상품	150,000	당기외상매출상품	250,000
기초상품재고액	50,000	기말상품재고액	80,000
당기매입환출액	10,000	당기매출환입액	20,000
당기매입에누리	30,000	당기매출에누리	40,000
당 기 매 입 할 인	50,000	당 기 매 출 할 인	60,000

해답 순매출액 = 총매출액 − 매출에누리와 환입 − 매출할인
= (150,000 + 250,000) − (20,000 + 40,000) − 60,000 = 280,000
순매입액 = 총매입액 − 매입에누리와 환출 − 매입할인
= (100,000 + 200,000) − (10,000 + 30,000) − 50,000 = 210,000
매출원가 = 기초상품재고액 + 당기상품순매입액 − 기말상품재고액
= 50,000 + 210,000 − 80,000 = 180,000
매출총이익 = 순매출액 − 매출원가 = 280,000 − 180,000 = 100,000

제 5 장 연 습 문 제
상품매매기업의 기말결산과 재무제표 작성

01 상품의 매매 : 계속기록법
다음은 A기업의 상품 매매거래이다. 계속기록법으로 분개하라.

① 상품 ₩100,000을 매입하고, 대금 중 ₩30,000은 현금으로 지급하고 나머지는 수표를 발행하여 지급하다.

② 원가 ₩60,000의 상품을 현금 ₩90,000에 매출하다.

02 상품의 매매 : 실지재고조사법
다음은 A기업의 상품 매매거래이다. 실지재고조사법으로 분개하라.

① 상품 ₩100,000을 현금으로 매입하다.

② 상품 ₩200,000을 외상으로 매입하다.

③ 상품 ₩600,000을 매입하고, 대금 중 ₩300,000은 현금으로 지급하고 나머지는 외상으로 하다.

④ 상품 ₩800,000을 매출하고 대금 중 ₩500,000은 현금으로 받고 나머지는 외상으로 하다.

⑤ 상품을 매출하고, 대금 ₩300,000은 현금으로 받다.

⑥ 상품을 매출하고, 대금 ₩400,000은 외상으로 하다.

03 매출원가 및 매출손익 계산
다음 빈 칸을 채워라.

기업	기초상품 재고액	당기상품 순매입액	기말상품 재고액	당기상품 순매출액	매출원가	매출손익
A	20,000	150,000	15,000	225,000	(　　)	(　　)
B	(　　)	250,000	40,000	300,000	270,000	(　　)
C	(　　)	220,000	60,000	(　　)	240,000	40,000
D	30,000	(　　)	80,000	(　　)	300,000	−20,000
E	10,000	200,000	(　　)	(　　)	150,000	30,000

04 매출원가 계산 및 결산정리분개

알파(주)의 20×9년도 기초상품재고액은 ₩300,000, 당기상품매입액은 ₩800,000, 기말상품재고액은 ₩400,000이다.

물음

(1) 매출원가를 계산하라.

(2) 실지재고조사법에 의한 결산정리분개를 하라.

05 매출원가 계산 및 결산정리분개

ABC(주)의 20×5년도 상품 관련 계정은 다음과 같다.

상 품

차변		대변	
전기이월	200,000		

매 입

차변		대변	
현　　금	500,000		
외상매입금	800,000		

매 출

차변		대변	
		현　　금	500,000
		외상매출금	500,000

기말에 실지재고조사 결과 밝혀진 상품재고액은 ₩600,000이다.

물음

(1) 매출원가를 계산하라.

(2) 결산정리분개를 한 후, 위 계정에 전기하라.

(3) 매출총이익을 보여 주는 부분까지 부분포괄손익계산서를 작성하라.

06 상품매매기업의 정산표

다음은 ABC(주)의 상품에 대한 거래 및 결산정리사항이다.

9월 1일 현재 ₩60,000의 기초상품을 보유하고 있다.

9월 2일 상품 ₩400,000을 현금으로 매입하다.

9월 27일 상품 ₩250,000을 외상으로 매출하다.
9월 30일 현재 기말상품재고액은 ₩240,000으로 조사되었다.

다음의 부분정산표상의 괄호를 채워라.

부분 정산표 (9.1 ~ 9.30) (단위 : 천원)

계정과목	잔액시산표		결산정리분개		포괄손익계산서		재무상태표	
	차변	대변	차변	대변	차변	대변	차변	대변
상 품	( )		( )	( )			( )	
매 출		( )				( )		
매 입	( )			( )				
매출원가			( ) ( )	( )	( )			

07 정산표의 완성

다음은 정산표의 일부분이다. 상품, 매입, 매출원가와 관련한 내용을 채우고 결산정리분개를 추정하라.

(주)경기 **정 산 표** (20×2. 1.1 ~ 12.31) (단위 : 천원)

계정과목	잔액시산표		결산정리분개		포괄손익계산서		재무상태표	
상 품							400	
매 입	800							
…								
매출원가					600			

08 정산표의 완성

다음은 정산표의 일부분이다. 정산표상의 빈 칸을 채우고 결산정리분개를 추정하라.

정 산 표 (단위 : 천원)

계정과목	잔액시산표		결산정리분개		포괄손익계산서		재무상태표	
상 품	( )		( )	1,500			2,000	
매 입	7,000			( )				
…								
매출원가			( ) ( )	( )	( )			

09 상품매매기업의 정산표

다음은 고려사의 정산표상 잔액시산표와 결산정리사항이다. 결산정리분개를 하고, 정산표를 완성하라.

정 산 표 (6.1～6.30) (단위 : 천원)

계정과목	잔액시산표		결산정리분개		포괄손익계산서		재무상태표	
	차변	대변	차변	대변	차변	대변	차변	대변
현금	400							
단기매매금융자산	800							
외상매출금	1,000							
상품	500							
건물	3,000							
감가상각누계액		600						
외상매입금		700						
자본금		500						
이익잉여금		2,800						
매출		3,500						
이자수익		700						
임대료		800						
매입	2,500							
종업원급여	400							
보험료	1,000							
합계	9,600	9,600						
합계								
당기순이익								
합계								

〈결산정리사항〉

① 기말상품재고액 ₩800,000
② 단기매매금융자산 기말공정가치 1,200,000
③ 건물 당기분 감가상각비 400,000
④ 기말 이자 미수액 500,000
⑤ 기말 임대료 선수액 100,000
⑥ 당기분 종업원급여 1,200,000
⑦ 당기분 보험료 300,000

10 상품매매기업의 정산표

다음은 A사의 4월말 계정잔액과 결산정리사항이다.

(1) 4월 30일 현재의 각 계정잔액(보험료 계정 잔액은 각자 계산)

현금	₩300,000	단기매매금융자산	₩600,000
외상매출금	500,000	상품	300,000
건물	1,500,000	감가상각누계액	400,000
외상매입금	1,000,000	자본금	300,000
이익잉여금	700,000	매출	4,800,000
이자수익	1,000,000	임대료	400,000
매입	3,000,000	종업원급여	600,000
보험료	?		

(2) 기말 결산정리사항

① 상품의 기말재고액	₩700,000	② 단기매매금융자산 기말공정가치	₩900,000
③ 건물 당기분 감가상각비	200,000	④ 당기분 이자수익	600,000
⑤ 당기분 임대료	900,000	⑥ 당기분 종업원급여	500,000
⑦ 당기분 보험료	700,000		

물음

(1) 4월 30일 보험료 계정잔액을 구하라.

(2) 8칸식 정산표를 작성하라. 단, 이 회사의 회계기간은 1개월이다.

11 결산정리분개의 추정

다음은 A기업의 수정전 잔액시산표와 재무상태표이다.

수정전 잔액시산표 (단위 : 천원)

현금	1,900	감가상각누계액	400
단기매매금융자산	400	외상매입금	500
매출채권	1,500	자본금	1,500
상품	600	이익잉여금	1,700
비품	1,000	매출	2,900
매입	1,800	임대료	900
종업원급여	500		
이자비용	200		
합계	7,900	합계	7,900

재무상태표 (단위 : 천원)

차변	금액	대변	금액
현 금	1,900	외 상 매 입 금	500
단기매매금융자산	500	미 지 급 이 자	300
매 출 채 권	1,500	선 수 임 대 료	800
선 급 급 여	50	자 본 금	1,500
상 품	800	이 익 잉 여 금	2,150
비 품	1,000		
감가상각누계액	(500)		
합 계	5,250	합 계	5,250

물음

(1) 결산정리분개를 추정하라.

(2) 포괄손익계산서를 작성하라. (정산표에 나타내어도 됨)

12 결산정리분개의 추정

다음은 K사의 잔액시산표와 포괄손익계산서이다.

〈**잔액시산표 잔액**〉 (상품, 매입, 매출 계정잔액은 각자 구할 것)

현금과 예금	₩500,000	매출채권	₩550,000	상 품	?
토 지	800,000	매 입	?	종업원급여	100,000
매 출	?	매입채무	650,000	자 본 금	1,000,000

포괄손익계산서

매출액		?
매출원가		
1) 기초상품재고액	₩200,000	
2) 당기상품매입액	3,000,000	
3) 기말상품재고액	(500,000)	2,700,000
매출총이익		?
종업원급여		120,000
당기순이익(=총포괄이익)		?

물음

(1) 잔액시산표상의 상품, 매입, 매출 계정잔액을 각각 구하라.

(2) 결산정리분개를 추정하라.

(3) 당기순이익을 구하라.

13 기말재고자산의 추정

12월말 결산법인인 (주)국세는 20×7년 12월 29일에 창고의 화재로 인하여 재고자산 전부와 회계장부의 일부가 소실되었다. 재고자산에 관한 회계기록을 조사한 결과, 기초재고자산은 ₩160,000, 당기순매입액 ₩800,000, 당기순매출액 ₩900,000이었으며, 과거 3년간의 평균매출총이익률[6)]이 25%이었다. 화재 직전 창고에 남아 있었던 재고자산은 얼마인가? (07CTA)

14 매출총이익과 기말재고자산 계산

(1) 다음 자료에 의하여 매출총이익을 구하라.

기초상품재고액	₩100,000	당기상품매입액	₩900,000
당기상품매출액	₩1,500,000	매출할인	50,000
매출환입	80,000	매입에누리	10,000
기말상품재고액	150,000		

(2) 다음 자료에 의하여 기말재고자산을 구하라. 단, 매출총이익률(= 매출총이익÷매출액)은 25%이다.

기초상품재고액	₩150,000	총매출액	₩450,000
총매입액	₩250,000	매출환입	50,000
매입에누리	25,000		

15 현금할인

(주)한국은 (주)태평양에 송장가격 ₩500,000의 상품을 '2/10, n/30'의 현금할인 조건으로 외상매출하였다. 총액법으로 물음에 답하라.

물음

(1) (주)한국의 입장에서 분개하라.
① 판매시점 ② 할인기간 내 회수한 경우 ③ 할인기간 경과 후 회수한 경우

(2) (주)태평양의 입장에서 분개하라.
① 구매시점 ② 할인기간 내 지급한 경우 ③ 할인기간 경과 후 지급한 경우

---

6) 매출총이익률은 매출액 대비 매출총이익의 비율($\frac{\text{매출총이익}}{\text{매출액}}$)을 뜻한다.

16 상품매매기업의 회계순환과정

장난감을 판매하는 (주)천진난만의 기초 재무상태표와 기중 거래, 결산정리사항은 다음과 같다.

재무상태표 (20×1. 1. 1.) (단위 : 천원)

현 금	2,000	외 상 매 입 금	2,500
상 품	3,000	자 본 금	2,000
		이 익 잉 여 금	500
합 계	5,000	합 계	5,000

〈기중 거래〉

(1) 상품을 ₩1,000,000에 현금으로 매출하다.
(2) 상품 ₩400,000을 현금으로 매입하다.
(3) 은행으로부터 ₩1,000,000을 단기간 차입하다.
(4) 비품을 구입하면서 현금 ₩250,000을 지급하였으며, 나머지 ₩150,000은 외상으로 하다.
(5) 상품을 ₩250,000에 현금으로 매출하다.
(6) 임차료 ₩100,000을 현금으로 지급하다.
(7) 상품을 ₩850,000에 외상으로 매출하다.
(8) 상품 ₩1,000,000을 외상으로 매입하다.
(9) 외상매출금 ₩200,000을 현금으로 회수하다.
(10) 종업원급여 ₩80,000을 현금으로 지급하다.
(11) 비품 외상금액 중 ₩100,000을 현금으로 상환하다.
(12) 수도광열비 ₩50,000을 현금으로 지급하다.
(13) 상품의 외상금액 중 ₩800,000을 현금으로 상환하다.
(14) 단기차입금의 일부(₩500,000)와 이자(₩5,000)를 현금으로 지급하다.

〈결산정리사항〉

① 기말상품재고액	₩3,500,000
② 기말 현재 급여 미지급액	10,000
③ 기말 현재 임차료 선급액	90,000
④ 기말 현재 수도광열비 미지급액	5,000
⑤ 당기의 비품 감가상각비	40,000

물음

(1) 위 거래를 분개하라.
(2) 원장에 전기하라.
(3) 합계잔액시산표를 작성하라.
(4) 결산정리분개를 하라.
(5) 정산표를 작성하라.

CHAPTER 6 현금및현금성자산

지금까지 전반적인 회계순환과정을 살펴 보면서, 재무상태표나 포괄손익계산서 등의 재무제표가 대략적으로 어떤 과정을 거쳐 산출되는지 공부하였다. 본 장부터는 재무제표를 구성하는 주요 개별 계정들을 보다 더 자세하게 살펴 본다.

사람의 몸에 피가 부족하면 죽게 되듯이, 기업에 현금이 부족하면 부도가 나게 된다. 즉, 현금은 '혈액'과 같은 중요한 자산이다. 현금은 아니지만 3개월 이내에 현금으로 전환할 수 있는 자산을 현금성자산이라 한다.

현금및현금성자산 가운데 당좌예금은 수표를 발행할 수 있는 예금으로서, 당좌예금을 초과하여 수표를 발행하면 부도가 나기 때문에 그 관리를 철저히 하여야 하며, 이를 위해 은행계정조정표를 작성한다.

제 1 절 현금및현금성자산

1. 현금의 중요성

현금은 교환의 수단이자, 재무제표에 모든 거래를 인식하고 측정하는 기준이 되는 가장 본원적인 자산이며, 가장 유동성(liquidity)이 높다. 일반적으로 기업의 재무상태표에 기재되는 현금은 금액이 상대적으로 작아서 별로 중요하지 않은 자산이라고 오해할 우려가 있지만, 실은 매우 중요한 자산이다.

현금의 중요성은 지불수단이라는 현금의 기능과 관련이 있다. 기업은 상품을 매입하거나 광고선전 등을 하는 경우에 그 대가로 현금을 지급해야 한다. 때로는 어음을 발행함으로써 현금의 지급을 뒤로 미루는 경우도 있지만, 어음의 만기일이 도래하면 현금으로 지급해 주어야 한다. 만일 이때 현금 부족으로 어음을 막지 못하면 부도가 나고 자칫 경영권을 포기해야 하는 상황에 이르게 된다. 지불수단으로서의 현금은 기업의 부도상황이라는 최악의 사태를 막을 수 있는 중요한 수단이라는 점에서 '기업의 혈액(blood)' 과도 같다고 흔히 비유된다.

2. 현금및현금성자산의 정의

회계에서 **현금**(cash)은 통화(동전, 지폐 등)뿐만 아니라, 통화와 같이 통용되고 쉽게 교환되는 통화대용증권도 포함한다. 여기서 **통화대용증권**이란 통화는 아니나 통화와 쉽게 교환될 수 있는 증권으로서, 타인 발행 수표(은행이 발행한 자기앞수표[1], 거래처가 발행한 당좌수표 등), 송금수표, 우편환증서[2] 등이 이에 속한다. 이러한 현금은 보관 중 분실가능성이 높다는 것과, 그 자체로 보관되어서는 전혀 이익을 창출하지 못한다는 단점을 가지고 있다. 이에 기업에서는 당장 쓸 일이 없는 여

---

1) 자기앞수표는 발행인이 지급인을 겸하는 수표로서, 발행인 · 지급인이 모두 은행이며 지급에 관하여는 안전성이 보장되어 있다. 이는 수표의 법적 성질을 이용하고 부도의 위험을 방지하는 수단으로서 은행이 발행하는 수표이다. 2013년 12월 16일부터 위변조를 방지하기 위해 새로운 자기앞수표가 사용되고 있다.

2) 우편환증서 : 은행의 송금과는 달리 가입계좌 없이 우편을 이용해 현금을 수송하는 제도이다. 일상생활에서 널리 활용되고 있는 '경조금 배달' 은 바쁜 일상생활로 각종 경조사에 직접 참석하지 못하는 사람들을 위해 전국 2800여 우체국에서 경조금(우편환증서)과 경조카드를 대신 전해 주는 편리한 서비스이다.

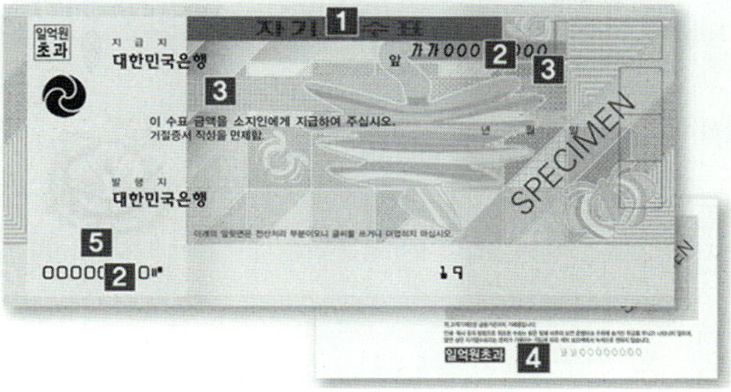

◀ 도표 6-1
자기앞수표 견본

1 색변환 잉크 식별성 강화 : '보라색↔녹색' 색변환 잉크를 적용해 기울이는 각도에 따라 '자기앞수표' 문자의 색 변환을 쉽게 확인할 수 있다.
2 적색 형광물질이 포함된 침투형 잉크 : 자외선 램프를 비추면 기존 발행번호가 적색형광으로 나타난다.
3 수표 발행번호 및 발행금액 식별성 강화 : 발행번호와 발행금액 부분의 색상을 조정하고 문양을 촘촘하게 인쇄해 위변조시 식별이 용이해졌다.
4 뒷면 금액표기 디자인 변경
5 권종별 색상계열 통일 : 1억원 초과는 적색계열, 1억원 이하는 청색계열로 권종별 색상을 단일화하였다.

유 현금을 당분간 은행에 예금하거나 만기일이 곧(3개월 이내로) 도래할 타사 발행의 사채에 투자하거나 함으로써 단점을 제거하고 있다. 따라서 비록 현금 형태를 취하고 있지는 않지만 현금과 거의 다름없는 자산들이 기업에는 존재한다. 예금과 현금성자산이 그것이다.

예금(cash in bank)은 당좌예금과 보통예금을 지칭(정기적금이나 정기예금은 제외됨)하는데, 이 예금들은 언제든지 인출하여 영업활동에 사용할 수 있다.

현금성자산(cash equivalents; 현금등가물)이란 비록 취득 당시에는 현금 형태가 아니지만 바로 그 취득시점에서 볼 때 조만간 현금화될 예정인 자산을 말한다. 대개 큰 거래원가 없이 현금으로 전환이 용이하고 이자율 변동에 따른 가치하락 위험도 크지 않은 금융상품으로서 취득 당시 만기일(또는 상환일)이 3개월 이내인 것을 현금에 준하는 자산이라는 뜻에서 현금성자산이라고 한다. 이에는 위에서 말한 것처럼 취득시점에서 볼 때 만기가 3개월 이내에 도래하는 타사 발행 사채가 해당된다.

이상의 현금, 예금, 현금성자산은 비록 각기 다른 형태를 취하고는 있지만 경제적 관점에서 보면 모두 현금과 유사한 것으로 볼 수 있기 때문에, 회계에서는 재무상태표 작성시 이들 금액을 모두 합하여 **'현금및현금성자산'** 이라는 단일계정으로 간결하게 기재하도록 하고 있다. 엄밀한 명칭은 현금 · 예금 · 현금성자산이지만 편의상 '현금및현금성자산' 이라고 줄여서 부른다.

도표 6-2 ▶ 현금및현금성자산의 범위

구분	내용	설명
현금	통화	지폐, 동전
	통화대용증권	자기앞수표, 타인발행의 당좌수표, 가계수표, 송금수표, 우편환증서, 여행자수표(traveller' s check)
	요구불예금	보통예금, 당좌예금
현금성자산		현금 전환이 용이하고 취득 당시 만기가 3개월 이내인 금융상품

예제 6-1 현금거래의 분개

다음 일련의 거래를 분개하라.

① 상품 ₩300,000을 매출하고, 대금은 거래처 발행의 당좌수표로 받다.
② 보관 중인 국민은행 발행의 자기앞수표로 외상매입금 ₩200,000을 갚다.
③ 보관 중인 타인발행의 당좌수표로 광고선전비 ₩100,000을 지급하다.

해답

①	(차) 현 금	300,000*	(대) 매 출	300,000
②	(차) 외상매입금	200,000	(대) 현 금	200,000
③	(차) 광고선전비	100,000	(대) 현 금	100,000

* 타인발행의 당좌수표로서 기업이 보관하고 있는 것은 현금계정에 분개함.

비트코인은 금융자산으로 인정받을까?

비트코인(bitcoin)은 블록체인(blockchain) 기술을 기반으로 만들어진 최초의 온라인 암호화폐(cryptocurrency)이다. 중앙은행이 없이 전 세계적 범위에서 P2P 방식으로 개인들 간에 자유롭게 송금 등의 금융거래를 할 수 있게 설계되어 있다. 이러한 비트코인, 이더리움 등이 금융자산으로 인정받을까?

국제회계기준(IFRS) 해석위원회(2019. 6월)는 일부 암호화폐가 재화, 용역과 교환 수단으로 사용될 수 있지만 현금처럼 재무제표에 모든 거래를 인식하고 측정하는 기준은 아니라고 판단했다. 아울러 다른 기업의 지분상품이나 거래 상대방에 현금 등 금융자산을 수취할 계약상 권리와 같은 금융자산 정의에도 충족하지 못한다고 봤다. 따라서 암호화폐를 금융자산으로 분류할 수 없다는 결론을 냈다.

IFRS 해석위원회는 대신 암호화폐를 무형자산이나 재고자산으로 분류했다. 위원회는 통상적인 영업 과정에서 판매를 위해 보유하거나 중개기업으로서 매매하는 경우 재고자산으로 보지만 그 외에는 모두 무형자산으로 해당한다고 해석했다.

3. 현금계정의 조정: 현금과부족

현금은 가장 유동성이 높은 자산이다. 즉, 가장 빈번하게 유출입이 이루어지는 항목이 현금이다. 자주 유출입이 발생하다보니 현금의 도난이나 횡령이 발생하기 쉽고, 오류에 인해 기록을 하지 않는 경우도 나타난다. 한편, 기업을 운영하거나 부채를 상환하기 위해서는 현금이 있어야 한다. 그렇다고 해서 지나치게 많은 현금을 보유할 경우 현금 그 자체에서는 수익이 발생하지 않기 때문에 적절한 수준의 현금을 보유하여야 한다.

이를 위해 기업에서는 현금의 내부통제시스템(internal control system)이 효과적으로 구축되어야 한다. 예컨대, 현금의 수납 지출 등 물리적 처리와 회계처리기능을 각각 분리시킴으로써, 한 사람의 실수나 비리가 다른 사람에 의해 내부적으로 통제될 수 있어야 한다.

현금의 내부통제시스템이 잘 갖추어졌다고 하다라도 금고에 보관 중인 현금의 실제잔액은 장부잔액(= 현금계정 차변잔액)과 차이날 수 있다. 현금거래는 매우 빈번하게 일어나는 관계로 자칫 기록의 누락이나 중복이 발생하기도 하며 때로는 도난이나 분실이 발생하기도 하기 때문에, 실제잔액이 장부잔액과 일치하지 않는 경우도 있다.

양자 간에 차이가 있음이 발견되면 그 원인을 조사하는 동안 임시로 **현금과부족**계정(cash short and over account)에 차액을 기록함으로써 일단 현금의 실제잔액에 장부잔액을 일치시킨다. 실제잔액이 현금계정 잔액보다 부족하면 손실 성격의 것으로 파악되므로, 현금과부족계정 차변에 기록하는 한편, 현금계정 대변에 기록하여 장부잔액을 감소시킨다. 반면에 실제잔액이 현금계정 잔액보다 과다하면 현금과부족계정 대변에 기록하는 한편, 현금계정 차변에 기록하여 장부잔액을 증가시킨다.

결산정리분개

① 현금 실제잔액 < 장부잔액:	(차) 현금과부족	×××	(대) 현　　금	×××
② 현금 실제잔액 > 장부잔액:	(차) 현　　금	×××	(대) 현금과부족	×××

현금과부족계정은 현금이 '과' 하거나 '부족' 한 경우를 통틀어 임시로 사용하는 계정이다. 따라서 임시계정인 현금과부족계정을 재무제표에 계상해서는 안 된다.

차이의 원인을 밝혀 현금과부족이라는 임시계정을 제거하여야 하며, 원인이 끝내 밝혀지지 않으면 결산일에 잡손실 또는 잡이익으로 처리한다.

예제 6-2
현금과부족

아래 일련의 거래를 분개하라.

① 현금의 실제잔액이 현금계정 잔액보다 ₩300,000 부족하다.
② 이 중 ₩200,000은 이자비용 지급한 것을 기록하지 않았기 때문인 것으로 밝혀졌다.
③ 결산일까지 ₩100,000의 현금부족액은 원인이 밝혀지지 않았다.

해답

①	(차) 현금과부족	300,000	(대) 현　　금	300,000*
②	(차) 이 자 비 용	200,000	(대) 현금과부족	200,000
③	(차) 잡　손　실	100,000	(대) 현금과부족	100,000

* 현금부족액을 현금계정에서 차감하여 실제잔액에 장부잔액을 일치시킴.

현금은 도난이나 분실의 위험이 높고, 그 자체로는 수익성이 없는 자산이라고 하였다. 따라서 기업은 당장 필요하지 않은 현금의 경우 은행에 예금의 형태로 보관하게 된다. 기업이 가장 많이 이용하는 예금은 당좌예금이다.

제 2 절 당좌예금

1. 당좌예금의 특징과 분개

당좌예금(current deposit, 또는 checking account)[3]은 일정한 개설보증금을 납입하고 은행과 당좌거래 계약을 체결한 예금주가 예금잔액 범위 내 또는 계약에 의한 당좌대출한도 내에서 그 거래 은행을 지급인 또는 지급담당자로 하는 당좌수표를

3) 당좌(當座)라는 용어는 "신속하다(quick)"는 뜻이다. 당좌자산(quick assets)은 환금하기 쉬운 유동자산으로 현금, 예금, 받을어음, 외상매출금, 유가증권 등이 속하는데, 이들은 현금으로 신속히 전환될 수 있다. 한편, 당좌비율(quick ratio)은 당좌자산의 합계액을 유동부채의 합계액으로 나눈 백분율이며, 단기지급능력을 나타내는 하나의 지표이다.

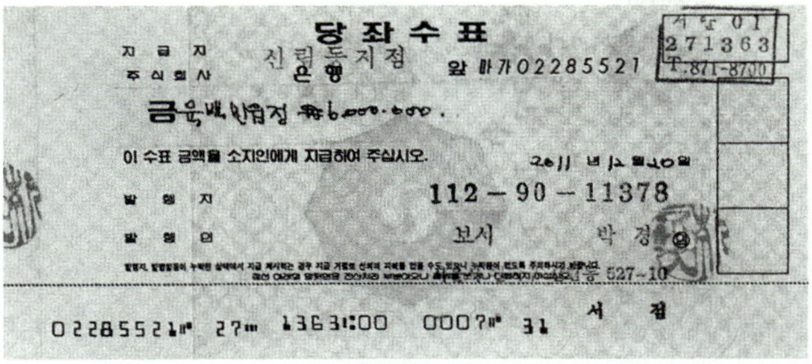

◀ 도표 6-3
당좌수표 견본

발행하여 동수표의 소지인에 대한 현금지급사무를 은행에 위임하고자 개설하는 예금이다. 당좌예금은 그 성질상 자금의 예입과 인출이 빈번하여 그에 따른 출납사무를 정리하는 데에도 많은 시간과 비용이 들고, 예입된 자금도 안전성이 없어 은행의 자금조달원으로서의 기여도가 미미하여 당좌예금에 대해서는 이자를 지급하지 않는다.

그럼에도 불구하고 기업이 당좌예금을 선호하는 이유는 다음과 같다.

첫째, 언제든지 인출이 가능하다. 따라서 금고에 있는 현금과 전혀 차이가 없다. 대신 은행은 이 예금액을 이용한 대출활동이 불가능한 만큼 당좌예금에 대하여는 이자를 지급하지 않는다.

둘째, 현금 필요시 은행에 찾아가서 현금을 인출하는 번거로움 없이 예금자는 자기 사무실에서 간단히 수표(당좌수표라 함)를 발행하여 거래 상대방에게 지불할 수 있다. 거래 상대방 역시 이 수표를 받아 자기의 거래은행에 예금하는 것으로서 현금의 수수 및 예금행위를 무척 간단히 수행할 수 있다는 장점을 누린다. 나머지 일은 은행이 모두 대신해 준다. 예컨대 서울은행에 당좌예금을 하고 있는 A사가 당좌수표를 발행하여 B사에게 주고 B사는 이를 자기의 거래은행인 부산은행 당좌예금 계좌에 예금한 경우, 부산은행은 A사가 발행한 당좌수표를 서울은행에 제시하고 현금을 받아다가 부산은행의 B사 계좌에 넣어 준다.

당좌예금을 하려면 사전에 은행과 당좌거래약정을 맺어야 하며, 이후 기업은 현금이나 타인발행 수표 등을 예금하게 된다. 은행은 기업에게 자기은행 고유의 당좌수표 용지를 교부해 주며, 이제 기업은 현금지출 필요시 당좌수표 용지에 필요한 금액을 적어 거래 상대방에게 주면 된다.

당좌예금 계좌에 예금을 하면 당좌예금계정 차변에 기록하고, 당좌수표를 발행하여 거래 상대방에게 지급하면 대변에 기록한다. 실제로 은행의 당좌예금 계좌에서

도표 6-4 ▶
당좌거래

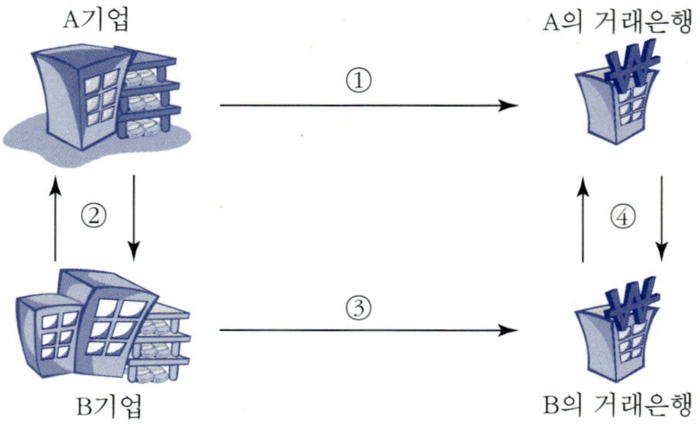

① A기업에서 거래은행에 당좌예금하고, 은행에서 A기업에게 수표 용지를 교부
② A기업에서 B기업으로부터 물품을 구입하고 당좌수표 발행
③ B기업은 자신의 거래은행에 입금
④ B의 거래은행에서 A의 거래은행에 수표를 제시하여 거래은행끼리 정산

인출되는 시점은 그 수표가 은행에 제시되는 시점이겠지만, 기업은 편의상 당좌수표 발행 시점에서 바로 차감을 한다. 조만간 은행에서 인출될 것이기 때문이다.

원칙적으로 당좌수표는 당좌예금 잔액의 범위 내에서만 발행되어야 하며, 잔액이 없는데도 수표를 발행하면 은행은 수표대금의 지급을 거절하게 되고 그 수표는 **부도수표**(dishonored check)가 된다. 어음부도 때와는 달리 수표를 부도낸 경우에는 발행자가 구속되며, 따라서 경제활동이 경직화된다. 이를 완화할 목적으로 당좌차월이라는 제도가 시행되고 있는데, 이에 관해서는 다음에서 살펴 보기로 한다.

당좌수표의 효과

상품매입대금 1억원을 당좌수표 아닌 현금으로 지급한다면 어떤 불편이 있을까?

1억원을 만원짜리 현금으로 세려면 10,000장을 세어야 한다. 람세스라는 소설책은 한 권에 대략 500페이지, 장수로 250장이다. 따라서 10,000장이란 이 소설책 40권을 낱낱이 세는 분량이다. 이것을 돈 건네주는 사람이 한번 세고, 돈 받는 사람이 또 한번 세고 한다면 한나절은 족히 지나갈 것이다. 중간에 누가 말이라도 걸거나 전화라도 걸려오면 낭패다. 이 지루한 작업을 처음부터 다시 해야 할지도 모르기 때문이다.

반면 당좌수표로 지급한다면 금액과 발행일을 적고 도장 한번 찍으면 끝이다. 순식간에 끝난다. 지급해야 할 금액이 10억원이라 하더라도 전혀 문제가 없다. 당좌예금 및 당좌수표 제도는 현대사회의 정말 빛나는 제도이다.

예제 6-3
당좌예금의 분개

다음 일련의 거래를 분개하고, 당좌예금 잔액을 계산하라.
① 은행과 당좌거래 약정을 맺고 현금 ₩600,000을 예금하다.
② 상품 ₩200,000을 매출하고 대금은 거래처 발행의 당좌수표로 받다.
③ 위 당좌수표를 은행에 당좌예금하다.
④ 상품 ₩500,000을 매입하고 대금은 수표를 발행하여 지급하다.

해답

① (차)	당좌예금	600,000	(대) 현　　금	600,000
② (차)	현　　금*	200,000	(대) 매　　출	200,000

* 은행에 예금하기 전이므로 아직은 당좌예금으로 분개할 수 없음.

③ (차)	당좌예금	200,000	(대) 현　　금	200,000
④ (차)	매　　입	500,000	(대) 당좌예금	500,000

이에 따라 당좌예금 잔액은 ₩300,000(=₩800,000－₩500,000)

수표발행액은 언제 자기 계좌에서 차감되는가?

국적이 다른 네 사람의 노(老) 기업가가 있었다. 프랑스인, 이탈리아인, 유태인, 스코틀랜드인이었으며, 이들은 절친하게 지냈다.

어느 날 모임에서 프랑스인 기업가가 한 가지 제안을 했다.

"우리들 중 누군가가 먼저 저 세상으로 가면 나머지 친구들이 관 속에 100달러씩 넣어주기로 하세. 저승까지 갈 노자가 필요할 테니까."

며칠 안 지나서 이 제안을 했던 프랑스인이 정말 저 세상으로 떠났다.

이탈리아인 친구는 눈물을 흘리며 빳빳한 돈 100달러를 세어 관속에 넣었다. 유태인은 수표용지를 꺼내 100달러를 쓰고 관 속에 넣었다. 이를 지켜보던 스코틀랜드인은 수표용지에 무려 300달러나 쓰고 관 속에 넣었다. 그리고는 다른 사람의 현금 100달러와 수표 100달러를 건져 자기 지갑 속에 넣었다.

'구좌 잔고' → '계좌 잔액'으로

국립국어원에서는 금융 관련 용어 가운데 일본식 표현을 우리식으로 순화할 것을 권장하고 있다. 예컨대, '구좌(口座)' → '계좌(計座)'로, '잔고(殘高)' → '잔액(殘額)'으로, '익일(翌日)' → '다음 날'로, 거래선(去來先)' → '거래처(去來處)'로, '가불(假拂)'→ '선지급' 등으로 순화하자는 것이다. 우리말을 제쳐 두고 일본식 한자어를 쓸 이유가 없다.

2. 당좌차월의 분개

당좌차월 제도란 예금잔액의 범위를 초과하여 수표를 발행하더라도 일정 한도까지는 은행이 이를 부도처리하지 않고 수표대금을 지급해 주는 제도를 말한다. 당좌차월 제도를 이용하면 일시적 자금부족 상태를 무사히 넘길 수 있다는 장점이 있는데, 이를 이용하려면 사전에 은행과 당좌차월계약을 맺고 예금 잔액 없이 수표를 발행할 수 있는 한도를 약정하여야 한다.

당좌차월이 발생하면 **당좌차월**(當座借越, bank overdraft)이라는 부채계정을 설정하여 대변에 기록한다. 당좌차월액은 단기차입금 성격의 부채이기 때문이다. 후에 다시 당좌예금을 하면 우선적으로 당좌차월액과 상계(相計)하고 나머지만 당좌예금계정 차변에 기록한다.

그러나 [**예제 6-4**]에서와 같은 이론적인 회계처리는 실무에서는 찾아 보기 힘들다. 왜냐하면, 기중에는 당좌차월이라는 별도의 계정을 설정하여 분개하지를 않고, 대신 모든 거래들을 당좌예금계정에 기록하는 한편, 기말에 가서 만일 당좌예금계정의 잔액이 대변에 있으면 그 금액을 단기차입금이라는 계정으로 재무상태표에 기재하는 것이 일반적이기 때문이다.

예제 6-4

당좌예금거래의 분개

다음 일련의 거래를 분개하라.

① 상품 ₩700,000을 매입하고, 대금은 수표를 발행하여 지급하다. 이 날의 당좌예금 잔액은 ₩400,000이며, 은행과 당좌차월계약이 맺어져 있다. 당좌차월 한도액은 ₩1,000,000이다.

② 당좌차월액이 ₩300,000인 상황에서 현금 ₩500,000을 당좌예금하다.

해답

	차변 계정	금액		대변 계정	금액
① (차)	매 입	700,000	(대)	당좌예금	400,000
				당좌차월	300,000
② (차)	당좌차월	300,000	(대)	현 금	500,000
	당좌예금	200,000			

당좌차월액에 대하여 기업은 상환일까지의 기간에 해당하는 이자를 지불해야 한다. 그러나 기업은 대개 상환 당일에는 이자비용이 정확히 얼마인지를 알지 못하는 관계로 이자비용에 대한 분개를 뒤로 미룬다. 은행들은 보통 기업별로 지난 1개

월간의 당좌예금 거래내역을 보여 주는 은행거래명세서(bank statement)를 작성하여 기업에 우송해 준다. 예금주와의 채권채무를 명확히 해두기 위해서이다. 은행거래명세서에는 당좌차월액에 대하여 은행이 얼마의 이자비용을 기업의 당좌예금 구좌에서 차감했는지가 기록되어 있다. 따라서 기업은 이 은행거래명세서를 받는 시점에서 이자비용을 분개하면 된다.

3. 당좌예금의 결산정리 : 은행계정조정표

기업이 기록하고 있는 당좌예금 금액과 은행이 기록하고 있는 금액에 차이가 나기도 하는 이유는 대부분 양측의 기록시점이 서로 다르기 때문이다.

예컨대 기업은 수표 발행시에 즉시 당좌예금계정 대변에 기록하지만, 은행은 수표가 제시되는 시점까지 계좌 잔액을 차감하지 않는다. 또한 은행은 당좌차월액에 대한 이자를 이자계산 시점에서 기업의 계좌 잔액에서 차감하지만, 기업은 통보받는 시점까지 차감하지 않는다.

이러한 불일치는 시간경과에 따라 자연스럽게 정리된다. 따라서 현실에서는 거의 문제가 안된다. 그러나 기말 재무상태표 작성시점에서 만일 양자 간에 차이가 있다면 어느 금액을 재무상태표에 기록할 것인가 하는 중대한 문제가 발생한다.

기업은 은행거래명세서상의 예금거래 내역과 자신의 당좌예금계정 기록 내용을 대조하면서 불일치의 원인을 찾고 이에 기초하여 **은행계정조정표**(bank reconciliation statement)를 작성한다. 은행계정조정표의 작성 원리는 기업과 은행의 각각의 당좌예금에서 출발하여 몰라서 회계처리하지 않은 쪽의 금액을 조정하여 양자를 일치시킨다. 불일치가 발생하는 원인과 이의 조정 방법을 살펴 보자.

① **미인출수표**(outstanding checks) : 기업에서 거래처에게 수표를 발행하여 지급하였으나, 거래처가 은행에서 아직 수표 금액을 찾아가지 않은 경우이다. 기업에서는 수표를 발행할 때 당좌예금의 감소로 회계처리하지만, 은행에서는 수표소지인이 은행에 제시하기 이전에는 그 사실을 알 수 없다. 연말에 미인출수표가 있을 경우에는 은행측에서 몰라서 기록하지 않았기 때문에 은행측 잔액에서 그 금액을 차감한다. 미인출수표가 은행측과 회사측의 당좌예금 차이가 발생하는 가장 대표적인 원인이다.

② **부도수표**(not sufficient fund checks) : 기업에서 거래처로부터 받은 수표를

당좌예금하였는데, 그 수표가 부도난 경우이다. 은행에서는 부도난 수표를 기업에 반송하게 된다. 이 경우 기업에서는 부도라는 사실을 몰라서 기록하지 않았을 수 있으므로 기업측 잔액에서 그 금액을 차감한다.

③ **은행수수료**(bank service charges) : 은행에서 예금주의 당좌예금 월평균 잔액이 일정 금액 이하일 경우 소정의 수수료를 부과하기도 한다. 또는 은행에서 부도수표에 대해서도 수수료를 부과하기도 한다. 어떤 경우에는 은행에서 받을어음을 추심하면서 수수료를 부과하기도 한다. 이와 같은 수수료는 은행에서는 칼같이 떼어 가지만, 기업에서는 통보를 받기 이전에는 알 수 없다. 이 경우 기업에서는 은행수수료라는 사실을 몰라서 기록하지 않았으므로 기업측 잔액에서 그 금액을 차감한다.

④ **당좌차월 이자** : 당좌차월이 발생하는 경우 은행에서는 이에 대한 이자를 기업의 계좌 잔액에서 차감하지만, 기업은 통보받은 시점에서 알게 된다. 따라서 기업측 잔액에서 그 금액을 차감하여야 한다.

⑤ **받을어음 추심** : 기업은 고객으로부터 받은 받을어음을 거래은행에게 받아달라고 의뢰할 수 있다. 이를 추심이라 한다. 추심이 이루어지면 은행측의 당좌예금은 증가한다. 그러나 기업은 추심되었다는 사실이 통보되기 이전에는 알지 못한다. 이러한 이유로 차이가 발생하는 경우에는 기업측 잔액에 추심금액을 가산한다.

⑥ **은행 미기록예금**(deposits in transit) : 기업은 월말경에 거래처에서 받은 수표를 우편으로 예입하는 경우가 있다. 월말 시점에서는 은행에 아직 우편물이 도착하지 않아 기록되지 않은 경우, 은행에서 몰라서 기록하지 않았으므로 은행측 잔액에 미기록예금을 가산한다.

⑦ **미통지예금** : 거래처에서 대금결제를 위해 기업의 당좌예금계좌에 직접 예입하였으나 회사가 아직 통보받지 않은 경우이다. 이 경우 기업에서는 보고가 이루어지지 않아 몰라서 기록하지 않았으므로 기업측 잔액에 미통지입금을 가산한다.

⑧ **기록 오류** : 기업이나 은행 모두 기록상 오류를 범할 수 있다. 이 경우에는 오류를 범한 측에서 오류를 가감하여야 한다.

한편, 불일치의 원인 중에는 기업이 당좌예금계정 잔액을 수정해 주어야 할 것이 있다. 기업이 어떤 사실을 몰라서 당좌예금계정 기록을 못한 것이 있었다면, 이를 수정하기 위한 결산정리분개를 하여야 한다. 즉, 은행계정조정표에서 회사측 잔액을 조정한 사항에 대해서는 결산정리분개를 한다.

◀ 도표 6-5
은행계정조정표의 구조

	은행측 잔액		회사측 잔액
조종전	×××	≒(불일치)	△△△
조종	− ① 미인출수표		− ② 부도수표
	+ ⑥ 은행 미기록예금		− ③ 은행수수료
			− ④ 당좌차월 이자
			+ ⑤ 받을어음 추심
			+ ⑦ 미통지예금
	± ⑧ 기록 오류		± ⑧ 기록 오류
조정후	○○○	=(일치)	○○○

예제 6-5
당좌예금의 결산 정리: 은행계정 조정표

12월 31일 현재 A사의 당좌예금계정 잔액은 ₩300,000인데, 은행에서 보내온 은행거래명세서에는 A사의 당좌예금 잔액이 ₩800,000인 것으로 기록되어 있었다. 불일치의 원인은 다음과 같았다.

① A사가 12월 28일에 발행한 ₩600,000의 당좌수표가 은행에서 아직 인출되지 않았다.

② A사가 12월 중에 이용했던 당좌차월액에 대하여 ₩100,000의 이자가 발생하였는바, 은행에서는 이를 A사 계좌에서 차감하였으나 A사는 이 금액을 몰라서 아직 차감 기록하지 않았다.

물음

(1) 은행계정조정표를 작성하라.

(2) A사가 기말 재무상태표에 현금및현금성자산 과목에 포함시켜 보고해야 할 정확한 예금액은 얼마인가?

(3) A사가 12월 31일에 해야 할 결산정리분개를 하라.

해답

(1) 은행계정조정표

기업의 당좌예금계정		은행의 당좌예금계좌	
잔액	₩300,000	잔액	₩800,000
차감 : 이자비용	(100,000)	차감 : 미인출수표	(600,000)
기업의 정확한 잔액	₩200,000	은행의 정확한 잔액	₩200,000

* 기업이 몰라서 기록하지 못했던 것은 기업측란에 기록하고, 은행이 몰라서 기록하지 못했던 것은 은행측란에 기록함.

(2) 재무상태표에 기록해야 할 예금 잔액: ①번 해답에 따라 ₩200,000

(3) 당좌예금 관련 결산정리 분개*

(차) 이 자 비 용 100,000 (대) 당 좌 예 금 100,000

* 미인출수표에 대하여는 기업이 분개를 할 필요가 없음.

제 6 장 연 습 문 제

01 현금의 정의

20×2. 12. 31. 현재 A사 금고 속에는 다음과 같은 것이 있다. 회계상 현금은 얼마인가?

지 폐	₩200,000	동 전	₩10,000
타인발행 당좌수표	400,000	우편환증서	90,000
은행발행 자기앞수표	200,000	타인발행 약속어음	100,000

02 현금거래의 분개와 전기

다음은 ABC사의 현금과 관련한 일련의 거래이다.

8. 1. 상품 ₩400,000을 외상으로 매출하다.
8. 5. 상품 ₩100,000을 매출하고, 대금은 거래처 발행의 당좌수표로 받다.
8. 15. 현금 ₩200,000과 거래처에서 받아 두었던 당좌수표로 외상매입금 ₩300,000을 갚다.
8. 25. 8. 1.의 거래처로부터 외상대금 ₩400,000이 우편환증서로 우송되어 오다.
8. 31. 위 우편환증서를 거래은행에 당좌예금하다.

물음

(1) 날짜별로 분개하라.
(2) 현금계정에 전기한 후, 8월 31일의 현금계정 잔액을 계산하라. 8월 1일의 현금계정 기초 잔액은 ₩300,000이었다.

03 현금과부족

다음 일련의 거래를 분개하고, 현금과부족계정에 전기하라.

① 현금의 실제잔액이 현금계정 잔액보다 ₩200,000 부족하다.
② 위 부족액 중 ₩150,000은 종업원급여를 지급한 것을 기록하지 않았기 때문인 것으로 밝혀졌다.
③ 결산일 현재 나머지 현금부족액은 원인이 밝혀지지 않는다.

04 당좌예금거래

다음은 ABC사의 거래 중 일부이다.

8.23. 현금 ₩100,000을 당좌예금하다.
8.25. 상품 ₩900,000을 매입하고 수표를 발행하여 지급하다. 은행과는 한도액 ₩1,000,000의 당좌차월계약이 맺어져 있다.
8.28. 상품을 매출하고 대금 ₩400,000을 수표로 받아 즉시 당좌예금하다.

물음

(1) 날짜별로 거래를 분개하라. 분개시 당좌차월계정은 사용하지 말 것.
(2) 당좌예금계정에 전기한 후, 8월 31일의 재무상태표에 당좌예금을 표시하라. 8월 1일의 당좌예금계정 잔액은 ₩300,000이었다.

05 당좌예금의 결산정리: 은행계정조정표

12월 31일 현재 A사의 당좌예금계정 잔액은 ₩600,000인데, 은행에서 보내온 은행거래명세서에는 A사의 당좌예금 잔액이 ₩850,000인 것으로 기록되어 있었다. 불일치의 원인은 다음과 같았다.

① A사가 12월 24일에 발행한 ₩300,000의 당좌수표가 은행에서 아직 인출되지 않았다.
② A사가 12월 중에 이용했던 당좌차월액에 대하여 ₩50,000의 이자가 발생하였는 바, 은행에서는 이를 A사 계좌에서 차감하였으나 A사는 이 금액을 몰라서 아직 차감 기록하지 않았다.

물음

(1) 은행계정조정표를 작성하라.
(2) A사가 기말 재무상태표에 보고해야 할 정확한 예금액은 얼마인가?
(3) A사가 12월 31일에 해야 할 결산정리분개를 하라.

06 은행거래명세서와 당좌예금계정

12월 31일 (주)명경사의 거래은행에서 보내온 은행거래명세서와 회사의 당좌예금계정은 다음과 같다.

은행거래명세서

일자	적요	예입	인출	잔액
12월 1일	월초 잔액			50,000
5	현금 입금	25,000		75,000
8	부도수표		18,000	57,000
10	수표 #101 인출		20,000	37,000
15	수표 #102 인출		15,000	22,000
20	수표 #103 인출		12,000	10,000
23	받을어음 추심	13,000		23,000
23	추심수수료		1,000	22,000

당좌예금

12월 1일	기초잔액	50,000	12월 9일	수표 #101 발행	20,000
5	현금	25,000	12	수표 #102 발행	15,000
			16	수표 #103 발행	12,000
			25	수표 #104 발행	13,000

물음

(1) 은행계정조정표를 작성하라.

(2) 명경사의 재무상태표에 보고해야 할 정확한 당좌예금은 얼마인가?

07 당좌예금의 결산정리 : 은행계정조정표

12월 31일 현재 B사의 당좌예금계정 잔액은 ₩400,000인데, 은행에서 보내온 은행거래명세서에는 잔액이 ₩690,000인 것으로 기록되어 있었다. 불일치의 원인은 다음과 같이 밝혀졌다.

① B사가 12월 24일과 28일에 각각 발행한 ₩230,000과 ₩100,000의 수표가 은행에서 아직 인출되지 않았다.

② 외상매입금 ₩100,000이 있는 거래처(B사 입장에서는 외상매출금)가 12월 26일 온라인으로 입금시켜 왔으나, B사에는 이 사실이 통지되지 않았었다.

③ B사가 12월 중에 이용했던 당좌차월액에 대하여 은행이 ₩50,000의 이자비용을 부담시켰으나, B사는 이 사실을 통지받지 못했었다.

④ 12월 28일에 B사의 은행계좌에서 한국전력으로 자동이체된 전기료 ₩10,000을 B사가 아직 장부에 정리하지 않았었다.

⑤ B사가 12월 30일에 예금한 ₩80,000이 은행에 입금으로 기록되어 있지 않았다.

물음

(1) 은행계정조정표를 작성하라.

(2) B사가 기말 재무상태표에 보고해야 할 정확한 예금액은 얼마인가?

(3) B사가 12월 31일에 해야 할 결산정리분개를 하라.

08 당좌예금의 결산정리 : 은행계정조정표

9월 30일 현재 무진회사의 당좌예금 잔액은 ₩2,000,000이고, 은행으로부터의 잔액증명서 잔액은 ₩2,049,000이다. 차이의 원인을 알아본 결과 다음과 같다.

① 9월 중 회사가 발행한 당좌수표 중에서 아직 은행에서 지급되지 않은 수표금액은 ₩500,000이다.

② 어음 추심에 대한 수수료 ₩1,000이 자동이체되어 은행에서는 차감하였으나, 아직 회사에 통보되지 않은 상태이다.

CHAPTER

7 채권과 채무

기업의 경영활동 가운데 거의 매일 반복적으로 발생하는 사건으로 대표적인 것은 상품의 매매거래이다. 그런데 오늘날의 신용사회에서는 외상거래가 주종을 이루는 관계로 매출채권(채입채무)에 대한 회계처리가 중요하다. 매출채권 가운데 거래처의 부도나 파산으로 회수 못할 가능성이 있으므로 기말평가를 하여야 한다.

또한 상거래 이외의 활동에서 발생하는 비매출채권(비매입채무)에 대해서도 함께 살펴보기로 한다.

제 1 절 매출채권과 매입채무

거래 상대방에게서 미래에 현금을 요구할 수 있는 권리를 포괄적으로 **수취채권**(receivables)이라 한다. 수취채권 중 상거래에서 발생한 수취채권을 매출채권이라 하며, 상거래 이외에서 발생한 수취채권을 **비매출채권**(non-trade receivables)이라 한다.

수취채권 = 매출채권 + 비매출채권

매출채권(trade receivables)은 상품을 매출하면서 대금을 미래에 받기로 합의함에 따라 나타나는 권리로서, 구두 약속에 의한 **외상매출금**(account receivables)과 어음을 받고 약속하는 **받을어음**(note receivables)으로 구성된다.

매입채무는 상품을 매입하면서 현금을 미래에 지급하기로 함에 따라 나타나는 의무로서, 구두 약속에 의한 **외상매입금**과 어음을 써 주고 약속하는 **지급어음**(note payable)으로 구성된다.

매출채권 = 외상매출금 + 받을어음
매입채무 = 외상매입금 + 지급어음

매출채권과 매입채무는 특별히 중요한 계정인데, 첫째는 이들이 투자활동이나 재무활동과 같은 주변적 활동이 아닌 기업 본연의 중심적 활동, 즉 영업활동에서 나타나는 채권과 채무이기 때문이고, 둘째는 이들이 가까운 미래에 유입되거나 유출될 현금의 크기를 말해 주는 것이기 때문이다. 기업의 미래 현금흐름에 관심을 갖는 정보이용자들에게는 본연의 중심적 활동으로부터 발생하는 현금흐름의 크기가 얼마나 될 것인가 하는 점이 매우 중요한 회계정보가 된다.

1. 외상매출금과 외상매입금

상품을 외상으로 매출하면 매출채권계정 차변에 분개하고, 현금으로 회수하면 매출채권계정 대변에 분개한다. 상품의 외상매입은 외상매출과 반대로 처리한다. 상품을 외상으로 매입하면 매입채무계정 대변에 분개하고, 이를 현금으로 회수하면 이 계정 차변에 분개한다. 기업실무에서는 매출채권을 외상매출금과 받을어음

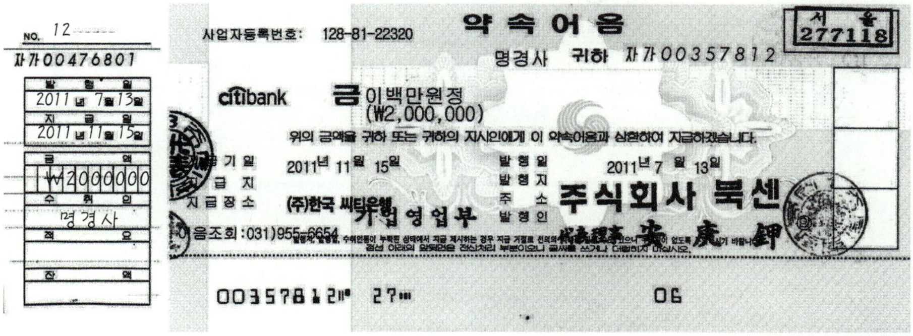

◀ 도표 7-1
약속어음 견본

으로 구분하여 관리하며, 매입채무를 외상매입금과 지급어음으로 구분하여 관리한다. 외부보고용 재무제표를 작성할 때에는 중요성의 원칙에 따라 이들을 매출채권, 매입채무로 통합하여 보고한다.

2. 받을어음과 지급어음

어음(bill)이란 발행하는 사람이 일정한 금전의 지급을 약속(약속어음)하거나 또는 제3자에게 그 지급을 위탁(환어음)하는 유가증권이다. 어음은 현실적 금전의 지급에 따르는 불편과 위험을 회피하고, 송금 · 지급 · 채권취득 등의 지급거래의 기능과, 어음할인에 의하여 자금의 융통을 받는 등 신용거래의 기능을 가진다.

상품을 외상매출(외상매입)할 때, 실무에서는 구두상의 약속보다는 어음상의 약속에 의존할 때가 많다. 상품 판매자가 구매자에게 어음을 요구하는 주된 이유는 채권을 법적으로 보장받기 위해서이다. 어음은 구두약속에 비해 법정에서의 증거능력이 더 크다.

상법에서는 어음을 약속어음과 환어음(bill of exchange)으로 구분한다. **약속어음**(promissory note)은 발행인이 수취인에게 일정한 금액을 약정한 기일에 지급할 것을 약속한 증권이다. 약속어음의 거래 관계자는 두 사람으로, 약속어음의 발행인은 어음상의 채무가 생기고, 약속어음의 수취인은 어음상의 채권이 생긴다. 일반적 상거래에서는 대부분 약속어음이 사용되고, 환어음은 국제거래의 결제 이외에는 거의 사용되지 않고 있다.

도표 7-2 ▶
약속어음의 흐름

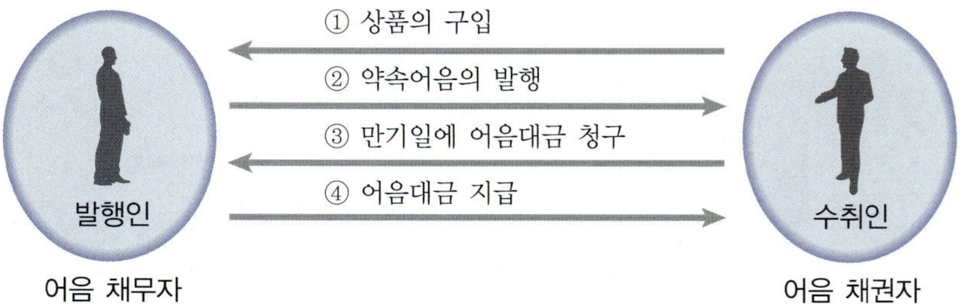

전자어음

전자어음은 '전자어음의 발행 및 유통에 관한 법률'에 의해 실물경제에서 사용되는 종이 약속어음 대신 인터넷상에서 이용할 수 있도록 전자화한 어음이다. 동법(2012년 12월 25일 개정)에서는 외부감사대상 주식회사인 경우 반드시 전자어음으로 발행하도록 의무화하였다. 2014년 4월 해당 조항의 개정으로 전자어음 의무발행대상이 자산 10조원 이상의 법인으로 확대되었다.

이용자 입장에서 볼 때 어음분실 및 위·변조를 방지할 수 있고 발행 등 어음행위가 편리해질 뿐 아니라 조회 또한 용이하며 어음보관, 관리 및 유통, 교환비용을 절감할 수 있는 효과 등을 들 수 있다. 또한 기업의 경우에도 실물어음의 발행, 유통, 관리비용 및 인력 절감과 편리한 자금조달 수단으로 활용이 가능하고 전자상거래에 대한 적합한 지급결제 수단 확보와 기업회계 투명성을 높이는 효과를 볼 수 있다.

(1) 어음의 수취와 발행

회계에서는 경제적 실질을 중시하여 어음상의 권리(받을어음 계정)와 어음상의 채무(지급어음 계정)으로 구분한다. 어음에는 어음수취인, 만기일, 어음발행인(채무자)의 거래은행, 만기금액 등이 기재되어 있다. 일반적으로 어음의 만기일이 되면 어음수취기업은 받을어음을 자기의 거래은행에 당좌예금하는데, 그 이유는 은행이 이 어음에 기재된 어음발행인의 거래은행에 요구하여 대금을 회수한 후, 어음수취기업의 당좌예금 구좌에 입금시켜 주기 때문이다.

상품매매과정에서 약속어음을 받은 경우에는 자산계정인 받을어음계정의 차변에 기입하고, 어음 대금을 회수한 경우 또는 어음을 배서양도하거나 할인하는 경우 또는 부도난 경우에는 대변에 기입한다. 한편, 상품매매과정에서 약속어음을 발행한 경우에는 부채계정인 지급어음계정의 대변에 기입하고, 만기일에 어음 대금을 지급한 경우에는 차변에 기입한다.

(2) 어음의 배서

어음 소지인이 만기일 전에 어음상의 채권을 타인에게 양도하는 것을 **어음의 배서**(endorsement)라고 한다. 이때 어음의 양도인을 배서인, 양수인을 피배서인이라고 한다. 배서란 뒷면(배)에 쓴다(서)는 뜻으로서, 어음소지인인 배서인이 어음의 뒷면에 양도의 의사를 표시하고 기명날인을 하여 피배서인에게 어음을 교부하는 것이다.

어음을 배서양도하면 어음상의 채권이 소멸되므로 받을어음을 감소시킨다. 어음을 배서양도한 경우라 하더라도 만기일에 지급인 어음금액을 지급하지 않을 때에는 부도가 발생한다. 이때 배서인은 어음소지인인 피배서인에게 어음금액을 상환하여야 할 의무가 생긴다.

◀ 도표 7-3 어음의 배서

앞면에 적은 금액을 조미라 또는 그 지시인에게 지급하여 주십시오. (목적 또는 부기) 거절 증서 작성을 면제함. 200×년 9월 3일 주소 : 서울 특별시 강남구 개포동 30 성명 : 명 경 사 (인)
앞면에 적은 금액을 또는 그 지시인에게 지급하여 주십시오. (목적 또는 부기) 거절 증서 작성을 면제함. 200×년 월 일 주소 : 성명 : 인
앞면에서 적은 금액을 틀림없이 받았음. 200×년 월 일 주소 : 성명 : 인

(3) 어음의 추심위임배서

추심위임배서란 소유하고 있는 타회사 지급어음의 대금 추심을 거래은행에 의뢰하는 경우에 어음의 뒷면에 배서하고 어음을 은행에 넘겨 주는 것을 말한다. 추심(collection)이란 은행이 소지인의 의뢰를 받아 수표 또는 어음을 지급인에게 제시하여 지급하게 하는 것을 말한다.

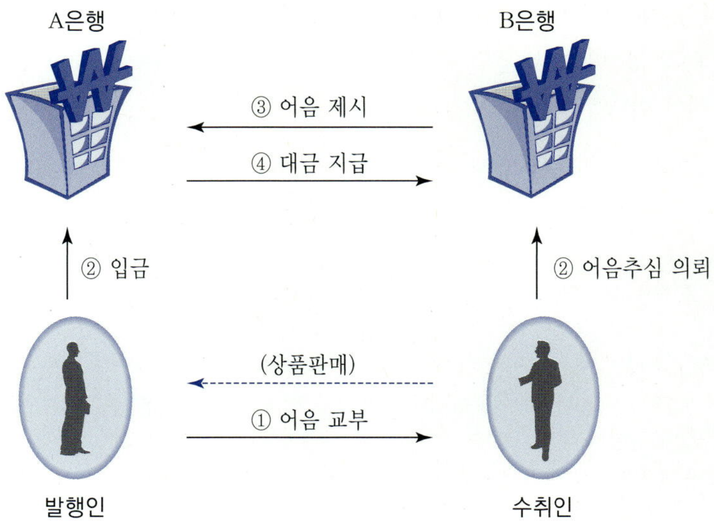

◀ 도표 7-4 약속어음의 추심 흐름

어음소지인은 추심으로 거래은행에 대금추심을 의뢰하였을 뿐 어음상의 권리는 소멸되는 것이 아니므로 어음계정에는 아무런 기입을 하지 않는다. 은행으로부터 추심이 완료되었다는 통지를 받으면 받을어음을 감소시키고 당좌예금을 증가시킨다.

(4) 어음의 할인

어음을 만기일 이전에 은행 등의 금융기관에 배서양도하고 소정의 이자나 수수료를 할인료로 차감하여 잔액을 받음으로써 현금화할 수 있다. 이를 **어음의 할인**(discounting)이라 한다. 할인을 받은 받을어음을 **할인어음**(discounted notes receivable)이라 한다. 할인어음도 배서어음과 마찬가지로 만기일에 어음금액이 지급되지 않을 경우에 상환의무가 생긴다.

(5) 어음의 부도

어음소지인은 어음법에 의하여 만기일 또는 이에 이은 2거래일 내에 지급을 받기 위한 제시를 하여야 한다. 그러나 제시하여도 지급이 거절되면 부도가 발생한다. 이때의 어음을 부도어음(dishonored notes receivable)이라 한다.

어음이 부도가 나면 어음소지인은 어음법에 의하여 배서인, 발행인, 기타 어음채무자에게 상환청구권(소구권, 구상권)을 행사할 수 있다. 이 상환청구권은 어음법에 의하여 지급할 날 이후의 2거래일 내에 공증인이 작성하는 공정증서(인수거절증서 또는 지급거절증서)로 증명하여야 한다. 청구금액은 어음법에 따라 어음금액, 만기일 이후의 이자로 거절증서작성비, 통지비용, 기타비용을 합계한 총액이다.

어음이 부도가 나면 청구금액을 부도어음계정의 차변에 기입한다. 즉, 부도가 났다 하더라도 상환청구권을 가지고 있으므로 부도어음이라는 자산계정에 기입한다. 후에 그 청구액을 받으면 부도어음을 없앤다. 만약 회수 가능성이 없으면 대손처리하여야 한다.

어음의 상환청구권

상품을 매출하고 대금을 어음으로 받을 때는 빳빳한 새 어음을 달라고 하는 것이 좋은가, 아니면 손때 묻고 구겨진 어음을 달라고 하는 것이 좋은가?

어음도 처음 발행될 때는 빳빳한 새 어음일 것이다. 그후 여러 사람의 손을 거치면서 배서양도가 이루어지면 어음 뒷면에 양도자들의 이름이 기재된다. 이 어음이 부도날 경우를 생각하면 대신 갚아줄 사람이 있는, 손때 묻은 어음일수록 더 좋다는 것이 현실의 사고(思考)이다.

어음이 부도가 나면 어음 소지인은 배서인, 발행인 등에게 상환청구권(소구권, with recourse)을 갖는다.

어음과 수표

어음은 신용 수단, 수표는 지급수단 – 지급 거절시 어음은 적색 거래처로, 수표는 형사처벌 받아 –

(1) 어음은 신용수단(일정한 기일에 지급 약속)으로 만기일이 있으며 지급제시기간은 어음에 기재되어 있는 지급기일과 그로부터 2일이다. 어음이 지급거절된 경우(부도) 발행인은 은행 부도처분에 의해 은행과 거래정지 처분되고 적색 거래처로 관리되어 불이익을 당하나 형사처벌은 없다.

(2) 수표는 지급수단(현금 고액거래시의 불편과 위험회피수단)이다. 수표가 지급 거절될 경우 거래정지 처분에 따른 불이익과 부정수표 단속법에 의해 형사처벌도 받게 된다. 자기앞수표는 사고 수표(도난 · 분실 등)가 아닌 한 지급이 보장된다.

예제 7-1 매출채권과 매입채무

다음 일련의 거래를 실지재고조사법으로 분개하라.

① 상품 ₩500,000을 매출하고, 대금은 약속어음으로 받다.
② 만기일이 되어 위 어음을 거래은행에 당좌예금하다.
③ 상품 ₩400,000을 매입하고, 대금은 약속어음을 발행하여 지급하다.
④ 만기일이 되어 위 대금을 현금으로 지급하다.

해답

	차변	금액	대변	금액
①	(차) 매출채권	500,000	(대) 매　　출	500,000
②	(차) 당좌예금	500,000	(대) 매출채권	500,000
③	(차) 매　　입	400,000	(대) 매입채무	400,000
④	(차) 매입채무	400,000	(대) 현　　금	400,000

3. 거래처별 채권 · 채무의 관리: 보조장부(인명계정)

일반적으로 기업은 여러 거래처와 외상거래를 한다. 이런 경우에는 매출채권이나 매입채무의 전체 잔액 외에 거래처별 개별 잔액도 파악하고 있지 않으면 안된다.

기업은 거래처별 개별 잔액 관리를 위하여 매출채권계정 휘하에 별도의 보조장부를 둔다. **인명계정**(人名計定, personal account)이란 이 보조장부에 각 거래처명을 계정과목명으로 해서 설정한 계정을 말한다. 예컨대 어음매출처가 X사 · Y사 · Z사 등 3개가 있다면, X사계정 · Y사계정 · Z사계정 등과 같이 설정한다.

특정 인명계정의 차변에 잔액이 발생하면 해당 인명계정은 매출처를 의미하고, 잔액은 매출채권의 미회수액이다. 반면에, 특정 인명계정의 대변에 잔액이 발생하면 해당 인명계정은 매입처를 의미하고, 잔액은 매입채무의 미지급액이다.

이제 어음을 받고 상품을 매출하면 종전과 다름없이 매출채권계정에 전기하면서 동시에 보조장부의 인명계정에 한번 더 전기한다. 이렇게 하면 매출채권의 전체 잔액 외에 거래처별 개별 잔액도 파악할 수 있게 된다. 매출채권계정처럼 그 휘하에 보조적 계정을 거느리면서 전체를 총괄하는 계정을 **통제계정**(control account)이라 한다.[1)]

예제 7-2
인명계정

다음 일련의 거래를 실지재고조사법으로 분개하고, 매출채권계정 및 인명계정에 전기한 후, 인명계정 잔액의 합계액이 받을어음계정 잔액과 일치하는지 확인하라.

① 상품 ₩500,000을 X사에 매출하고, 대금은 어음으로 받다.
② 상품 ₩700,000을 Y사에 매출하고, 대금은 어음으로 받다.
③ X사에 대한 매출채권 중 ₩300,000을 현금으로 회수하다.
④ Y사에 대한 매출채권 중 ₩400,000을 현금으로 회수하다.

해답

①	(차) 매출채권	500,000	(대) 매　　출	500,000
②	(차) 매출채권	700,000	(대) 매　　출	700,000
③	(차) 현　　금	300,000	(대) 매출채권	300,000
④	(차) 현　　금	400,000	(대) 매출채권	400,000

매출채권

① 매 출	500,000	③ 현 금	300,000
② 매 출	700,000	④ 현 금	400,000

보조장부 : 거래처별 인명계정

X 사

① 매 출	500,000	③ 현 금	300,000

Y 사

② 매 출	700,000	④ 현 금	400,000

매출채권계정 잔액 ₩500,000 = X사계정 잔액 + Y사계정 잔액
= ₩200,000 + ₩300,000

1) 매입채무계정, 상품계정, 단기매매주식계정, 매도가능주식계정, 비품계정에 대해서도 동일한 설명이 가능하다.

제 2 절 매출채권의 기말평가

기말 잔액시산표상의 매출채권계정 잔액은 기업이 회수할 수 있는 금액을 나타내지만 현실적으로는 이 중 일부만 회수되고 일부는 회수되지 못하는 것이 일반적이다. 일부 떼이는 돈이 있기 때문이다. 매출채권 가운데 거래처의 부도나 파산으로 인하여 회수불능이 되는 금액을 **대손**(貸損, bad debt)이라 한다.

이런 사실을 무시하고 매출채권을 아무런 수정없이 그대로 재무상태표에 기록하면 이는 자산을 과대표시하는 결과가 된다. 또한 당기의 외상매출활동에 따라 필연적으로 발생할 비용(= 일부 떼일 돈)을 당기의 포괄손익계산서에 기록하지도 않게 되어 당기순이익을 과대표시하는 결과도 된다. 결과적으로 재무상태표와 포괄손익계산서 모두를 잘못 작성하게 되어 정보이용자들에게 잘못된 회계정보를 제공하게 된다. 이런 관점에서 매출채권에 대하여 기말에 결산정리분개가 필요하다.

1. 대손충당금의 설정

K-IFRS 제1039호(금융상품: 인식과 측정)에서는 수취채권의 평가와 관련하여 다음과 같이 규정하고 있다.

① 수취채권의 손상에 대한 객관적인 증거가 있는지를 매 보고기간말에 평가하고, 그러한 증거가 있는 경우에는 손상차손을 인식하도록 하고 있다.

② 손상이 발생하였다는 객관적 증거가 있는 경우,[2] 손상차손은 당해 자산의 장부금액과 최초의 유효이자율(최초인식시점에 계산된 유효이자율)로 할인한 추정미래현금흐름의 현재가치의 차이로 측정한다. 손상차손은 당해 자산의 장부금액에서 직접 차감하거나 충당금계정을 사용하여 차감하고 당기손익으로 인식한다.

---

2) K-IFRS 제1039호(금융상품: 인식과 측정)에 의하면, 금융자산(또는 금융자산의 집합)이 손상되었다는 객관적인 증거에는 당해 금융자산의 보유자의 주의를 끄는 다음의 손상사건에 대한 관측가능한 자료가 포함된다.

(1) 금융자산의 발행자나 지급의무자의 유의적인 재무적 어려움
(2) 이자지급이나 원금상환의 불이행이나 지연과 같은 계약 위반
(3) 차입자의 재무적 어려움에 관련된 경제적 또는 법률적 이유로 인한 당초 차입조건의 불가피한 완화
(4) 차입자의 파산이나 기타 재무구조조정의 가능성이 높은 상태가 됨
(5) 재무적 어려움으로 당해 금융자산에 대한 활성시장의 소멸 등

여기서 손상차손이란 자산이나 현금창출단위의 장부금액이 회수가능액을 초과하는 금액(**K-IFRS** 제1036호(자산손상, Impairment of Assets))이며, 매출채권의 회수가능액은 추정미래현금흐름의 현재가치로 측정한다. 매출채권의 손상차손에 대한 회계처리계정은 대손상각비이다.

기업은 기말 매출채권계정 잔액 중 미래 예상되는 대손액을 추산한 다음, 이를 **대손상각비**(貸損償却費, bad debt expense)라는 비용계정의 차변에 기록하여 포괄손익계산서에 기재하고, 재무상태표에는 매출채권을 그만큼 감액시켜 기재해야 한다. 그러나 아직은 대손이 확정된 것이 아니고 단지 발생할 것이라고 추정될 뿐이므로 매출채권계정에서 직접 차감하지는 않고 이를 일단 매출채권계정의 부속계정인 **대손충당금**(貸損充當金, allowance for doubtful accounts)계정 대변에 기록한다.

예제 7-3 매출채권에 대한 결산정리

12월 31일의 매출채권계정 잔액은 ₩1,000,000이며, 이 중 3%인 ₩30,000이 대손될 것으로 추산된다. 단, 기말 현재 대손충당금계정 잔액은 0이다.

물음 (1) 매출채권에 대한 결산정리분개를 하라.
(2) 12월 31일의 기말 재무상태표에 매출채권을 표시하라.

해답 (1) 매출채권에 대한 결산정리분개:

(차) 대손상각비	30,000	(대) 대손충당금	30,000

(2) 매출채권의 재무상태표 표시

재무상태표 (12.31)

유동자산		
매출채권*	1,000,000	
대손충당금	(30,000)	970,000

* 이렇게 표시하면, 기말 현재 매출채권 잔액은 ₩1,000,000이고, 이 중 대손추산액은 ₩30,000이며, 결과적으로 회수가능한 실질적 채권은 ₩970,000이라는 사실이 잘 나타나게 됨.

앞 〔예제〕를 통하여 추론할 수 있는 사항을 정리하면 다음과 같다.

첫째, 외상매출 활동으로 인하여 미래에 예상되는 대손비용을 당기말의 결산정리분개를 통하여 포괄손익계산서에 기록하였다. 따라서 차기 이후에 실제로 대손이 확정될 때 또 다시 비용을 기록하면 대손비용을 이중으로 기록하는 결과가 된다. 그러므로 차기의 실제 대손확정 시점에서는 비용계정으로 분개하지 않아야 한다.

둘째, 당기 말에 추정한 대손추산액은 어디까지나 추정치이기 때문에 미래에 실제로 확정되는 대손액은 이보다 많을 수도 있고 적을 수도 있다.

한편, 앞 〔예제〕에는 기말 현재 대손충당금계정 잔액이 ₩0이라는 단서 조항이 들어 있다. 만일 대손충당금계정의 대변에 예컨대 ₩10,000의 잔액이 남아 있다면 결산정리분개가 어떻게 되는가? 대답은 다음과 같다.

K-IFRS에서는 재무상태표의 매출채권을 회수가능액으로 평가하도록 하고 있다. 이와 같이 측정하기 위해서는 기말의 대손추산액에서 대손충당금계정 잔액을 차감한 금액만을 대손충당금계정에 추가하면 된다. **기말의 대손추산액과 일치하도록 대손충당금계정을 조정**하면 된다는 것이다.

기말의 대손추산액이 ₩30,000인데 대손충당금계정 대변에 ₩10,000의 잔액이 남아 있으면, 다음과 같이 그 차액인 ₩20,000을 대손충당금계정 대변에 추가하면 된다.

(차) 대손상각비	20,000	(대) 대손충당금	20,000

반면에 대손충당금계정 대변에 ₩40,000의 잔액이 남아 있으면, 대손충당금의 잔액이 대손추산액인 ₩30,000과 일치되도록 아래와 같이 분개한다.

(차) 대손충당금	10,000	(대) 대손충당금환입	10,000

위 분개에서 **대손충당금환입**이란 전기 말에 설정했던 대손충당금이 과다한 관계로 이제 대손충당금계정에서 꺼낸다는 의미를 갖는 것이며, 손익 항목이다.[3)]

summary 매출채권의 결산정리 요약

- 매출채권을 회수가능액으로 평가 : 추정미래현금흐름의 현재가치
- 대손추산액 > 대손충당금 장부금액

(차) 대손상각비	××× (차이 금액)	(대) 대손충당금	×××

- 대손추산액 < 대손충당금 장부금액

(차) 대손충당금	××× (차이 금액)	(대) 대손충당금환입	×××

3) K-IFRS 제1039호(금융상품: 인식과 측정)에서는 이와 관련하여 다음과 같이 규정하고 있다.
③ 후속기간 중 손상차손의 금액이 감소하고 그 감소가 손상을 인식한 후에 발생한 사건과 객관적으로 관련된 경우(예: 채무자의 신용등급 향상)에는 이미 인식한 손상차손을 직접 환입하거나 충당금을 조정하여 환입한다. 회복 후 장부금액은 당초 손상을 인식하지 않았다면 회복일 현재 인식하였을 상각후원가를 초과하지 않도록 한다. 환입한 금액은 당기손익으로 인식한다.

예제 7-4
매출채권에 대한 결산정리

기말의 매출채권계정 잔액은 ₩2,000,000이며, 이 중 3%인 ₩60,000이 대손될 것으로 추산된다. 기말 현재 대손충당금계정 잔액이 다음과 같을 때, 매출채권에 대한 기말 결산정리분개를 하라.

(1) 잔액이 ₩10,000이다(= 추가설정 필요액이 ₩50,000이다).

(2) 잔액이 ₩80,000이다(= 환입 필요액이 ₩20,000이다).

해답

	차변	금액	대변	금액
(1)	(차) 대손상각비	50,000	(대) 대손충당금	50,000
(2)	(차) 대손충당금	20,000	(대) 대손충당금환입	20,000

* 어느 경우든 대손충당금계정 최종 잔액은 대손추산액인 ₩60,000으로 정리됨을 확인하기 바람.

2. 대손 확정

대손충당금이 설정되어 있는 상황에서 실제로 대손이 확정되면 어떻게 분개하는가를 살펴 본다.

대손이 확정되면 이제 매출채권이라는 채권을 감소시켜야 한다. 아울러 대손에 따른 비용은 전기 말에 이미 기록한 바 있고 이를 대비하여 대손충당금이라는 것을 설정해 놓았었으므로, 대손확정액을 대손충당금과 상계한다. 즉, 대손 확정시에는 매출채권계정 대변과 대손충당금계정 차변에 분개한다.[4)]

대손확정액이 대손충당금계정 잔액보다 많은 경우에는 그 초과된 손실액을 부득이 당기의 대손상각비로 분개한다.

---

4) 만약 당기의 매출채권이 대손 확정된다면 어떻게 회계처리하여야 할까? 다음 두 방법을 비교해 보자.

<방법1>	(차) 대손상각비 ×××	(대) 매출채권 ×××
<방법2>	(차) 대손충당금 ×××	(대) 매출채권 ×××

이론적으로 본다면 당기의 매출채권에 대해서는 대손충당금을 설정하지 않았으므로(왜냐하면 대손충당금은 기말에 설정하기 때문에) 대손충당금과 상계할 수 없다. 즉, <방법1>이 옳다. 그런데, <방법2>로 분개한다면 과연 틀릴까? 그렇지 않다. <방법1>과 <방법2> 자체는 서로 다르지만, 기말의 대손회계까지 고려하면 두 방법의 결과는 동일해진다. <방법2>를 사용한 경우에는 기말에 대손충당금이 상대적으로 적게 남아 있기 때문에 결산시 그만큼 대손상각비와 대손충당금을 더 설정하게 된다. 결론적으로 대손이 확정되면 전기의 매출채권이냐 아니면 당기의 매출채권이냐 고민할 필요 없이 <방법2>처럼 대손확정액을 대손충당금과 상계하면 된다.

예제 7-5
대손 확정시의 분개

다음 거래를 분개하라.

① 거래처의 파산으로 인하여 매출채권 중 ₩50,000이 대손확정되었다. 대손충당금계정 잔액은 ₩60,000이 있다.

② 대손충당금계정 잔액이 ₩10,000인 상황에서 또 다시 ₩40,000의 대손이 확정되었다. ₩30,000을 추가로 비용처리해야 한다.

해답

	(차)		(대)	
①	대손충당금	50,000	매출채권	50,000

* 위 분개의 어느 변이든 '대손상각비'라는 비용계정이 나타나지 않았음에 유의할 것.

	(차)		(대)	
②	대손충당금	10,000	매출채권	40,000
	대손상각비	30,000		

3. 대손확정 처리액의 회수

회수불능이 확실시되어 대손확정 처리를 한 매출채권이 추후에 다시 회수되는 일이 있다면 어떻게 하여야 하는가? 물론 현실적으로 이런 일은 거의 발생하지 않지만, 대손확정 처리를 너무 성급하게 했던 경우에는 이런 기쁜 일도 발생할 수 있다.

당기에 대손 처리된 채권이 회수되면, 대손시의 분개와 반대로 분개한다. 즉, 대손확정 처리했던 매출채권이 추후에 다시 회수되면 대손충당금을 회복(즉, 증가)시키고 아울러 회수액을 현금계정 차변에 기록한다. 만일 대손확정 처리시 대손충당금계정 잔액이 부족하여 일부를 대손상각비계정에 기록했었다면, 대손충당금을 회복시킴과 아울러 당연히 전에 기록했던 대손상각비도 제거해야 한다.

한편, 당기 이전에 대손 처리된 채권이 회수되면, 대손 시점에서의 회계처리에 관계없이 대손충당금만 증가시킨다.

예제 7-6
대손확정액의 회수 분개

당기에 대손확정 처리했던 매출채권 ₩100,000을 현금으로 회수하였다. 다음 각 경우에 따라 분개하라.

① 대손확정 처리시 대손충당금계정 잔액이 충분했던 경우

② 대손확정 처리시 대손충당금계정 잔액이 일부(₩20,000) 부족하여 이를 대손상각비계정에 분개했었던 경우

해답

① (차) 현 금	100,000	(대)	대손충당금	100,000
② (차) 현 금	100,000	(대)	대손충당금	80,000
			대손상각비	20,000

4. 대손추산액의 추정 방법

매출채권에 대한 기말 결산정리분개를 위해서는 대손추산액을 추정하는 일이 중요한 과제로 떠 오른다. 대손추산액을 추정하는 방법에는 다음과 같은 방법들이 있다.

① **일정비율법**(一定比率法) : 영업활동을 하다 보면 매출채권 잔액 가운데 어느 정도가 대손확정되는지를 경험적으로 알 수 있기 마련이다. 이 경험적인 비율을 매출채권 기말잔액에 곱하여 대손액을 추산하는 방법을 일정비율법이라 한다. 이 금액들에 곱해 주는 이유는 이들이 대손비용의 발생원천이 되기 때문이다.

② **경과기간 분석법**(일명, 연령분석법) : 매출채권 가운데 오랜 시간이 경과한 것은 최근에 발생한 매출채권에 비하여 회수가능성이 떨어진다고 보는 것이 일리가 있다. 따라서 매출채권의 경과기간을 감안하여 각기 다른 비율을 적용하여 대손추산액을 추정하는 방법을 경과기간 분석법이라 한다. 이 방법은 일정비율법보다 정확도가 높을 수 있다는 장점이 있지만 다소 번거롭다는 단점도 있다.

은행의 대손충당금

은행의 보유자산은 그 건전성에 따라 정상, 요주의, 고정, 회수의문, 추정손실의 5단계로 분류하고, 적정한 수준의 대손충당금을 적립하여야 한다. 여기서 "정상"이란 채권회수에 문제가 없는 것으로 판단되는 자산이며, "요주의"란 1개월 이상 3개월 미만 연체대출채권을 보유하고 있는 거래처에 대한 자산이며, "고정"이란 3개월 이상 연체대출채권을 보유하고 있는 거래처에 대한 자산을 말한다. 아울러 "회수의문"이란 3개월 이상 12개월 미만 연체대출채권 중 회수예상가액 초과부분이며, "추정손실"은 회수불능이 확실하여 손실처리가 불가피한 것으로 판단되는 자산이다. 일반적으로 부실채권(insolvent obligation)이란 3개월 이상 연체된 채권을 뜻한다.

은행은 가계자금대출금에 대하여 "정상" 1% 이상, "요주의" 10% 이상, "고정" 20% 이상, "회수의문" 55% 이상, "추정손실" 100%를 대손충당금을 적립하여야 한다. (자료원 : 은행업감독규정)

예제 7-7
대손회계 : 역산

(주)미래의 매출채권의 기초잔액은 ₩800,000이며, 대손충당금 기초잔액은 ₩35,000이다. 기중에 매출채권 ₩3,000,000이 발생하였고, 그 가운데 매출채권 ₩5,000이 대손 확정되었으며, 매출채권 ₩2,800,000이 회수되었다. 결산시 대손상각비 ₩70,000을 계상하였다.

물음

(1) 매출채권 기말잔액은 얼마인가?
(2) 대손충당금 기말잔액은 얼마인가?
(3) 매출채권의 기말장부금액은 얼마인가?

해답

매출채권 (천원)

기초잔액	800	대손확정	5
당기외상	3,000	회수	2,800
		기말잔액	?

대손충당금 (천원)

대손확정	5	기초잔액	35
기말잔액(=대손추산액)	?	기말결산	70

(1) 매출채권 기말잔액 : 995,000
(2) 대손충당금 기말잔액 : 100,000
(3) 매출채권 기말장부금액 = 매출채권 기말잔액 − 대손충당금
= 995,000 − 100,000 = 895,000

제 3 절 비매출채권과 비매입채무

상거래 이외에서 발생한 수취채권을 **비매출채권**(non-trade receivables)이라 한다. 비매출채권은 매출채권에 비하여 금액이 비교적 작기 때문에 중요성이 떨어지는 항목이기는 하지만 기업의 일상적 영업활동에서 빈번히 발생하고 소멸하는 것이므로 잘 알아둘 필요가 있다.

한편, 아래에 나오는 채권들에 대하여도 대손 가능성을 고려하여 대손상각비를 분개할 필요가 있다. 이들에 대한 회수불능 추산액은 매출채권의 대손상각비와 구분하기 위하여 '기타의 대손상각비' 계정으로 분개하며, 이는 손익항목이다.

1. 대여금과 차입금

기업에의 현금유입은 불규칙하게 발생하는 것이 일반적이므로 여유자금의 대여행위나 부족자금의 차입행위가 일어나기 마련이다.

타인에게 현금을 대여한 경우에는 자산계정인 **대여금**(貸與金, loan)계정 차변에 기록하고, 반면에 타인으로부터 현금을 차입한 경우에는 부채계정인 **차입금**(借入金, borrowing)계정 대변에 기록한다. 이러한 대여나 차입은 구두약속에 따라 이루어지는 경우도 있고 차용증서(I.O.U., I owe you)나 어음[5])을 주고 받으며 이루어지는 경우도 있는데, 어느 경우든 그 경제적 내용이 현금의 대여 또는 차입이므로 모두 대여금계정 또는 차입금계정에 기록한다.

대여기간(차입기간)이 재무상태표를 작성하는 날로부터 1년 이내인 것은 단기대여금(단기차입금)이라 기록하고, 1년 이상인 것은 장기대여금(장기차입금)이라 기록한다.

예제 7-8
대여금과 차입금

다음 거래를 분개하라.
① 만기 3개월의 어음을 받고 수표 ₩100,000을 발행하여 대여하다.
② 만기 6개월의 어음을 발행하여 주고 현금 ₩200,000을 차입하다.

해답

	차변	금액	대변	금액
①	(차) 단기대여금*	100,000	(대) 당 좌 예 금	100,000
②	(차) 현 금	200,000	(대) 단기차입금*	200,000

* 상품의 매매를 위한 어음발행이 아니므로 받을어음이나 지급어음으로 분개하지 않음.

2. 선급금과 선수금

상품의 매매시에 선금 또는 계약금이 오가는 경우가 많다. 상품의 수요가 공급보다 많을 때는 이런 현상이 흔히 발생한다.

상품을 매입하기로 계약하고 대금 일부를 미리 건네면 **선급금**(先給金, advance payment)계정 차변에 기록한다. 선급금은 상품을 공급받을 권리를 나타내는 자산계정이며, 후에 상품을 공급받는 시점에서 매입대금과 상계한다.

반면에 상품을 매출하기로 계약하고 대금 일부를 미리 건네받으면 **선수금**(先手金, advance received from customers)계정 대변에 기록한다. 선수금은 미래 상품을 공급하여야 할 의무를 나타내는 부채계정이며, 상품을 공급하는 시점에서 판매대

---

5) 상품매매대금의 결제를 위해 발행한 어음을 상업어음 또는 진성어음이라 하고, 자금의 융통을 위해 발행하는 어음을 금융어음 또는 융통어음이라고 한다.

금과 상계한다.

백화점 등이 발행하는 상품권은 추후 상품공급을 전제로 대금을 미리 받는 것이기 때문에 백화점은 상품권 판매액을 선수금으로 기록한다(또는 상품권선수금계정을 사용하기도 함).

선급금(선수금)과 성격이 유사한 계정으로 선급비용(선수수익)이 있다. 선급비용(선수수익)은 지급한(받은) 비용(수익) 가운데 차기 이후에 속하는 금액을 말한다. 선급금(선수금)은 기중 거래에서 발생하는 상품거래와 관련된 계정인 반면에, 선급비용(선수수익)은 결산정리과정에서 발생하였다가 소멸되는 계정이다.

예제 7-9
선급금과 선수금

다음 거래를 분개하라.
① 상품 ₩100,000을 매입하기로 약속하고, 현금 ₩30,000을 계약금으로 지급하다.
② 위 상품을 인도받고, 잔액 ₩70,000은 외상으로 하다.
③ 상품을 ₩200,000에 매출하기로 약속하고, 현금 ₩50,000을 계약금으로 받다.
④ 위 상품을 인도하고, 잔액 ₩150,000은 거래처 발행의 수표로 받다.

해답

① (차)	선급금	30,000	(대)	현금	30,000
② (차)	매입	100,000	(대)	선급금	30,000
				매입채무	70,000
③ (차)	현금	50,000	(대)	선수금	50,000
④ (차)	선수금	50,000	(대)	매출	200,000
	현금	150,000			

3. 미수금과 미지급금

비품, 건물, 토지 등과 같은 자산, 즉 상품 이외의 자산을 외상으로 매각할 때 발생하는 채권은 자산계정인 **미수금**(未收金)계정 차변에 기록하고, 외상으로 구입할 때 발생하는 채무는 부채계정인 **미지급금**(未支給金)계정 대변에 기록한다.

한 가지 유의해야 할 점은 구두약속에 의한 외상거래뿐만 아니라 어음을 주고받는 경우에도 이를 미수금 및 미지급금계정에 기록한다는 점이다.

미수금(미지급금)과 성격이 유사한 계정으로 매출채권(매입채무), 미수수익(미지급비용)이 있다. 미수금(미지급금)은 일반적 상거래 이외에서 발생한 반면에, 매출채권(매입채무)은 재고자산의 매매와 관련하여 발생하며, 미수수익(미지급비용)은 당기의 수익(비용)인데 받지(지급하지) 못한 경우에 발생한다.

예제 7-10

미수금과 미지급금

다음 거래를 분개하라.

① 토지 ₩100,000을 취득원가에 매각하고, 대금은 3개월 만기의 어음으로 받다.

② 비품 ₩200,000을 구입하고, 대금은 1개월 만기의 어음으로 지급하다.

해답

	차변	금액	대변	금액
①	(차) 미 수 금*	100,000	(대) 토 지	100,000
②	(차) 비 품	200,000	(대) 미지급금*	200,000

* 상품의 경우에만 받을어음계정 및 지급어음계정으로 분개하고, 상품 이외의 자산의 경우에는 어음의 개입 여부에 관계없이 미수금계정 또는 미지급금계정으로 분개함.

4. 가지급금과 가수금

현금의 지출이나 수입은 있었지만, 계정과목이나 금액을 명쾌히 확정할 수 없는 애매한 경우가 있는데, 이때는 이들을 일단 임시계정에 기록해 두었다가 후에 계정과목이나 금액이 확정되는 시점에서 해당 계정으로 옮긴다.

현금의 지출이 있을 때는 자산계정인 **가지급금**(假支給金, suspense payments)계정의 차변에 기록하고, 반대로 현금수입이 있을 때는 부채계정인 **가수금**(假受金, suspense receipts)계정의 대변에 기록한다.

가지급금계정과 가수금계정은 계정명칭이 애매하여 거래 내용을 분명하게 나타내지 못한다. 따라서 외부보고용 재무상태표를 작성할 때는 정확한 계정과목과 금액을 찾아내어 재무상태표를 명쾌하게 작성하여야 한다.

5. 선급급여와 예수금

기업은 종업원의 요구에 따라 급여 일부를 미리 선급하는 경우가 있다. 이 금액은 임시적 자산계정인 선급급여계정 차변에 기록하였다가 후에 월급날 제거한다. 만일 결산일 현재 선급급여 잔액이 존재하면 재무상태표에는 종업원대여금으로 기재한다.

한편, 기업은 제3자에게 지급해야 할 금액을 기업이 미리 받아 일시적으로 보관하는 경우가 발생한다. 상품매매 이외의 거래에서 일시적으로 타인을 위해 맡아 둔 금액은 부채계정인 **예수금**(豫受金, withholding)계정 대변에 기록하였다가 후에 관련기관에 납부하는 시점에서 제거한다.[6)]

예를 들어, 종업원이 급여에서 부담해야 할 근로소득세, 노동조합비, 건강보험료 등을 맡아 두었다가 일괄하여 세무서, 노동조합, 국민건강보험공단 등 관련기관에 직접 납부한다. 또한 기업에서 고객에게 상품을 판매하는 경우 판매금액에는 부가가치세가 포함되어 있다. 고객으로부터 받은 매출액에 대한 부가가치세(매출세액, 매출가액의 10%)는 기업이 일시적으로 보유하고 있다가 세무서에 납부하게 된다. 이를 **부가가치세예수금**이라 한다.[7)]

예수금의 종류가 많을 때는 근로소득세예수금, 노동조합비예수금, 건강보험료예수금 등으로 구분하여 별도의 하위 계정에 기록하거나 별도의 기입장에 기록하기도 한다.

4대 보험

우리나라의 4대사회보험은 폐질 · 사망 · 노령 등에 대한 연금보험, 질병과 부상에 대한 건강보험 또는 질병보험, 업무상의 재해에 대한 산업재해보상보험, 실업에 대한 고용보험 등이다.

4대보험 요율표(2020년)

	사업주 부담분	근로자 부담분	합계
국민연금보험	기준소득월액의 4.50%	4.50%	9.00%
건강보험	보수월액의 3.335%	3.335%	6.67%
산재보험	전액 부담		
고용보험	실업급여+고용안정 등 1.05~1.65%	실업급여 0.8%	

* 산재보험은 회사 업종에 따라, 고용보험은 회사 규모에 따라 다르게 부과됨.

6) 선수금은 나중에 매매대상물이 인도되는 반면에, 예수금은 주로 현금이 수수된다는 점에서 차이가 있다.

7) 부가가치세(V.A.T., value-added tax)는 기업이 재화나 용역을 공급할 때 발생하는 부가가치에 대하여 최종소비자가 부담하는 일반소비세이다. 기업이 상품을 매입하는 경우 지급금액에는 부가가치세가 포함되어 있다. 매입액에 대해 지급한 부가가치세(매입세액)를 부가가치세대급금이라 한다. 기업은 부가가치세예수금(매출세액)에서 부가가치세대급금(매입세액)을 차감한 금액을 최종적으로 부가가치세로 납부한다.

제 7 장 연 습 문 제

01 매출채권 및 매입채무의 발생과 소멸

다음은 A사의 20×1년도 거래이다. 상품매매는 실지재고조사법에 의해 분개하라.

① 상품 ₩40,000을 B사에 외상매출하다.

② 위 상품에 중대한 하자가 있어 판매가 ₩5,000의 상품을 B사로부터 반품받다.

③ 위 상품에 또 약간의 하자가 추가 발견되어 ₩2,000을 B사에 에누리해주다.

④ 외상매출금 잔액 ₩33,000을 만기일에 B사로부터 현금으로 회수하다.

⑤ 상품 ₩40,000을 X사로부터 외상매입하다.

⑥ 위 상품에 중대한 하자가 있어 판매가 ₩6,000의 상품을 X사에 반품하다.

⑦ 위 상품에 또 약간의 하자가 추가 발견되어 ₩4,000을 X사로부터 에누리받다.

⑧ 외상매입금 잔액 ₩30,000을 만기일에 X사에 현금으로 지급하다.

02 받을어음과 지급어음의 발생 및 소멸

다음 일련의 거래를 실지재고조사법으로 분개하라.

① 상품 ₩500,000을 매출하고, 대금은 약속어음으로 받다.

② 만기일이 되어 위 어음을 거래은행에 당좌예금하다.

③ 상품 ₩400,000을 매입하고, 대금은 약속어음을 발행하여 지급하다.

④ 만기일이 되어 위 대금을 현금으로 지급하다.

03 외상매출거래의 보조장부 : 인명계정

다음 일련의 거래를 실지재고조사법으로 분개하고, 매출채권계정 및 보조장부의 인명계정에 전기한 후, 인명계정 잔액의 합계액이 매출채권계정 잔액과 일치하는지 확인하라.

① 상품 ₩300,000을 X사에 외상매출하다.

② 상품 ₩500,000을 Y사에 외상매출하다.

③ X사에 대한 매출채권 중 ₩200,000을 현금으로 회수하다.

④ Y사에 대한 매출채권 중 ₩300,000을 현금으로 회수하다.

04 매출채권에 대한 결산정리

기말의 매출채권계정 잔액은 ₩300,000이며, 이 중 3%인 ₩9,000이 대손될 것으로 추산된다. 기말 현재 대손충당금계정 잔액이 ① ₩2,000, ② ₩13,000일 때 각각 아래 물음에 답하라.

물음

(1) 매출채권에 대한 기말 결산정리분개를 하고,
(2) 대손충당금계정에 전기하고
(3) 표준식 재무상태표에 매출채권을 표시한 후,
(4) 두 재무상태표가 동일하게 작성되었는지 확인하라.

05 받을어음에 대한 결산정리

기말의 받을어음계정 잔액은 ₩5,000,000이며, 이 중 3%인 ₩150,000이 대손될 것으로 추산된다. 기말 현재 대손충당금계정 잔액이 ① ₩100,000, ② ₩180,000일 때 각각 아래 물음에 답하라.

물음

(1) 받을어음에 대한 기말 결산정리분개를 하고,
(2) 표준식 재무상태표에 받을어음을 표시한 후,
(3) 두 재무상태표가 동일하게 작성되었는지 확인하라.

06 대손회계

다음 일련의 거래를 분개하라.

① 거래처의 파산으로 인하여 매출채권 중 ₩200,000이 대손확정되었다. 대손충당금계정 잔액은 ₩250,000이다.
② 대손충당금계정 잔액이 ₩50,000인 상황에서 ₩80,000의 대손이 확정되었다.
③ 대손충당금계정 잔액이 ₩60,000인 상황에서 대손확정 처리한 바 있는 받을어음 ₩50,000을 현금으로 회수하다.
④ 대손충당금계정 잔액이 ₩60,000인 상황에서 대손확정 처리한 바 있는 받을어음 ₩90,000을 현금으로 회수하다.

07 대손액의 추산 : 경과기간 분석법

A사가 기말 현재 보유 중인 매출채권 ₩5,000,000의 경과기간은 다음과 같으며, A사는 경과기간에 따라 다음과 같이 서로 다른 대손 추산율을 적용한다. 기말의 대손충당금계정 대변 잔액이 ₩140,000일 때, 결산정리분개를 하라.

경과기간	금 액	대손 추산율
만기 미경과	₩3,000,000	0.005
경과~1개월	1,000,000	0.02
1개월~3개월	500,000	0.20
3개월~6개월	300,000	0.75
6개월 이상 경과	200,000	1.00
합 계	₩5,000,000	

08 대손액의 추산 : 경과기간 분석법

12월 31일 결산법인인 (주)한국의 외상매출금과 대손에 관한 자료는 다음과 같다. 기업회계기준에 따라 연령분석법으로 회계처리하는 경우 20×5년 손익계산서에 계상될 대손상각비는 얼마인가? (05CPA)

① 20×5년 1월 1일 : 대손충당금 기초잔액은 ₩1,000이다.
② 20×5년 5월 8일 : 당기에 매출한 ₩1,500의 외상매출금이 회수불가능하다고 판명되었다.
③ 20×5년 10월 25일 : 전기에 대손충당금으로 대손처리한 외상매출금 ₩200이 회수되었다.
④ 20×5년 12월 31일: 기말수정분개 전 외상매출금 잔액은 ₩40,000이며, 이에 대한 연령자료는 다음과 같다.

외상매출금의 연령	금액	추정 대손율	대손예상액 (혹은 대손확정액)
16일 미만	₩15,000	5%	₩750
16일부터 30일까지	9,000	15%	1,350
31일부터 45일까지	7,000	20%	1,400
46일부터 90일까지	5,000	30%	1,500
91일부터 180일까지	3,000	40%	1,200
180일 초과	1,000	100%	1,000
계	₩40,000		₩7,200

09 매출채권의 추정

다음은 (주)미래의 20×1년도 회계자료 일부이다. 20×1년말 재무상태표에 표시될 매출채권은 얼마인가? (단, 대손상각은 고려하지 않는다.) (10CTA)

당기현금매출액	₩50,000	매출총이익	₩90,000
기초 매출채권	₩80,000	매출채권회수액	260,000
기초상품재고액	120,000	당기상품매입액	200,000
기말상품재고액	110,000		

10 매출채권의 추정

다음은 (주)미래의 20×1년도 회계자료 일부이다.

기초상품재고액	₩130,000	기말상품재고액	₩60,000
기초외상매출금	₩70,000	현금 매출액	74,000
외상매출금 회수액	115,000	대손 확정액	5,000
당기상품매입액	200,000	매출총이익은 매출원가의 20%	

물음

(1) 20×1년의 외상매출액은 얼마인가?

(2) 20×1년말 외상매출금은 얼마인가?

11 대손회계

(1) (주)미래의 잔액시산표상 외상매출금은 ₩60,000이고 대손충당금은 ₩800이다. 경과기간분석법으로 추정한 대손액이 ₩1,800인 경우, 당기 말 결산정리분개 후 외상매출금 장부금액은 얼마인가? (참고: 장부금액이란 대손충당금을 차감한 금액을 뜻함)

(2) 기말 결산정리분개 전 외상매출금 잔액이 ₩200,000이고 대손충당금 잔액이 ₩3,000일 경우, 결산시점에 5%의 대손을 추정한다면 결산정리분개시 설정해야 할 대손상각비는 얼마인가?

(3) 전기 말 대손충당금계정 잔액이 ₩50,000이고 당기 중 대손확정액이 ₩20,000이다. 당기 말에 대손상각비로 기록한 금액이 ₩50,000이고 당기말 매출채권의 장부금액(충당금을 차감한 이후의 금액)이 ₩320,000이라면, 당기 말 대손충당금 차감전 매출채권은 얼마인가?

(4) 아래 자료에 의할 때, 당기 말에 기록될 대손상각비는 얼마인가?

- 대손충당금 기초잔액은 ₩5,000이다.
- 당기에 외상매출금 ₩3,000이 대손되었다.
- 대손처리했던 외상매출금 ₩2,500이 회수되었다.
- 대손예상액은 ₩6,000으로 추정된다.

(5) (주)미래의 대손충당금 기초잔액은 ₩35,000이다. 매출채권의 기말잔액은 ₩1,000,000이며, 이에 대한 미래현금흐름의 현재가치는 ₩900,000으로 추정된다. 기말에 '(차) 대손상각비 70,000 (대) 대손충당금 70,000'으로 결산정리분개를 하였다. 기중에 대손이 확정된 매출채권은 얼마이었겠는가?

CHAPTER **8**

재고자산

재고자산의 원가결정방법에 대하여 개별법, 선입선출법, 가중평균법 등 다양한 회계처리방법을 살펴본다. 아울러 결산 시점에서 재고자산의 평가와 관련하여 재고자산의 수량이 장부상 수량보다 적은 경우에는 재고자산감모손실을 인식하고, 재고자산의 순실현가능가치가 취득원가보다 낮은 경우에는 재고자산평가손실을 인식한다.

제 1 절 재고자산의 범위와 취득원가

재고자산(inventories)은 정상적인 영업활동 과정에서 판매를 위하여 보유하고 있거나 생산 중인 자산, 생산이나 용역 제공에 사용될 원재료 등을 뜻한다. 일반적으로 재고자산은 상품, 원재료, 재공품, 제품 등으로 분류한다.

상기업(merchandising company)은 상거래의 대상이 되는 재화를 외부로부터 구입하여 소비자들에게 판매하는데, 판매를 목적으로 구입한 재화를 **상품**(merchandise)이라 한다. 한편, 제조기업(manufacturing company)은 상거래의 대상이 되는 재화를 직접 제조하는 기업이다. 제품을 생산하기 위해서는 **원재료**(raw material)를 가공하여 수많은 제조과정을 거치는데, 제품이 되기 이전에 제조과정 중에 있는 미완성된 재화를 **재공품**(work-in-process)이라 하며, 제조과정을 끝내고 판매상태에 있는 재화를 **제품**(finished goods)이라 한다.

1. 재고자산의 범위

재무제표일 현재 ① 기업이 자체 혹은 외부 창고나 생산공정 중에 실제 보유하고 있으며, 동시에 ②법적 소유권을 갖고 있는 재고자산은 당연히 그 기업의 재고자산에 포함된다. 여기서는 두 가지 중 하나를 충족하지 못한 특수한 경우의 재고자산에 대해 살펴본다.

① **미착상품** : 미착상품(goods in transit)은 현재 운송 중인 매입상품을 말한다. 국내에서 상품이나 원재료를 매입하는 경우에는 그 배송기간이 비교적 짧기 때문에 미착상품에 대한 회계처리가 크게 문제되지 않는다. 반면에, 해외로부터 상품이나 원재료를 매입하는 경우에는 결산시점에 배송 중이어 이를 구매자의 재고자산에 포함할 것인가 또는 판매자의 재고자산에 포함해야 하는가에 대한 문제가 발생한다.

재고자산의 소유권 문제는 원칙적으로 상품의 인도에 따른 책임과 위험이 어느 시점에서 종료되느냐에 따라 결정된다. 가장 널리 활용되고 있는 무역거래의 조건 중 하나인 FOB(free on board, 본선 인도조건)는 수출업자가 약속한 화물을 수입자가 지정한 선박에 적재하고 수입업자는 본선에 물품이 인도된 이후의 모든 비용과 위험을 부담하는 조건이다. 이 경우 미착상품은 구매자의 재고자산이 된다.

한편, CIF(cost, insurance and freight, 운임, 보험료 포함 인도조건)은 운임 및 보험료가 화물 판매가격에 포함된 가격조건이다. 즉, 수출업자의 책임 하에 화물 도착지까지의 모든 책임과 위험을 부담하는 조건이다. 이 경우 미착상품은 판매자의 재고자산이 된다.

② **위탁상품** : 위탁상품(consigned goods, 적송품)은 위탁자가 수탁자에게 판매를 위탁하기 위해 맡긴 상품을 말한다. 기말에 수탁자가 그 상품을 실제 보관하고 있더라도 그 상품에 대한 소유권은 위탁자에게 속하므로 위탁자의 재고자산으로 보고하여야 한다.

③ **시용품** : 시용판매(sales on approval)는 소비자에게 상품을 인도하되, 소비자가 이를 시험적으로 사용해 본 뒤 마음에 들어 매입하겠다는 최종 의사표시를 하면 판매가 이루어지는 판매방식이다. 이 경우 소비자에게 상품이 인도되었다고 하더라도 소비자가 매입의사표시를 하지 않는 한 시용품은 판매자의 재고자산으로 보고하여야 한다. 판매자는 소비자가 매입의사를 표시할 때 재고자산에서 제외시키고 동시에 매출을 인식하여야 한다.

④ **할부판매상품** : 할부판매(installment sales)란 할부계약에 의거하여 판매대금을 일정기간 동안 분할해서 지급하는 것을 조건으로 판매하는 방식이다. 할부판매의 경우에는 통상적으로 마지막 할부금 지급이 완료되기 이전까지는 그 상품의 법적 소유권은 판매자가 보유한다. 그러나 경제적 실질이라는 측면에서 보면 소비자가 할부구입한 상품을 실제로 사용하고 있으며, 그 상품과 관련한 경제적 효익이나 위험은 사실상 소비자에게 모두 이전되었다고 볼 수 있다. 따라서 할부판매의 경우 법적 소유권이 누구에게 있느냐에 관계없이 판매시점에서 수익이 실현된 것으로 보아 판매자의 재고자산에서 제외시켜야 한다.

2. 재고자산의 취득원가

재고자산의 취득원가는 모든 매입원가, 전환원가 및 재고자산을 현재의 장소에 현재의 상태로 이르게 하는 데 발생한 기타 원가를 포함한다.

재고자산의 매입원가는 매입가격에 수입관세와 제세금(과세당국으로부터 추후 환급받을 수 있는 금액은 제외), 매입운임, 하역료 그리고 완제품, 원재료 및 용역의 취득과정에 직접 관련된 기타 원가를 가산한 금액이다. 매입할인, 리베이트 및 기타 유사한 항목은 매입원가를 결정할 때 차감한다.

재고자산의 **전환원가**(conversion costs)는 직접노무원가 등 생산량과 직접 관련된 원가를 포함한다. 또한 원재료를 완제품으로 전환하는 데 발생하는 고정 및 변동 제조간접원가의 체계적인 배부액을 포함한다.

기타 원가는 재고자산을 현재의 장소에 현재의 상태로 이르게 하는 데 발생한 범위 내에서만 취득원가에 포함된다. 예를 들어 특정한 고객을 위한 비제조 간접원가 또는 제품 디자인원가를 재고자산의 원가에 포함하는 것이 적절할 수도 있다.

참고로, 상품 판매시 발생하는 운반비, 포장비 등은 상품의 취득원가와는 전혀 관련이 없으며, 별도의 비용계정으로 처리한다.

제 2 절 재고자산의 원가 결정

기말상품재고액은 기말재고 수량과 단가를 곱해서 산출한다. 이 중 기말재고수량 파악방법인 계속기록법과 실지재고조사법에 대하여는 제5장에서 살펴 보았으므로 여기서는 단가 결정문제만 설명한다.

1. 재고상품의 원가 결정방법

기말 현재의 재고상품이 모두 동일한 가격으로 구입된 것이라면 기말재고상품의 단가 결정이라는 어려운 문제는 발생하지 않는다. 기말재고상품의 단가 결정이라는 회계적 문제가 발생하는 이유는 기업이 서로 다른 시점에서 서로 다른 가격으로 상품을 구입하기 때문이다.

이런 이유로 기말재고는 서로 다른 가격으로 구입된 상품들이 혼재할 수밖에 없다. 이때 과연 얼마를 주고 사 왔던 상품이 기말에 남아 있는 것인가 하는 문제를 해결해야 한다.

회계에서는 이 문제를 간단히 해결하기 위하여 인위적인 가정(assumption)을 도입하는데, 이러한 가정에는 선입선출법, 후입선출법, 가중평균법 등이 있다.

① **선입선출법**(先入先出法, first-in, first-out method: FIFO)은 먼저 구입된 상품이 먼저 매출된다는 가정이다. 선입선출법에 의하면, 매출원가는 과거 시점의 구입

가격으로 계산되는 반면, 기말재고상품은 최근의 구입가격으로 계산된다.

② **후입선출법**(後入先出法, last-in, first-out method: LIFO)은 선입선출법과 반대로, 나중에 구입된 상품이 먼저 매출된다는 가정이다. 후입선출법에 의하면 매출원가는 최근의 구입가격으로 계산되는 반면, 기말재고상품은 과거 시점의 구입가격으로 계산된다.

③ **가중평균법**(加重平均法, weighted average method)은 기초 재고자산과 회계기간 중에 매입 또는 생산된 재고자산의 원가를 가중평균하여 재고항목의 단위원가를 결정하는 방법이다.

계속기록법이 적용되는 경우 가중평균법을 **이동평균법**(移動平均法, moving average method)이라고 한다. 이동평균법에서는 상품이 구입될 때마다 금번 매입액과 직전 잔고란 금액을 합하여 그 시점의 매입원가 총액을 구한 다음, 이 금액을 금번 매입량과 직전 잔고량의 합계수량으로 나누어 이동평균단가를 계산한다.

$$\text{이동평균단가} = \frac{\text{잔고난의 금액} + \text{매입금액}}{\text{잔고난의 수량} + \text{매입수량}}$$

한편, 실지재고조사법이 적용되는 경우 가중평균법을 **총평균법**(總平均法, gross average method)이라고 한다. 총평균법은 일정 기간에 매출되는 상품은 동일한 원가로 평가되어야 한다는 가정이다. 총평균법에서는 기말에 가서 기초상품재고액과 당기상품매입액을 합한 판매가능금액 전체를 구한 다음, 이를 그 기간의 판매가능수량 전체로 나누어 총평균단가를 계산한다. 따라서 총평균법에 의하면 기중에는 상품의 단가를 전혀 알 수 없다.

$$\text{총평균단가} = \frac{\text{기초상품 금액} + \text{당기순매입 금액}}{\text{기초상품 수량} + \text{당기순매입 수량}}$$

이외에 개별법이라는 것도 있다. **개별법**(specific identification method)은 매입되는 상품마다 낱낱이 구입원가표(cost tag)를 붙여 놓음으로써 기말에 개별적으로 구입원가표를 이용하여 기말상품의 단가를 파악하는 방법이다. 따라서 이 방법은 앞의 네 가지 방법과 달리 인위적인 가정에 의하는 방법은 아니다. 실제의 상품흐름에 따라 매출원가와 기말재고액을 파악하는 방법이기 때문이다. 특정 프로젝트별로 생산되고 분리되는 재화 또는 용역의 원가는 개별법을 사용하여 결정한다. 이 방법은 상품의 거래수량이 많은 경우에는 거의 사용할 수 없는 방법이지만, 거래수량이 적고 비교적 고가인 보석류 등에 대하여는 고려해 볼 수도 있는 방법이다. 개별법을 적용하기 위해서는 고객이 당해 상품의 원가표를 보지 못하도록 바코드를 이용하는 등 기술적으로 행동하는 것이 무척 긴요한 일일지도 모른다.

K-IFRS에서는 개별법이 적용되지 않는 재고자산의 단위원가는 선입선출법이나 가중평균법을 사용하여 결정하도록 하고 있다(**K-IFRS** 제1002호 재고자산). 즉, 후입선출법을 허용하지 않고 있다.[1] 성격과 용도 면에서 유사한 재고자산에는 동일한 단위원가 결정 방법을 적용하여야 하며, 성격이나 용도 면에서 차이가 있는 재고자산에는 서로 다른 단위원가 결정 방법을 적용할 수 있다.

이상 살펴 본 바를 〔예제〕를 통하여 구체적으로 계산해 보자. 먼저 실지재고조사법의 경우를 살펴 본 후, 계속기록법에 따라 상품재고장 기록을 통하여 파악하는 경우를 살펴 본다.

예제 8-1
실지재고조사법

A사에는 7월 중에 다음과 같은 상품매매거래가 있었다.

		수 량	단 가	금 액	판매량
7. 1	기초재고	100개	₩100	₩10,000	
7. 2	매 입	900	140	126,000	
7. 6	매 출				600개
7. 10	매 입	1,000	150	150,000	
7. 25	매 출				1,200
7. 30	매 입	500	160	80,000	
	합 계	2,500개		₩366,000	1,800개
7. 31	기말재고				700

물음 기말재고 700개는 창고실사를 통하여 파악한 것이다. 다음 각 방법으로 7월 31일의 기말재고액과 7월 중의 매출원가를 계산하라.

(1) [실지재고조사법+선입선출법]

(2) 총평균법

1) 후입선출법은 재고자산 중 가장 최근의 품목이 우선 판매된 것으로 처리하여 결과적으로 재고자산에 남아 있는 품목은 가장 오래된 것처럼 인식한다. 일반적으로 이러한 방식은 실제의 재고자산흐름을 신뢰성있게 표시하지 않는다. 후입선출법을 사용하면 재고자산의 최근 원가 수준과 거의 관련이 없는 금액으로 재무상태표에 재고자산을 인식하는 결과를 초래한다.

해답

(1) **[실지재고조사법 + 선입선출법]**

선입선출법에 의하면 기초시점 부근에 매입된 상품은 당기 중에 매출되고, 기말상품은 모두 최근에 매입된 것들로 구성된다고 본다. 따라서 기말재고량 700개는 7월 30일 매입분 500개와 7월 10일 매입분 중 200개로 구성된다고 가정한다.

기말재고액 : ₩80,000 + 200개×₩150 = ₩110,000

매 출 원 가 : 실지재고조사법하에서 매출원가는 판매가능액에서 기말재고액을 차감한 것이므로 ₩366,000 − ₩110,000 = ₩256,000

(2) **총평균법**

$$총평균단가 = \frac{판매가능금액}{판매가능수량} = \frac{₩366,000}{2,500개} = ₩146.4/개$$

기말재고액 : ₩146.4×700개 = ₩102,480

매 출 원 가 : ₩146.4×1,800개 = ₩263,520

예제 8-2
계속기록법

[**예제 8-1**]의 자료를 이용하여 계속기록법에 따라 아래 각 방법으로 상품재고장을 작성하고 7월 31일의 기말재고액과 7월의 매출원가를 계산하라.

(1) [계속기록법+선입선출법]

(2) 이동평균법

해답

(1) **상품재고장** (계속기록법 + 선입선출법)

20×1		적 요	입 고			출 고			잔 고		
			수량	단가	금 액	수량	단가	금 액	수량	단가	금 액
7	1	기초재고	100	100	10,000				100	100	10,000
	2	매 입	900	140	126,000				{ 100 900	100 140	10,000 126,000
	6	매 출				{ 100 500	100 140	10,000 70,000	400	140	56,000
	10	매 입	1,000	150	150,000				{ 400 1,000	140 150	56,000 150,000
	25	매 출				{ 400 800	140 150	56,000 120,000	200	150	30,000
	30	매 입	500	160	80,000				{ 200 500	150 160	30,000 80,000
		합 계	2,500		366,000	1,800		256,000			
	31	차기이월				{ 200 500	150 160	30,000 80,000			

* 매출원가(출고란 합계): ₩256,000
* 기말재고액(7월 31일의 잔고란 합계): ₩30,000 + ₩80,000 = ₩110,000
* 이 결과는 [예제 8-1]의 (1)번 결과와 동일하다는 점에 유의하여야 한다. 즉, 선입선출법의 경우에는 실지재고조사법을 병행하든 계속기록법을 병행하든 결과가 동일하게 계산된다.

(2) **상품재고장** (이동평균법)

20×1		적 요	입 고			출 고			잔 고		
			수량	단가	금 액	수량	단가	금 액	수량	단가	금 액
7	1	기초재고	100	100	10,000				100	100	10,000
	2	매 입	900	140	126,000				1,000	136*	136,000
	6	매 출				600	136	81,600	400	136	54,400
	10	매 입	1,000	150	150,000				1,400	146	204,400
	25	매 출				1,200	146	175,200	200	146	29,200
	30	매 입	500	160	80,000				700	156	109,200
		합 계	2,500		366,000	1,800		256,800			
	31	차기이월				700	156	109,200			

* 7월 2일의 단가 : ₩136,000 ÷ 1,000개 = ₩136
* 매출원가(출고란 합계) : ₩256,800
* 기말재고액(7월 31일의 잔고란 금액) : ₩109,200

2. 선입선출법과 가중평균법의 비교

앞에서 어떤 재고자산 평가 방법을 사용하였느냐에 따라 당기순이익의 크기가 달리 계산된다는 것을 살펴 보았다. 앞의 〔예제〕를 통해 선입선출법과 가중평균법의 매출원가를 비교해 보자.

	매출원가	
	선입선출법	가중평균법
〔예제 8-1〕 실지재고조사법	₩256,000	₩263,520 (총평균법)
〔예제 8-2〕 계속기록법	256,000	256,800 (이동평균법)

선입선출법을 적용하는 경우에는 원가흐름의 기록방식(실지재고조사법 또는 계속기록법)에 무관하게 매출원가와 기말재고자산 금액이 산출된다. 반면에 가중평균법을 적용하는 경우에는 실지재고조사법에 의한 매출원가와 계속기록법에 의한 매출원가가 원칙적으로 상이하게 산출된다.

〔예제〕의 자료는 전형적인 물가 상승기를 가정한 것이다. 따라서 매번 구입단가가 상승하고 있다. 이러한 물가 상승기에는 두 〔예제〕 모두 선입선출법의 매출원가가 가중평균법의 매출원가보다 작게 계산된다. 매출원가는 비용항목이기 때문에,

매출원가가 작게 계산된다는 것은 당기순이익이 크게 계산된다는 것을 의미한다. 당기순이익이 크다는 사실은 법인세 및 배당을 그만큼 많이 지출해야 한다는 뜻도 내포한다.

예제 8-3
가중평균법

(주)한국은 상품 매입원가에 20%를 가산하여 판매하고 있으며 실지재고조사법으로 재고자산을 회계처리하고 있다. 20×3년도 상품매매와 관련된 자료는 다음과 같다.

일 자	적 요	수량(단위)	단 가
1월 1일	기초재고	1,000	₩200
2월 5일	매 입	1,000	200
6월 10일	매 입	1,000	300
9월 15일	매 출	2,500	-
11월 20일	매 입	1,000	400

(주)한국이 재고자산의 원가흐름 가정으로 가중평균법을 적용하고 있다면 20×3년도 포괄손익계산서에 인식할 매출액은 얼마인가? (14CTA)

해답

가중평균단가 = (1,000개×200 + 1,000개×200 + 1,000개×300 + 1,000개×400) / 4,000개
= 275
매출원가 = 2,500개×275 = 687,500
매출액 = 687,500×1.2 = 825,000

예제 8-4
총평균법

다음은 ㈜공덕의 6월 중 상품 거래를 요약한 자료이다. 총평균법을 적용할 경우 ㈜공덕의 6월 매출원가와 매출총이익은 각각 얼마인가? (단, 기말재고수량은 45개이다.) (12경영지도사)

일 자	구 분	수 량	단 가	금 액
6월 1일	기초재고	10	₩196	₩1,960
6월 13일	매 입	20	220	4,400
6월 22일	매 입	30	240	7,200
6월 26일	매 출	55	300	16,500
6월 28일	매 입	40	261	10,440

해답

평균단가 = (1,960 + 4,400 + 7,200 + 10,440) / (10개 + 20 + 30 + 40) = 240
매출원가 = 55개×240 = 13,200
매출총이익 = 16,500 − 13,200 = 3,300

제 3 절 재고자산의 감모손실과 평가손실

1. 재고자산감모손실

재고자산감모손실(inventory short loss)이란 재고자산의 수량 부족으로 발생한 손실로서, 재고자산의 장부재고액에 비해 실지재고액이 부족할 경우에 발생하는 손실이다. 이러한 손실은 재고자산의 분실, 파손, 도난, 오류 등으로 나타난다.

재고자산감모손실은 정상적으로 발생하여 원가성이 있는 경우에는 매출원가로 분류하며, 비정상적으로 발생하여 원가성이 없는 경우에는 기타비용으로 분류한다.

예제 8-5

재고자산감모손실과 매출원가

(주)한라의 기초상품재고액은 ₩100,000이며, 당기상품매입액은 ₩1,000,000이다. 기말상품의 장부재고량은 250개이며, 기말상품재고액은 ₩325,000이다. 그런데, 실지재고 조사결과 기말상품수량은 230개이며 기말상품의 단가는 ₩1,300이었다. 이 회사에서는 재고자산감모손실은 모두 정상적으로 발생하여 원가성이 있다고 판단하고 있다.

물음 (1) 재고자산감모손실은 얼마인가?
(2) 재무상태표에 기록할 재고자산은 얼마인가?
(3) 매출원가를 계산하라.
(4) 매출원가와 감모손실에 대한 결산정리분개를 하라.

해답 (1) 재고자산감모손실 = 325,000 − 230개×1,300 = ₩26,000
(2) 기말재고자산 = 230개×1,300 = ₩299,000
(3) 정상적으로 발생하여 원가성이 있는 재고자산감모손실은 매출원가에 포함한다.
매출원가 = 기초상품재고액 + 당기상품매입액 − 실지재고에 의한 기말상품재고액
= 100,000 + 1,000,000 − 230개×1,300 = ₩801,000
또는,
매출원가 = 기초상품재고액+ 당기상품매입액 − 장부재고 + 정상감모손실
= 100,000 + 1,000,000 − 325,000 + 26,000 = ₩801,000
(4)

기초상품재고액 :	(차) 매출원가	100,000	(대) 상 품	100,000
당기상품매입액 :	(차) 매출원가	1,000,000	(대) 매 입	1,000,000
기말상품재고액 :	(차) 상 품	325,000	(대) 매출원가	325,000
감 모 손 실 :	(차) 매출원가	26,000	(대) 상 품	26,000

2. 재고자산평가손실

재고자산은 물리적으로 손상되거나 진부화된 경우, 판매가격이 하락한 경우, 완성하거나 판매하는 데 필요한 원가가 상승한 경우 등에는 재고자산의 원가를 회수하기 어려울 수 있다. 이와 같이 기말에 순실현가능가치가 취득원가보다 낮은 경우 **저가법**(lower-of-cost-or-market)을 적용하여 순실현가능가치로 재고자산을 평가한다. 여기서 **순실현가능가치**(net realizable value)란 정상적인 영업과정의 예상 판매가격에서 예상되는 추가 완성원가와 판매비용을 차감한 금액을 말한다.

재고자산평가손실은 재고자산의 취득원가보다 순실현가능가치가 하락하는 경우에 발생하는 손실이며 매출원가에 가산한다. 아울러 재고자산을 저가로 평가한 차액은 **재고자산평가충당금**으로 하여 재무상태표에 재고자산의 차감 항목으로 표시한다. 한편, 취득원가보다 순실현가능가치가 상승하는 경우에는 평가이익을 계상하지 않는다.

기말재고자산의 평가액 = **min** (장부금액, 순실현가능가치)
재고자산평가손실 = 장부금액 − 순실현가능가치

◀ 도표 8-1 재고자산평가 : 저가법

장부상 재고자산		순실현가능 가치	기말결산정리
₩100	>	₩90	재고자산을 min(100, 90) = 90으로 기록하기 위해 다음과 같은 결산정리분개를 한다. (차) 재고자산평가손실 10 (대) 재고자산평가충당금10
₩100	<	₩110	재고자산을 min(100, 110) = 100으로 기록한다. 장부에 이미 100으로 기록되어 있으므로 결산정리분개가 필요 없다.

저가평가로 재고자산평가손실을 인식한 이후에, 재고자산의 가치가 다시 상승할 수도 있다. 이때에는 최초의 장부금액을 초과하지 않는 범위 내에서 평가손실을 환입하는데, **재고자산평가손실환입**이라는 계정을 사용하여 재고자산평가충당금을 줄여준다. 환입액이 발생하면 그만큼 당기 매출원가가 감소하게 된다.

회사가 여러 종류의 재고자산을 보유하고 있는 경우에는 재고자산의 가치 하락이나 상승이 종목에 따라 다를 수 있다. **K-IFRS**에 의하면, 재고자산에 대한 저가법은 항목별로 적용하도록 하고 있으며, 경우에 따라서 서로 유사하거나 관련 있는 항목들을 통합하여 적용할 수 있도록 하고 있다.

예제 8-6
재고자산평가손실

(주)두리는 저가법에 의해 재고자산을 평가하고 있다. 회사가 20×1년말 보유 중인 재고자산은 다음과 같다.

상품	단위당 취득원가	재고수량	단위당 추정판매가격	단위당 추정판매비
A	₩200	1,000	₩350	₩30
B	100	1,500	120	20
C	90	2,000	110	25

물음

(1) 항목별로 저가법을 적용하는 경우, 20×1년말 재고자산평가손실은 얼마인가?

(2) 항목을 구분하지 않고 전체 재고자산에 대해 저가법을 적용하는 경우, 20×1년말 재고자산평가손실은 얼마인가?

(3) 물음 (1)과 (2)의 결과가 차이난다면, 그 이유는 무엇인가?

해답

상품	취득원가	순실현가능가치 (추정판매가격 − 추정판매비)	평가손실
A	200,000	320,000	
B	150,000	150,000	
C	180,000	170,000	10,000
합계	530,000	640,000	

(1) 상품 C만 평가손실 ₩10,000이 발생한다.

(2) 전체 재고자산의 취득원가보다 순실현가능가치가 높으므로 평가손실은 없다.

(3) 전체 재고자산에 대해 저가법을 적용하면 종목별 평가금액의 효과가 서로 상쇄되기 때문이다.

예제 8-7
재고자산감모손실과 평가손실

다음의 자료는 ㈜민국의 20×1년도 재고자산과 관련된 내용이다.

상품	장부재고	실지재고	단위당 원가	단위당 순실현가능가치
A	1,000개	900개	₩100	₩110
B	400개	350개	₩200	₩180
C	500개	500개	₩250	₩220

기초재고자산은 ₩485,000, 재고자산평가충당금(기초)은 없으며, 당기매입액은 ₩4,000,000이다. ㈜민국은 재고자산감모손실과 재고자산평가손실을 매출원가에 포함한다. ㈜민국이 20×1년도 포괄손익계산서에 인식할 매출원가는? (17CPA)

해답

실지재고조사법에 의한 재고자산 = 900개 × 100 + 350개 × 180 + 500개 × 220 = 263,000
매출원가 = 기초 485,000 + 매입 4,000,000 − 실지재고 263,000 = 4,222,000

예제 8-8 재고자산감모손실과 평가손실

단일 상품 A를 매매하는 (주)국세(12월말 결산법인)의 20×7년도 기말재고자산과 관련하여 장부상 수량은 1,000개, 실제재고수량 950개이며, 단위당 취득원가는 ₩100, 단위당 순실현가능가치는 ₩90이다. (주)국세의 기초상품재고액은 ₩80,000이며 당기매입액은 ₩500,000이다. 재고감모분 중 20%는 정상적으로 발생한 감모분이며 나머지는 비정상적으로 발생한 감모분이다. 이 경우 20×7년 회계연도에 인식해야 할 매출원가는 얼마인가? (08CTA)

해답

재고감모손실과 평가손실이 동시에 존재하는 경우에는 감모손실을 먼저 인식한다.

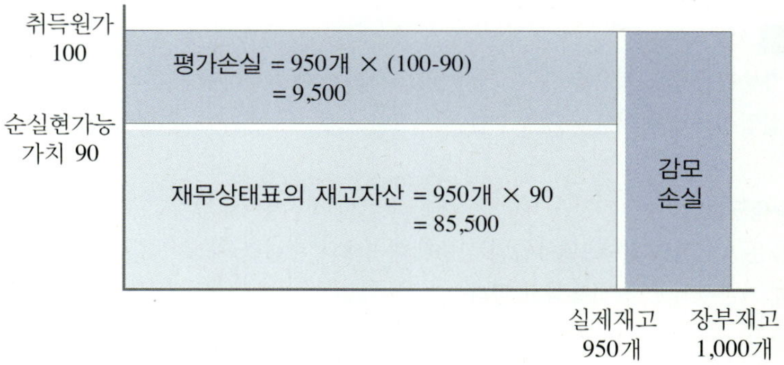

감모손실 = (1,000개 − 950개) × 100 = 5,000 (정상 감모 1,000, 비정상 감모 4,000)
매출원가 = 기초 + 당기 − 기말장부재고 + 정상감모 + 평가손실
= 80,000 + 500,000 − 100,000 + 1,000 + 9,500 = 490,500
또는, 매출원가 = 기초 + 당기 − 기말실제재고 − 비정상감모
= 80,000 + 500,000 − 85,500 − 4,000 = 490,500

제 8 장 연 습 문 제

재고자산

01 실지재고조사법

다음은 A기업의 20×1년 7월의 상품매매거래와 관련한 자료이다. A기업은 재고자산을 실지재고조사법에 의해서 회계처리하고 있다.

		수 량	단 가	금 액
7월 1일	기초재고	150	₩120	₩18,000
7일	매 입	90	130	11,700
14일	매 입	150	140	21,000
27일	매 출	(280)	300	84,000
	기말재고	110		

물음

(1) 가중평균법을 이용할 경우 7월말 재고자산과 매출원가를 구하라.

(2) 선입선출법을 이용할 경우 7월말 재고자산과 매출원가를 구하라.

02 가중평균법

다음은 A기업의 20×1년 4월의 상품매매거래와 관련한 자료이다. A기업은 재고자산에 대해 가중평균법을 적용하고 있다.

		수 량	단 가	금 액
4월 1일	기초재고	20	₩700	₩14,000
10일	매 입	40	900	36,000
15일	매 출	(50)	–	–
20일	매 입	70	1,700	119,000
	기말재고	80		

물음

(1) 실지재고조사법에 의한 4월의 매출원가는 얼마인가?

(2) 계속기록법에 의한 4월의 매출원가는 얼마인가?

03 재고자산 평가방법의 비교

ABC(주)의 20×7년 12월 상품거래는 다음과 같다.

	수 량	단 가	금 액
기초재고	1,000개	₩40	₩40,000
구 입:			
3월 31일	600	43	25,800
5월 27일	800	49	39,200
8월 26일	700	50	35,000
10월 19일	1,000	56	56,000
12월 15일	900	60	54,000
합 계	5,000개		₩250,000
판 매	(4,500)		
기말재고	500개		

실지재고조사법을 채택하고 있는 ABC(주)의 20×7년도 매출액은 ₩270,000이었고, 매출원가를 제외한 연간 총비용은 ₩40,000이었다. 법인세율은 법인세비용차감전순이익의 40%이다.

물음

(1) 총평균법, 선입선출법 각각의 방법에 따라 매출원가와 기말재고액을 계산하라.
(2) 각 방법에 따라 ABC(주)의 포괄손익계산서를 작성하라.
(3) ABC(주)가 세금을 적게 내려면 어떤 방법을 사용하여야 하는가?

04 선입선출법과 가중평균법

20×1년초에 설립된 (주)백제는 설립일 이후 재고자산 단위원가 결정방법으로 선입선출법을 사용하여 왔다. 그러나 영업환경의 변화로 가중평균법이 보다 더 신뢰성 있고 목적적합한 정보를 제공하는 것으로 판단되어 20×3년초에 재고자산 단위원가 결정방법을 가중평균법으로 변경하였으며, 이와 관련된 자료는 다음과 같다.

	20×2년초 재고자산	20×2년말 재고자산
선입선출법	?	₩4,000,000
가중평균법	₩3,600,000	₩4,300,000

선입선출법을 적용한 20×2년도의 포괄손익계산서상 매출원가는 ₩8,000,000이다. ㈜백제가 20×3년도에 가중평균법을 소급적용하는 경우, 20×3년도 포괄손익계산서에 비교정보로 공시되는 20×2년도 매출원가는 ₩8,200,000이다. ㈜백제가 선입선출법으로 인식한 20×2년초 재고자산은 얼마인가? (16CPA)

05 재고자산평가손실과 매출원가

(주)한라의 재고자산 관련자료는 다음과 같다.

품목	기초상품		당기1차매입		당기2차매입		판매량	순실현가능가치
	수량	단가	수량	단가	수량	단가		
A	100개	3,000	100개	3,500	50개	4,000	180개	3,800
B	150	2,000	300	2,200			220	2,300
C	200	1,000	200	1,200	600	1,300	700	1,100

이 회사는 선입선출법에 의해 재고자산을 평가한다. 재고자산의 평가는 항목별로 저가법을 적용하고 재고자산평가손실은 전액 매출원가에 가산하고 있다.

물음

(1) 재고자산평가손실은 얼마인가?

(2) 재고자산을 나타내는 부분재무상태표를 작성하라.

(3) 매출원가를 나타내는 부분포괄손익계산서를 작성하라.

06 재고자산평가손실과 매출원가

다음은 (주)홍덕의 20×1년과 20×2년의 상품재고와 관련된 자료이다.

20×1년 기말상품재고		20×2년 기말상품재고	
취득원가	순실현가능가치	취득원가	순실현가능가치
₩200,000	₩150,000	₩300,000	₩100,000

20×1년 기초상품재고액은 ₩100,000이며, 20×1년도와 20×2년도의 당기상품매입액은 각각 ₩500,000과 ₩600,000이다. 20×1년 기초재고자산의 재고자산평가충당금은 없으며 취득원가와 순실현가능가치는 같다. 또한 (주)홍덕은 재고자산평가손실과 재고자산평가손실환입을 매출원가에 반영한다. (주)홍덕의 20×1년도와 20×2년도의 매출원가를 계산하면 각각 얼마인가? (10CPA)

07 재고자산감모손실과 평가손실

(주)대한의 20×1년도 재고자산(상품A)과 관련된 자료가 다음과 같을 때, 20×1년도에 매출원가, 감모손실, 평가손실로 인식할 비용은 각각 얼마인가? (13CTA1차 변형)

기초재고		₩700,000	(재고자산평가충당금 ₩0)
매입액		₩6,000,000	
매출액		₩8,000,000	
기말재고 :	장부수량 3,000개, 개당 취득원가	₩200	
	실사수량 2,500개, 개당 순실현가능가치	₩240	

재고자산 감모분 중 50%는 정상적인 것으로 판단되었다.

08 재고자산감모손실과 평가손실

(주)세무의 20×1년도 및 20×2년도 상품 관련 자료는 다음과 같다.

- 20×1년도 기말재고자산: ₩4,000,000(단위당 원가 ₩1,000)
- 20×2년도 매입액: ₩11,500,000(단위당 원가 ₩1,250)
- 20×2년도 매출액: ₩15,000,000

20×2년 말 장부상 상품수량은 4,000개였으나, 실지재고조사 결과 기말수량은 3,500개로 확인되었다. 20×2년 말 현재 보유하고 있는 상품의 예상 판매가격은 단위당 ₩1,500이며, 단위당 ₩300의 판매비용이 예상된다. (주)세무가 선입선출법을 적용할 때, 20×2년도에 인식할 당기손익은? (17CTA)

09 재고자산감모손실과 평가손실

(주)한국의 20×1년말 재고자산의 취득원가는 ₩200,000, 순실현가능가치는 ₩160,000이다. 20×2년중 재고자산을 ₩1,600,000에 매입하였다. 20×2년말 장부상 재고자산 수량은 200단위이지만, 재고실사 결과 재고자산 수량은 190단위(단위당 취득원가 ₩2,200, 단위당 순실현가능가치 ₩1,900)였다. 회사는 재고자산으로 인한 당기비용 중 재고자산감모손실을 제외한 금액을 매출원가로 인식할 때, 20×2년 매출원가는? 단, 20×1년말 재고자산은 20×2년에 모두 판매되었다. (15CTA)

10 재고자산감모손실과 평가손실

12월 말 결산법인인 (주)국세는 기초상품재고액이 ₩1,240,000이며 당 회계연도의 순매입액은 ₩24,380,000이다. (주)국세는 재고자산감모손실 중 40%는 원가성이 있는 것으로 간주하고 있으며, 종목별 저가기준을 적용하고 있다. 상품은 종류가 다른 A와 B로 구성되어 있는데 실사 결과는 다음과 같다.

상품	장부상 재고	실제재고	단위당 원가	판매단가	단위당 추정판매비
A	1,000단위	900단위	₩900	₩950	₩100
B	800단위	750단위	700	800	50

물음

(1) 기말재고자산은 얼마인가?

(2) 포괄손익계산서에 매출원가로 보고할 금액은 얼마인가? (07CTA)

11 재고자산감모손실과 평가손실

유통업을 영위하는 ㈜대한의 20×1년도 기초 재고자산은 ₩855,000이며, 기초 재고자산 평가충당금은 ₩0이다. 20×1년도 순매입액은 ₩7,500,000이다. ㈜대한의 20×1년도 기말 재고자산 관련 자료는 다음과 같다.

조	항목	장부 수량	실제 수량	단위당 원가	단위당 순실현가능가치
A	A1	120개	110개	₩800	₩700
	A2	200개	200개	₩1,000	₩950
B	B1	300개	280개	₩900	₩800
	B2	350개	300개	₩1,050	₩1,150

㈜대한은 재고자산감모손실과 재고자산평가손실을 매출원가에 포함한다. ㈜대한이 항목별기준 저가법과 조별기준 저가법을 각각 적용할 경우, ㈜대한의 20×1년도 포괄손익계산서에 표시되는 매출원가는 얼마인가? (19CPA)

12 재고자산평가손실환입

(주)한국이 보유하고 있는 재고자산의 품목 A와 품목 B는 서로 다른 종목이며, 재고자산을 저가법으로 평가할 때 종목기준을 적용하고 있다. 20×1년의 기초재고자산은 ₩200,000이며 20×1년 중에 매입한 재고자산의 품목 A와 품목 B의 합계는 총 ₩6,000,000이다. 단, 기초의 재고자산평가충당금은 없다. 아래에서는 (주)한국이 20×1년 12월 31일 현재 실지재고조사를 통해 보유중인 재고자산의 수량 및 단위당 가치에 대한 현황을 나타내고 있다.

항목	장부수량	실제수량	단위당 취득원가	단위당 순실현가능가치
품목 A	500개	400개	₩400	₩450
품목 B	500개	450개	₩100	₩80

(주)한국이 재고자산과 관련하여 20×1년도에 당기비용으로 인식할 금액은 얼마인가? 만약 20×2년 12월 31일 현재 재고자산 품목 B의 단위당 순실현가능가치가 ₩120으로 회복될 경우, 재고자산평가손실환입액으로 인식할 금액은 얼마인가? 단, (주)한국은 판매가격의 하락으로 인해 감액된 재고자산 품목 B의 수량을 20×2년 12월 31일까지 계속 보유하고 있으며, 20×2년도 중 품목 B의 추가취득은 없다고 가정한다. (16CPA)

13 재고자산감모손실과 평가손실

(주)비룡은 두 가지 품목의 재고자산을 판매하고 있다. 다음은 20×6년과 20×7년의 재고자산 수량 및 단가와 관련된 자료이다. (주)비룡은 선입선출법을 사용하여 재고자산원가를 결정하고 있다. 품목 A와 품목 B는 유사한 목적 또는 용도를 갖고 있지 않다.

		품목 A		품목 B	
		수량(개)	단가(₩)	수량(개)	단가(₩)
20×6년	기초 재고	200	100	600	300
	매입	1,000	130	1,200	400
	판매 수량	700		900	
	기말 실제 재고 수량	400		850	
	기말 순실현가능가치		140		350
20×7년	매입	800	140	1,050	400
	판매 수량	1,000		1,400	
	기말 실제 재고 수량	150		400	
	기말 순실현가능가치		160		420

물음

(1) 20×6년도 포괄손익계산서에 계상되는 매출원가는 얼마인가? 단, 감모손실의 60%는 비정상적으로 발생한 것이다. (08CPA수정)

(2) 20×6년도 기말재고자산의 장부금액은 얼마인가?

(3) 20×7년도 포괄손익계산서에 계상되는 매출원가는 얼마인가? 단, 감모손실의 60%는 비정상적으로 발생한 것이다.

(4) 20×7년도 기말재고자산의 장부금액은 얼마인가?

14 저가법

상품매매업을 하는 (주)세무의 20×1년 기말재고자산 관련 자료는 다음과 같다.

조 구분	종목 구분	장부 수량	실제 수량	단위당 원가	단위당 순실현가능가치
I	상품 A	150개	140개	₩1,000	₩900
	상품 B	180개	180개	500	450
II	상품 C	200개	190개	750	650
	상품 D	430개	400개	1,200	1,300

종목별기준 저가법을 적용할 경우 20×1년도 포괄손익계산서에 표시되는 매출원가가 ₩8,000,000일 때, 조별기준 저가법을 적용할 경우 20×1년도 포괄손익계산서에 표시되는 매출원가는? (단, 재고자산평가손실은 매출원가에 포함한다.) (19CTA)

CHAPTER

9 금융자산

금융상품은 K-IFRS에서 새로이 정립한 회계개념으로서 그 내용이 상당히 방대하다. 본 장에서는 금융자산 중 지분상품(주식)을 중심으로 최초인식, 후속측정, 제거 등 주요거래사건에 대한 회계처리를 살펴볼 것이다.

한편, 기업에서 타기업 주식 중 20%~50%를 보유하는 경우에는 그 기업에 유의적인 영향력을 미칠 수 있다고 보며, 이러한 관계기업에 대한 투자는 지분법에 의해 회계처리한다.

기업이 타기업 의결권의 과반수를 소유하는 경우에는 타기업을 지배한다고 본다. K-IFRS에서는 종속기업이 있을 경우 지배기업은 반드시 연결재무제표를 작성해야 한다.

제 1 절 금융상품의 정의

한국회계기준원 회계기준위원회는 국제회계기준위원회가 제정한 국제회계기준을 채택하여 기업회계기준의 일부로 구성하기로 한 정책에 따라 2007년 11월 23일에 "금융상품: 공시" 기준서(KIFRS 1107)와 "금융상품: 인식과 측정" 기준서(KIFRS 1039)를 제정하였다. 그 이후 2015년 9월 25일에 "금융상품" 기준서(KIFRS 1109)가 제정되어 종전의 KIFRS 1039를 대체하게 되었으며, 가장 최근에는 2019년 12월 20일에 개정하였다. 많은 변화가 있었던 만큼 금융상품에 대한 회계처리 역시 많은 변화가 뒤따른다.

K-IFRS에서 **금융상품**(financial instruments)[1)]이란 금융거래에서 사용되는 모든 수단 또는 도구를 뜻한다. 기업회계기준서에서는 "거래당사자 일방에게 금융자산을 발생시키고 동시에 다른 거래상대방에게 금융부채나 지분상품을 발생시키는 모든 계약"을 말한다[2)].

구체적으로 금융자산(financial assets)은 다음의 자산을 말한다.

첫째, **현금**이다. 현금은 교환의 수단이므로 금융자산이며, 재무제표에 모든 거래를 인식하고 측정하는 기준이 된다. 은행이나 이와 유사한 금융회사에 대한 예치금은 당해 금융회사에서 현금을 인출하거나 금융부채를 지급하기 위하여 예치된 잔액에 대하여 채권자를 수취인으로 하여 수표 등을 발행할 수 있는 계약상 권리를 나타내므로 금융자산이다. 이에 대한 회계처리는 본 서의 제6장에서 다루었다.

둘째, **다른 기업의 지분상품**(equity instruments)이다. 다른 기업의 지분상품이란 다른 기업이 발행한 주식을 말한다. 다른 기업의 지분상품을 보유하는 보유자의 입장에서는 금융자산이지만, 발행하는 기업에게는 이들이 자본에 속한다. 참고로

---

1) "financial instruments"라는 영어와 이에 대응하는 "금융상품"이란 용어가 주는 직관적인 의미가 너무 상이하다. 일상생활에서 "금융상품"이라 함은 금융기관에서 취급하는 상품(각종 예금, 적금)을 뜻한다. "instruments"라는 단어를 '상품'이라고 번역함으로써 생긴 혼선이다. "상품"이라기보다는 "수단, 도구, (법률) 법률문서"라는 뜻이다.

2) 금융상품은 발생원천에 따라 본원금융상품(primary instrument)과 파생금융상품(derivative instrument)으로 분류할 수 있다. 본원금융상품은 채권(매출채권, 타기업 발행 사채), 채무(매입채무, 자기발행 사채), 지분상품(주식) 등이다. 파생금융상품은 본원금융상품에 내재되어 있는 금융위험을 상대방에게 이전하는 것으로 옵션(option), 선물(future) 등이다. 본 서에서는 파생금융상품은 본 서의 범위를 벗어난다고 판단하여, 본원금융상품을 중심으로 설명한다.

자신이 발행한 주식을 자신이 보유하는 경우에는 자기지분상품(자기주식)이라고 하는데, 취득한 이유에 관계없이 금융자산으로 인식할 수 없으며, 자본에서 차감한다[3].

셋째, 미래에 현금을 수취할 계약상 권리(contractual right)에 해당하는 금융자산과 이에 대응하여 미래에 현금을 지급할 계약상 의무에 해당하는 금융부채의 일반적인 예는 다음과 같다.

① 매출채권과 매입채무

② 받을어음과 지급어음

③ 대여금과 차입금

④ 투자사채와 사채

각각의 사례에서, 한 거래당사자가 현금을 수취(지급)할 계약상 권리(의무)는 다른 거래당사자가 지급(수취)할 계약상 의무(권리)에 대응한다.

한편, 재고자산, 유형자산, 무형자산은 금융자산이 아니다. 왜냐하면 재고자산 등에 대한 통제는 현금 등 금융자산이 유입될 기회를 제공하지만, 현금 등 금융자산을 수취할 현재의 권리를 발생시키지는 않기 때문이다. 또한 선급비용이나 선급금은 현금 등 금융자산을 수취할 권리가 아니라 재화나 용역을 수취할 것이므로 금융자산에 해당되지 않는다.

summary 금융자산(financial instruments)

① 현금
② 다른 기업의 지분상품
③ 계약상의 권리 : 매출채권, 받을어음, 대여금, 투자사채 등

금융자산의 반대 개념으로 금융부채가 있다. K-IFRS에서의 금융부채에 대한 정의는 상당히 어렵기 때문에 회계원리 차원에서는 '거래상대방에게 현금 등 금융자산을 인도하기로 한 계약상 의무' 라고 이해하자(K-IFRS 제1032호, 금융상품 : 표시).

3) 자기지분상품을 매입 또는 매도하거나 발행 또는 소각하는 경우의 손익은 당기손익으로 인식하지 아니한다.

이러한 금융부채에는 매입채무, 지급어음, 차입금, 미지급금, 미지급비용, 사채 등이 이에 속한다.

한편, 선수금이나 선수수익은 미래에 금융자산이 아닌 비금융자산(상품 제공, 건물 사용권리인 임차권)을 제공하여야 하므로 금융부채에 속하지 않는다.

도표 9-1 ▶ 금융상품

취득자		발행자
금융자산		**금융부채**
매출채권	⟷	매입채무
대여금	⟷	차입금
미수금	⟷	미지급금
투자사채	⟷	사채
		지분상품
투자주식	⟷	납입자본

금융상품은 법적 형식이 아니라 실질에 따라 재무상태표에 분류되어야 한다. 일반적으로 실질과 법적 형식이 일치하지만 반드시 그러한 것은 아니다. 예를 들어 상환우선주(callable preferred stock)를 발행하였다고 하자. 상환우선주는 우선주의 발행자가 보유자에게 확정되었거나 결정가능한 미래의 시점에 확정되었거나 결정가능한 금액을 의무적으로 상환해야 하거나, 우선주의 보유자가 발행자에게 특정일이나 그 이후에 확정되었거나 결정가능한 금액의 상환을 청구할 수 있는 권리를 보유한 경우이다. 이러한 상환우선주는 지분상품의 법적 형식을 가지고 있지만 실질적으로는 금융부채에 해당한다. 금융부채로 분류되는 상환우선주의 배당은 포괄손익계산서상 손익항목으로 표시하여야 한다.

제 2 절 금융자산의 분류

금융자산이나 금융부채는 금융상품의 계약당사자가 되는 때에만 재무상태표에 인식한다. 금융자산의 정형화된 매입 또는 매도는 매매일이나 결제일에 인식하거나 제거한다.

최초로 금융자산을 인식하는 때에, 다음 두 가지 사항 모두에 근거하여 금융자산이 후속적으로 상각후원가[4], 기타포괄손익-공정가치, 당기손익-공정가치로 측정되도록 분류한다.

① 금융자산의 관리를 위한 사업모형
② 금융자산의 계약상 현금흐름 특성

사업모형은 특정 사업 목적을 이루기 위해 금융자산의 집합을 함께 관리하는 방식을 반영하는 수준에서 결정한다. 사업모형은 개별 상품에 대한 경영진의 의도와는 무관하다. 따라서 이 조건은 금융상품별 분류접근법이 아니며 더 높은 수준으로 통합하여 결정해야 한다.

사업모형은 현금흐름을 창출하기 위해 금융자산을 관리하는 방식을 의미한다. 즉, 사업모형에 따라 현금흐름의 원천이 금융자산의 계약상 현금흐름의 수취인지, 매도인지 또는 둘 다 인지가 결정된다.

계약상 현금흐름 특성(contractual cash flow characteristics)은 계약조건에 따라 원금과 원금 잔액에 대한 이자 지급만의 현금흐름이 특정일에 생기는 특성을 말한다. 예를 들어 채무상품, 대여금, 수취채권 등과 같은 금융자산은 일반적으로 계약상 원금과 원금 잔액에 이자의 현금흐름이 특정일에 생기는 반면에, 주식과 같은 지분상품은 계약상 원금과 원금 잔액에 대한 이자의 현금흐름이 특정일에 생기지 않는다.

계약상 현금흐름을 수취하기 위해 자산을 보유하는 것이 목적인 사업모형에서 보유되는 금융자산은 해당 금융상품의 존속기간에 걸쳐 계약상 지급액을 수취하여 현금흐름을 실현하도록 관리한다. 즉, 금융자산 포트폴리오의 자산을 보유하기도 하고 매도하기도 하면서 금융자산 포트폴리오의 전반적인 수익을 관리하는 것이 아니라 특정 계약상 현금흐름을 수취하기 위해 금융자산 포트폴리오의 자산을 관리한다.

---

4) 상각후원가에 대한 설명은 본서의 사채에서 다룬다.

계약상 현금흐름의 수취와 금융자산의 매도 둘 다를 통해 목적을 이루는 사업모형에서 금융자산을 보유할 수 있다. 이러한 형태의 사업모형에서 주요 경영진은 계약상 현금흐름의 수취와 금융자산의 매도 둘 다가 사업모형의 목적을 이루는 데에 필수적이라고 결정한다.

다음 두 가지 조건을 모두 충족한다면 금융자산을 기타포괄손익-공정가치로 측정한다.

① 계약상 현금흐름의 수취와 금융자산의 매도 둘 다를 통해 목적을 이루는 사업모형 하에서 금융자산을 보유한다.
② 금융자산의 계약 조건에 따라 특정일에 원리금 지급만으로 구성되어 있는 현금흐름이 발생한다.

금융자산은 상각후원가로 측정하거나 기타포괄손익-공정가치로 측정하는 경우가 아니라면, 당기손익-공정가치로 측정한다. 금융자산을 계약상 현금흐름 수취목적의 사업모형이나 계약상 현금흐름 수취와 매도 둘 다가 목적인 사업모형에서 보유하지 않는 경우에는 해당 금융자산은 당기손익-공정가치로 측정한다. 당기손익-공정가치로 측정하게 되는 사업모형의 일례는 자산의 매도를 통해 현금흐름을 실현할 목적으로 금융자산을 관리하는 것이다. 해당 자산의 공정가치에 기초하여 의사결정하고 해당 자산의 공정가치를 실현하기 위해 관리한다. 이러한 경우에는 기업의 목적에 따라 일반적으로 적극적으로 매입하고 매도하게 된다. 그러나 당기손익-공정가치로 측정되는 '지분상품에 대한 특정 투자'에 대하여는 후속적인 공정가치 변동을 기타포괄손익으로 표시하도록 최초 인식시점에 선택할 수도 있다. 다만 한번 선택하면 이를 취소할 수 없다.

제 3 절 당기손익-공정가치측정 금융자산의 회계처리

K-IFRS 제1109호(금융상품)에 의하면, 금융자산은 상각후원가 또는 기타포괄손익-공정가치로 측정하는 경우가 아니라면, 당기손익-공정가치(FVPL; Fair Value through Profit or Loss)로 측정하며, 이를 당기손익-공정가치측정 금융자산(FVPL금융자산)이라 한다.

일반적으로 단기매매금융상품은 이에 해당한다. 단기매매금융상품(held for trading securities)은 일반적으로 단기간 내의 매매차익을 얻기 위하여 취득한 금융상품을 말한다.

금융자산은 다음 중 하나에 해당하면 단기매매항목으로 분류된다.

① 주로 단기간 내에 매각하거나 재매입할 목적으로 취득하거나 부담한다.

② 최초인식시점에, 최근의 실제 운용 형태가 단기적 이익획득 목적이라는 증거가 있으며, 그리고 공동으로 관리되는 특정 금융상품 포트폴리오[5]의 일부이다.

단기매매금융자산은 무엇보다도 시장성이 있어야 한다. 시장성(marketability)이란 시장에서 처분되어 쉽게 현금화될 수 있는 성질을 뜻하는 용어로서, 일반적으로 코스피(KOSPI), 코스닥(KOSDAQ)에서 현재 거래되고 있는 것은 시장성을 갖춘 것으로 본다. 한편, 보유한 지분상품이 활성시장에서 공시되는 시장가격이 없고 공정가치를 신뢰성 있게 측정할 수 없는 경우에는 단기매매금융자산으로 지정할 수 없다.

1. 당기손익-공정가치측정 금융자산의 최초인식

단기매매금융자산을 취득하여 최초로 인식할 때 공정가치로 측정한다. K-IFRS 제1113호(공정가치측정)에 의하면, **공정가치**(fair value)란 측정일에 시장참여자 사이의 정상거래(orderly transaction)에서 자산을 매도하면서 수취하거나 부채를 이전하면서 지급하게 될 가격(유출가격, exit price)이다.[6]

---

5) 금융상품 포트폴리오(portfolio)란 한 종류의 주식만을 구입하였다가 주가가 현저히 떨어지는 경우의 위험을 회피하기 위해서 여러 종류의 주식으로 구성된 유가증권군(群)을 말한다. 본래의 의미는 서류가방이나 자료 수집철을 의미하는 것으로, 자산관리에서는 경제 주체가 보유하고 있는 금융자산의 명세표를 의미한다. 이 뜻이 발전하여 주식 투자에서 여러 종목에 걸쳐 분산하여 투자하는 방법을 뜻한다. 증권가에서는 이를 흔히 '계란을 한 바구니에 전부 담지 말라' (Do not put all the eggs in one basket)는 말로 포트폴리오 투자를 강조한다.

6) 종전에는 공정가치를 "합리적인 판단력과 거래의사가 있는 독립된 당사자 사이의 거래에서 자산이 교환되거나 부채가 결제될 수 있는 금액"이라 하였다. 그러나, (1) 기업이 자산을 매입하는지 혹은 매도하는지 분명하지 않으며, (2) 채권자를 언급하지 않고 합리적인 판단력과 거래의사가 있는 당사자를 언급하여 부채를 결제한다는 것의 의미가 불분명하였으며, (3) 교환이나 결제가 측정일에 이루어지는지 혹은 다른 날에 이루어지는지 명시적으로 언급하지 않았다. 이러한 결점을 개선하기 위하여 공정가치에 대한 정의를 개정하였다.

그런데 단기매매금융자산을 취득하려면 순수구입대금 이외에 여러 가지의 거래원가가 발생한다. 거래원가(transaction cost)란 자산이나 부채의 주된 (또는 가장 유리한) 시장에서 자산을 매도하거나 부채를 이전하기 위한 원가로서 자산의 처분이나 부채의 이전에 직접 귀속되는 다음의 두 기준을 모두 충족하는 원가이다.

① 그러한 거래로 인해 직접 발생하고 필수적이다.

② 자산을 매도하거나 부채를 이전하는 결정을 하지 않았더라면 발생하지 않았을 것이다.

거래원가에는 대리인(판매대리인 역할을 하는 종업원을 포함), 고문, 중개인 및 판매자에게 지급하는 수수료와 중개수수료, 감독기구와 증권거래소의 부과금 및 양도세 등이 포함된다. K-IFRS에 의하면 단기매매금융자산의 취득을 위한 거래원가는 최초인식시점의 공정가치 측정치에 가산하지 아니하고 당기비용으로 회계처리한다. 과거에는 취득거래원가를 단기매매금융자산에 가산하였으나, K-IFRS에서는 당기비용으로 회계처리하도록 바뀌었으므로 유의하기 바란다.

예제 9-1

당기손익-공정가치측정 금융자산의 최초인식

20×1년 8월 1일에 단기매매차익을 얻을 목적으로 아래의 상장주식을 구입하고, 증권회사에 대한 수수료와 함께 ₩505,000의 당좌수표를 발행하여 지급하다.

A사 주식 : ₩300,000, 수수료 ₩3,000
B사 주식 : ₩200,000, 수수료 ₩2,000

회사는 향후 이 주식들을 적극적이고 빈번하게 매매할 예정이다. 구입시 분개하라.

해답

(차) FVPL금융자산	500,000	(대) 당좌예금	505,000
수수료비용	5,000		

* 당기손익-공정가치측정 금융자산을 FVPL금융자산이라고 약칭함

2. 당기손익-공정가치측정 금융자산의 후속 측정

만일 단기매매금융자산을 취득한 이후에 기말시점을 맞이하면 재무상태표에 단기매매금융자산을 취득원가와 기말 공정가치 중 어느 금액으로 기록해야 하는가?

K-IFRS에서는 단기매매금융자산을 공정가치로 측정하도록 규정하고 있다. 활성시장에서 거래되는 금융상품의 공정가치를 결정하는 목적은 즉시 접근가능하고 가장 유리한 활성시장에서 발생할 수 있는 보고기간말의 그 금융상품의 거래가격을 파악하는 데 있다. 거래소, 판매자, 중개인, 산업집단, 평가기관 또는 감독기구를 통해 공시가격이 용이하게 그리고 정기적으로 이용가능하고, 그러한 가격이 독립된 당사자 사이에서 정기적으로 발생한 실제 시장거래를 나타낸다면, 그 금융상품은 활성시장에서 가격이 공시되고 있는 것으로 본다.

단기매매금융자산을 공정가치로 평가하여 기말의 공정가치가 취득원가보다 상승한 경우에는 상승액을 FVPL금융자산 계정의 차변에 가산하고, 동액을 FVPL금융자산평가이익 대변에 기록한다. 반면에 공정가치가 하락한 경우에는 하락액을 FVPL금융자산 계정대변에 기록하고, 동액을 FVPL금융자산평가손실로 기록한다.

당기손익-공정가치측정 금융자산의 후속 측정

상승한 경우 :

(차) FVPL금융자산	×××	(대) FVPL금융자산평가이익	×××

하락한 경우 :

(차) FVPL금융자산평가손실	×××	(대) FVPL금융자산	×××

FVPL금융자산평가손익은 포괄손익계산서상 당기손익 항목이다. 여러 종류의 주식으로 구성된 포트폴리오를 보유하고 있는 경우, FVPL금융자산평가손익은 각 증권의 평가손익을 통합하여 단일금액으로 기록해도 무방하다.

3. 당기손익-공정가치측정 금융자산의 배당수익과 제거

기업들은 결산일 현재의 주주들에게 배당금을 지급하는데, 만일 FVPL금융자산의 보유기간 중에 발행회사의 결산일이 운좋게 속해 있었다면 배당금을 지급받을 권리가 확정되는 시점에 배당금을 당기수익(배당수익)으로 인식한다.

단기매매주식의 취득 목적이 단기간 내의 매매차익에 있기 때문에 기업은 이의 처분을 통하여 투자이익을 얻게 된다. 처분시에는 이미 인식된 금융자산을 재무

상태표에서 삭제하여야 하는데 이를 제거(derecognition)라 한다.[7)]

K-IFRS 제1109호(금융상품)에서는 금융자산 전체를 제거하는 경우에는 다음 ①과 ②의 차액을 당기손익으로 인식한다.

① 금융자산의 장부금액(제거일에 측정)

② 수취한 대가(새로 획득한 모든 자산에서 새로 부담하게 된 모든 부채를 차감한 금액 포함)

즉, 금융자산 전체를 제거하는 경우에는 일차적으로 제거일에 공정가치로 측정하고, FVPL금융자산의 공정가치 변동에 따른 평가손익을 당기손익으로 인식한다. 그 이후에 금융자산의 장부금액과 수취한 대가의 차이를 처분손익으로 인식한다.

summary 당기손익-공정가치측정 금융자산의 회계처리 요약

① 최초인식 : 공정가치로 측정하며, 취득거래원가는 당기비용으로 회계처리

② 후속 측정(결산정리분개) : 공정가치로 측정하며, 'FVPL금융자산평가손익' 인식
- FVPL금융자산평가손익은 당기손익 항목임

③ 배당 : 배당금 권리 확정 시점에 배당수익으로 인식

④ 제거 : 일차적으로 제거일에 공정가치로 측정하여 FVPL금융자산의 공정가치 변동에 따른 평가손익을 당기손익으로 인식. 그 이후에 금융자산의 장부금액과 수취한 대가의 차이를 처분손익으로 인식

예제 9-2

당기손익-공정가치측정 금융자산의 회계처리

A기업에서는 12월 27일 단기매매 목적으로 타기업의 주식을 ₩100에 현금 취득하였다. 12월 31일 재무상태표일의 공정가치는 ₩110이다. A기업은 이 주식을 다음 해 1월 10일에 ₩130에 처분하였다. 이와 관련한 거래를 분개하고, 특히 당기손익에 미치는 영향을 분석하라.

---

7) (K-IFRS, 재무보고를 위한 개념체계) 제거는 기업의 재무상태표에서 인식된 자산이나 부채의 전부 또는 일부를 삭제하는 것이다. 제거는 일반적으로 해당 항목이 더 이상 자산 또는 부채의 정의를 충족하지 못할 때 발생한다.

(1) 자산은 일반적으로 기업이 인식한 자산의 전부 또는 일부에 대한 통제를 상실하였을 때 제거한다.

(2) 부채는 일반적으로 기업이 인식한 부채의 전부 또는 일부에 대한 현재의무를 더 이상 부담하지 않을 때 제거한다.

해답

12월 27일	(차) FVPL금융자산	100	(대) 현 금	100
12월 31일	(차) FVPL금융자산	10	(대) FVPL금융자산평가이익	10

이로써 단기매매금융자산은 공정가치인 ₩110이 되며, 당기수익으로 ₩10을 인식한다.

1월 10일

측정	(차) FVPL금융자산	20	(대) FVPL금융자산평가이익	20
처분	(차) 현 금	130	(대) FVPL금융자산	130

* 참고로, 제거일에 공정가치로 측정하지 않고 처분하는 분개를 한다면 다음과 같다.

(차) 현 금	130	(대) FVPL금융자산	110
		FVPL금융자산처분이익	20

제거일에 공정가치로 재측정 후 처분하는 회계처리를 하는 경우에는 'FVPL금융자산평가이익' 으로 당기손익을 인식하는 반면에, 제거일에 공정가치로 재측정하지 않고 처분하는 회계처리를 하는 경우에는 'FVPL금융자산처분이익' 으로 당기손익을 인식하게 된다. FVPL금융자산의 경우에는 어느 방법으로 회계처리하든 당기손익에 미치는 효과는 동일하다.

제 4 절 기타포괄손익-공정가치측정 금융자산의 회계처리

기업이 장기투자목적으로 주식을 매입할 경우 주식의 공정가치 변동을 당기손익으로 인식하면 당기순손익의 변동성이 증가할 뿐만 아니라 당기순손익이 기업의 성과 측정치로서의 역할을 하지 못할 수 있다. 이러한 문제를 완화하기 위해서 후속적인 공정가치 변동을 기타포괄손익으로 표시하도록 최초 인식시점에 선택할 수 있도록 하였다. 다만 한번 선택하면 이를 취소할 수 없다.

기타포괄손익-공정가치측정(FVOCI : Fair Value through Other Comprehensive Income) 금융자산에 해당하는 가장 쉬운 예는 장기보유 목적으로 주식이나 채권을 매입하는 경우이다.

1. 기타포괄손익-공정가치측정 금융자산의 최초인식

기타포괄손익-공정가치측정 금융자산을 취득하여 최초로 인식할 때 공정가치로 측정한다. 기타포괄손익-공정가치측정 금융자산을 취득할 때에도 거래원가가 발생한다. K-IFRS 제1039호(금융상품: 인식과 측정)에 의하면, 당기손익-공정가치측정 금융자산이 아닌 경우 당해 금융자산의 취득과 직접 관련되는 거래원가는 최초인식하는 공정가치에 가산하여 측정한다. 즉, **기타포괄손익-공정가치측정 금융자산의 취득과 직접 관련되는 거래원가는 최초인식하는 공정가치에 가산하여 측정**한다.

참고로 당기손익-공정가치측정 금융자산의 취득을 위한 거래원가는 최초인식시점의 공정가치 측정치에 가산하지 아니하고 당기비용으로 회계처리한다.

2. 기타포괄손익-공정가치측정 금융자산의 후속 측정

만일 기타포괄손익-공정가치측정 금융자산을 취득한 이후에 기말시점을 맞이하면 재무상태표에 취득원가와 기말 공정가치 중 어느 금액으로 기록해야 하는가?

K-IFRS에서는 **기타포괄손익-공정가치측정 금융자산을 공정가치로 측정하고, 공정가치 변동에 따른 손익은 기타포괄손익으로 인식**하도록 규정하고 있다.

이하에서는 기타포괄손익-공정가치측정 금융자산의 공정가치 변화를 어떻게 재무제표에 반영할 것인가에 대해 살펴보자.

기타포괄손익-공정가치측정 금융자산을 공정가치로 평가하여 기말의 공정가치가 취득원가보다 상승한 경우에는 상승액을 해당 자산계정 차변에 가산하고, 동액을 FVOCI금융자산평가이익계정 대변에 기록한다. 반면에 공정가치가 하락한 경우에는 하락액을 해당 자산계정 대변에 기록하고, 동액을 FVOCI금융자산평가손실로 기록한다.

기타포괄손익-공정가치측정 금융자산의 후속 측정

상승한 경우 :

(차) FVOCI금융자산	×××	(대) FVOCI금융자산평가이익*	×××

* 당기손익 항목이 아니라 기타포괄손익 항목임에 유념할 것.
* 기타포괄손익-공정가치측정 금융자산을 FVOCI금융자산이라 약칭함.

하락한 경우 :

(차) FVOCI금융자산평가손실	×××	(대) FVOCI금융자산	×××

이러한 분개는 당기손익–공정가치측정 금융자산의 경우와 거의 같다. 다만, FVOCI금융자산평가손익은 기타포괄손익으로 인식한다. 기타포괄손익은 당기순이익을 구성하지 않으며, 재무상태표의 자본의 한 항목인 기타포괄손익누계액(cumulative other comprehensive income)에 반영된다.

◀ 도표 9-2 FVPL금융자산과 FVOCI금융자산의 회계처리

	FVPL금융자산	FVOCI금융자산
취득거래원가	당기비용	취득원가에 가산
후속 측정	공정가치	공정가치
공정가치 변화	FVPL금융자산평가손익 (당기손익 항목)	FVOCI금융자산평가손익 (기타포괄손익 항목)

예제 9-3 최초 인식과 후속 측정

20×1년 8월 1일에 증권회사에서 A사 상장주식을 ₩300,000에 구입하고 수수료 ₩3,000과 함께 ₩303,000의 당좌수표를 발행하여 지급하다. 이 주식의 연말 공정가치는 ₩301,000이다.

물음

(1) 위 주식을 단기매매 목적으로 취득하였으며, 향후 이 주식들을 적극적이고 빈번하게 매매할 예정이다. 취득분개와 결산정리분개를 하라.

(2) 위 주식을 장기 보유 목적으로 취득하였고 이를 기타포괄손익–공정가치측정 금융자산으로 '선택'(이하 "FVOCI") 지정분류하였다. 취득분개와 결산정리분개를 하라.

해답

(1) 당기손익–공정가치측정 금융자산의 취득거래원가는 취득원가에 가산하지 않고 당기비용으로 처리한다.

취득일	(차) FVPL금융자산	300,000	(대) 당좌예금	303,000
	수수료비용	3,000		
결산정리분개	(차) FVPL금융자산	1,000	(대) FVPL금융자산평가이익	1,000

(2) 기타포괄손익–공정가치측정 금융자산의 취득거래원가는 취득원가에 가산한다.

취득일	(차) FVOCI금융자산	303,000	(대) 당좌예금	303,000
결산정리분개	(차) FVOCI금융자산평가손실	2,000	(대) FVOCI금융자산	2,000

지금까지 공부하면서 기타포괄손익은 없다고 가정하였으나, 기타포괄손익-공정가치측정 금융자산평가손익이라는 기타포괄손익이 처음 등장하였으므로 좀더 자세히 살펴보자. 기타포괄손익은 당기손이익을 구성하지 않으며, 재무상태표의 자본의 한 항목인 기타포괄손익누계액에 반영된다고 하였다. 다음의 〔예제〕를 통하여 포괄손익계산서의 기타포괄손익과 재무상태표의 기타포괄손익누계액이 어떻게 연계되는지를 살펴보자.

예제 9-4

기타포괄손익-공정가치측정 금융자산의 후속 측정

A기업에서는 20×0년 12월 27일 장기간 투자 목적으로 타기업의 주식을 ₩100에 현금 취득하였으며, 이를 기타포괄손익-공정가치측정 금융자산으로 '선택'(이하 "FVOCI") 지정분류하였다. 20×0년과 20×1년의 재무상태표일 현재 주식의 공정가치가 각각 다음과 같을 때 결산정리분개 및 (부분)재무상태표와 (부분)포괄손익계산서를 작성하라.

	20×0년말 공정가치	20×1년말 공정가치
CASE 1	₩110	₩130
CASE 2	110	90
CASE 3	90	110
CASE 4	90	70

해답 본문에서 네 가지 케이스 각각에 대해 자세히 설명하였다.

(1) 기타포괄손익-공정가치측정 금융자산의 후속 측정(case 1)

취득한 기타포괄손익-공정가치측정 금융자산의 공정가치가 지속적으로 상승하는 경우이다.

취득원가 20×0. 12. 27.	공정가치 20×0. 12. 31.	공정가치 20×1. 12. 31.
₩100	₩110	₩130

20×0년말에는 공정가치가 취득원가에 비해 ₩10이 증가하였으므로 다음과 같이 결산정리분개를 한다.

20×0년말 결산정리분개

(차) FVOCI금융자산 10 (대) FVOCI금융자산평가이익 10

기타포괄손익-공정가치측정 금융자산평가이익은 기타포괄이익이므로, 포괄손익계산서에 당기순이익 아래 기록한다. 이 기타포괄이익은 마감분개를 통해 재무상태표상의 자본항목인 기타포괄손익누계액에 반영된다.[8)]

한편, 20×1년말에는 기타포괄손익-공정가치측정 금융자산의 공정가치가 전년도말보다 증가하였으므로 결산정리분개를 하여야 한다. 20×1년도의 기타포괄손익-공정가치측정 금융자산평가이익은 공정가치 변화분(₩110 → ₩130)이므로 다음과 같이 결산정리분개를 한다.

20×1년말 결산정리분개

(차) FVOCI금융자산 20 (대) FVOCI금융자산평가이익 20

기타포괄손익-공정가치측정 금융자산평가이익은 포괄손익계산서에 기타포괄손익(당기순이익 하단에 기록)으로 기재한다. 동시에 이 금액은 자본의 기타포괄손익누계액에 반영된다. 즉 20×1년의 기타포괄손익누계액은 ₩30(=₩10+20)이 된다.

20×1년의 포괄손익계산서를 통하여 당기의 공정가치 변화분은 ₩20임을 알 수 있으며, 아울러 재무상태표에서 기타포괄손익-공정가치측정 금융자산의 공정가치는 ₩130이고, 기타포괄손익누계액을 통하여 공정가치는 취득원가에 비해 총 ₩30이 증가하였음을 알 수 있다.

---

8) 회계기간 말에 마감분개에서 당기손익 항목들은 집합손익계정을 통하여 재무상태표의 이익잉여금에 대체된다. 반면에, 기타포괄손익은 다음과 같은 마감분개를 통하여 재무상태표의 기타포괄손익누계액에 대체된다.

(마감분개) (차) FVOCI금융자산평가이익 10 (대) 기타포괄손익누계액 10

도표 9-3 ▶ 기타포괄손익-공정가치측정 금융자산의 후속 측정 (case 1)

포괄손익계산서 (20×0년)	
당기순이익	×××
FVOCI금융자산평가이익	10
포괄이익	××× + 10

재무상태표 (20×0년)	
자산	부채
	자본
FVOCI금융자산 110	기타포괄손익누계액 10

포괄손익계산서 (20×1년)	
당기순이익	×××
FVOCI금융자산평가이익	20
포괄이익	××× + 20

재무상태표 (20×1년)	
자산	부채
	자본
FVOCI금융자산 130	기타포괄손익누계액 30

(2) 기타포괄손익-공정가치측정 금융자산의 후속 측정(case 2)

취득한 기타포괄손익-공정가치측정 금융자산의 공정가치가 상승하였다가 하락한 경우이다.

취득원가 20×0. 12. 27.	공정가치 20×0. 12. 31.	공정가치 20×1. 12. 31.
₩100	₩110	₩90

20×0년말에는 공정가치가 취득원가에 비해 ₩10이 증가하였으므로 다음과 같이 결산정리분개를 한다.

20×0년말 결산정리분개

(차) FVOCI금융자산 10 (대) FVOCI금융자산평가이익 10

FVOCI금융자산평가이익은 기타포괄이익이므로, 포괄손익계산서에 당기순이익 아래 기록한다. 이 기타포괄이익은 마감분개를 통해 재무상태표상의 자본항목인 기타포괄손익누계액에 반영된다.

한편, 20×1년말에는 FVOCI금융자산의 공정가치가 전년도말보다 하락하였으므로 결산정리분개를 하여야 한다. 20×1년도의 FVOCI금융자산평가손실은 공정가치 변화분(₩110 → ₩90)이므로 다음과 같이 결산정리분개를 한다.

> **20×1년말 결산정리분개**
> (차) FVOCI금융자산평가손실 20 (대) FVOCI금융자산 20

FVOCI금융자산평가손실은 포괄손익계산서에 기타포괄손익(당기순이익 하단에 기록)으로 기재한다. 동시에 이 금액은 자본의 기타포괄손익누계액에 반영된다. 즉 20×1년의 기타포괄손익누계액은 －₩10 (＝₩10－20)이 된다.

20×1년의 포괄손익계산서를 통하여 당기의 공정가치는 ₩20이 하락하였음을 알 수 있으며, 아울러 재무상태표에서 FVOCI금융자산의 공정가치는 ₩90이고, 기타포괄손익누계액을 통하여 공정가치는 취득원가에 비해 총 ₩10이 하락하였음을 알 수 있다.

◀ 도표 9-4 기타포괄손익-공정가치측정 금융자산의 후속 측정 (case 2)

포괄손익계산서 (20×0년)	
당기순이익	×××
FVOCI금융자산평가이익	10
포괄이익	××× + 10

재무상태표 (20×0년)	
자산	부채
	자본
FVOCI금융자산 110	기타포괄손익누계액 10

포괄손익계산서 (20×1년)	
당기순이익	×××
FVOCI금융자산평가손실	(20)
포괄이익	××× − 20

재무상태표 (20×1년)	
자산	부채
	자본
FVOCI금융자산 90	기타포괄손익누계액 (10)

(3) 기타포괄손익-공정가치측정 금융자산의 후속 측정(case 3)

취득한 기타포괄손익-공정가치측정 금융자산의 공정가치가 하락하다가 상승한 경우이다.

취득원가 20×0. 12. 27.	공정가치 20×0. 12. 31.	공정가치 20×1. 12. 31.
₩100	₩90	₩110

20×0년말에는 공정가치가 취득원가에 비해 ₩10이 감소하였으므로 다음과 같이 결산정리분개를 한다.

> 20×0년말 결산정리분개
>
> (차) FVOCI금융자산평가손실 10 (대) FVOCI금융자산 10

FVOCI금융자산평가손실은 기타포괄손실이므로, 포괄손익계산서에 당기순이익 아래 기록한다. 이 기타포괄손실은 마감분개를 통해 재무상태표상의 자본항목인 기타포괄손익누계액에 반영된다.

한편, 20×1년말에는 FVOCI금융자산의 공정가치가 전년도말보다 증가하였으므로 결산정리분개를 하여야 한다. 20×1년도의 FVOCI금융자산평가이익은 공정가치 변화분(₩90 → ₩110)이므로 다음과 같이 결산정리분개를 한다.

> 20×1년말 결산정리분개
>
> (차) FVOCI금융자산 20 (대) FVOCI금융자산평가이익 20

FVOCI금융자산평가이익은 포괄손익계산서에 기타포괄손익(당기순이익 하단에 기록)으로 기재한다. 동시에 이 금액은 자본의 기타포괄손익누계액에 반영된다. 즉 20×1년의 기타포괄손익누계액은 ₩10 (=−10+20)이 된다.

20×1년의 포괄손익계산서를 통하여 당기의 공정가치 변화분은 ₩20임을 알 수 있으며, 아울러 재무상태표에서 FVOCI금융자산의 공정가치는 ₩110이고, 기타포괄손익누계액을 통하여 공정가치는 취득원가에 비해 총 ₩10이 증가하였음을 알 수 있다.

도표 9-5 ▶ 기타포괄손익-공정가치측정 금융자산의 후속 측정 (case 3)

포괄손익계산서 (20×0년)		재무상태표 (20×0년)	
당기순이익	×××	자산	부채
FVOCI금융자산평가손실	(10)		자본
포괄이익	××× − 10	FVOCI금융자산 90	기타포괄손익누계액 (10)

포괄손익계산서 (20×1년)		재무상태표 (20×1년)	
당기순이익	×××	자산	부채
FVOCI금융자산평가이익	20		자본
포괄이익	××× + 20	FVOCI금융자산 110	기타포괄손익누계액 10

(4) 기타포괄손익-공정가치측정 금융자산의 후속 측정(case 4)

취득한 기타포괄손익-공정가치측정 금융자산의 공정가치가 지속적으로 감소하는 경우이다.

취득원가 20×0. 12. 27.	공정가치 20×0. 12. 31.	공정가치 20×1. 12. 31.
₩100	₩90	₩70

20×0년말에는 공정가치가 취득원가에 비해 ₩10이 감소하였으므로 다음과 같이 결산정리분개를 한다.

20×0년말 결산정리분개

(차) FVOCI금융자산평가손실 10 (대) FVOCI금융자산 10

FVOCI금융자산평가손실은 기타포괄손실이므로, 포괄손익계산서에 당기순이익 아래 기록한다. 이 기타포괄손실은 마감분개를 통해 재무상태표상의 자본항목인 기타포괄손익누계액에 반영된다.

한편, 20×1년말에는 FVOCI금융자산의 공정가치가 전년도말보다 감소하였으므로 결산정리분개를 하여야 한다. 20×1년도의 FVOCI금융자산평가손실은 공정가치 변화분(₩90 → ₩70)이므로 다음과 같이 결산정리분개를 한다.

20×1년말 결산정리분개

(차) FVOCI금융자산평가손실 20 (대) FVOCI금융자산 20

FVOCI금융자산평가손실은 포괄손익계산서에 기타포괄손실(당기순이익 하단에 기록)로 기재한다. 동시에 이 금액은 자본의 기타포괄손익누계액에 반영된다. 즉 20×1년의 기타포괄손익누계액은 −₩30 (=−10−20)이 된다.

20×1년의 포괄손익계산서를 통하여 당기에 공정가치가 ₩20 감소하였음을 알 수 있으며, 아울러 재무상태표에서 FVOCI금융자산의 공정가치는 ₩70이고, 기타포괄손익누계액을 통하여 공정가치는 취득원가에 비해 총 ₩30이 감소하였음을 알 수 있다.

도표 9-6 ▶ 기타포괄손익-공정가치측정 금융자산의 후속 측정 (case 4)

포괄손익계산서 (20×0년)		재무상태표 (20×0년)	
당기순이익	×××	자산	부채
FVOCI금융자산평가손실	(10)		자본
포괄이익	××× − 10	FVOCI금융자산 90	기타포괄손익누계액 (10)

포괄손익계산서 (20×1년)		재무상태표 (20×1년)	
당기순이익	×××	자산	부채
FVOCI금융자산평가손실	(20)		자본
포괄이익	××× − 20	FVOCI금융자산 70	기타포괄손익누계액 (30)

위 네 가지 어느 경우에도 재무상태표일 현재 공정가치의 변화가 당기순손익에는 아무런 영향을 미치지 않음에 유의하기 바란다.

3. 기타포괄손익-공정가치측정 금융자산의 배당수익과 제거

앞의 〔예제〕를 통하여 기타포괄손익-공정가치측정 금융자산에 대한 공정가치의 변화가 당기순이익에 전혀 영향을 미치지 않음을 살펴보았다. 그렇다면 기타포괄손익-공정가치측정 금융자산에 대한 이익은 언제 인식할까?

타기업의 주식에 투자하는 경우에 투자수익은 배당수익과 처분손익으로 구분할 수 있음을 앞에서 살펴보았다. 기타포괄손익-공정가치측정 금융자산을 보유하여 배당금을 받는 경우에는 배당금을 지급받을 권리가 확정되는 시점에 배당금을 당기수익(배당수익)으로 인식한다.

한편, K-IFRS 제1109호(금융상품)에서는 금융자산 전체를 제거하는 경우에는 일차적으로 제거일에 공정가치로 측정하고, 그 이후에 금융자산의 장부금액과 수취한 대가의 차이를 처분손익으로 인식한다. 즉, 제거일에 공정가치 재측정 후 처분하는 회계처리를 하여야 한다.

제거일에 공정가치로 측정하면 제거일까지의 모든 공정가치 변화는 기타포괄손익누계액에 표시된다. 즉, 공정가치 변화로 인한 FVOCI금융자산평가손익은 당기순이익에 반영되지 않는다. 제거일에 금융자산의 장부금액(공정가치)과 수취한 대가가 차이나지 않으면, 즉 제거일에 거래원가가 발생하지 않으면 FVOCI금융자산처분손익은 나타나지 않는다. 한편, 제거일에 기타포괄손익누계액은 미처분이익잉여금으로 대체해 준다.

FVOCI금융자산평가손익과 FVPL금융자산평가손익의 처리를 이처럼 다르게 규정한 이유는 평가손익의 실현 시기가 양자 간에 현저히 다르기 때문이다. FVPL금융자산은 단기간 후에 처분될 것이라서 그 평가손익이 가까운 미래에 곧 실현될 것인 반면, FVOCI금융자산은 장기간 보유하게 될 것이라서 평가손익이 그처럼 가까운 미래에 실현되지 않을 것이다. 따라서 FVOCI금융자산평가손익은 보유기간 동안 계속 재무상태표 자본에 누적시켜 나가다가 최종 처분시점에서 한꺼번에 이익잉여금에 옮겨 적는 것이다.

summary 기타포괄손익-공정가치측정 금융자산의 회계처리 요약

① 최초인식 : 공정가치로 측정하며, 취득거래원가는 취득원가에 가산
② 후속 측정(결산정리분개) : 공정가치로 측정
- FVOCI금융자산평가손익 = 기말 공정가치 − 전기말 공정가치
- FVOCI금융자산평가손익은 당기손익 항목이 아니라 기타포괄손익 항목임
- 취득일 이후의 FVOCI금융자산 공정가치 총변화분은 재무상태표의 자본 중 기타포괄손익누계액에 기록됨

③ 배당 : 배당금 권리 확정 시점에 배당수익으로 인식
④ 제거 : 제거일에 공정가치로 측정한 후 처분

예제 9-5 기타포괄손익-공정가치측정 금융자산의 제거

앞의 〔예제 9-4〕의 〈CASE 1〉에서 2012년 5월 12일에 해당주식을 공정가치인 ₩150에 현금 처분하였다고 할 때 이와 관련한 처분거래를 분개하고, 특히 당기손익에 미치는 영향을 분석하라.

해답

취득 공정가치 20×0. 12. 27.	공정가치 20×0. 12. 31.	공정가치 20×1. 12. 31.	처분시 공정가치 20×2. 5. 12.
₩100	₩110	₩130	₩150

- 제거일에 공정가치 측정 :

  (차) FVOCI금융자산 20 (대) FVOCI금융자산평가이익 20

  이로써 FVOCI금융자산은 ₩130+20=₩150이 되며, FVOCI금융자산평가이익의 누계액(기타포괄손익누계액)은 ₩50이 된다.
- 처분 : (차) 현금 150 (대) FVOCI금융자산 150
- 누적평가손익을 이익잉여금으로 대체 :

  (차) 기타포괄손익누계액 50 (대) 미처분이익잉여금 50

FVOCI금융자산의 취득원가 ₩100과 처분일의 공정가치 ₩150 차이를 보유기간 전체의 이익(즉, 미처분이익잉여금)으로 인식한다.

참고로, 제거일에 공정가치로 측정하지 않고 처분 분개를 다음과 같이 하였다고 가정하자. 제거일에 공정가치로 측정하지 않으면, 직전연도말 장부상(도표 9-3 참조)에는 FVOCI금융자산 ₩130, 기타포괄손익누계액 ₩30이 있었다. 이들 금액을 모두 장부에서 없애고 처분가액과의 차이를 처분손익으로 다음과 같이 분개할 것이다.

(차) 현금	150	(대) FVOCI금융자산	130
기타포괄손익누계액	30	FVOCI금융자산처분이익	50

얼마전까지만 해도 이와 같이 회계처리를 하였다. 여기서 FVOCI금융자산처분이익은 당기손익으로 인식하였다. 즉, 처분 시점에서 처분가액과 취득원가의 차이를 한꺼번에 처분손익으로 인식하였다. 그런데, 이 회계처리의 결정적 문제가 무엇일까? 다시말해 FVOCI금융자산의 처분이 20×2년에 이루어졌다고 해서 20×2년 당기순이익에 반영하여야 하는가? 처분손익은 취득 이후 처분까지 전 보유기간 동안의 성과이므로 이를 특정 회계연도의 당기손익으로 인식하면 안된다.

예제 9-6

FVOCI금융자산의 회계처리

㈜세무는 (주)대한의 주식A를 취득하고 이를 기타포괄손익-공정가치측정 금융자산으로 '선택' (이하 "FVOCI") 지정분류하였다. 동 주식A의 거래와 관련된 자료가 다음과 같고 다른 거래가 없을 경우 설명으로 옳은 것은? (단, 동 FVOCI 취득과 처분은 공정가치로 한다.) (20CTA)

구분	20×0년 기중	20×1년 기말	20×2년 기말	20×3년 기중
회계처리	취득	후속평가	후속평가	처분
공정가치	₩100,000	₩110,000	₩98,000	₩99,000
거래원가	500			200

① 20×1년 기중 FVOCI 취득원가는 ₩100,000이다.
② 20×1년 기말 FVOCI 평가이익은 ₩10,000이다.
③ 20×2년 기말 FVOCI 평가손실이 ₩3,000 발생된다.
④ 20×3년 처분 직전 FVOCI 평가손실 잔액은 ₩2,000이다.
⑤ 20×3년 처분 시 당기손실 ₩200이 발생된다.

해답 ① FVOCI 취득시 거래원가는 취득원가에 가산한다. 즉, 취득원가는 ₩100,500이다.
② 20×1년 기말 FVOCI 평가이익은 기말공정가치와 취득원가의 차이,
즉 110,000 − 100,500 = 9,500
③ 20×2년 기말 FVOCI 평가손실 = 기말공정가치 − 기초공정가치
= 98,000 − 110,000 = 12,000

④ 20×3년 처분 직전 FVOCI 평가이익 = 처분시 공정가치 – 기초공정가치
= 99,000 – 98,000 = 1,000

20×3년 처분 직전 FVOCI 평가손실 잔액 (기타포괄손익누계액)
= 처분시 공정가치 – 취득원가
= 99,000 – 100,500 = (1,500)

⑤ 20×3년 처분 시 거래원가 ₩200은 당기손실로 인식한다.

제 5 절 관계기업투자와 연결재무제표

1. 지분상품 구입과 회계계정

기업에서 타기업에서 발행한 주식 중 20% 이상 50% 미만을 보유하고 있다면, 이때 타기업과는 밀접한 관계라 할 수 있으며, 회계상 **관계기업**(associates)이라 한다.[9] 만약 기업에서 타기업에서 발생한 주식 중 50% 이상을 보유하고 있다면, 이때 타기업과는 매우 밀접한 관계라 할 수 있으며, 회계상 **종속기업**(subsidiaries)이라 한다. 관계기업이나 종속기업에 대한 회계처리는 앞에서 공부한 FVPL금융자산이나 FVOCI금융자산의 회계처리와 다르다.[10]

◀ 도표 9-7 지분상품과 회계계정

지분율	피투자회사와의 관계	회계계정
20% 미만		FVPL금융자산 FVOCI금융자산
20% 이상 50% 미만	관계기업	관계기업투자주식
50% 이상	종속기업	종속기업투자주식

9) 남녀 간의 만남으로 비유한다면, FVPL금융자산, FVOCI금융자산은 남녀간의 단순한 친구 사이라고 할 수 있으며, 관계기업투자는 연인 사이라고 할 수 있고, 종속기업투자는 부부 사이라고 비유할 수 있다. 단순 친구 사이일 때에는 밖으로 나타난 표정(주가, 공정가치)이 중요하며, 연인 사이일 때에는 속마음(이익)이 중요하다. 한편, 부부 사이일 때에는 각각의 표정이나 속마음을 떠나 한 가정(연결재무제표)을 이룬다.

10) K-IFRS 제1039호(금융상품: 인식과 측정)은 K-IFRS 제1027호(연결재무제표와 별도재무제표), 제1028호(관계기업투자)에 따라 연결대상이 되는 종속기업, 지분법을 적용하여 회계처리하는 관계기업에는 적용하지 않는다.

2. 관계기업투자

(1) 관계기업

기업은 영업활동 수행과정에서 원자재를 안정적으로 공급받거나 시장의 경쟁심화를 예방하기 위하여 원자재 공급업체 또는 판매업체를 자기의 영향력 아래에 둘 필요를 느낀다. 이때 흔히 사용하는 방법이 타사의 의결권있는 주식(보통주)을 일정 지분 이상 취득하는 방법이다. 이렇게 하면 장기적으로 그 회사의(재무, 투자, 영업활동에 관한) 주요 의사결정에 있어서 영향력을 행사할 수 있다.

지분투자의 결과로 투자기업이 유의적인 영향력을 행사할 수 있게 된 피투자기업을 **관계기업**(associates)이라 한다. 투자자가 직접으로 또는 간접(예: 종속기업을 통하여)으로 피투자자에 대한 의결권의 20% 이상을 소유하고 있다면 유의적인 영향력(considerable influence)이 있는 것으로 본다.[11] 다만 유의적인 영향력이 없다는 사실을 명백하게 제시할 수 있는 경우는 제외한다. 반대로 투자자가 직접으로 또는 간접으로 피투자자에 대한 의결권의 20% 미만을 소유하고 있다면 유의적인 영향력이 없는 것으로 본다. 다만 유의적인 영향력이 있다는 사실을 명백하게 제시할 수 있는 경우는 제외한다.

투자자가 다음 중 하나 이상에 해당하는 경우 일반적으로 유의적인 영향력이 있다는 것이 입증된다.

- 피투자자의 이사회나 이에 준하는 의사결정기구에 참여
- 배당이나 다른 분배에 관한 의사결정에 참여하는 것을 포함하여 정책결정과정에 참여
- 투자자와 피투자자 사이의 중요한 거래
- 경영진의 상호 교류
- 필수적 기술정보의 제공

---

11) 의결권 있는 주식의 20% 산정시 합산 대상(간접보유 범위)과 관련하여 현행의 기업회계기준에서는 투자기업이 직접으로 또는 자신의 지배기업과 종속기업을 통하여 간접으로 투자한 경우 모두 합산하도록 하고 있으나, K-IFRS 제1028호(관계기업투자)에서는 투자기업이 직접으로 또는 자신의 종속기업을 통하여 간접으로 투자한 경우만 합산하도록 하고 있다.

(2) 지분법

관계기업에 대한 투자를 회계처리하는 계정은 관계기업투자주식(또는 지분법적용투자주식)이다. **K-IFRS** 제1028호(관계기업투자, investments in associates)에서는 **관계기업투자주식을 지분법**(持分法, equity method)에 의해 **회계처리**하도록 규정하고 있다. 지분법은 "지분법적용투자주식(또는 관계기업투자주식)"이라는 하나의 계정을 통해 피투자기업과의 관계를 반영한다는 측면에서 "한 줄 연결"(single-line consolidation)이라고도 한다. 지분법에 의한 관계기업투자주식의 회계처리는 앞에서 설명했던 단기매매주식이나 매도가능주식의 회계처리와 상당히 다르므로 유의하기 바란다.

지분법은 관계기업의 재무적 성과를 투자기업이 직접 달성한 재무적 성과로 취급하는 회계처리이다. 즉, 지분법은 관계기업에서 "부의 창출(wealth creation)" 시점에 투자기업의 투자자산 가치 증가를 인식한다. 앞 장에서 설명한 단기금융주식이나 매도가능주식에서는 피투자기업이 현금배당을 선언할 때, 즉 피투자기업에서 "부의 분배(wealth distribution)" 시점에서 배분된 결과만을 투자기업의 투자가치 증가로 기록한다는 측면에서 회계처리가 매우 상이하다.

관계기업투자주식을 보유하는 목적은 주가차익이나 배당수익보다는 관계기업(피투자회사)을 장기적으로 지배 · 통제하면서 경영의사결정에 직접 참여하여 중대한 영향력을 행사하고, 관계기업이 벌어들이는 경영성과를 투자회사가 함께 공유하자는 데 있는 것으로 본다. 지분법을 사용하면 관계기업의 흥망성쇠가 투자회사의 회계보고서에 그대로 여과없이(= 투명하게) 담기게 된다.

지분법 회계처리를 결산정리(평가), 배당, 처분 사건으로 구분하여 살펴 보자.

① **결산정리분개** : 관계기업투자주식에 대해서는 결산일에 관계기업의 경영성과를 반영하기 위하여 관계기업의 당기순이익에 투자회사의 지분비율을 곱한 금액을 투자이익으로 보고, 동 금액을 관계기업투자주식계정 차변과 지분법이익계정(수익) 대변에 분개한다.[12)]

---

12) 앞에서 단기매매주식은 남녀 간의 단순한 친구 사이라고 할 수 있으며, 관계기업투자는 연인 사이로 비유하였다. 단순 친구 사이일 때에는 밖으로 나타난 표정(주가, 공정가치)이 중요하므로 상대방의 속마음(이익)에 따라 일희일비할 필요가 없다. 대부분의 경우 속마음이 기쁘면 웃는 표정이고, 속마음이 슬프면 찡그린 표정이 나타난다. 그러나, 속마음이 기쁘면서도 찡그린 표정을 지을 수 있으며, 반대의 경우도 있다. 연인 사이(관계기업투자)일 때에는 밖으로 나타난 표정(주가, 공정가치)이 아니라 상대방의 속마음(이익)이 중요하다.

> **관계기업의 당기순이익 보고**
>
> (차) 관계기업투자주식 ××× (대) 지분법이익 ×××
>
> * 금액은 관계기업의 당기순이익×투자회사의 지분비율

② **배당금** : 투자회사는 관계기업에서 배당금 지급을 결의한 시점에 **투자회사가 수취하게 될 배당금 금액을 관계기업투자주식에서 직접 차감**한다. 투자 회수(disinvestment, divestiture)가 이루어졌다고 보기 때문이다. 단기매매주식이나 매도가능주식의 경우에는 배당금을 받을 권리가 확정되는 시점에 배당수익으로 인식한 반면에, 관계기업투자주식의 경우에는 배당수익을 인식하는 것이 아니라 그 금액을 관계기업투자주식에서 직접 차감한다는 점이 매우 차이난다.

> **관계기업으로부터 배당금 수령**
>
> (차) 현 금 ××× (대) 관계기업투자주식 ×××

회계학을 처음 공부하는 학생들에게 이 부분이 이해가 안되는 부분이므로 논리적으로 그 이유를 살펴 보자. 관계기업투자주식에서는 관계기업의 순이익에 대해 지분율을 곱하여 투자이익(지분법이익)을 인식함과 동시에 투자주식의 가치를 증가시킨다. 그런데, 관계기업에서 배당을 하게 되면 어떻게 될까? 배당이란 순이익(이익잉여금)이 기업 밖으로 유출되는 것이다. 배당이 이루어지면 관계기업의 현금이 감소하고 이익잉여금 감소로 인해 순자산이 감소한다. 즉, 관계기업투자주식의 가치가 줄어들게 된다.

이처럼 관계기업투자주식의 경우에는 배당금 수령액에 의하지 않고, 관계기업이 실현한 순이익에 지분비율을 곱한 금액으로 투자이익을 결정한다는 점에 유의하여야 한다.

③ **처분** : 관계기업투자주식을 처분하는 경우에는 관계기업투자주식계정만 제거하면 된다. 지분법손익계정은 손익 항목으로서 매기 포괄손익계산서에 반영되면서 소멸되었기 때문이다. 따라서 관계기업투자주식의 처분금액과 장부금액을 비교하여 관계기업투자주식처분손익이라는 손익을 인식하면 된다.

관계기업투자주식처분손익 = 처분금액 - 장부금액

관계기업투자주식의 일부를 처분하게 되어 피투자회사에 대한 유의적인 영향력을 상실하게 되면, 지분법 적용을 중단하고 해당 주식을 단기매매금융자산이나 매도가능금융자산으로 재분류한다.

summary 관계기업투자주식의 회계처리 요약

① 최초인식 : 피투자자에 대한 의결권의 20% 이상을 소유하고 있다면 유의적인 영향력을 미치는 것으로 보며, 관계기업투자주식으로 인식

② 후속 측정(결산정리분개) :
- 관계기업의 이익 : 지분율만큼 관계기업투자주식을 증가시키고 지분법이익(당기손익 항목)을 인식
- 관계기업주식의 공정가치는 고려할 필요 없음

③ 관계기업에서 배당금 지급을 결의한 시점에 투자회사가 수취하게 될 배당수익을 관계기업투자주식에서 직접 차감

④ 제거 : 관계기업투자주식처분손익 = 처분금액 - 장부금액

예제 9-7 관계기업투자주식의 회계처리

아래 일련의 거래를 분개하라.

① 20×1. 1. 5.에 A사는 장기지배통제 목적으로 B사 보통주 총발행주식의 30%를 ₩500,000에 취득하고 수표를 발행하여 지급하였다.

② 20×1. 12. 31. 현재 B사의 당기순이익은 ₩180,000이다.

③ 20×2. 4. 7.에 A사는 B사로부터 현금배당을 ₩39,000을 받았다.

④ 20×2. 5. 6.에 A사는 B사주식 전부를 현금 ₩520,000에 처분하였다.

해답

① 20×1. 1. 5

(차) 관계기업투자주식	500,000	(대) 당좌예금	500,000

② 20×1.12.31. B사 순이익의 30%는 ₩54,000임.

(차) 관계기업투자주식	54,000	(대) 지분법이익	54,000

③ 20×2. 4. 7.

(차) 현 금	39,000	(대) 관계기업투자주식	39,000

④ 20×2. 5. 6.

관계기업투자주식의 장부금액 = ₩500,000 + ₩54,000 − ₩39,000 = ₩515,000

처분이익 = 처분금액 - 장부금액 = ₩520,000 - ₩515,000 = ₩5,000

(차) 현 금	520,000	(대) 관계기업투자주식	515,000
		관계기업투자주식처분이익	5,000

3. 연결재무제표

지배기업(parent company)이 직접으로 또는 종속기업을 통하여 간접으로 기업 의결권의 과반수를 소유하는 경우에는 지배기업이 그 기업을 지배한다고 본다.[13] 이때 다른 기업(지배기업)의 지배를 받고 있는 기업을 **종속기업**(subsidiaries)이라 한다.

K-IFRS가 종전의 기업회계기준과 달라진 부분 중 대표적인 사항은, **종속기업이 있을 경우 지배기업은 반드시 연결재무제표**(consolidated financial statements)**를 작성해야 한다는 점이다.**[14] 연결재무제표는 단일 경제적 실체의 재무제표로 표시되는 연결실체의 재무제표를 말한다. 즉, 법률적으로 종속회사들이 독립적이지만, 경제적 관점에서는 단일 실체라고 간주하여 연결재무제표를 작성해야 하며, 이 연결재무제표가 지배기업의 주된 재무제표이다.

K-IFRS 제1027호(연결재무제표와 별도재무제표)에 의하면 연결실체(지배기업과 그 지배기업의 모든 종속기업)의 자산, 부채, 자본, 수익, 비용을 같은 항목별로 합산하여 연결재무제표를 작성한다.

그런데 연결실체의 재무제표를 단순합산하여서는 안되며, 연결실체 내의 거래 및 이와 관련된 잔액은 모두 제거해야 한다. 그 이유를 간략하게 살펴 보자. A(지배기업)가 B(종속기업)에게 상품 원가 ₩100을 ₩120에 팔았으며, 이 상품을 다시 B가 A에게 ₩150에 팔았다고 하자. 모든 거래원가는 없다고 가정한다. 이 거래로 인해 회계상으로는 A기업은 매출총이익 ₩20(매출액 120, 매출원가 100)을, B기업은 매출총이익 ₩30(매출액 150, 매출원가 120)을 인식할 것이다. 그런데, 이 거래의 경제적 실질은 무엇일까? 눈치를 챘겠지만, 경제적 실질은 아무런 변화가 없다는

---

13) 다음의 경우에는 지배기업이 다른 기업 의결권의 절반 또는 그 미만을 소유하더라도 지배한다고 본다.
- (1) 다른 투자자와의 약정으로 과반수의 의결권을 행사할 수 있는 능력이 있는 경우
- (2) 법규나 약정에 따라 기업의 재무정책과 영업정책을 결정할 수 있는 능력이 있는 경우
- (3) 이사회나 이에 준하는 의사결정기구가 기업을 지배한다면, 그 이사회나 이에 준하는 의사결정기구 구성원의 과반수를 임명하거나 해임할 수 있는 능력이 있는 경우
- (4) 이사회나 이에 준하는 의사결정기구가 기업을 지배한다면, 그 이사회나 이에 준하는 의사결정기구의 의사결정에서 과반수의 의결권을 행사할 수 있는 능력이 있는 경우

14) 별도재무제표를 작성하기로 선택하거나 법규 등에서 작성하도록 규정함에 따라 별도재무제표를 작성하는 경우에는 종속기업, 관계기업은 원가나 K-IFRS 제1039호(금융상품: 분류와 측정)에 따라 회계처리한다.

◀ 도표 9-8
연결재무제표

재무상태표(A기업)

자 산	1,000	부 채	600
		자 본	400

재무상태표(B기업)

자 산	200	부 채	150
		자 본	50

→

연결재무상태표(A기업)

자 산	1,200	부 채	750
		지배기업의 소유주에게 귀속되는 자본	425
		비지배지분	25

포괄손익계산서(A기업)

…	
당기순이익	100
…	

포괄손익계산서(B기업)

…	
당기순이익	30
…	

→

연결포괄손익계산서

…	
당기순이익	130
…	
총포괄이익	×××
당기순이익의 귀속 :	
지배기업의 소유주	115
비지배지분	15

점이다. 위의 간단한 예에서 볼 수 있듯이 두 기업이 지배-종속의 관계라면 위와 같은 내부거래를 통해 얼마든지 매출액, 이익, 자산 등을 마음대로 조작할 수 있다.

아울러 지배기업의 각 종속기업에 대한 투자자산의 장부금액과 각 종속기업의 자본 중 지배기업지분을 상계한다. 따라서 연결재무제표를 작성하면 종속기업투자라는 항목은 나타나지 않는다.

실제로 지배회사와 종속회사의 연결재무제표를 작성하는 것은 본 서의 범위를 벗어나므로 생략하고, 연결재무제표에 대한 개념을 그림으로 설명하기로 한다.

지배기업(A)은 종속기업(B)의 지분 50%를 보유하고 있으며, 연결실체의 내부거래를 제거한 후 각각의 재무제표는 왼쪽과 같다고 하자. A의 연결재무제표는 오른쪽과 같이 작성한다.

연결재무상태표를 작성할 때, 연결대상 종속기업의 순자산 중 **비지배지분**[15]은 지배기업의 소유지분의 순자산과 구분하여 별도로 식별한다. 본 예에서는 비지배지분은 B기업의 자본(내부거래를 제거한 후) ₩50에 비지배지분율 50%를 곱한 금액인 ₩25이 된다.

연결포괄손익계산서를 작성할 때에도 연결실체의 수익과 비용을 합쳐 총포괄이익을 산출하고, 그 하단에 보고기간의 연결대상 종속기업의 당기순손익 중 비지배지분을 식별한다. 본 예에서는 비지배지분에 귀속되는 당기순이익은 B기업의 (내부거래를 제거한 후) 당기순이익 ₩30에 비지배지분율 50%를 곱한 금액인 ₩15이 된다.

---

15) 비지배지분(non-controlling interests)이란 종속기업의 지분 중 지배기업에게 직접으로 또는 간접으로 귀속되지 않는 지분이며, 과거에는 '소수주주지분' (minority interest)이라고 하였다. 그러한 용어의 변경은 기업에 대한 소수주주지분의 소유주가 그 기업을 지배할 수 있고 반대로, 대주주지분의 소유주가 그 기업을 지배할 수 없을 수도 있다는 사실을 반영한 것이다. 기업에 대한 지배지분을 소유하지 않는 소유주의 지분을 기술할 때 '소수주주지분' 보다 '비지배지분' 이 더 정확한 표현이다.

제 9 장 연 습 문 제

금융자산

01 FVPL금융자산의 기말평가

A사가 20×1년도말 현재 보유 중인 단기매매주식은 다음과 같다. 이 회사에서는 단기매매주식 개별종목별로 따로따로 평가하지 않으며, 포트폴리오 전체에 대하여 평가한다. A사가 20×1년도말 결산시에 해야 할 분개는?

	취득원가	공정가치
E주식	₩120,000	₩100,000
F주식	180,000	150,000
G주식	200,000	280,000
	₩500,000	₩530,000

02 취득거래원가

20×1년 8월 1일에 증권회사에서 A사 상장주식을 ₩300,000에 구입하고 수수료 ₩3,000과 함께 ₩303,000의 당좌수표를 발행하여 지급하다. 이 주식의 연말 공정가치는 ₩301,000이다.

물음

(1) 위 주식을 단기매매 목적으로 취득하였으며, 향후 이 주식들을 적극적이고 빈번하게 매매할 예정이다. 취득분개와 결산정리분개를 하라.

(2) 위 주식을 장기보유 목적으로 취득하고, 이를 FVOCI금융자산으로 지정분류하였다. 취득분개와 결산정리분개를 하라.

03 FVOCI금융자산의 결산정리분개

20×1. 3월에 주식을 ₩80,000에 취득하였으며, 이를 기타포괄손익-공정가치측정 금융자산으로 '선택'(이하 "FVOCI") 지정분류하였다.

물음

아래의 각 경우에 20×2년말 결산정리분개를 하고 아울러 재무상태표상의 기타포괄손익누계액을 구하라.

(1) 20×1년말 공정가치 ₩100,000, 20×2년말 공정가치 ₩130,000일 때

(2) 20×1년말 공정가치 ₩70,000, 20×2년말 공정가치 ₩120,000일 때

04 FVOCI금융자산의 결산정리분개

20×1. 3월에 주식을 ₩150,000에 취득하였으며, 이를 FVOCI금융자산으로 지정분류하였다.

물음

아래의 각 경우에 20×2년말 결산정리분개를 하고 아울러 재무상태표상의 기타포괄손익누계액을 구하라.

(1) 20×1년말 공정가치 ₩180,000, 20×2년말 공정가치 ₩160,000일 때

(2) 20×1년말 공정가치 ₩100,000, 20×2년말 공정가치 ₩140,000일 때

05 FVOCI금융자산의 회계처리

(주)한국은 20×1. 6. 28.에 (주)성우의 주식을 장기 보유 목적으로 취득하였으며, 이를 FVOCI금융자산으로 지정분류하였다. 이와 관련한 정보는 다음과 같다.

취득원가 20×1. 6. 28	공정가치 20×1. 12. 31	공정가치 20×2. 12. 31.	공정가치 20×3. 12. 31	처분시 공정가치 20×4. 4. 1.
₩200,000	₩190,000	₩250,000	₩280,000	₩260,000

물음

각 연도에 필요한 분개를 하고, 재무상태표와 포괄손익계산서에 관련 사항을 기록하라.

06 매도가능주식의 회계처리

(주)한국은 20×1. 6. 28.에 (주)오성의 주식을 장기 보유 목적으로 취득하였으며, 이를 기타포괄손익-공정가치측정 금융자산으로 '선택' (이하 "FVOCI") 지정분류하였다. 그 이후에 20×3. 4. 1.에 처분하였다. 이와 관련한 정보는 다음과 같다.

취득원가 20×1. 6. 28	공정가치 20×1. 12. 31	공정가치 20×2. 12. 31.	처분시 공정가치 20×3. 4. 1.
₩5,000,000	₩5,600,000	₩5,300,000	₩5,400,000

물음

(1) 취득일에 분개를 하라.

(2) 20×1. 12. 31. 결산정리분개를 하라. 20×1년도 당기순이익 및 총포괄이익에 미치는 영향은 각각 얼마인가?

(3) 20×2. 12. 31. 결산정리분개를 하라. 20×2년도 당기순이익 및 총포괄이익에 미치는 영향은 각각 얼마인가?

(4) 처분일에 분개를 하라.

07 FVOCI금융자산의 처분

한국기업에서는 20×1년 3월 15일에 A기업의 주식을 장기 보유 목적으로 취득하였으며, 이를 FVOCI금융자산으로 지정분류하였다. 이 주식은 A기업에서 발행한 총주식의 5%에 해당한다. 한국기업의 20×1년 재무상태표에는 이 주식에 대한 내용이 다음과 같이 기재되어 있다.

재무상태표 (20×1년 12월 31일)

자산		부채	
		자본	
FVOCI금융자산	110	기타포괄손익누계액	10

한국기업에서는 이 주식을 20×2년 8월 10일에 ₩115에 처분하였다.

물음

(1) 주식의 취득원가를 구하라.
(2) 처분일의 거래를 분개하라.

08 FVPL금융자산과 FVOCI금융자산

A기업은 20×1년 5월 1일에 B기업의 주식을 ₩95,000에 취득하였다. 이 주식의 공정가치는 20×1년말 ₩97,000이며, 20×2년말 ₩98,000이며, 20×3년초에 ₩98,200에 처분하였다.

물음

(1) 주식 보유와 처분으로 인한 총이익 증가액은 얼마인가?
(2) FVPL금융자산으로 분류할 경우 20×1년, 20×2년, 20×3년의 당기순이익에 미치는 영향은 각각 얼마인가?
(3) FVOCI금융자산으로 지정분류하였을 경우, 20×1년, 20×2년, 20×3년의 당기순이익에 미치는 영향은 각각 얼마인가?

09 관계기업투자주식의 회계처리

아래 일련의 거래를 분개하라.

① 20×1. 1. 5.에 A사는 장기지배통제 목적으로 B사 보통주 총발행주식의 30%를 ₩500,000에 취득하고 수표를 발행하여 지급하였다.
② 20×1. 12. 31. 현재 B사주식의 공정가치는 ₩540,000이고, 20×2년도 당기순이익은 ₩180,000이다.
③ 20×2. 4. 7.에 A사는 B사로부터 현금배당을 ₩39,000을 받았다.
④ 20×2. 5. 6.에 A사는 B사주식 전부를 현금 ₩540,000에 처분하였다.

CHAPTER

10 비유동자산

본 장에서는 장기에 걸쳐 사용하거나 또는 장기간 후에 현금으로 전환할 목적으로 보유하는 비유동자산 가운데 유형자산과 무형자산을 중심으로 설명한다.

특히 유형자산 회계에서 중요한 주제는 유형자산의 인식, 다양한 감가상각방법에 의한 감가상각비의 계산, 유형자산의 평가에 관한 회계처리이다. 아울러 무형자산과 관련하여 무형자산의 인식과 상각을 자세히 살펴 볼 것이다.

제 1 절 유형자산

1. 유형자산의 의의와 종류

자산은 보유기간의 장단에 따라 장기 및 단기자산으로 구분되기도 하지만 또한 물리적 형체가 존재하는가의 여부에 따라 유형자산과 무형자산으로 구분되기도 한다. 엄밀히 말하면 유형자산이란 물리적 형체가 있는 자산을 지칭하는 말이기 때문에 장기 및 단기의 형체있는 자산이 모두 포함되지만, **K-IFRS**에서는 이 중 장기유형자산만을 유형자산이라고 부르고 있다.

유형자산(property, plant and equipment)이란 기업활동(재화나 용역의 생산이나 제공, 타인에 대한 임대 또는 관리활동)에 사용(use)할 목적으로 보유하는 물리적 형체가 있는 자산으로서, 1년을 초과하여 사용할 것으로 예상되는 자산을 말한다. 유형자산은 일반적으로 기업이 보유하는 자산 중 비중이 가장 크고 또한 중요하다.

유형자산으로 인식되기 위해서는 다음의 인식기준을 모두 충족하여야 한다.

① 자산으로부터 발생하는 미래경제적효익이 기업에 유입될 가능성이 높다.
② 자산의 원가를 신뢰성 있게 측정할 수 있다.

유형자산 중 자주 등장하는 계정과목은 다음과 같다.

① **토지**(land) : 현재의 영업활동에 사용되고 있는 토지를 말하며, 영업용 건물이 들어서 있는 대지, 그리고 농산물 생산 · 판매회사의 논과 밭 등을 지칭한다. 투자 목적으로 보유하고 있는 토지는 토지계정에 기재하지 않고 투자자산 중의 투자부동산계정으로 기재한다. 토지는 다른 유형자산과 달리 감가상각의 대상이 되지 않는 것이 특징이다.
② **건물** : 건물, 냉난방, 전기, 통신 및 기타의 건물부속설비 등이다.
③ **구축물**(land improvements) : 토지의 가치를 높이기 위해 마련된 구조물이며, 교량, 궤도, 도로, 주차장, 울타리, 조명시설, 스프링클러(sprinkler) 등이다.
④ **기계장치** : 기계장치, 운송설비(콘베이어, 호이스트, 기중기 등)와 기타의 부속설비 등이다.
⑤ **건설중인자산**(construction in progress) : 유형자산의 건설을 위한 재료원가, 노무원가 및 제조간접원가를 투입한 금액을 포함한다. 건설중인자산 역시 토지와 함께 감가상각의 대상이 되지 않는데, 그 이유는 아직 영업활동에 사용

되지 않고 있기 때문이다. 건설이 완성되면 해당 유형자산(예: 건물, 기계장치)으로 대체한다.

이 이외에도 차량운반구, 선박, 항공기, 집기, 비품 등이 유형자산에 속한다.

유형자산에 대한 회계처리의 핵심은 크게 ① 취득원가의 결정, ② 결산정리분개, ③ 유형자산의 평가 등 세 가지이다. 다른 자산에 비해 취득원가가 클 뿐만 아니라 취득과정 또한 유형자산마다 다양하기 때문에 각각의 특성을 고려한 취득원가 결정이 중요한 회계문제가 된다. 또한 장기간에 걸쳐 영업활동에 사용되는 동안 어떻게 비용(감가상각비)으로 인식할 것인가 하는 점도 중요한 회계 문제가 된다. 아울러 유형자산의 가치 변화를 어떻게 반영할 것인가 하는 평가의 문제도 회계의 중요한 이슈이다.

2. 유형자산의 취득

유형자산의 취득은 유가증권이나 재고자산의 취득에 비해 취득기간이 상대적으로 길고 부대원가가 많이 소요될 뿐만 아니라 기업에서 유형자산을 취득하는 방법은 매우 다양하다. 기업 외부에서 매입할 수도 있고, 기업 내부에서 자가제작 또는 건설할 수도 있으며, 현물출자, 증여, 교환 등의 방법으로도 취득할 수 있다. 여기에서는 가장 전형적인 방법인 매입에 의한 취득의 경우를 살펴 본다.

유형자산은 원가로 측정한다. 매입에 의한 유형자산의 원가는 인식시점의 현금가격 상당액이다. 이때 유형자산의 원가는 다음의 요소로 구성된다.[1)]

① 관세 및 환급불가능한 취득관련 세금을 가산하고 매입할인과 리베이트 등을 차감한 구입가격

② **부대원가** : 경영진이 의도하는 방식으로 자산을 가동하는 데 필요한 장소와 상태에 이르게 하는 데 직접 관련되는 원가

---

1) K-IFRS 제1016호(유형자산)에 의하면 순구입가격과 부대원가 이외에도 자산을 해체, 제거하거나 부지를 복구하는 데 소요될 것으로 최초에 추정되는 원가가 포함된다. 원상복구를 위하여 시설물을 제거, 해체하거나 또는 부지를 복원할 의무에 따른 유형자산 **복구원가**(restoration costs)는 충당부채의 인식요건을 충족하는 시점에 최초로 추정한 복구소요액을 적절한 할인율로 할인한 현재가치를 유형자산에 포함한다. 그리고 복구충당부채 발생을 기록한다. 복구원가를 취득원가에 포함시키는 이유는 자산을 사용하기 위해 반드시 부담해야할 원가이기 때문이다. 즉, 취득 시점에서 발생하는 지출과 사용종료후 발생할 복구원가는 자산을 취득하지 않았더라면 회피할 수 있었을 원가라는 점에서 동질적이기 때문이다.

다른 자산들에 비하여 유형자산은 본래 의도한 사용목적에 적합한 상태에 이르기까지 발생하는 부대원가가 커서 금액이 상대적으로 중요성을 띤다. 부대원가에 속하는 예로는 설치장소 준비를 위한 원가, 최초의 운송 및 취급관련 원가, 설치원가 및 조립원가, 유형자산이 정상적으로 작동되는지 여부를 시험하는 과정에서 발생하는 원가(시운전원가, 시험생산원가 등), 전문가에게 지급하는 수수료 등이 있다.

유형자산의 취득원가 = 순거래가격 + 부대원가

예제 10-1

매입에 의한 유형자산의 취득

A사는 공장 확장에 필요한 기계장치를 D중공업으로부터 구입하였다. 다음은 이와 관련하여 발생한 금액들이다.

순수한 기계구입대금	₩700,000	공장까지의 운임	₩30,000
공장내 설치원가	20,000	시운전원가	50,000

물음 D중공업으로부터의 기계구입대금은 외상이었으며, 연말까지 지급하기로 하였다. 운임, 설치원가, 시운전원가는 모두 수표를 발행하여 지급하였다. 기계취득 거래를 분개하라.

해답

(차) 기 계 장 치	800,000	(대)	미 지 급 금	700,000
			당 좌 예 금	100,000

토지의 취득원가

새로운 건물을 신축하기 위하여 낡은 건물이 있는 토지를 취득하고 그 건물을 철거하는 경우에 발생하는 철거관련금액은 토지의 취득원가에 포함할까 혹은 새로운 건물의 취득원가에 포함할까 아니면 당기비용으로 회계처리해야 할까?

(답) 건물을 신축하기 위하여 사용 중인 기존 건물을 철거하는 경우 철거비용은 전액 당기비용으로 처리한다. 다만 새 건물을 신축하기 위하여 기존 건물이 있는 토지를 취득하고 그 건물을 철거하는 경우에 발생하는 철거 관련금액은 토지의 취득원가에 포함한다. 즉, 토지를 사용가능하도록 하기 위해서는 낡은 건물을 철거하여야 한다. 따라서 토지의 취득원가에 포함한다.

타인자본에 대한 차입원가

건물을 건설하기 위해서는 많은 자금이 필요하다. 자기자본으로 충당하기도 하지만 많은 경우 금융기관에서 자금을 빌리는 경우도 많다. 이러한 경우 타인자본에 대한 차입원가(이자비용 등)는 취득원가에 산입할까?

(답) 원칙적으로 모든 금융비용은 당기비용으로 인식한다. 다만, K-IFRS 제1023호(차입원가, borrowing costs)에 의하면 적격자산의 취득, 건설 또는 제조와 직접 관련된 차입원가는 당해 자산 원가의 일부로 자본화하여야 한다. 여기서 적격자산(a qualifying asset)이란 의도된 용도로 사용하거나 판매가능한 상태에 이르게 하는 데 상당한 기간을 필요로 하는 자산을 뜻한다. 자본화(capitalization)는 관련 금액을 자산의 취득원가로 인식하는 회계처리이다.

3. 취득 후의 후속 원가: 자본적 지출과 수익적 지출

유형자산을 취득하여 사용하는 중에도 그 자산과 관련된 여러 가지 지출이 발생한다. 이러한 지출 중에는 당기 영업활동에 관련된 정상적인 수선비 또는 유지비의 성질이 있는 것도 있고 자산의 근본적인 기능 또는 성질에 중대한 변화를 초래하는 것도 있다. 이때 발생하는 회계적 문제는 이 유형자산에 대한 후속 원가를 당기비용으로 볼 것인가 아니면 자산(= 투자)으로 볼 것인가 하는 점이다.

(1) 자본적 지출

유형자산의 취득 또는 완성 후의 지출이 가장 최근에 평가된 성능 수준을 초과하여 미래경제적효익을 증가시키는 경우에는 **자본적 지출**로 처리한다. 이러한 자본적 지출의 대표적 유형은 다음과 같다.

① **새로운 공정의 채택 또는 생산능력의 증대** : 기존 생산설비에 새로운 기계장치를 추가시켜 새로운 공정을 채택하거나 생산능력을 증가시키는 경우이다. 자본적 지출에는 기존 설비를 확장하는 증설(addition)뿐만 아니라, 주요 부품이나 구성요소의 정기적 교체, 유형자산의 일부 대체 및 정기적인 종합검사 등이 이에 해당한다. 예를 들어, 냉난방 장치의 설치, 용광로의 내화 벽돌 교체나 항공기 좌석 등의 내부설비 교체, 건물 인테리어 벽의 대체, 항공기의 결함에 대한 정기적인 종합검사 등이 자본적 지출에 해당한다.

② **원가 절감 또는 품질 향상** : 개선이나 재배치 혹은 보조장치의 부착 등으로 조업능률이 상당히 증가되거나 혹은 유형자산이 제공하는 용역의 질이 실질적으로 향상하는 경우이다.

③ 내용연수나 잔존가치의 연장 : 유형자산에 대한 대폭적인 수선을 통하여 실질적인 경제적 내용연수가 연장되거나 잔존가치가 증가하는 경우이다.

이러한 지출은 일반적으로 금액이 크다. 자본적 지출은 일단 당해 자산의 취득원가에 가산한 후, 지출의 효과가 나타날 미래기간에 걸쳐 감가상각을 통하여 조금씩 비용으로 배분하는 것이 타당하다.

(2) 수익적 지출

일상적인 수선 · 유지와 관련하여 발생하는 지출을 수익적 지출이라 한다. 이러한 지출은 해당 유형자산의 장부금액에 포함하여 인식하지 아니하며, 발생시점에 당기손익으로 인식한다. 일상적인 수선 · 유지 과정에서 발생하는 원가는 주로 노무비와 소모품비로 구성되며 사소한 부품원가가 포함될 수도 있다. 유형자산의 수선 유지를 위한 지출은 해당 자산으로부터 당초 예상되었던 성능 수준을 회복하거나 유지하기 위한 것이므로 일반적으로 발생한 기간의 비용(수선유지비)으로 인식한다. 예를 들어, 공장설비에 대한 유지 보수나 수리를 위한 지출은 당초 예상되었던 성능 수준을 향상시키기보다는 유지하기 위한 지출이다.

이러한 지출은 그 지출의 효과가 당기의 수익을 창출하는 데만 영향을 미치고 미래기간에는 효익을 제공하지 않기 때문에 수익비용의 대응의 원칙에 따라 수익이 창출되는 당기의 비용으로 인식한다. 일반적으로 수익적 지출은 금액이 작은 것이 특징이다.

(3) 자본적 지출과 수익적 지출의 비교

특정 지출을 수익적 지출로 처리하느냐 또는 자본적 지출로 처리하느냐에 따라 포괄손익계산서상의 당기순이익은 물론, 재무상태표상의 자산 총액이 달라지게 된다. 즉, 수익적 지출로 처리하여야 할 것을 자본적 지출로 처리하게 되면 그 사업연도의 이익이 과대 계상될 뿐만 아니라 유형자산이 과대 계상되며, 이와 반대로 자본적 지출로 처리하여야 할 것을 수익적 지출로 처리하게 되면 비용이 과대 계상되고 유형자산이 과소 평가되는 결과를 초래한다.

summary 자본적 지출과 수익적 지출

자본적 지출(capital expenditure)
1. 효과가 장기간에 걸쳐 발생하는 지출
2. 생산력 증대, 내용연수 연장, 상당한 원가절감이나 품질 향상을 가져오는 지출
3. 당해 자산의 취득원가에 가산한 후, 미래기간에 걸쳐 조금씩 비용화(감가상각 절차를 통함)

수익적 지출(revenue expenditure)
1. 효과가 단기간에 종료하는 지출
2. 금액이 작거나, 자산의 원상회복 · 능률유지를 위한 지출
3. 전액 당기 비용으로 처리

4. 유형자산의 결산정리: 감가상각

(1) 감가상각의 의의

만일 영업활동에 사용할 목적으로 원가 10억원의 건물을 취득한 후, 이의 수명을 30년으로 예상하는 한편, 30년 뒤에는 낡은 건물을 처분하여 1억원을 회수할 것으로 추정했다면, 결국 기업이 부담하는 건물 사용비용은 얼마이며, 기업은 이 비용을 언제 포괄손익계산서에 기록하여야 하는가?

위 예에서 30년간에 걸친 건물의 사용원가는 9억원이다. 이처럼 취득원가에서 예상 사용기간(**내용연수**라 함, useful life) 말의 예상 처분가액(**잔존가치**라 함, salvage or residual value)을 차감한 금액을 **감가상각대상금액**(depreciation base)이라고 하는데, 이는 30년이라는 전체 수명기간 동안의 원가로 보아야 한다. 따라서 이 금액을 매 회계기간별로 배분하는 회계처리인 **감가상각**(減價償却, depreciation)이 필요하게 된다. 그래야만 회계기간별 수익 · 비용의 대응이 적절히 이루어지기 때문이다. 결국 감가상각이란 유형자산의 취득원가에서 잔존가치를 차감한 감가상각대상금액을 그 자산의 내용연수 동안 체계적으로 배분하는 것이다.[2)]

여기서 내용연수(耐用年數)란 기업에서 자산이 사용가능할 것으로 기대되는 기간 또는 자산에서 얻을 것으로 기대되는 생산량이나 이와 유사한 단위 수량을 뜻하

---

2) 회계에서는 감가를 세 가지 용어로 구분하여 사용한다. 건물이나 기계와 같은 유형자산에 대하여는 감가상각(depreciation)으로, 유전이나 광산과 같은 소모성 자산에 대하여는 감모상각(depletion)으로, 그리고 무형자산에 대하여는 상각(amortization)으로 표현한다.

며, 잔존가치는 자산이 이미 오래되어 내용연수 종료시점에 도달하였다는 가정 하에 자산의 처분으로부터 현재 획득할 금액에서 추정 처분부대원가를 차감한 금액의 추정치이다. 유형자산의 내용연수는 가치감소의 발생 원인, 즉 물리적 마모와 기능적 진부화를 모두 고려하여 물리적 내용연수와 기능적 내용연수 중에서 보다 짧은 기간으로 추정해야 한다.

감가상각은 모든 유형자산에 적용하며, 다만, 토지와 건설중인자산에는 적용하지 아니한다.

대부분의 비용은 현금 유출이 수반되지만, 감가상각비는 현금 유출이 없는 비용이라는 점이 특징이다. 한편, 감가상각비(depreciation expense)라는 용어에서 감가(減價)라는 말 때문에 감가상각비를 '가치 감소분' 이라고 오해하는 경우가 많다. 그러나, 감가상각의 본질은 '원가배분' 이지 결코 '가치감소분 기록' 이 아니다. 포괄손익계산서상의 감가상각비는 자산가치의 실제 감소분과는 전혀 상관이 없다. 심지어 건물의 실제가치가 매년 오르는 상황에서도 여전히 기업의 포괄손익계산서에는 감가상각비라는 비용이 매년 나타난다.[3] 즉, 유형자산의 공정가치가 장부금액을 초과하더라도 잔존가치가 장부금액을 초과하지 않는 한 감가상각비를 계속 인식한다.

(2) 감가상각의 요소와 결산정리분개

특정 기간에 감가상각비로 분개할 금액을 계산하기 위해서는 기본적으로 ① 감가상각대상금액(= 취득원가 − 잔존가치), ② 내용연수, ③ 감가상각방법 등 세 요소가 확정되어야 한다. 건물의 감가상각비가 계산되면, 다음과 같은 결산정리분개를 한다.

감가상각비의 결산정리분개			
(차) 감가상각비	×××	(대) 감가상각누계액	×××

3) 각 기간의 감가상각비는 다른 자산의 장부금액에 포함되는 경우가 아니라면 당기손익으로 인식한다. 그러나 유형자산에 내재된 미래경제적효익이 다른 자산을 생산하는 데 사용되는 경우도 있다. 이 경우 유형자산의 감가상각액은 해당 자산의 원가의 일부가 된다. 예를 들어 제조설비의 감가상각액은 재고자산의 가공원가로서 제조원가를 구성하고(K-IFRS 제1002호 참조), 개발활동에 사용되는 유형자산의 감가상각액은 K-IFRS 제1038호 '무형자산' 에 따라 해당 무형자산의 원가에 포함될 수 있다.

감가상각누계액(accumulated depreciation) 계정은 금액이 대변에 기록되는 재무상태표계정이며, 내용연수 말까지 매년도 감가상각비가 이 계정에 계속 누적되어 나간다. 감가상각누계액을 재무상태표에 기재할 때는 해당 유형자산의 취득원가에서 차감하는 형식으로 기재한다. 유형자산의 취득원가에서 감가상각누계액을 차감한 금액을 장부금액(book value 또는 carrying amount)이라고 한다. 그러나, 순액만을 간략히 기재하는 방법도 허용하고 있다.

예제 10-2
유형자산의 결산정리: 감가상각

20×1년초에 건물 ₩1,000,000을 취득하였다. 이 건물의 1차년도 감가상각비는 ₩250,000이며, 2차년도 감가상각비는 ₩200,000이라고 가정한다.

물음

(1) 1차년도 결산정리분개를 하고 (부분)재무상태표를 작성하라.
(2) 2차년도 결산정리분개를 하고 (부분)재무상태표를 작성하라.

해답

(1) 결산정리분개

(차) 감가상각비	250,000	(대) 감가상각누계액	250,000

(2) 결산정리분개

(차) 감가상각비	200,000	(대) 감가상각누계액	200,000

1차년도말 (부분)재무상태표			2차년도말 (부분)재무상태표		
건　물	1,000,000		건　물	1,000,000	
감가상각누계액	(250,000)	750,000	감가상각누계액	(450,000)	550,000

(3) 감가상각방법

감가상각대상금액을 내용연수 동안에 배분하는 대표적인 방법으로는 정액법, 가속상각법 그리고 활동기준법이 꼽힌다.

① 정액법

정액법은 자산의 내용연수 동안 일정한 금액을 상각하는 방법이다. 따라서 매기의 감가상각비는 감가상각대상금액을 내용연수로 나누어 계산한다. 이를 식으로 표시하면 식 (1)과 같다.

도표 10-1 ▶
정액법에 의한 감가상각

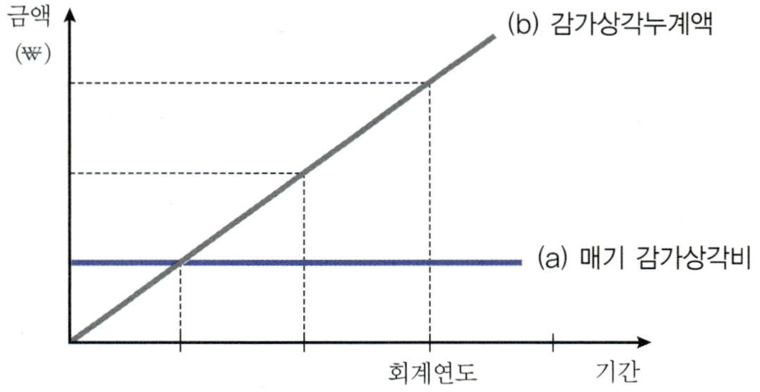

$$\text{정액법에 따른 감가상각비} = \frac{\text{취득원가} - \text{잔존가치}}{\text{내용연수}} \quad \cdots\cdots\cdots\cdots\cdots\cdots\cdots (1)$$

참고로 정액법의 영어 표현은 SLD(Straight Line Depreciation)이다. 이를 그대로 번역하면 직선법이 된다. 미국에서 이처럼 직선법이라고 부르는 이유는 [**도표 10-1**]에서와 같이 매기 감가상각비(그림의 a) 뿐만 아니라 감가상각누계액(그림의 b) 또한 항상 직선 형태로 표시되기 때문이다.

② 가속상각법

내용연수 초기에는 보다 많은 감가상각비를 인식하고 후기로 갈수록 점점 더 적은 감가상각비를 인식하는 방법을 가속상각법(accelerated depreciation method)이라고 한다. 가속상각법을 체감잔액법(declining balance method)이라고도 한다. 가속상각법을 사용하면 유형자산을 취득하느라 현금지출이 많았던 초기에 감가상각비를 많이 계상함으로써 순이익을 줄이고, 결과적으로 법인세 지출을 줄일 수 있다는 장점이 있다.[4] 가속상각방법에는 정률법, 연수합계법, 이중체감잔액법 등이 있다.

---

4) 가속상각법의 경우 내용연수 후기로 가면 감가상각비가 적게 기록됨으로써 순이익이 커져 법인세 지출이 늘어나고 결과적으로는 유형자산의 전체 내용연수 동안 납부하는 법인세의 절대금액은 어떤 감가상각방법 하에서든 동일하게 된다. 그럼에도 불구하고 가속상각법을 선호하는 경영자들이 많은데 그 이유는 뭘까? 화폐의 시간적 가치(time value of money)를 감안할 때 후기에 납부할수록 경제적 부담이 작아지기 때문이다.

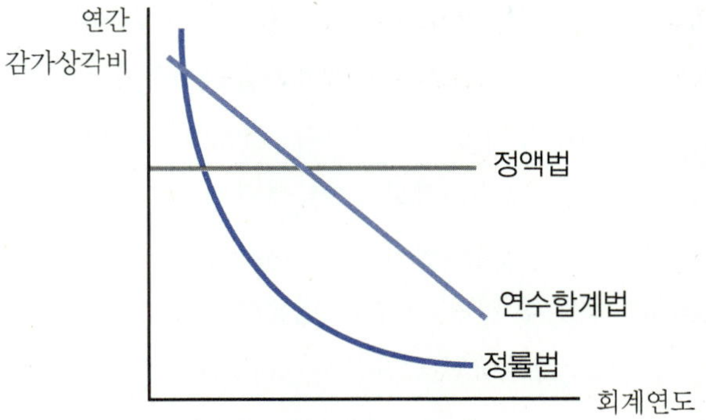

◀ 도표 10-2
감가상각비의 비교

A. **정률법**(定率法, fixed rate method)

정률법은 사전에 일정한 상각률을 계산한 다음, 이 상각률을 매기 초의 장부금액(= 취득원가－감가상각누계액, carrying amount)에 곱하여 매기 감가상각비를 계산하는 방법이다.

정률법에 따른 감가상각비 = 기초장부금액 × 정률 ··············· (2)

유형자산 취득 후 감가상각을 계속해 나가면 매기 초의 장부금액은 줄어들 수밖에 없는데, 이 금액에 일정한 상각률을 곱하기 때문에 매기의 감가상각비는 내용연수 후반으로 갈수록 점차 감소하게 된다.

정률법에 따라 감가상각비를 계산하기 위해서는 일정한 상각률(정률)을 구하는 것이 관건인데, 다음과 같이 계산된다.[5)]

$$정률 = 1 - \sqrt[n]{잔존가치/취득원가}$$

단, n : 내용연수

상각률(정률) 계산시 잔존가치가 반영된다. 식 (2)에서 보듯이 정률법에 의한 감가상각비 계산 시에는 감가상각대상금액이 아니라 기초장부금액에 대해 정률을 적용한다는 점에 유의하기 바란다.

5) 내용연수 n년 후 감가상각후 장부금액과 잔존가치는 같다.

$$취득원가 \times (1\text{-}정률)^n = 잔존가치$$

이 식에서 정률을 구하면 본문의 공식이 유도된다.

B. **연수합계법**(年數合計法, sum of years digits method)

연수합계법은 정률법의 단점(즉, 손으로 정률을 계산하기가 어려움)을 보완한 방법으로 미국 실무에서 많이 채택했던 방법이다. 내용연수의 합계를 분모로 하고 내용연수를 역순으로 표시한 수를 분자로 삼아 매년도 상각률을 간편하게 계산한 후, 이를 정액법에서처럼 감가상각대상금액에 곱함으로써 간단히 정률법을 채택한 것에 버금가는 효과를 얻을 수 있다. 예컨대 내용연수가 3년일 경우, 향후 3개년의 매년도 상각률은 각각 3/6, 2/6, 1/6로 간단히 계산된다(여기서 분모 6은 내용연수가 3년이므로 1+2+3 = 6). 오늘날에는 전산회계패키지를 이용하여 정률법의 정률을 쉽게 계산할 수 있기 때문에 연수합계법의 매력은 많이 사라진 셈이다.

C. **이중체감법**(double declining balance method)

이중체감법은 정률법을 실무에서 적용하기 쉽게 변형시킨 방법이다. 정률법에서 상각률을 계산하려면 복잡한 공식을 이용해야 하는 단점이 있었다. 반면에 정액법에서는 상각률 계산이 너무 쉽다. 이중체감법에서의 상각률은 정액법에서 구한 상각률(1/내용연수)의 두배로 하는 방법이다. 내용연수가 5년이면, 정액법에서는 20%(1/5)씩 감가상각하는데, 이중체감법에서는 정액법의 20%의 두배인 40%를 정률로 하고서 그 이후에는 정률법처럼 감가상각을 한다.

이중체감법에 따른 감가상각비 = 기초장부금액 × 정률 ··················(3)

단, 정률 = 정액법의 상각률 × 2

이 방법은 정액법처럼 상각률을 구하기 쉽다는 장점과 가속상각법의 장점을 동시에 갖는다. 한편, 이중체감법을 적용하는 경우에는 내용연수가 끝날 때의 장부금액이 추정잔존가치와 맞아 떨어지지 않는다는 단점이 있다. 따라서 내용연수가 끝날 때가 가까워지면 감가상각비를 조정할 필요가 있다.

도표 10-3 ▶
감가상각방법 비교

	감가상각비 계산 공식
정 액 법	(취득원가 - 잔존가치) ÷ 내용연수
정 률 법	(취득원가 - 감가상각누계액) × 정률
연수합계법	(취득원가 - 잔존가치) × $\frac{\text{남은 내용연수}}{\text{연수합계}}$
이중체감법	(취득원가 - 감가상각누계액) × $\frac{2}{\text{내용연수}}$

예제 10-3
감가상각비 계산

20×1년 1월 1일에 A사는 기계장치를 ₩800,000에 취득하였다. 추정잔존가치는 ₩80,000, 추정내용연수는 5년이다.

물음

(1) 정액법으로 매년도 감가상각비를 계산하라.
(2) 정률법으로 매년도 감가상각비를 계산하라. 단, 정률은 0.369이다.
(3) 연수합계법으로 매년도 감가상각비를 계산하라.
(4) 이중체감법으로 매년도 감가상각비를 계산하라.

해답

(1) 매년도 감가상각비 = (800,000 − 80,000) / 5년 = ₩144,000

(2)

	기초장부금액 (1)	정률 (2)	감가상각비 (3) = (1) × (2)	감가상각누계액 (4)	기말장부금액 (5) = (1) − (3) 또는 (5) = 취득원가 − (4)
20×1	₩800,000	0.369	₩295,200	₩295,200	₩504,800
20×2	504,800	0.369	186,271	481,471	318,529
20×3	318,529	0.369	117,537	599,008	200,992
20×4	200,992	0.369	74,166	673,174	126,826
20×5	126,826	0.369	46,826*	720,000	80,000

* 정률이 정확히 0.369가 아니기 때문에 계산상 차이가 발생함.

(3) 1차년도 감가상각비 = (800,000 − 80,000) × 5 / 15 = ₩240,000
2차년도 감가상각비 = (800,000 − 80,000) × 4 / 15 = 192,000
3차년도 감가상각비 = (800,000 − 80,000) × 3 / 15 = 144,000
4차년도 감가상각비 = (800,000 − 80,000) × 2 / 15 = 96,000
5차년도 감가상각비 = (800,000 − 80,000) × 1 / 15 = 48,000

(4) 이중체감법의 상각률 = 1/5 × 2 = 40%

	기초장부금액 (1)	정률 (2)	감가상각비 (3) = (1) × (2)	감가상각누계액 (4)	기말장부금액 (5) = (1) − (3) 또는 (5) = 취득원가 − (4)
20×1	₩800,000	0.4	₩320,000	₩320,000	₩480,000
20×2	480,000	0.4	192,000	512,000	288,000
20×3	288,000	0.4	115,200	627,200	172,800
20×4	172,800	0.4	69,120	696,320	103,680
20×5	103,680	0.4	23,680*	720,000	80,000

* 감가상각누계액이 ₩720,000이 되도록, 즉 기말 장부금액이 ₩80,000이 되도록 감가상각비를 조정한 금액임.

③ 활동기준법

앞에서 본 방법들이 단순히 시간경과에 따라 감가상각을 하는 방법이었던 반면, 활동기준법은 산출물 개념에 해당하는 생산량 또는 투입물 개념에 해당하는 사용시간(기계시간 등)에 비례해서 감가상각을 하는 방법으로서, 제조업 또는 서비스 부문에서 많이 사용되고 있다.

활동기준법은 유형자산의 감가가 유형자산의 활동 정도에 따라 발생하는 것으로 가정할 때 적합한 방법이다. 예컨대 제품제조용 기계나 복사기 같은 경우, 생산량 내지 복사매수가 많을 때는 적을 때에 비하여 더 많은 감가가 일어난다. 이 점을 고려하여 생산량 내지 사용시간을 기준으로 매기의 감가상각비를 계산하는 것을 활동기준법이라 한다.

활동기준법으로 감가상각비를 계산할 때는 다음 두 단계를 거친다. 첫째, 감가상각대상금액을 추정총활동량(또는 사용시간)으로 나누어 단위당 감가상각비를 계산한다. 둘째, 위에서 구한 단위당 감가상각비에 매기의 실제 활동량(또는 사용시간)을 곱하여 매기 감가상각비를 계산한다.

예제 10-4

감가상각비 계산 : 활동기준법

20×1. 1. 1.에 A사는 제품제조에 필요한 기계장치를 ₩800,000에 취득하였다. 이 기계의 잔존가치는 ₩80,000, 내용연수는 10년, 내용연수 동안에 생산할 수 있는 제품수량은 10,000단위로 추정되었다. A사가 당기 중에 2,000단위의 제품을 생산하였다면, 당기 감가상각비는 얼마인가?

해답 단위당 감가상각비 : (₩800,000 − ₩80,000) ÷ 10,000단위 = ₩72/단위
당기 감가상각비 : ₩72 × 2,000단위 = ₩144,000

(4) 기중 취득한 유형자산의 감가상각비

앞에서는 유형자산을 회계연도초에 취득하는 것으로 가정하였지만, 이것은 어디까지나 설명의 편의를 위해서이며, 현실적으로는 대부분 기중에 취득한다. 기중에 취득한 유형자산의 감가상각비는 소위 **월할계산**(月割計算) 방법에 따라 '사용한 월수'를 반영하여 계산한다.

예컨대 20×1년 6월 10일에 비품(내용연수 2년)을 ₩200,000(잔존가치 ₩20,000)에 취득하였으며, 연수합계법에 의해 감가상각한다고 가정하자. 그런데, 특정 기간의

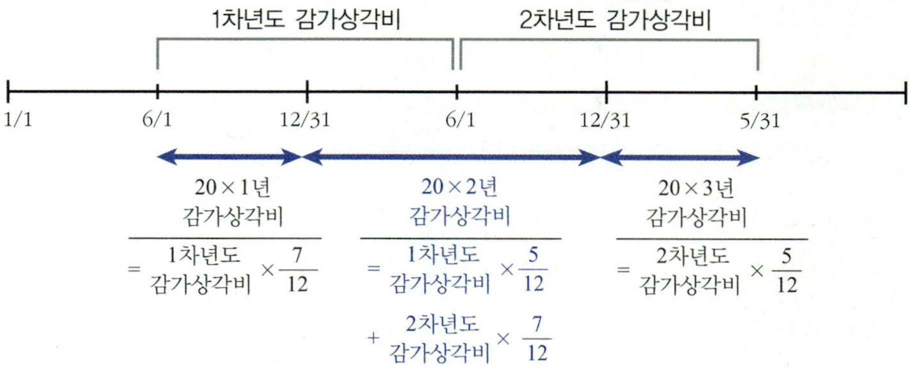

◀ 도표 10-4 기중 취득한 유형자산의 감가상각비

감가상각비를 정확히 계산하기 위해서는 사용한 일수를 기준으로 할 수도 있으나, 보통 '사용한 월수'를 기준으로 하는 월할계산을 한다면, 6월부터 사용한 것으로 간주한다. 즉, 6월 중순에 취득하였다 하더라도 6월 1일에 취득한 것으로 간주한다. 월할계산에 의한 감가상각은 다음과 같이 이루어진다.

첫째, 회계연도에 관계없이 취득 1차년도와 2차년도의 감가상각비를 구한다. 여기서 취득 1차년도라 함은 20×1년 6월부터 20×2년 5월까지이며, 취득 2차년도라 함은 20×2년 6월부터 20×3년 5월까지를 뜻한다.

1차년도의 감가상각비 = (₩200,000－₩20,000)×2/3 = ₩120,000

2차년도의 감가상각비 = (₩200,000－₩20,000)×1/3 = ₩60,000

둘째, 회계는 회계연도에 따라 이루어지므로 회계연도별로 감가상각비를 산출하여야 한다. 20×1년도에는 6월부터 12월까지 총 7개월 동안 유형자산을 사용하였으므로 이 기간의 감가상각비를 계산하여야 한다. 따라서 20×1년도의 감가상각비는 1차년도의 감가상각비에 7/12를 곱하여 산출한다.

20×1년도의 감가상각비 = 1차년도의 감가상각비×7/12

= ₩120,000×7/12 = ₩70,000

셋째, 20×2년도에는 1월부터 12월까지 유형자산을 사용하였다. 그런데, 20×2년의 감가상각비는 다음과 같이 두 가지로 구성됨을 알 수 있다.

20×2년도의 감가상각비
= 20×2년 1월 ~ 5월의 감가상각비 + 20×2년 6월 ~ 12월의 감가상각비
= 1차년도의 감가상각비×5/12 + 2차년도의 감가상각비×7/12
= ₩120,000×5/12 + ₩60,000×7/12 = ₩85,000

넷째, 20×3년도에는 1월부터 5월까지 유형자산을 사용하였다. 따라서 20×3년도의 감가상각비는 2차년도의 감가상각비에 5/12를 곱하여 산출한다.

20×3년도의 감가상각비 = 2차년도의 감가상각비×5/12
= ₩60,000×5/12 = ₩25,000

예제 10-5
월할 계산

(주)용암은 20×1년 10월 1일에 기계장치를 현금으로 구입하여 즉시 제품생산에 투입하였다. 취득시점에서 이 기계장치의 내용연수는 3년, 잔존가치는 ₩12,000으로 추정하였다. (주)용암은 이 기계장치에 대해 원가모형을 적용하여 연수합계법으로 감가상각을 하고 있는데, 20×1년 말에 인식한 감가상각비는 ₩60,000이었다. 20×2년 12월 31일 기계장치의 장부금액은 얼마인가? (단, 감가상각비는 월할계산하며, 이 기계장치에 대한 취득시점 이후 자산손상은 없었다.) (10CPA)

해답 20×1년 감가상각비 = (취득원가 − 12,000) × 3/6 × 3/12 = 60,000
∴ 취득원가 = 492,000
20×2년 감가상각비 = (492,000 − 12,000) × 3/6 × 9/12 + (492,000 − 12,000) × 2/6 × 3/12 = 220,000
20×2년말 장부금액 = 취득원가 − 감가상각누계액
= 492,000 − (60,000 + 220,000) = 212,000

(5) 감가상각방법의 선택

어떤 감가상각방법을 선택하느냐에 따라 매년도 감가상각비가 달라지며, 감가상각비가 달라지면 당기순이익도 달라지게 된다. 따라서 유형자산이 거액으로 존재하는 기업에서 감가상각방법의 선택은 곧 당기순이익에 중대한 영향을 미친다는 것을 알 수 있다.

유형자산의 감가상각방법은 해당 자산으로부터 예상되는 미래경제적효익이 소비되는 형태를 반영하도록 선택하고, 소비 형태가 변하지 않는 한 매기 계속 적용하고 정당한 사유 없이 변경해서는 안된다. 새로 취득한 유형자산에 대한 감가상각

방법도 동종의 기존 유형자산에 대한 감가상각 방법과 일치시켜야 한다. 감가상각 방법의 자유로운 변경을 허용하면 자칫 이익조작의 수단으로 잘못 활용될 우려가 있기 때문이다.

감가상각자산에 내재된 미래경제적효익의 기대소비 형태가 변경되면 감가상각 방법을 변경하여야 한다. 아울러 취득시 추정한 내용연수와 잔존가치는 회계연도 말에 재검토하여 필요하면 새로운 추정치를 사용하여야 한다. 예를 들어 주요 부분품을 교체하여 유형자산을 개량하면 내용연수가 늘어날 수 있다. 기술의 혁신으로 기계장치가 급속히 진부화되어 추정내용연수가 단축되었다고 추정할 수 있다.

K-IFRS 제1008호(회계정책, 회계추정의 변경 및 오류수정)에 의하면 앞에서 설명한 감가상각방법, 내용연수, 잔존가치의 변경은 모두 회계추정의 변경에 속한다. 이러한 경우에는 과거에 인식한 감가상각비 또는 감가상각누계액을 소급 수정하지 않으며, 변경시점부터 적용한다. 이러한 방법을 **전진법**(prospective approach)이라 한다.

예제 10-6 감가상각방법의 변경

(주)한국은 20×1년 1월 1일에 영업용 건물(취득원가 ₩100,000, 잔존가치 ₩0, 내용연수 10년, 정액법 감가상각)을 취득하여 원가모형을 적용하고 있다. 20×3년 1월 1일에 ₩30,000의 수선비가 지출되었고, 이로 인하여 내용연수가 2년 연장될 것으로 추정하였다. 수선비는 자산화하기로 하였으며, (주)한국은 감가상각방법을 20×3년초부터 연수합계법으로 변경하기로 하였다. 20×3년도 영업용 건물의 감가상각비는? (17CPA)

해답

	20×1년	20×2년	20×3년
감가상각비	10,000	10,000	(80,000 + 30,000) × 10/55 = 20,000
기말장부금액	90,000	80,000	

5. 유형자산의 평가

앞에서 감가상각이란 유형자산의 감가상각대상금액을 그 자산의 내용연수 동안 체계적으로 배분하는 것이라고 하였다. 즉, 감가상각의 본질은 '원가배분' 이지 결코 '자산의 평가' 와는 관련이 없다. 그러다보니 유형자산을 사용하는 동안에 유형자산의 공정가치가 장부금액과 차이날 수 있다. 만약 그 차이가 중요하다면 재무제표의 유용성이 떨어지게 될 것이다.

종전의 기업회계기준에 비하여 **K-IFRS**의 많은 변화 중 대표적인 사항은 정보이용자에게 유용한 정보를 제공하기 위해 자산 · 부채를 공정가치로 평가할 수 있는 선택의 폭이 확대되었다는 점이다.

유형 및 무형자산의 공정가치 평가를 위해 도입된 개념이 '손상차손' 이다. 여기서 **공정가치**(fair value)란 측정일에 시장참여자 사이의 정상거래(orderly transaction)에서 자산을 매도하면서 수취하거나 부채를 이전하면서 지급하게 될 가격(유출가격, exit price)이다. **K-IFRS** 제1113호(공정가치 측정)에 의하면, 비금융자산의 공정가치를 측정하는 경우에는 시장참여자가 경제적 효익을 창출하기 위하여 그 자산을 최고 최선으로 사용(highest and best use)하거나 혹은 최고 최선으로 사용할 다른 시장참여자에게 그 자산을 매도하는 시장참여자의 능력을 고려한다. 비금융자산의 최고 최선의 사용은 그 자산의 공정가치를 측정하는 데 사용되는 가치평가 전제가 된다. 자산의 최고 최선의 사용이 독립적으로 자산을 이용하는 것이라면 자산의 공정가치는 그 자산을 독립적으로 이용할 시장참여자에게 그 자산을 매도하는 현행 거래에서 수취하게 될 가격이다.

'손상차손' (impairment losses)이란 자산의 장부금액이 회수가능액(자산의 순공정가치와 사용가치 중 큰 금액)을 초과하는 금액이다(**K-IFRS** 제1036호, 자산손상 Impairment of Assets).[6)]

> 손상차손 = 장부금액 − 회수가능액
> 회수가능액 = max(순공정가치, 사용가치)

여기서 순공정가치란 합리적인 판단력과 거래의사가 있는 독립된 당사자 사이의 거래에서 자산(또는 현금창출단위)의 매각으로부터 수취할 수 있는 금액에서 처분부대원가를 차감한 금액이다. 순공정가치의 가장 객관적인 예는 합리적인 판단력과 거래의사가 있는 독립된 당사자 사이의 거래에서 구속력 있는 매매계약을 통해 합의된 가격에서 자산의 처분에 직접 귀속되는 증분원가를 조정한 금액이다.

자산손상을 시사하는 징후가 있는지를 검토할 때는 외부정보, 내부정보 등을 고려한다.[7)] 외부정보와 내부정보를 통해 자산손상이 발견되면 유형자산의 가치가

---

6) 회수가능액을 측정할 때에 항상 순공정가치와 사용가치 모두를 추정할 필요는 없다. 순공정가치나 사용가치 중 하나의 금액이 장부금액을 초과한다면 자산이 손상되지 않았으므로 다른 금액을 추정할 필요가 없다.

감소하게 되는데, 이러한 가치변동을 장부금액에 반영하는 방법은 크게 원가모형과 재평가모형으로 구분되며, 최초 인식 후에는 원가모형이나 재평가모형 중 하나를 회계정책으로 선택하여 유형자산 분류별로 동일하게 적용하여야 한다(**K-IFRS** 제1016호, 유형자산).

(1) 원가모형

원가모형(cost model)에서는 매기말에 유형자산의 손상차손을 평가하여 이를 다음과 같이 반영한다.

(차) 손상차손	×××	(대) 손상차손누계액	×××

손상차손은 비용항목이며, 손상차손누계액은 유형자산의 차감항목이다. 즉, 손상차손은 감가상각비와 대응되며, 손상차손누계액은 감가상각누계액과 대응되는 개념이다. 다음 연도말에 손상차손이 회복되면, 손상차손누계액의 범위 내에서 '손상차손환입' (수익 항목)을 인식한다.[8] 원가모형을 적용하면 최초 인식 후에 유형자산은 원가에서 감가상각누계액과 손상차손누계액을 차감한 금액으로 평가한다.

---

7) 자산손상을 시사하는 징후가 있는지를 검토할 때 고려하는 외부정보는 다음과 같다.
① 회계기간 중에 자산의 시장가치가 시간의 경과나 정상적인 사용에 따라 하락할 것으로 기대되는 수준보다 유의적으로 더 하락하였다.
② 기업 경영상의 기술 · 시장 · 경제 · 법률 환경이나 해당 자산을 사용하여 재화나 용역을 공급하는 시장에서 기업에 불리한 영향을 미치는 유의적 변화가 회계기간 중에 발생하였거나 가까운 미래에 발생할 것으로 예상된다.
③ 시장이자율이 회계기간 중에 상승하여 자산의 사용가치를 계산하는 데 사용되는 할인율에 영향을 미쳐 자산의 회수가능액을 중요하게 감소시킬 가능성이 있다.
④ 기업의 순자산 장부금액이 당해 시가총액보다 크다.

한편, 자산손상을 시사하는 징후가 있는지를 검토할 때 고려하는 내부정보는 다음과 같다.
⑤ 자산이 진부화되거나 물리적으로 손상된 증거가 있다.
⑥ 회계기간 중에 기업에 불리한 영향을 미치는 유의적 변화가 자산의 사용 범위 및 사용 방법에서 발생하였거나 가까운 미래에 발생할 것으로 예상된다. 이러한 변화에는 자산의 유휴화, 당해 자산을 사용하는 영업 부문을 중단하거나 구조조정하는 계획, 예상 시점보다 앞서 자산을 처분하는 계획 그리고 비한정 내용연수를 유한 내용연수로 재평가하는 것 등을 포함한다.
⑦ 자산의 경제적 성과가 기대수준에 미치지 못하거나 못할 것으로 예상되는 증거를 내부보고를 통해 얻을 수 있다.

8) 손상처리한 자산의 회수가능액이 차기 이후에 회복되어 장부금액(원가에서 감가상각누계액과 손상차손누계액을 차감한 금액)을 초과하는 경우에는 당해 자산이 손상차손이 인식되지 않았을 경우의 감가상각후 장부금액을 한도로 '손상차손환입' (당기 이익)을 인식한다.즉, 손상차손누계액의 범위 내에서만 환입할 수 있다 .

원가모형에서는 유형자산의 가치가 장부금액보다 큰 경우에는 회계처리하지 않는다.

한편, 손상차손 인식후 감가상각비는 원래의 취득원가나 수정전의 장부금액이 아니라 당기말에 수정된 장부금액을 기준으로 새롭게 계산해야 한다.

summary 손상차손

① 재무상태표일에 유형자산의 손상 여부를 검토

② 유형자산의 장부금액이 회수가능액을 초과하는 경우 손상차손을 인식

회수가능액 = max (순공정가치, 사용가치)

③ 분개 : (차) 손상차손 ××× (대) 손상차손누계액 ×××

④ 손상처리한 자산의 회수가능액이 차기 이후에 회복되는 경우에는 손상차손누계액의 범위 내에서 '손상차손환입'(당기 이익)을 인식

예제 10-7
손상차손

결산일이 매년 12월 31일인 (주)대한은 20×1년초에 기계(내용연수 5년, 잔존가치 ₩0)를 ₩5,000,000에 구입하여 정액법으로 감가상각하고 있다. 20×1년말 기계의 진부화로 인하여 순공정가치가 ₩3,500,000, 사용가치는 ₩3,300,000으로 급락하였다.

물음 (1) 20×1년의 손상차손을 구하라.

(2) 20×1년 재무상태표에 기계관련사항을 표시하라.

(3) 20×2년의 감가상각비를 구하라.

해답 (1) 20×1년 감가상각비 = 5,000,000/5년 = 1,000,000

20×1년말 장부금액 = 취득원가 5,000,000 − 감가상각누계액 1,000,000 = 4,000,000

회수가능액 = max(3,500,000, 3,300,000) = 3,500,000

손상차손 = 4,000,000 − 3,500,000 = 500,000

(2)

재무상태표 (20×1. 12. 31.)

기계	5,000,000		
감가상각누계액	(1,000,000)		
손상차손누계액	(500,000)	3,500,000	

(3) 20×2년의 감가상각비 = 장부금액 / 잔존내용연수 = 3,500,000/4년 = 875,000

예제 10-8
토지의 원가모형

(주)대한은 20×1년 12월 27일에 토지를 현금 ₩100에 취득하였다. 토지의 회수가능액은 20×1년 12월 31일에 ₩80, 20×2년 12월 31일에 ₩110이며, 20×3년 5월 12일에 ₩125에 처분하였다. 이 회사는 원가 모형에 의해 평가한다.

물음

(1) 20×1년 12월 31일에 손상차손을 인식하기 위한 분개를 하라.
(2) 20×2년 12월 31일에 손상차손환입을 인식하기 위한 분개를 하라.
(3) 20×3년 5월 12일에 토지처분손익을 인식하기 위한 분개를 하라.

해답

	20×1년 말	20×2년 말
취득원가 기준 장부금액	100	100
회수가능액	80	110
손상차손	20	
장부금액		80
손상차손환입		20(취득원가 기준 장부금액을 한도로 환입)

(1) 손상차손 = 장부금액 − 회수가능액 = ₩100 − 80 = ₩20
손상차손 분개 : (차) 손상차손 20 (대) 손상차손누계액 20
(2) 20×2년에는 전년도말에 비해 회수가능액이 ₩30만큼 회복되었지만 손상차손누계액의 범위 내에서만 손상차손환입을 인식한다.
손상차손환입 분개 : (차) 손상차손누계액 20 (대) 손상차손환입 20
이로써 손상차손누계액이 0이 되고, 토지의 장부금액은 ₩100이 됨
(3) 토지처분손익 분개 : (차) 현금 125 (대) 토지 100
토지처분이익 25

토지는 감가상각 대상이 아니지만, 건물은 감가상각대상자산이다. 따라서 손상차손 여부를 판단하기 이전에 감가상각을 하고서 장부금액을 구하고, 이 장부금액과 회수가능액을 비교하여 손상차손 여부를 판단하여야 한다.

예제 10-9
건물의 원가모형

(주)대한은 20×1년 1월 1일에 건물을 현금 ₩100에 취득하였다. 건물의 내용연수는 5년, 잔존가치 0, 정액법에 의해 감가상각한다. 건물의 회수가능액은 20×1년 12월 31일에 ₩64, 20×2년 12월 31일에 ₩70이다. 이 회사는 원가 모형에 의해 평가한다.

물음 (1) 20×1년 12월 31일에 손상차손을 인식하기 위한 분개를 하라.
(2) 20×2년 12월 31일에 손상차손환입을 인식하기 위한 분개를 하라.

해답

	20×1년 말	20×2년 말
취득원가 기준 장부금액	100 − 감가20 = 80	80 − 감가20 = 60
회수가능액	64	70
손상차손	16	
장부금액		64 − 감가16 = 48
손상차손환입		12 (취득원가 기준 장부금액을 한도로 환입)

(1) 손상차손 분개 : (차) 손상차손 16 (대) 손상차손누계액 16
손상차손 이후의 건물 장부금액 = 취득원가 − 감가상각누계액 − 손상차손누계액
= ₩100 − 20 − 16 = ₩64

(2) 손상처리한 자산의 회수가능액이 차기 이후에 회복되어 장부금액(원가에서 감가상각누계액과 손상차손누계액을 차감한 금액)을 초과하는 경우에는 당해 자산이 손상차손이 인식되지 않았을 경우의 감가상가후 장부금액을 한도로 '손상차손환입'(당기 이익)을 인식한다.

손상차손환입 분개 : (차) 손상차손누계액 12 (대) 손상차손환입 12

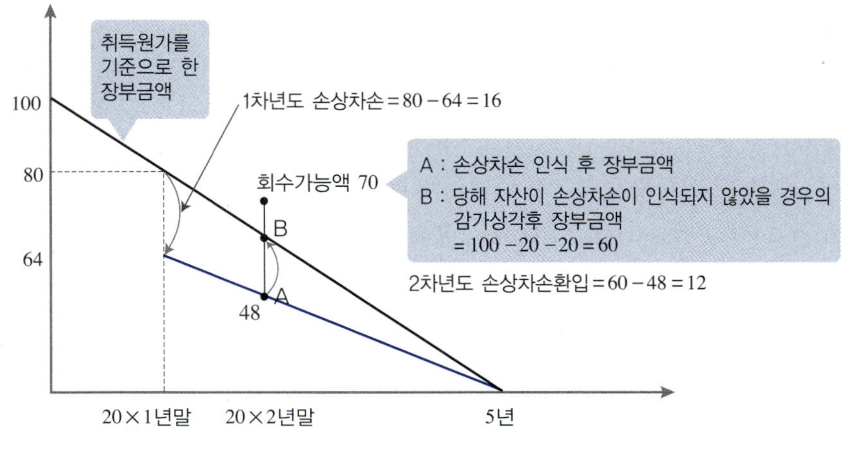

예제 10-10
기계의 원가모형

(주)세무는 20×1년 1월 1일 기계장치를 ₩1,000,000(내용연수 5년, 잔존가치 ₩0, 정액법 감가상각, 원가모형적용)에 취득하여 제품생산에 사용하였다. 매 회계연도 말 기계장치에 대한 회수가능액은 다음과 같으며, 회수가능액 변동은 기계장치의 손상 또는 그 회복에 따른 것이다. 동 거래가 20×3년도 (주)세무의 당기순이익에 미치는 영향은? (16CTA)

구 분	20×1년 말	20×2년 말	20×3년 말
회수가능액	₩700,000	₩420,000	₩580,000

해답

• 장부금액의 변화

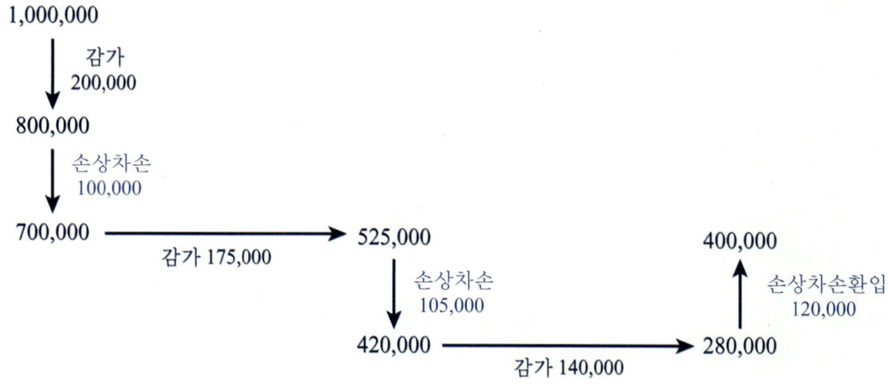

취득원가 기준 장부금액은 20×1년말 ₩800,000, 20×2년말 ₩600,000, 20×3년말 ₩400,000이다. 20×3년말 회수가능액이 ₩580,000이지만 취득원가 기준 장부금액을 한도로 손상차손환입한다.

• 20×3년 당기순이익 영향 = 손상차손환입 120,000 − 감가 140,000 = 20,000 감소

(2) 재평가모형

재평가모형(revaluation model)에서는 일정 기간마다 재평가를 실시하여 공정가치를 반영한다. 재평가하여 공정가치가 상승하는 경우나 하락하는 경우 모두 장부금액에 반영한다.

재평가의 빈도는 재평가되는 유형자산의 공정가치 변동에 따라 달라진다. 유의적이고 급격한 공정가치의 변동 때문에 매년 재평가가 필요한 유형자산이 있는 반면에 공정가치의 변동이 경미하여 빈번한 재평가가 필요하지 않은 유형자산도 있다. 즉, 매 3년이나 5년마다 재평가하는 것으로 충분한 유형자산도 있다. 재평가는 보고기간말에 자산의 장부금액이 공정가치와 중요하게 차이가 나지 않도록 주기적

으로 수행한다.

기업이 일단 재평가모형을 적용한 이후에는 다시 원가모형으로 평가방법 환원을 허용하지 않는다. 계속 일관성 있는 평가모형을 사용하게 함으로써 이익조정 목적의 회계변경을 방지하고자 하는 것이다.

재평가는 장부금액을 변동시키므로 재평가 이후의 감가상각비는 새로운 장부금액, 즉 재평가금액에 근거하여 잔존내용연수에 대해 새로이 계산한다.

재평가모형에서는 유형자산의 장부금액(감가상각을 인식한 후의 장부금액)을 공정가치로 조정할 때, ① 유형자산의 장부금액이 공정가치를 초과한 경우와 ② 유형자산의 공정가치가 장부금액을 초과한 경우 각각 회계처리가 상이하다. 다음의 〔종합예제〕를 통하여 재평가모형을 살펴 보자.

종합예제

유형자산의 재평가모형

20×1년말 건물의 장부금액은 ₩400(취득원가 500, 감가상각누계액 100)이다. 다음 각각의 CASE에 대하여 물음에 답하라.

물음 **CASE 1** : 20×1년말 공정가치가 ₩360일 때 재평가일의 분개를 하라.

CASE 2 : 20×1년말 공정가치가 ₩440일 때 재평가일의 분개 및 (부분)재무상태표와 (부분)포괄손익계산서를 작성하라.

해답 각각의 CASE에 대한 재평가모형을 본문에서 자세히 설명한다.

CASE 1 유형자산재평가손실

유형자산의 장부금액이 공정가치를 초과한 경우이다. 이 경우에 감소액인 유형자산재평가손실은 당기비용으로 인식한다.[9]

유형자산 재평가를 위한 분개는 다음과 같이 이루어진다. 먼저 재평가 직전의 감가상각누계액 전부를 해당 유형자산과 상계시켜 감가상각누계액의 잔액을 ₩0으로 만든다. 그 이후에 재평가 이전의 장부금액 ₩400을 공정가치 ₩360으로 일치하도록 수정한다.

9) 전에 재평가잉여금의 잔액이 있는 경우에는 그 금액을 한도로 재평가감소액을 기타포괄손익으로 인식한다. 그 한도를 넘어서는 금액은 재평가손실로 당기비용으로 인식한다.

감가상각누계액의 제거 :

(차) 감가상각누계액 100 (대) 건 물 100

재평가손실의 인식 :

(차) 유형자산재평가손실 40 (대) 건 물 40

◀ 도표 10-5 유형자산재평가 손실

〔재평가 이전〕			〔재평가 이후〕	
유형자산			유형자산	
건 물	500	→	건 물	360
감가상각누계액	(100)		감가상각누계액	(0)
장부금액	400		장부금액	360

CASE 2 유형자산재평가이익

유형자산의 공정가치가 장부금액을 초과한 경우이다. 유형자산 재평가를 위한 분개는 다음과 같이 이루어진다. 먼저 재평가 직전의 감가상각누계액 전부를 해당 유형자산과 상계시켜 감가상각누계액의 잔액을 ₩0으로 만든다. 그 이후에 재평가 이전의 장부금액 ₩400을 공정가치 ₩440으로 일치하도록 수정한다.[10]

여기서 유형자산재평가이익은 당기순이익 항목이 아니라 기타포괄이익으로 인식한다.[11] 즉, 포괄손익계산서상의 당기순이익 하단에 별도로 유형자산재평가이익을 기록한다. 아울러 동액을 재평가잉여금의 과목으로 자본의 기타자본구성요소에

---

10) 본문에서는 총장부금액에서 기존의 감가상각누계액을 제거하여 자산의 순장부금액이 재평가금액이 되도록 수정하는 방법을 사용하였다. 이 방법은 건물을 재평가할 때 흔히 사용된다.
한편, 재평가 후 자산의 장부금액이 재평가금액과 일치하도록 감가상각누계액과 총장부금액을 비례적으로 수정하는 방법(지수조정법이라 함)도 있다. 이 방법으로 본문의 예를 분석하면 다음과 같다.
재평가 이전의 장부금액은 ₩400인데, 이를 공정가치인 ₩440으로 맞춰주기 위해(1.1배 증가) 취득원가와 건물감가상각누계액 모두 동일 지수(1.1배)를 곱해준다. 지수조정법에서 재평가일의 분개는 다음과 같다.

(차) 건 물 50 (대) 감가상각누계액 10
유형자산재평가이익 40

11) 이전에 해당자산의 재평가로 인하여 손익으로 인식한 평가감 금액만큼은 우선적으로 당기손익으로 인식한다.

가산한다. 이는 매도가능금융자산평가이익의 회계처리와 거의 유사하다. 이로써 20×1년의 재무제표는 다음과 같이 나타난다.

감가상각누계액의 제거 :

(차) 감가상각누계액	100	(대) 건　　물	100

재평가이익의 인식 :

(차) 건　　물	40	(대) 유형자산재평가이익	40

도표 10-6 ▶ 유형자산재평가이익

〔재평가 이전〕			〔재평가 이후〕	
유형자산			유형자산	
건　　물	500	→	건　　물	440
감가상각누계액	(100)		감가상각누계액	(0)
장부금액	400		장부금액	440

포괄손익계산서		재무상태표		
당기순이익	×××	자산		부채
유형자산재평가이익	40	건물	440	자본
포괄이익	××× + 40	감가상각누계액	(0)	재평가잉여금 40

	유형자산재평가손실	유형자산재평가이익
공정가치 변화	유형자산의 장부금액이 공정가치를 초과한 경우	유형자산의 공정가치가 장부금액을 초과한 경우
회계처리	당기비용	기타포괄이익

summary 재평가모형

① 유형자산의 공정가치 변화를 그대로 반영하는 방법
② 장부금액이 공정가치를 초과한 경우
* 유형자산재평가손실은 당기비용으로 인식
* 전에 재평가잉여금의 잔액이 있는 경우에는 그 금액을 한도로 '재평가손실(기타포괄손실)' 로 인식하고, 그 한도를 넘어서는 금액은 '재평가손실(당기비용)' 로 인식
* 감가상각누계액을 조정할 수도 있으며, 지수조정법에 의해 조정할 수 있음

③ 공정가치가 장부금액을 초과한 경우
* 유형자산재평가이익은 기타포괄이익임. 즉, 당기순이익에 영향을 주지 않음
* 전에 재평가손실의 잔액이 있는 경우에는 그 금액을 한도로 '재평가이익(당기이익)' 으로 인식하고, 그 한도를 넘어서는 금액은' 재평가이익(기타포괄이익)' 으로 인식

예제 10-11 토지의 재평가 모형-1

(주)대한은 20×1년 초에 토지를 ₩100에 취득하였다. 회사는 토지 취득 후에 재평가모형에 의해서 토지에 대한 회계처리를 한다. 토지의 공정가치는 20×1년말 ₩80, 20×2년말 ₩110이다. 각 연도말에 토지의 재평가와 관련한 분개를 하라.

해답

• **장부금액의 변화**

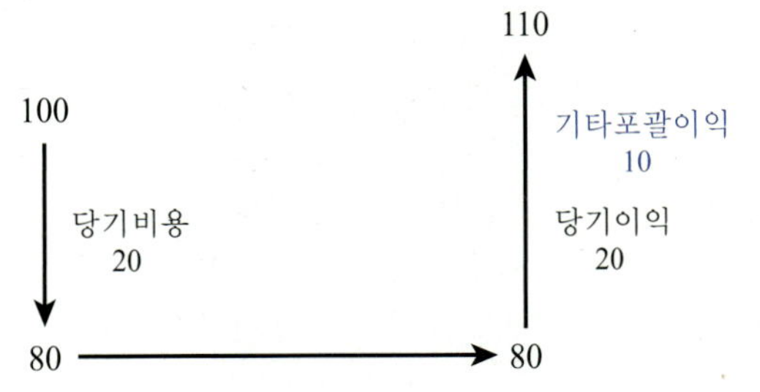

20×1년말 :	(차) 유형자산재평가손실(당기비용)	20	(대) 토지	20
20×2년말 :	(차) 토지	30	(대) 유형자산재평가이익(당기이익)	20
			유형자산재평가이익(기타포괄이익)	10

20×2년의 공정가치는 전년도말보다 ₩30만큼 증가하였다. 동일한 자산에 대하여 이전에 당기비용으로 인식한 재평가손실이 있으므로, 그 금액을 한도로 재평가증가액만큼 당기이익으로 인식하고 당기이익으로 처리하고도 남은 금액이 있으면 이 차액을 기타포괄이익으로 처리한다. 즉, 공정가치 증가분을 총포괄이익에 반영하는데, 이 가운데 ₩20은 당기순이익에 반영하고 나머지는 기타포괄이익에 반영한다.

예제 10-12

토지의 재평가 모형-2

㈜대한은 20×1년 초에 토지를 ₩100에 취득하였다. 회사는 토지 취득 후에 재평가모형에 의해서 토지에 대한 회계처리를 한다. 토지의 공정가치는 20×1년말 ₩110, 20×2년말 ₩80이다. 각 연도말에 토지의 재평가와 관련한 분개를 하라.

해답 • **장부금액의 변화**

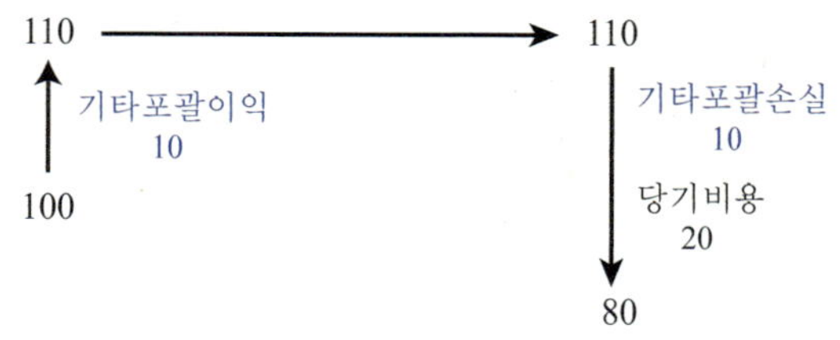

20×1년말 :	(차) 토지	10	(대) 유형자산재평가이익(기타포괄이익)	10
20×2년말 :	(차) 유형자산재평가손실(기타포괄손실)	10	(대) 토지	30
	유형자산재평가손실(당기비용)	20		

20×2년의 공정가치는 전년도말보다 ₩30만큼 감소하였다. 동일한 자산에 대하여 이전에 재평가잉여금의 잔액이 있으면 그 금액을 한도로 이미 인식한 재평가잉여금을 감소시키고, 남은 금액은 재평가손실(당기비용)로 인식한다.

즉, 공정가치 감소분을 총포괄손실에 반영하는데, 이 가운데 ₩20은 당기순손실에 반영하고 나머지는 기타포괄손실에 반영한다.

예제 10-13

차량의 재평가 모형

(주)세무는 20×1년 1월 1일 영업용 차량운반구(취득원가 ₩600,000, 잔존가치 ₩0, 내용연수 6년, 정액법 상각)를 취득하였다. 동 차량운반구는 매년 말 재평가모형을 적용하며 장부금액과 감가상각누계액을 비례하여 조정하고 있다. 공정가치가 20×1년말 ₩550,000, 20×2년말 ₩374,000일 때, 차량운반구와 관련하여 20×2년 인식해야 할 당기비용은? (단, 재평가잉여금의 이익잉여금 대체는 고려하지 않는다.) (18CTA)

해답 • **장부금액의 변화**

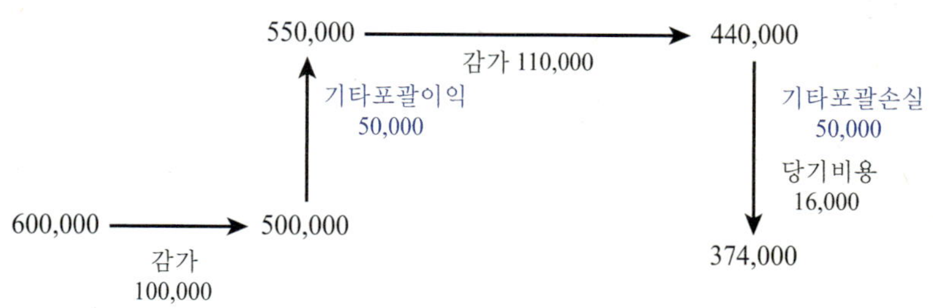

20×2년 인식해야 할 당기비용 = 감가상각비 110,000 + 재평가손실 16,000 = 126,000

한편, 토지 이외의 감가성자산의 경우 재평가모형을 적용하기 위해서는 재평가 이전에 감가상각을 먼저하고 그 이후에 그 장부금액과 공정가치를 비교한다.

6. 유형자산의 처분

유형자산을 처분하면 유형자산 관련 계정을 모두 제거(derecongition)해야 한다. 유형자산의 처분시 장부금액(= 취득원가 − 감가상각누계액)과 순매각금액(net disposal proceeds) 간에 차이가 있으면 이 차액을 유형자산처분손익계정에 분개한다.

유형자산처분이익* = 순매각금액 − 처분시 장부금액

* 만약 마이너스이면 유형자산처분손실이 됨.

한편, 회계기간 중간에 유형자산을 처분하는 경우에는 기초부터 처분일까지의 감가상각비를 계산하여 비용으로 기재하고, 동액을 전기말의 감가상각누계액에 가산하여 처분시점의 장부금액을 다시 구한 다음에 처분손익을 계산하여야 한다.

예제 10-14
유형자산의 처분

A사가 20×1년에 취득한 건물의 취득원가는 ₩800,000, 20×5. 12. 31.의 감가상각누계액은 ₩500,000이었다. 이 건물을 이듬해인 20×6. 9. 1.에 현금 ₩290,000을 받고 처분하였다. 20×6년의 8개월간 감가상각비는 ₩60,000으로 계산되었다. A사가 처분시점(20×6. 9. 1)에 해야 할 두 개의 분개를 하라.

해답

① 8개월간 감가상각비 분개

(차)	감가상각비	60,000	(대)	건물감가상각누계액	60,000

② 처분 분개

(차)	현　　금	290,000	(대)	건　　물	800,000
	건물감가상각누계액	560,000		유형자산처분이익	50,000

제 2 절 무형자산

1. 무형자산의 의의

최근 들어 정보화시대의 기술집약산업에서 그 중요성이 크게 높아지고 있는 **무형자산**(intangible asset)은 '물리적 실체가 없지만 식별가능한 비화폐성자산'이다(**K-IFRS** 제1038호, 무형자산).

무형자산의 인식 조건은 다음과 같다.

첫째, 식별가능하여야 한다. 여기서 식별가능성(identifiability)이란 ① 자산이 분리가능하거나 ② 자산이 계약상 권리 또는 기타 법적 권리로부터 발생하는 경우를 뜻한다.

둘째, 기업이 통제(control)하고 있어야 한다. 기초가 되는 자원에서 유입되는 미래경제적효익을 확보할 수 있고 그 효익에 대한 제3자의 접근을 제한할 수 있다면 기업이 자산을 통제하고 있는 것이다. 무형자산의 미래경제적효익에 대한 통제능력은 일반적으로 법원에서 강제할 수 있는 법적 권리에서 나오며, 법적 권리가 없는 경우에는 통제를 제시하기 어렵다. 그러나 다른 방법으로도 미래경제적효익을 통제할 수 있기 때문에 권리의 법적 집행가능성이 통제의 필요조건은 아니다.

셋째, 미래경제적효익(future economic benefits)의 유입가능성이 높아야 한다. 무형자산의 미래경제적효익은 제품의 매출, 용역수익, 원가절감 또는 자산의 사용에 따른 기타 효익의 형태로 발생할 수 있다. 예를 들면, 제조과정에서 지식재산을 사용하면 미래 수익을 증가시키기보다는 미래 제조원가를 감소시킬 수 있다.

2. 무형자산의 종류

무형자산은 산업재산권, 저작권, 프랜차이즈, 라이선스, 컴퓨터 소프트웨어, 광업권, 어업권, 개발비, 영업권 등이 있다.

① **산업재산권**(industrial property right) : 산업재산권은 산업상 이용가치를 갖는 발명 등에 관한 권리로서 특허청에 등록을 함으로써 취득된다. 산업재산권은 창작자에게 일정 기간 독점적 · 배타적 권리를 부여하는 대신 그 기간이 지나면 누구나 이용할 수 있도록 하여 기술진보와 산업발전을 추구하려는 데에 그 의의가 있다.

산업재산권에는 특허권, 실용신안권, 디자인권, 상표권 등이 있다.

특허권(patents)은 기술수준이 높은 발명을 대상으로 하며, 특허법에 의해 20년 동안 보호를 받는다.

실용신안권(utility model right)은 특허권보다는 기술수준이 다소 낮은 것을 대상으로 하며, 실용신안법에 의해 10년 동안 보호를 받는다.

디자인권(design right, 의장권)은 물품의 형상 · 모양 · 색채 등을 시각을 통하여 미감을 일으키게 하는 디자인에 대한 권리로서, 디자인보호법에 의해 20년 동안 보호를 받는다.

상표권(trade marks)은 자기의 상품을 다른 업자의 상품과 식별시키기 위하여 사용하는 기호, 문자, 도형, 입체적 형상 및 위 각각에 색채를 결합한 것을 말하며, 상표법에 의해 10년 동안 보호를 받는다.

② **저작권**(copyright) : 저작권은 문학, 예술, 학술에 속하는 창작물에 대하여 저작자나 그 권리 승계인이 행사하는 배타적 · 독점적 권리이며, 저작자의 생존 기간 및 사후 70년간 유지된다.[12)]

③ **프랜차이즈**(franchise) : 프랜차이즈는 특정 상품이나 용역의 판매권, 상표나 상호명의 사용권을 일정 지역에서 독점적으로 사용하여 영업할 수 있는 지역권(地域權) 또는 연고권(緣故權)을 뜻한다. 미국 프로야구가 인구를 기본으로 구단 수를 정한 다음, 그 도시를 본거지로 운영된 것에서 시작되어 지금은 음식점업(맥도날드, KFC 등), 호텔업 등의 분야로까지 확대되고 있다.

④ **라이선스**(license) : 특정 기술이나 특허 등을 일정 기간 이용할 수 있는 권리이다. 프랜차이즈가 주로 민간 차원에서 이루어지는 반면에, 라이선스는 법령에 의하여 민간인에게 허가의 형태로 부여하는 면허이다.

⑤ **컴퓨터 소프트웨어** : 영업활동에서 1년 이상 사용할 수 있는 컴퓨터 소프트웨어이다.

⑥ **광업권과 어업권** : 광업권은 일정한 광구에서 등록한 광물 및 광상 중에 부존하는 다른 광물을 채굴하여 취득할 수 있는 권리이며, 어업권은 일정한 수면에서 독점적 · 배타적으로 어업을 경영할 수 있는 권리이다.

---

12) 우리나라의 경우 한미 자유무역협정 체결에 따라, 2011년 저작권법 개정을 통해 2013년 7월부터 보호기간을 70년으로 늘렸다.

⑦ **개발비**(development cost) : 내부프로젝트의 개발단계에서 이루어지는 지출 가운데 무형자산으로 식별하기 위한 조건을 모두 충족할 수 있을 때에 해당한다. 조건을 모두 충족하지 못하면 '경상개발비' 라는 과목으로 비용 처리하며, 연구단계에서 이루어지는 지출은 '연구비' 라는 과목으로 비용 처리한다.

⑧ **영업권**(goodwill) : 영업권은 대가를 지급하고(즉, 유상으로) 다른 회사를 합병하거나 다른 회사의 영업 일부를 양수할 때 또는 전세권을 취득할 때, 매수한 순자산의 순공정가치를 초과하여 지급한 금액이다.

3. 무형자산의 회계처리

(1) 최초인식

무형자산을 획득하는 방법에는 개별 취득, 사업결합, 정부보조, 무형자산의 교환, 내부창출 등이 있다. 사업결합에 의해 취득한 무형자산에 대해서는 영업권에서 설명하기로 하고, 정부보조나 무형자산의 교환에 의해 무형자산을 취득한 경우에 대해서는 설명을 생략한다.

① 개별 취득

개별 취득(separate acquisition)하는 무형자산의 원가는 일반적으로 신뢰성 있게 측정할 수 있다. 특히 현금이나 기타 화폐성자산으로 구입대가를 지급하는 경우에는 좀 더 신뢰성 있게 원가를 측정할 수 있다. 개별 취득하는 무형자산의 원가는 다음 항목으로 구성된다.

- 구입가격(매입할인과 리베이트를 차감하고 수입관세와 환급받을 수 없는 제세금을 포함한다)
- 자산을 의도한 목적에 사용할 수 있도록 준비하는 데 직접 관련되는 원가[13)]

무형자산 원가의 인식은 그 자산을 경영자가 의도하는 방식으로 운용될 수 있는 상태에 이르면 중지한다. 따라서 무형자산을 사용하거나 재배치하는 데 발생하는 원가는 자산의 장부금액에 포함하지 않는다.

---

13) 자산을 의도한 목적에 사용할 수 있도록 준비하는 데 직접 관련되는 원가에는 ① 그 자산을 사용 가능한 상태로 만드는 데 직접적으로 발생하는 종업원급여, ② 그 자산을 사용 가능한 상태로 만드는 데 직접적으로 발생하는 전문가 수수료, ③ 그 자산이 적절하게 기능을 발휘하는지 검사하는 데 발생하는 원가 등이 포함된다.

② 영업권

영업권(goodwill)은 대가를 지급하고(즉, 유상으로) 다른 회사를 합병하거나 다른 회사의 영업 일부를 양수할 때 또는 전세권을 취득할 때, 매수한 순자산의 순공정가치를 초과하여 지급한 금액으로 기재된다. 기업이 취득대상물의 가치를 초과하는 대가를 지불하면서까지 기꺼이 구입하려는 이유는 여러 가지가 있지만 최소한 이들 인수대상이 지니고 있는 무형적인 가치를 인정하기 때문이다.

이처럼 상대방이 가지고 있는 무형의 경제적 가치를 취득하기 위하여 지불한 금액을 회계에서는 영업권이라고 한다. 영업권 취득에 소요된 지출은 영업권계정의 차변에 기록한다.

일상적인 거래에서 흔히 이야기되는 권리금이 영업권에 해당한다. 가령, 위치(즉, 장소나 목)가 좋다거나 단골고객을 많이 확보했다는 등의 이유로 가게(식당이나 카페 등)를 사고 팔 때 별도로 계산하는 권리금은 이들 가게가 다른 가게의 평균적인 수익창출 능력을 초과할 것이라는 기대에서 형성된 것이다.

영업권은 대가를 지급하면서 유상으로 취득할 수도 있지만, 이와는 달리 앞서 소개한 다양한 영업권 형성요인들을 통해 기업이 스스로 창출할 수도 있다. 이러한 요인들로 인하여 기업이 스스로 무형의 경제적 가치를 가지게 될 경우, 이를 자가창설영업권(自家創設營業權)이라 부른다. 그러나 여기서 유념할 점은 회계처리의 대상이 되는 영업권은 오직 유상취득영업권에 한정되며, 자가창설영업권은 제외된다는 점이다. 스스로 주장하는 자가창설영업권 즉, 내부적으로 창출한 영업권은 원가를 신뢰성 있게 측정할 수 없고 기업이 통제하고 있는 식별가능한 자원이 아니기 때문에(즉, 분리가능하지 않고 계약상 또는 기타 법적 권리로부터 발생하지 않기 때문에) 자산으로 인식하지 아니한다.

③ 내부창출 무형자산

영업권 이외의 무형자산을 창출하기 위한 내부 프로젝트는 크게 연구단계와 개발단계로 구분한다. 여기서 연구란 새로운 과학적 · 기술적 지식이나 이해를 얻기 위해 수행하는 독창적이고 계획적인 탐구활동을 뜻하며, 개발이란 상업적인 생산이나 사용 전에 연구결과나 관련 지식을 새롭거나 현저히 개량된 재료, 장치, 제품, 공정, 시스템이나 용역의 생산을 위한 계획이나 설계에 적용하는 활동을 뜻한다. 연구단계와 개발단계로 구분할 수 없는 경우에는 그 프로젝트에서 발생한 지출은 모두 연구단계에서 발생한 것으로 본다.

A. 연구단계

내부 프로젝트의 연구단계에서는 미래경제적효익을 창출할 무형자산이 존재한다는 것을 제시할 수 없기 때문에, 내부 프로젝트의 연구단계에서 발생한 지출은 발생시점에 비용(연구비, research expense)으로 인식한다.

연구활동의 예

- 새로운 지식을 얻고자 하는 활동
- 연구결과나 기타 지식을 탐색, 평가, 최종 선택, 응용하는 활동
- 재료, 장치, 제품, 공정, 시스템이나 용역에 대한 여러 가지 대체안을 탐색하는 활동
- 새롭거나 개선된 재료, 장치, 제품, 공정, 시스템이나 용역에 대한 여러 가지 대체안을 제안, 설계, 평가, 최종 선택하는 활동

B. 개발단계

개발단계는 연구단계보다 훨씬 더 진전되어 있는 상태이기 때문에 어떤 경우에는 내부프로젝트의 개발단계에서는 무형자산을 식별할 수 있으며, 그 무형자산이 미래경제적효익을 창출할 것임을 제시할 수 있다. 다음 사항을 모두 제시할 수 있는 경우에만 개발활동(또는 내부 프로젝트의 개발단계)에서 발생한 무형자산(개발비, development cost)을 인식한다.

- 무형자산을 사용하거나 판매하기 위해 그 자산을 완성할 수 있는 기술적 실현 가능성
- 무형자산을 완성하여 사용하거나 판매하려는 기업의 의도
- 무형자산을 사용하거나 판매할 수 있는 기업의 능력
- 무형자산이 미래경제적효익을 창출하는 방법. 그 중에서도 특히 무형자산의 산출물이나 무형자산 자체를 거래하는 시장이 존재함을 제시할 수 있거나 또는 무형자산을 내부적으로 사용할 것이라면 그 유용성을 제시할 수 있다.
- 무형자산의 개발을 완료하고 그것을 판매하거나 사용하는 데 필요한 기술적, 재정적 자원 등의 입수 가능성
- 개발과정에서 발생한 무형자산 관련 지출을 신뢰성 있게 측정할 수 있는 기업의 능력

위의 사항을 모두 제시할 수 없는 개발단계의 지출은 '경상개발비' 라는 과목으로 비용 처리한다.

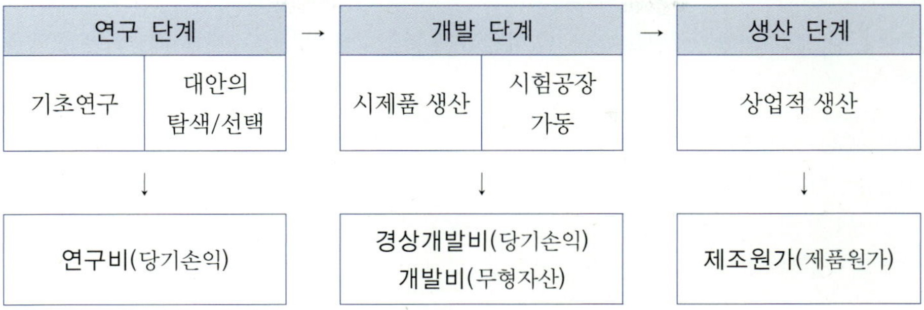

◀ 도표 10-7 연구/개발/생산 단계에서의 회계처리

개발활동의 예

- 생산이나 사용 전의 시제품과 모형을 설계, 제작, 시험하는 활동
- 새로운 기술과 관련된 공구, 지그, 주형, 금형 등을 설계하는 활동
- 상업적 생산 목적으로 실현가능한 경제적 규모가 아닌 시험공장을 설계, 건설, 가동하는 활동
- 신규 또는 개선된 재료, 장치, 제품, 공정, 시스템이나 용역에 대하여 최종적으로 선정된 안을 설계, 제작, 시험하는 활동

무형자산으로 인식하는 개발비에는 그 자산의 창출, 제조 및 경영자가 의도하는 방식으로 운영될 수 있게 준비하는 데 필요한 직접 관련된 모든 원가를 포함한다.[14)]

---

14) 직접 관련된 원가의 예는 다음과 같다.

(1) 무형자산의 창출에 사용되었거나 소비된 재료원가, 용역원가 등
(2) 무형자산의 창출을 위하여 발생한 종업원급여
(3) 법적 권리를 등록하기 위한 수수료
(4) 무형자산의 창출에 사용된 특허권과 라이선스의 상각비

다음 항목은 내부적으로 창출한 무형자산의 원가에 포함하지 않고 당기비용으로 인식한다.

(1) 판매비, 관리비 및 기타 일반경비 지출. 다만, 자산을 의도한 용도로 사용할 수 있도록 준비하는 데 직접 관련된 경우는 제외한다.
(2) 자산이 계획된 성과를 달성하기 전에 발생한 명백한 비효율로 인한 손실과 초기 영업손실
(3) 자산을 운용하는 직원의 교육훈련과 관련된 지출

예제 10-15
연구개발활동

다음은 (주)대한의 20×1년도 연구 및 개발활동 지출내역이다. 연구비에 해당하는 금액은 얼마인가? (10CTA)

(가) 새로운 지식을 얻고자 하는 활동	₩100,000
(나) 생산이나 사용 전의 시제품과 모형을 제작하는 활동	₩150,000
(다) 상업적 생산 목적으로 실현가능한 경제적 규모가 아닌 시험공장를 건설하는 활동	₩200,000
(라) 연구결과나 기타 지식을 응용하는 활동	₩300,000

해답 (가)와 (라)는 연구활동이며, (나)와 (다)는 개발활동에 속한다. 따라서 연구비는 ₩400,000이다.

(2) 최초인식 후 측정

무형자산의 최초인식 후 측정 문제는 상각, 평가, 제거 등으로 구분할 수 있다.

① 무형자산의 상각

K-IFRS 제1038호(무형자산)에 의하면 무형자산의 회계처리는 내용연수에 따라 다르다. **내용연수가 유한한(finite) 무형자산은 상각하고, 내용연수가 비한정인(indefinite) 무형자산은 상각하지 아니한다.** 무형자산의 내용연수가 유한한지 또는 비한정인지를 평가하고, 만약 내용연수가 유한하다면 자산의 내용연수 기간이나 내용연수를 구성하는 생산량이나 이와 유사한 단위를 평가한다. 관련된 모든 요소의 분석에 근거하여, 그 자산이 순현금유입을 창출할 것으로 기대되는 기간에 대하여 예측가능한 제한이 없을 경우, 무형자산의 내용연수가 비한정인 것으로 본다. '비한정' 이라는 용어는 '무한' 을 의미하지 않는다. 무형자산의 내용연수는 자산의 내용연수를 추정하는 시점에 평가된 표준적인 성능수준을 유지하기 위한 미래 유지비용과 그 수준의 비용을 부담할 수 있는 기업의 능력과 의도만을 반영한다.

무형자산의 내용연수는 경제적 요인과 법적 요인의 영향을 받는다. 경제적 요인은 자산의 미래경제적효익이 획득되는 기간을 결정하고, 법적 요인은 기업이 그 효익에 대한 접근을 통제할 수 있는 기간을 제한한다. 내용연수는 이러한 요인에 의해 결정된 기간 중 짧은 기간으로 한다.

무형자산의 상각대상금액을 내용연수 동안 체계적으로 배분하기 위해 다양한 방법을 사용할 수 있다. 이러한 상각방법에는 정액법, 체감잔액법과 생산량비례법이 있다. 상각방법은 자산이 갖는 기대 미래경제적효익의 예상되는 소비형태를 반영하여 선택하고, 미래경제적효익의 예상되는 소비형태가 변동하지 않는다면 매 회계기간에 일관성 있게 적용한다. 다만, 소비되는 형태를 신뢰성 있게 결정할 수 없는 경우에는 정액법을 사용한다.

내용연수가 유한한 무형자산의 잔존가치는 특수한 경우를 제외하고는 영(0)으로 본다.

무형자산의 상각액은 일반적으로 당기손익으로 인식하는 한편,[15] 재무상태표에도 이 금액만큼을 직접 차감한 금액으로(즉, 직접법으로) 무형자산을 기재하거나 상각누계액계정을 사용하여(즉, 간접법으로) 표시하는 것도 허용된다. 무형자산의 상각은 해당 자산 뒤에 상각비(amortization expense)라는 단어만을 덧붙여서 사용하기 때문에 유형자산의 감가상각비(depreciation expense)와 구별된다.

특허권의 결산정리분개

직접법 : (차) 특허권상각비*	×××	(대) 특 허 권	×××
간접법 : (차) 특허권상각비*	×××	(대) 특허권상각누계액	×××

* '무형자산상각비' 라는 통합계정으로 포괄손익계산서에 기록한다.

② 무형자산의 평가

무형자산의 평가는 유형자산의 평가에서 설명한 원가모형이나 재평가모형을 선택할 수 있으며, 각 방법의 회계처리는 유형자산과 비슷하다. 다만, 유형자산의 경우 공정가치를 측정할 수 있으면 재평가모형을 적용할 수 있지만, 무형자산의 경우에는 해당 무형자산에 대한 활성시장이 존재하는 경우에만 재평가모형을 적용할 수 있다.

한편, 다음의 경우에는 자산손상을 시사하는 징후가 있는지에 관계없이 회수가능액을 추정하고 장부금액과 비교하여 손상검사를 한다(**K-IFRS** 제1036호, 자산손상 Impairment of Assets).

㈎ 내용연수가 비한정인 무형자산 또는 아직 사용할 수 없는 무형자산에 대해서는 매년 손상검사를 한다.

---

15) 자산이 갖는 미래경제적효익이 다른 자산의 생산에 소모되는 경우, 그 자산의 상각액은 다른 자산의 원가를 구성하여 장부금액에 포함한다. 예를 들면, 제조과정에서 사용된 무형자산의 상각은 재고자산의 장부금액에 포함한다(K-IFRS 제1002호 '재고자산' 참조).

(나) 사업결합으로 취득한 영업권에 대해서는 상각하지 않고 매년 손상검사를 한다. 기존 회계기준에서는 영업권을 20년을 넘지 않는 내용연수 동안 상각하였으나, **K-IFRS**에서는 영업권의 내용연수를 비한정으로 보아 상각하지 않고 매년 손상평가를 수행하도록 하고 있다.

자산의 회수가능액이 장부금액에 미달하는 경우 자산의 장부금액을 회수가능액으로 감소시킨다. 이때 당해 감소금액은 손상차손에 해당한다. 손상차손은 즉시 당기손익으로 인식한다.

예제 10-16
무형자산의 상각

현대기업의 20×5년초 재무상태표에 나타난 무형자산은 특허권 ₩600,000, 상표권 ₩80,000이다. 특허권은 20×1년초에 획득하였으며, 10년 상각한다. 상표권은 20×4년초에 획득하였으며, 5년 상각한다. 이 기업에서는 정액법에 의해 무형자산을 직접 상각하고 있다.

물음 (1) 특허권의 최초 인식 금액은 얼마인가?
(2) 상표권의 최초 인식 금액은 얼마인가?
(3) 20×1년말 결산시 무형자산의 상각과 관련한 분개를 하라.

해답 (1) 특허권의 최초인식금액을 x라 하면, $x - 0.4x = 600{,}000$ $\therefore x = 1{,}000{,}000$
(2) 상표권의 최초인식금액을 y라 하면, $y - 0.2y = 80{,}000$ $\therefore y = 100{,}000$
(3) 특허권상각비 = 1,000,000 / 10년 = 100,000
상표권상각비 = 100,000 / 5년 = 20,000

(차) 특허권상각비	100,000	(대) 특허권	100,000
(차) 상표권상각비	20,000	(대) 상표권	20,000

③ 무형자산의 제거

무형자산은 다음의 각 경우에 재무상태표에서 제거한다.

(1) 처분하는 때

(2) 사용이나 처분으로부터 미래경제적효익이 기대되지 않을 때

무형자산의 제거로 인하여 발생하는 이익이나 손실은 순매각금액과 장부금액의 차이로 결정한다. 그 이익이나 손실은 자산을 제거할 때 당기손익으로 인식한다.

제 3 절 기타비유동자산

기업은 장기 투자이익을 얻을 목적으로 부동산에 투자하기도 한다. **K-IFRS** 제1040호(투자부동산, Investment Property)에 의하면, **투자부동산**은 임대수익이나 시세차익 또는 두 가지 모두를 얻기 위하여 소유자(또는 금융리스의 이용자)가 보유하고 있는 부동산을 말한다.

다음은 투자부동산의 예이다.

- 장기 시세차익을 얻기 위하여 보유하고 있는 토지. 정상적인 영업과정에서 단기간에 판매하기 위하여 보유하는 토지는 제외한다.
- 장래 사용목적을 결정하지 못한 채로 보유하고 있는 토지.
- 미래에 투자부동산으로 사용하기 위하여 건설 또는 개발중인 부동산

투자부동산은 기업이 보유하고 있는 다른 자산과 거의 독립적으로 현금흐름을 창출한다. 이러한 특성에 의하여 투자부동산과 자가사용부동산이 구별된다. 자가사용부동산(owner-occupied property)은 재화의 생산이나 용역의 제공(또는 관리목적에 부동산의 사용)에서 창출된 현금흐름은 당해 부동산에만 귀속되는 것이 아니라 생산이나 공급과정에서 사용된 다른 자산에도 귀속되며 이에 대해서는 **K-IFRS**의 '유형자산'을 적용한다. 한편, 정상적인 영업과정에서의 판매 목적으로 보유하는 부동산에 대해서는 **K-IFRS**의 '재고자산'을 적용한다.

투자부동산은 최초 인식시점에 원가로 측정한다. 구입한 투자부동산의 원가는 구입금액과 구입에 직접 관련이 있는 지출로 구성된다. 직접 관련이 있는 지출의 예를 들면 법률용역의 대가로 전문가에게 지급하는 수수료, 부동산 구입과 관련된 세금 및 그 밖의 거래원가 등이 있다.

투자부동산은 최초인식 이후에는 공정가치모형과 원가모형 중 하나를 선택하여 적용한다. 공정가치모형을 선택한 경우에는 최초인식 후 모든 투자부동산을 공정가치로 측정하며, 투자부동산의 공정가치 변동으로 발생하는 손익은 발생한 기간의 당기손익에 반영한다.[16] 한편, 원가모형을 선택한 경우에는 유형자산과 마찬

16) 유형자산은 공정가치의 변동으로 재평가이익이 발생하면 이를 기타포괄이익으로 인식한다. 반면에 투자부동산의 경우에는 공정가치 변동으로 발생하는 손익은 발생한 기간의 당기손익으로 인식한다. 이와 같이 회계처리를 달리 규정한 이유는 투자부동산은 영업목적이 아니라 임대수익이나 시세차익을 위해서 보유하므로 자산가치의 변동을 당기손익으로 바로 인식하는 것이 보다 합리적이기 때문이다.

가지로 감가상각비와 손상차손을 당기손익에 반영하고, 재무상태표에는 감가상각누계액과 손상차손누계액을 차감한 금액으로 표시한다.

투자부동산을 처분하거나, 투자부동산의 사용을 영구히 중지하고 처분으로도 더 이상의 경제적효익을 기대할 수 없는 경우에는 제거(재무상태표에서 삭제)한다. 투자부동산의 폐기나 처분으로 발생하는 손익은 순처분금액과 장부금액의 차액이며 폐기나 처분이 발생한 기간에 당기손익으로 인식한다.

한편, 기타비유동자산에는 투자부동산 이외에도 보증금, 장기매출채권, 장기대여금, 장기미수금 등이 이에 속한다.

보증금은 전세권, 전신전화가입권, 임차보증금 및 영업보증금을 총칭하는 용어이다. 전세권은 타인의 부동산을 사용할 수 있는 권리를 말한다. 기업이 사무실에 전화를 설치하거나 개인휴대통신장비(핸드폰 등)를 이용하려면 통신회사와 전화가입계약을 체결하고 일정한 보증금을 내야 한다. 그렇지만 기업은 이 보증금을 추후 계약해지 시점에 되돌려 받을 권리가 있다. 기업이 건물이나 창고 등을 장기간 임차하는 경우에도 일반적으로 보증금을 내는데, 이 보증금 역시 계약만료시점에서 되돌려받을 권리가 있다. 영업보증금은 영업을 목적으로 제공한 거래보증금이나 입찰보증금이다.

장기매출채권이란 상거래에서 발생한 매출채권 중 만기가 재무상태표일로부터 1년 이후에 도래하는 것이며, **장기대여금**이란 만기가 재무상태표일로부터 1년 이후에 도래하는 대여금이며, **장기미수금**이란 유형자산의 매각 등 상거래 이외의 거래에서 발생하는 채권으로서 만기가 재무상태표일로부터 1년 이후에 도래하는 것을 말한다.

제 10 장 연 습 문 제

비유동자산

01 유형자산의 취득원가

다음 유형자산의 취득원가를 구하라.

(1) 새 건물을 건설하기 위하여 토지와 구건물을 ₩2,000,000에 일괄 구입하면서 그 대금을 현금으로 지급하였다. 또한, 구건물을 철거하면서 철거비 ₩200,000을 현금으로 지급하였다.

(2) 송장가격(invoice price)이 ₩1,000,000인 기계를 구입하면서 취득세 ₩100,000, 운송원가 ₩20,000, 운송기간 중 기계의 보험료 ₩5,000, 설치원가 ₩8,000, 기계시험가동원가 ₩7,000이 발생하였다.

02 자본적 지출

미래기업은 2001년초에 기계를 ₩6,000,000에 구입하였다. 이 기계의 내용연수는 20년이며, 잔존가치는 없고, 정액법에 의하여 상각한다. 기계를 10년간 사용한 후, 2011년초에 기계를 대폭적으로 수선하고 수선비 ₩1,800,000을 지급하였다. 이 수선으로 기계의 수명이 5년 더 연장되었다. 2011년도 기계의 감가상각비는 얼마인가?

03 정액법

20×1. 1. 1에 기계를 ₩2,000,000에 매입했다. 이 기계의 잔존가치는 ₩200,000이고, 내용연수는 8년이다. 20×3. 12. 31에 동기계를 ₩1,000,000에 처분하였다. 정액법에 의해 감가상각을 했을 경우에 유형자산처분손익은 얼마인가?

04 정률법

기계의 취득원가는 ₩100,000(취득일은 1월 1일)이고, 잔존가치는 ₩10,000이다. 정률법에 의해 감가상각하며, 정률은 25%라고 가정한다.

물음

(1) 제1차년도 감가상각비는 얼마인가?

(2) 제2차년도 감가상각비는 얼마인가?

(3) 제2차년도말에 이 기계를 ₩50,000에 처분하였다면, 처분손익은 얼마인가?

05 정액법과 정률법

A사는 20×1년초에 원가 ₩4,000,000의 건물을 취득하였다. 이 건물의 내용연수는 10년, 잔존가치는 취득원가의 10%이다.

물음

(1) 정액법 하에서 첫 3개년의 감가상각비를 나타내는 표를 작성하라.

(2) 정률법(단, 정률은 20%라고 가정) 하에서 첫 3개년의 감가상각비를 나타내는 표를 작성하라.

06 정액법과 이중체감법

A사는 20×1. 1. 1.에 원가 ₩8,000,000의 기계를 구입하였다. 이 기계의 내용연수는 8년, 잔존가치는 취득원가의 10%로 추정되었다.

물음

(1) 20×1년말에 정액법과 이중체감법 하에서 각각 결산정리분개를 하라.

(2) 20×4. 7. 1.에 위 기계를 ₩2,500,000에 처분하였고 이중체감법에 의해 감가상각비를 계산한다면 처분시 처분손익은 얼마인가?

(3) 20×4. 7. 1.에 위 기계를 ₩2,500,000에 처분하였고 정액법에 의해 감가상각비를 계산한다면 처분시점에서 필요한 분개를 하라.

07 연수합계법

미래기업은 20×2. 7. 1.에 기계를 취득하였는데 내용연수는 4년, 잔존가치는 없다. 미래기업은 연수합계법으로 감가상각하고 있는데 20×2년도 감가상각비는 ₩400,000이었다. 20×3. 1. 1.에 이 기계를 ₩1,500,000에 처분하였다면, 기계처분손익은 얼마인가?

08 연수합계법

(1) (주)대한은 20×0년 1월 1일에 기계장치를 ₩21,000,000에 취득하였다. 취득 당시 동 기계장치의 내용연수는 10년, 잔존가치는 ₩1,000,000, 감가상각방법은 정액법을 적용하였다. 그런데 20×6년 1월 1일에 동 기계장치를 당초의 내용연수보다 몇 년간 더 쓸 수 있음을 알고 내용연수 연장과 함께 감가상각방법을 연수합계법으로, 잔존가치를 ₩0으로 변경하였다. (주)대한은 20×8년도에 동 기계장치에 대하여 ₩1,500,000의 감가상각비를 인식하였다면, 20×9년 1월 1일 현재 동 기계장치의 감가상각누계액 차감 후 장부금액은 얼마인가? (단, 위의 변경사항은 정당성이 입증되었으며, 법인세 효과는 고려하지 않는다.) (11 CPA)

(2) (주)세무는 20×1년 1월 1일에 기계장치(취득원가 ₩1,000,000, 잔존가치 ₩O, 내용연수 4년, 정액법으로 감가상각)를 취득하여 원가모형을 적용하고 있다. 20×3년 1월 1일에 (주)세무는 동 기계장치에 대하여 자산인식기준을 충족하는 후속원가 ₩500,000을 지출하였다. 이로 인해 내용연수가 2년 연장(20×3년 1월 1일 현재 잔존내용연수 4년)되고 잔존가치는 ₩100,000 증가할 것으로 추정하였으며, 감가상각방법은 연수합계법으로 변경하였다. (주)세무는 동 기계장치를 20×4년 1월 1일에 현금을 수령하고 처분하였으며, 처분손실은 ₩60,000이다. 기계장치 처분 시 수령한 현금은 얼마인가? (19CTA)

09 유형자산의 감가상각 : 월할계산

A사는 20×1년 9월 1일에 원가 ₩1,000,000, 추정내용연수 5년, 추정잔존가치는 취득원가의 10%인 비품을 현금으로 취득하였다. A사의 결산일이 12월 31일이며, 감가상각비는 월할계산한다. 20×1년과 20×2년의 감가상각비를 (1) 정액법, (2) 연수합계법 각각의 방법에 따라 계산하라.

10 유형자산의 처분 : 월할 계산

미래기업은 20×1년도초에 기계(취득원가 ₩70,000, 잔존가치 ₩14,000, 내용연수 5년)를 취득하였으며, 정액법에 의해 월할계산을 하여 감가상각한다. 20×4. 6. 30.에 ₩40,000의 현금을 받고 기계를 처분하였다. 기계의 처분이익(손실)은 얼마인가?

11 유형자산의 처분 : 월할 계산

12월말 결산법인인 국민기업은 20×1. 7. 1.에 기계를 ₩5,000,000에 구입하였다. 이 기계의 잔존가치는 취득원가의 10%, 내용연수는 5년이다. 이 회사는 월할 계산하여 감가상각하고 있다. 20×3. 4. 1.에 이 기계를 처분하고자 한다.

물음

(1) 정액법에 의해 감가상각한다면, 기계 처분시점에서 장부금액은 얼마인가?
(2) 정률법에 의해 감가상각한다면, 기계 처분시점에서 장부금액은 얼마인가? 단, 정률은 0.369이다.
(3) 연수합계법에 의해 감가상각한다면, 기계 처분시점에서 장부금액은 얼마인가?

12 감가상각비 : 월할계산

(주)대한은 20×1년 9월 1일 내용연수 5년의 기계장치를 취득하였다. 이 기계장치는 정률법을 사용하여 감가상각하며, 감가상각률은 36%이다. 20×2년도에 인식한 감가상각비는 ₩253,440이다. 20×3년도에 인식할 기계장치의 감가상각비는 얼마인가? (14CPA)

13 취득원가의 추정

(1) 미래기업이 보유 중인 기계의 기초 및 기말 장부금액은 각각 ₩250,000, ₩370,000이다. 미래기업은 취득원가 ₩50,000, 감가상각누계액 ₩32,000인 기계를 당기 중에 처분하고 새 기계를 취득하였다. 당기의 기계감가상각비는 ₩28,000이다. 새 기계의 취득원가는 얼마이겠는가?

(2) (주)매실이 보유 중인 건물의 기초 및 기말장부금액은 각각 ₩132,000, ₩228,000이다. 당기에 건물 취득액은 ₩216,000이며, 당기 건물감가상각비는 ₩112,000이다. 당기에 건물을 매각하였는데 당기에 매각한 건물의 감가상각누계액은 ₩40,000이라면, 당기에 매각한 건물의 취득원가는 얼마인가? (05CPA)

14 감가상각방법의 변경

(1) A기업은 20×1년 초에 차량을 ₩15,000,000에 구입하였다. 이 차량의 내용연수는 5년이며, 잔존가치는 ₩5,000,000원이고, 정액법으로 감가상각한다. 2년이 지난 20×3년초에 A기업은 이 차량의 내용연수를 7년으로 변경하고, 잔존가치도 ₩2,000,000으로 변경하였다. 20×3년도의 연간 감가상각비는 얼마인가?

(2) (주)서부는 20×6년 1월 1일에 집진설비를 ₩1,000,000에 취득하였다. 취득 당시 집진설비의 내용연수는 5년, 잔존가치는 ₩50,000으로 추정하였으며, 감가상각방법은 연수합계법을 적용하였다. 그런데, 20×8년도 결산과정(장부마감 전)에서 내용연수를 5년에서 7년으로, 잔존가치는 ₩50,000에서 ₩0으로, 감가상각방법은 연수합계법에서 정액법으로 변경하였다. 이 경우 20×8년도에 집진설비의 감가상각비로 인식해야 할 금액은 얼마인가? 단, 회계변경의 정당성은 입증되었으며, 법인세효과는 무시한다. (09CPA)

(3) (주)국세는 20×1년 1월 1일에 본사 사옥을 ₩1,000,000에 취득(내용연수 5년, 잔존가치 ₩100,000)하고 연수합계법으로 감가상각한다. (주)국세는 20×2년초에 본사 사옥의 증축을 위해 ₩200,000을 지출하였으며 이로 인해 잔존가치는 ₩20,000 증가하였고, 내용연수는 2년 더 연장되었다. (주)국세가 20×2년 초에 감가상각방법을 이중체감법(상각률은 정액법 상각률의 2배)으로 변경하였다면, 20×2년도에 인식해야할 감가상각비는 얼마인가? (단, (주)국세는 본사 사옥에 대하여 원가모형을 적용한다.) (14CTA)

(4) (주)세무는 20×1년 4월 1일 기계장치를 취득(취득원가 ₩30,000, 잔존가치 ₩0, 내용연수 4년)하여 연수합계법으로 감가상각하고 원가모형을 적용하고 있다. 20×3년 1월 1일 동 기계장치의 부품 교체에 ₩10,000을 지출하고 부품교체는 자본적지출로 인식하였다. 부품 교체시점에서의 회계추정을 변경하였는데, 감가상각방법은 정액법으로, 잔존내용연수 5년, 잔존가치 ₩500으로 변경하였다. 동 기계장치의 20×2년 감가상각비와 20×3년말 장부금액은 각각 얼마인가? (단, 감가상각은 월할상각한다.) (18CTA)

15 손상차손

(주)광주는 2007년 1월 1일 현금 ₩1,100,000을 지급하고 건물을 취득하였다. (주)광주는 동 건물에 대하여 내용연수는 10년, 잔존가치는 ₩100,000으로 추정하였으며 감가상각방법은 정액법을 사용하기로 하였다. 2009년말 동 건물의 시장가치가 현저히 하락하여 (주)광주는 자산손상을 인식하기로 하였다. 2009년말 현재 건물의 회수가능가치는 ₩590,000이다. (07CPA수정)

물음

(1) 2009년말 자산손상을 인식하기 전의 건물 장부금액은 얼마인가?

(2) 2009년 손상차손은 얼마인가?

(3) 2010년 감가상각비는 얼마인가?

16 손상차손

(주)세무는 20×1년 1월 1일에 영업부서에서 사용할 차량운반구를 취득(내용연수 5년, 잔존가치 ₩100,000, 정액법 상각)하였다. 동 차량운반구의 20×1년년말 장부금액은 ₩560,000이며, 동 차량운반구와 관련하여 20×1년도 포괄손익계산서에 인식한 비용은 감가상각비 ₩120,000과 손상차손 ₩20,000이다. ㈜세무가 20×2년도 포괄손익계산서에 동 차량운반구와 관련하여 손상차손과 감가상각비로 총 ₩130,000을 인식하였다면, 20×2년말 동 차량운반구의 회수가능액은? 단, ㈜세무는 차량운반구 취득 후 차량운반구에 대해 추가적인 지출을 하지 않았으며, 차량운반구에 대해 원가모형을 적용하고 있다. (21CTA)

17 원가모형

(1) (주)ABC는 20×1년 1월 1일에 내용연수 5년, 잔존가치 ₩0인 기계장치를 ₩200,000에 취득하여 제품을 생산하고 있으며 감가상각은 정액법을 사용한다. 20×1년 12월 31일 기계장치의 순공정가치가 ₩100,000이고 사용가치는 ₩120,000이며, 손상차손의 인식조건을 충족하였다. 그로부터 2년 후 20×3년 12월 31일에 기계장치의 회수가능액이 ₩150,000으로 상승하였다. (주)ABC가 자산에 대해 원가모형으로 회계처리 할 때 20×3년도에 손상차손환입으로 인식할 금액은 얼마인가? (14CPA)

(2) (주)국세는 20×1년 1월 1일 기계장치를 ₩2,000,000에 취득(내용연수 5년, 잔존가치는 ₩0)하였다. 동 기계장치는 원가모형을 적용하며 정액법으로 감가상각한다. 매 회계연도 말 기계장치에 대한 회수가능액은 다음과 같으며 회수가능액 변동은 기계장치의 손상 또는 그 회복에 따른 것이다.

연도	20×1년 말	20×2년 말	20×3년 말	20×4년 말
회수가능액	₩1,600,000	₩900,000	₩600,000	₩1,000,000

20×4년도 말 재무상태표에 인식될 기계장치의 손상차손누계액은 얼마인가? (14CTA)

(3) (주)세무는 20×1년 1월 1일 기계장치(취득원가 ₩550,000, 잔존가치 ₩10,000, 내용연수 10년)를 취득하여 정액법으로 감가상각하고, 원가모형을 적용하고 있다. 20×2년말 동 기계장치의 회수가능액이 ₩300,000으로 추정되어 손상을 인식하였다. 20×4년말 동 기계장치의 회수가능액이 ₩340,000으로 회복되었다. 20×4년에 인식하는 손상차손환입액은? (18CTA변형)

(4) (주)세무는 20×1년 초 내용연수 5년, 잔존가치 ₩0인 기계를 ₩4,500,000에 매입하였으며, 설치장소를 준비하는데 ₩500,000을 지출하였다. 동 기계는 원가모형을 적용하고, 정액법으로 감가상각한다. 매 회계연도 말 기계에 대한 회수가능액은 다음과 같으며, 회수가능액 변동은 기계의 손상 또는 그 회복에 따른 것이라고 할 때, 20×2년

도에 인식할 감가상각비와 20×2년 말 기계의 장부금액은 각각 얼마인가? (17CTA 변형)

구 분	20×1년 말	20×2년 말
순공정가치	₩2,000,000	₩3,500,000
사용가치	1,800,000	2,500,000

(5) (주)대한은 20×2년 1월 1일에 현금 ₩80,000을 지급하고 기계장치를 취득하였다. (주)대한은 동 기계장치에 대해 내용연수는 5년, 잔존가치는 ₩0으로 추정하였으며 감가상각방법으로 정액법을 사용하기로 하였다. 20×2년 말 동 기계장치에 자산손상 사유가 발생하여 (주)대한은 자산손상을 인식하기로 하였다. 20×1년 12월 31일 현재 동 기계장치의 회수가능액은 ₩50,000이다. (주)대한은 20×2년 1월 1일 동 기계장치의 잔존 내용연수를 6년으로, 잔존가치를 ₩5,000으로 재추정하여 변경하였다. 20×2년 12월 31일 현재 동 기계장치의 회수가능액은 ₩30,000이다. (주)대한이 20×2년 12월 31일 재무상태표에 동 기계장치의 손상차손누계액으로 표시할 금액은 얼마인가? 단, (주)대한은 동 기계장치에 대해 원가모형을 선택하여 회계처리하고 있다. (19CPA)

18 토지의 재평가모형

국민기업은 20×1. 4. 1.에 토지를 ₩5,000,000에 취득하였다. 이 기업에서는 재평가모형을 적용하고 2년마다 토지를 재평가하는데, 토지의 공정가치는 20×1년말 ₩5,500,000, 20×3년말 ₩5,200,000이다.

물음

(1) 20×1년말과 20×3년말 각각 결산정리분개를 하라.

(2) 20×3년말 토지의 공정가치가 ₩5,200,000이 아니라 ₩4,900,000이라고 가정할 경우 20×3년말 결산정리분개를 하라.

19 토지의 재평가모형

다음은 (주)봉명이 20×1년 초에 취득한 토지에 관한 자료이다. (주)봉명은 토지 취득 후에 재평가모형에 의해서 토지에 대한 회계처리를 한다. 토지의 취득원가와 각 회계기간말 현재 토지의 공정가치는 아래와 같다.

구분	취득원가 20×1년 초	각 회계기간 말 공정가치		
		20×1년말	20×2년말	20×3년말
토지	₩3,000	₩3,500	₩3,200	₩2,900

토지의 재평가와 관련하여 (주)봉명이 20×3년도에 인식할 당기손실과 총포괄손실은 각각 얼마인가? (단, 법인세효과는 고려하지 않는다.) (10CPA)

20 재평가모형

A사는 20×1년초에 원가 ₩4,000,000의 건물을 취득하였다. 이 건물의 내용연수는 10년, 잔존가치는 취득원가의 10%이며, 정액법에 의해 감가상각하고 있다. 이 회사는 3년마다 유형자산을 재평가하고 있다.

물음

⑴ 20×3년말 건물의 공정가치가 ₩2,500,000이라고 가정하고서 ① 재평가일의 분개, ② 20×4년말 감가상각의 결산정리분개를 하라.

⑵ 20×3년말 건물의 공정가치가 ₩3,200,000이라고 가정하고서 ① 재평가일의 분개, ② 20×4년말 감가상각의 결산정리분개를 하라.

21 재평가모형

⑴ (주)세무는 20×1년 초 건물(내용연수 5년, 잔존가치 ₩100,000)을 ₩1,000,000에 취득하여 재평가모형을 적용하고, 이중체감법(상각률 40%)으로 감가상각하였다. 재평가일인 20×1년 말 건물의 공정가치가 ₩900,000이고 자산의 총장부금액에서 감가상각누계액을 제거하는 방법으로 재평가 회계처리할 때, 재평가에 따른 분개를 하라. (17CTA)

⑵ (주)대한은 20×1년 1월 1일에 건물을 ₩3,000,000에 취득하여 본사 건물로 사용하였다. 이 건물의 내용연수는 5년, 잔존가치는 ₩0이며, 정액법으로 감가상각한다. 또한 (주)대한은 건물에 대하여 재평가모형을 적용하여 매년말 감가상각후 주기적으로 재평가를 하고 있으며, 동 건물의 20×1년말 공정가치는 ₩3,200,000, 20×2년말 공정가치는 ₩1,500,000이다. 이 건물과 관련하여 20×2년도에 당기손익으로 인식할 재평가손실은 얼마인가? 단, (주)대한은 자산의 순장부금액을 재평가금액으로 수정할 때 기존의 감가상각누계액을 모두 제거하는 방법을 적용하여 회계처리하고 있으며, 재평가잉여금을 당해 자산을 사용하면서 이익잉여금으로 대체하는 방법은 선택하지 않고 있다. 또한 손상차손은 고려하지 않는다. (10CTA)

⑶ (주)브룩은 20×1년 1월 1일 기계장치를 ₩1,000,000에 취득하고 재평가모형을 적용하기로 하였다. 동 기계장치의 내용연수는 5년, 잔존가치는 ₩0이며 정액법으로 감가상각한다. 기계장치의 20×1년말 공정가치는 ₩780,000이며, 20×2년말 공정가치는 ₩650,000이다. 동 기계장치와 관련하여 20×2년도 포괄손익계산서상 당기순이익과 기타포괄이익에 미치는 영향은 각각 얼마인가? 단, 재평가잉여금은 이익잉여금으로 대체하지 않으며, 감가상각비 중 자본화한 금액은 없다. 또한 법인세효과는 고려하지 않는다. (13CPA)

⑷ (주)한국은 20×5년 1월 1일에 기계장치 1대를 ₩300,000에 취득하여 생산에 사용하였다. 동 기계장치의 내용연수는 5년, 잔존가치는 ₩0이며, 정액법으로 감가상각한다. (주)한국은 동 기계장치에 대하여 재평가모형을 적용하여 매년말 감가상각 후 주기적으로 재평가하고 있다. 동 기계장치의 각 회계연도말 공정가치는 다음과 같다.

연도	20×5년 말	20×6년 말	20×7년 말
공정가치	₩250,000	₩150,000	₩130,000

(주)한국이 위 거래와 관련하여 20×6년도에 인식할 재평가손실과 20×7년도에 인식할 재평가잉여금은 각각 얼마인가? 단, 손상차손은 고려하지 않으며, 재평가잉여금을 이익잉여금으로 대체하지 않는다. 또한 기존의 감가상각누계액 전부를 제거하는 방법을 적용한다. (15CPA)

(5) (주)대한은 20×1년 1월 1일에 기계장치 1대를 ₩600,000에 취득하고 해당 기계장치에 대해 재평가모형을 적용하기로 하였다. 동 기계장치의 내용연수는 5년, 잔존가치는 ₩50,000이며 정액법을 사용하여 감가상각한다. (주)대한은 동 기계장치에 대해 매년 말 감가상각 후 재평가를 실시하고 있다. 동 기계장치의 20×1년 말 공정가치는 ₩510,000이며, 20×2년 말 공정가치는 ₩365,000이다. 동 기계장치와 관련한 (주)대한의 20×1년도 및 20×2년도 자본의 연도별 증감액은 각각 얼마인가? 단, 재평가잉여금을 이익잉여금으로 대체하지 않으며, 손상차손은 고려하지 않는다. 또한 재평가모형을 선택하여 장부금액을 조정하는 경우 기존의 감가상각누계액 전부를 제거하는 방법을 적용한다. (19CPA)

22 재평가모형

(1) (주)대한은 제조업을 영위하고 있으며, 20×1년 초에 재화의 생산에 사용할 목적으로 기계장치를 ₩5,000,000에 취득하였다(내용연수: 9년, 잔존가치: ₩500,000, 감가상각방법: 정액법). (주)대한은 매년 말 해당 기계장치에 대해서 재평가모형을 선택하여 사용하고 있다. (주)대한의 각 연도 말 기계장치에 대한 공정가치는 다음과 같다.

구분	20×1년 말	20×2년 말
기계장치의 공정가치	₩4,750,000	₩3,900,750

(주)대한의 기계장치 관련 회계처리가 20×2년도 포괄손익계산서의 당기순이익에 미치는 영향은 얼마인가? 단, (주)대한은 기계장치를 사용하는 기간 동안 재평가잉여금을 이익잉여금으로 대체하지 않으며, 감가상각비 중 자본화한 금액은 없다. (20CPA)

(2) (주)세무는 20×1년 1월 1일 본사사옥으로 사용할 목적으로 건물(취득원가 ₩1,000,000, 잔존가치 ₩200,000, 내용연수 5년, 정액법 상각)을 취득하였다. ㈜세무는 건물에 대해 재평가모형을 적용하고 있으며, 자산의 총장부금액에서 감가상각누계액을 제거하는 방법으로 재평가 회계처리를 한다. 동 건물의 20×1년말 공정가치는 ₩700,000, 20×2년말 공정가치는 ₩800,000이다. 동 건물과 관련한 회계처리가 ㈜세무의 20×2년도 당기순이익에 미치는 영향은? 단, 재평가잉여금은 이익잉여금으로 대체하지 않는다. (21CTA)

23 재평가모형

(주)세무는 토지와 건물에 대하여 재평가모형을 적용하고 있다. (주)세무는 20×1년 초 토지와 영업용 건물을 각각 ₩100,0000과 ₩10,000에 취득하였다. (주)세무는 건물에 대하여 정액법(내용연수 4년, 잔존가치 ₩O)으로 감가상각하고 있으며, 20×2년 초 건물에 대하여 자산인식기준을 충족하는 후속원가 ₩2,000을 지출하였다. (주)세무는 유형자산이 제거되기 전까지는 재평가잉여금을 이익잉여금으로 대체하지 않는다. 토지와 건물의 공정가치는 다음과 같다.

구분	토지	건물
20×1년 말	95,000	7,000
20×2년 말	120,000	6,500

동 거래가 (주)세무의 20×2년 당기순이익에 미치는 영향은? (19CTA)

24 연구개발활동

다음은 제약회사인 (주)갑의 20×1년도 독감 치료용 신약을 위한 연구, 개발 및 생산과 관련된 자료이다. (주)갑이 20×1년에 당기손익으로 인식할 연구비와 자산으로 인식할 개발비는 각각 얼마인가? 단, 개발비로 분류되는 지출의 경우 20×1년 말 시점에 개발비 자산인식요건을 충족한다고 가정한다. (12CPA)

• 독감의 원인이 되는 새로운 바이러스를 찾기 위한 지출	₩300,000
• 바이러스 규명에 필요한 동물실험을 위한 지출	₩10,000
• 상업용 신약 생산에 필요한 설비 취득을 위한 지출	₩400,000
• 신약을 개발하는 시험공장 건설을 위한 지출 (상업적 생산목적으로 실현가능한 경제적 규모가 아님)	₩500,000
• 신약의 상업화 전 최종 임상실험을 위한 지출	₩60,000
• 신약 생산전 시제품을 시험하기 위한 지출	₩20,000
• 바이러스 동물실험결과의 평가를 위한 지출	₩30,000

25 무형자산 재평가

(주)갑이 20×1년초에 취득한 무형자산과 관련된 자료는 다음과 같다.

구분	취득원가	내용연수	20×1년말 회수가능액	20×2년말 회수가능액
상표권	₩20,000	비한정적	₩21,000	₩18,000
특허권	80,000	4년	78,000	45,000

특허권은 정액법으로 상각하며, 잔존가치는 ₩0이다. 20×2년말에는 상기 무형자산에 대해 손상징후가 발생하였다. (주)갑은 무형자산에 대하여 재평가모형을 적용하며, 무형자산을 사용하면서 관련 재평가잉여금을 이익잉여금으로 대체하는 방법은 선택하지 않고 있다. (주)갑이 20×2년도에 인식할 상표권 관련 손상차손과 20×2년말 재무상태표에 표시할 특허권 관련 재평가잉여금은 각각 얼마인가? (12CPA)

26 특허권의 재평가모형

(주)한국은 20×1년 1월 1일 활성시장에서 특허권을 ₩6,000,000에 취득하고, 매년말 재평가모형을 적용한다. 동 특허권은 향후 10년간 사용할 수 있고 잔존가치는 없으며 정액법으로 상각한다. 20×1년, 20×2년, 20×3년 각 연도말 동 특허권의 공정가치는 각각 ₩5,400,000, ₩5,182,000, ₩4,150,000이다. 20×3년말 동 특허권과 관련하여 인식할 당기손익은? 단, 특허권을 사용하는 기간 동안에 재평가잉여금을 이익잉여금으로 대체하지 않는다. (15CTA)

CHAPTER

비유동부채 11

비유동부채는 일반적으로 유동부채에 비하여 금액이 거액일 뿐만 아니라 또한 거액의 이자비용을 발생시켜 경영상 중대한 압박을 가할 수도 있기 때문에 당해 기업에 대한 정보이용자 입장에서는 매우 중요한 정보가 된다. 비유동부채에는 사채, 충당부채, 장기차입금, 장기매입채무, 퇴직급여부채 등이 있다.

본 장에서는 특히 사채의 발행, 결산정리에 대한 회계처리를 중점적으로 살펴본다. 사채의 액면이자율이 시장이자율보다 낮을 경우 사채의 할인발행이 이루어지며, 액면금액과 발행금액 간의 차액인 사채할인발행차금은 유효이자율법으로 상각한다.

제 1 절 사 채

1. 사채의 의의

상품의 매입자금이 부족한 경우에는 단기자금을 빌리더라도 무방하다. 왜냐하면 상품은 단기간 내에 현금으로 전환되는 자산이라서 상환자금 마련이 어렵지 않기 때문이다. 그러나 비유동자산 구입자금을 단기자금으로 조달하는 것은 위험하다. 비유동자산은 단기간 내에는 현금화되는 자산이 아니기 때문이다. 이때는 상환기일이 1년 이후에 도래하는 장기자금을 조달하여 비유동자산을 구입해야 한다.

주식회사가 장기부채를 조달하기 위하여 흔히 사용하는 방법은 장기차입금을 빌리는 방법과 사채를 발행하는 방법이다. 장기차입금(長期借入金)은 돈을 빌려 주는 상대방이 거액의 장기성 자금을 가지고 있는 경우에 한하여 가능하기 때문에, 기업의 관점에서 보면 조달원천이 은행 등 소수의 금융기관이나 계열회사 등으로 한정되는 단점이 있다.

사채(社債, bond)는 주식회사가 회사의 채무임을 표시하는 증서를 발행해 주고 증권시장의 일반 투자대중들로부터 거액의 장기자금을 조달하는 방법이다.[1] 사채의 장점은 기업이 빌리기를 원하는 자금이 거액이더라도 이를 많은 수의 작은 금액 단위(한 구좌당 10,000원 이상의 동일 금액)들로 쪼개어 사채권을 발행할 수 있어서 그만큼 쉽게 자금조달을 할 수 있다는 점이다. 따라서 소액 투자대중들을 대상으로 해서도 얼마든지 기업이 원하는 거액의 자금을 조달할 수 있다. 한편 사채에 투자하는 사채권자들 역시 언제든지 원하기만 하면 보유 중인 사채를 증권시장에서 자유롭게 매각하여 현금화할 수 있다는 장점을 누린다.

사채는 발행회사의 입장에서는 부채이지만, 사채를 매입한 회사의 입장에서는 투자자산(단기매매사채, 매도가능사채, 만기보유사채)이 된다. 본 절에서는 발행회사의 입장에서 사채를 설명하기로 한다.

---

1) 회사채란 용어를 줄인 社債(corporation bond)는 개인적 빚이라는 의미의 私債(private debt)와는 확연히 구분되는 개념이다. "정부의 사정(司正) 바람으로 사채시장이 얼어붙어 중소기업들의 자금난이 심각하다"라고 할 때의 사채시장은 일반적으로 私債시장을 지칭한다.

◀ 도표 11-1
사채 견본

지분투자와 채권투자

기업은 타사 주식과 같은 지분증권(持分證券)에 투자하는 외에 사채나 국공채 같은 채무증권(債務證券)에도 투자한다. 채권은 발행 주체에 따라 국채(정부), 지방채(지방자치단체), 금융채(금융기관), 회사채(주식회사) 등으로 구분된다.

사채를 취득한 채권자는 사전에 약정된 이자를 채권의 만기일까지 정기적으로 지급받는 것을 투자목적으로 삼는 것이 일반적이다. 물론 채권시장에서 그날그날 형성되는 시장이자율과 채권에 기재된 이자율(표시이자율 또는 액면이자율) 사이에 차이가 발생함에 따라 채권의 시세가 변화하는바, 중도에 채권시장에서 처분하여 주식처럼 시세차익을 얻을 수도 있다. 채권의 가격은 현금흐름을 시장이자율로 할인할 현가이므로 시장이자율이 변동함에 따라 수시로 변한다. 이자율이 상승하면 현금흐름이 더 크게 할인되므로 채권가격은 하락하고, 채권의 만기금액은 고정되어 있으므로 싸게 살수록 채권의 수익률은 높아진다. 반대로 이자율이 하락하면 채권가격은 상승한다. 즉, 채권의 가격과 수익률 사이에는 반비례의 관계가 있다.

	지분투자	채권투자
종류	주식	국채, 지방채, 금융채, 회사채
투자자의 지위	주주	채권자
투자수익	배당금, 처분손익	이자수익, 처분손익
만기	없음	있음
원금상환	만기가 없음	만기에 원금을 상환 받음
경영 참가권	원칙적으로 있음	원칙적으로 없음
위험의 정도	사채에 비해 위험함	주식에 비해 위험하지 않음

2. 사채 발행에 따른 현금흐름

주식회사가 사채를 발행하여 현금을 조달하는 행위는 곧 장기로 현금을 빌리는 것과 경제적 내용이 동일하다. 따라서 기업은 사채에 대하여도 원금과 이자를 현금으로 상환해야 한다.

사채발행에 따른 현금흐름을 살펴 보기 위하여 먼저 사채에 기재되는 사항을 살펴 볼 필요가 있다.

사채에 기재되는 사항(예)

발행회사명 : A 주식회사	발 행 일 : 20×1년 1월 1일
액 면 금 액 : ₩300,000	만 기 일 : 20×3년 12월 31일
이자지급일 : 연 1회, 매년 12월 31일	이 자 율 : 연 10%

첫째는 만기일에 상환하기로 약속하는 금액인 액면금액(face value)이다. 액면금액이란 용어는 말 그대로 해석하면 사채의 표면에 기재된 금액이라는 뜻인데, 경제적으로는 만기일에 상환할 금액이라는 뜻이 포함되어 있다. 기업은 바로 이 액면금액을 만기일에 사채권자들에게 상환한다.

둘째는 이자지급에 관한 약속인 이자지급일과 이자율이다. 사채는 장기간 후에야 상환하는 장기부채이므로, 사채 발행회사는 만기 이전의 중간중간에 사채권자들의 현금수요를 충족시켜 줄 필요가 있다. 이를 위하여 사채 발행회사는 언제 얼마의 이자를 지급한다는 약속을 하게 되며, 이를 위한 것이 이자지급일과 이자율에 관한 기재사항이다. 사채 발행회사는 순이익 여부에 상관없이 이 고정이자를 꼬박꼬박 지급함으로써 약속을 이행해야 한다.

사채에 적혀 있는 이자율을 **액면이자율**(표시이자율, stated interest rate)이라 하며, 액면이자율에 의해 다음과 같이 채권자에게 지급해야 할 현금이자가 결정된다.

이자지급일에 지급할 현금이자 = 액면금액 ×액면이자율

일반적으로 기업들은 액면이자율을 발행 당시의 자본시장 이자율 수준에 맞춰 결정하지 않고, 대신 자신의 미래 현금 사정을 고려하여 임의로 결정하는 경향이 있다. 예컨대 미래 현금 사정이 양호하지 못할 것이라고 예상될 경우, 기업은 낮은 이자율을 기재하여 거액의 이자지출로 인한 자금압박을 피하고자 한다.

이제 사채발행으로 인하여 현재와 미래 기간에 어떤 현금흐름이 발생하는지를 살펴 본다. 기업이 앞의 기재사항에 따라 사채를 발행하고 현금 ₩300,000을 조달하는 경우의 현금흐름을 도시하면 [**도표 11-2**]와 같다.

발행기업은 20×1년 1월 1일에 현금 ₩300,000을 수령하는 대가로 앞으로 매년 12월 31일(이자지급일)에 현금이자 ₩30,000을 지출하는 한편, 만기일에는 제3차년도분 현금이자 외에 별도로 액면금액 ₩300,000을 현금으로 상환하여야 한다.

사채에 관하여 알아야 할 회계처리는 ① 사채발행의 분개, ② 사채의 결산정리 분개, ③ 사채상환의 분개 등이다.

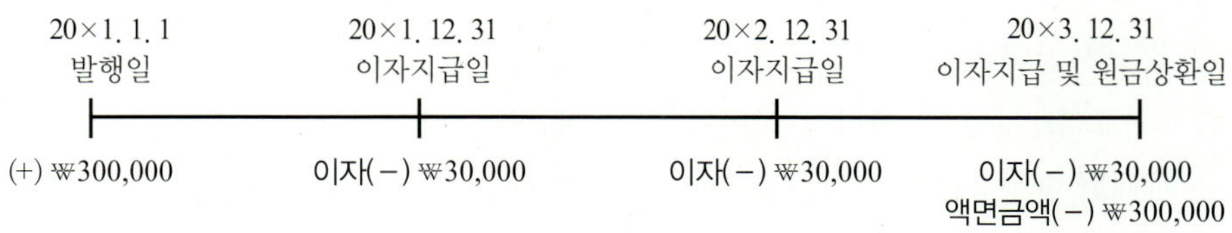

◀ **도표 11-2**
사채발행시 현금유입(+)과 현금유출(−)

3. 사채의 발행

사채의 발행에는 액면발행(at par), 할인발행(at discount), 할증발행(at premium)의 세 가지 형태가 있다. 여기서는 실무에서 가장 보편적으로 이루어지고 있는 할인발행의 경우만을 중점적으로 설명한다.

사채에 기재되는 액면이자율은 발행기업이 현금 사정을 고려하여 임의로 결정하는 경향이 있다고 앞서 지적하였다. 반면에 자본시장에서 사채에 대한 수요와 공급의 원칙에 의해 결정되는 이자율을 **시장이자율**(market interest rate)이라 하며, 자본시장에 참여하고 있는 일반투자자들이 사채를 구입하는 대신에 다른 곳에 투자하여 얻을 수 있는 이자율이다. 사채발행기업의 신용도가 높으면 투자의 위험이 낮으므로 사채의 시장이자율이 약간 낮더라도 사채에 대한 수요가 생긴다. 반면에 사채발행기업의 신용도가 낮으면 투자의 위험이 높으므로 사채에 대한 수요가 줄어들게 되고, 이에 따라 사채의 가격도 낮아진다. 즉, 사채의 시장이자율이 높아지게 된다. 이와 같이 사채의 시장이자율은 발행기업의 신용도(신용위험, 채무불이행위험, credit risk)에 의해 좌우된다.[2]

도표 11-3 ▶
사채의 발행과 구입

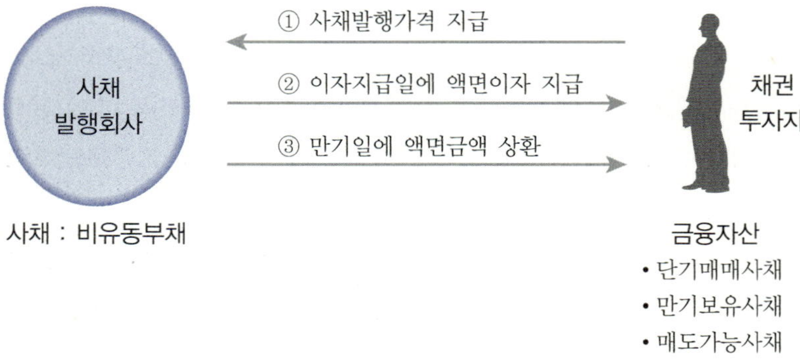

액면이자율과 시장이자율이 서로 다르면 어떤 현상이 일어날까? 일반 투자대중들은 보다 많은 이자를 받을 수 있는 곳에 돈을 빌려 주고자 한다. 만일 액면이자율이 연 10%인데 시장이자율은 연 12%라면, 당연히 투자자들은 이 사채를 구입하지 않으려고 할 것이다. 따라서 액면이자율을 시장이자율보다 낮게 기록하는 회사들은 사채의 발행금액을 액면금액보다 낮게 해줌으로써 일반 투자대중들을 유인하고자 하게 된다. 이처럼 **액면이자율이 시장이자율보다 낮아서 부득이 액면금액보다 낮은 금액만을 받고 사채를 발행하는 것을 사채의 할인발행**(at discount)이라 한다.[3] 결과적으로 발행회사는 채권자들이 시장이자율과 동등한 수준의 이자수익을 얻을 수 있게 해줌으로써 현금조달을 성공적으로 달성하게 된다. 할인발행의 한 가지 예를 들면 액면금액이 ₩300,000인 사채를 ₩280,000에 발행하고 만기에는 ₩300,000을 상환해 주는 것이다.

요약컨대 할인발행은 액면이자율과 시장이자율 간의 차이를 제거하여 사채권자들로 하여금 시장이자율만큼의 투자수익을 얻게 하기 위한 조치이며, 이때 발행회사는 결국 시장이자율로 자금을 차입하는 셈이 된다는 사실을 분명히 이해해야

---

2) 신용평가기관에서 발행기업의 신용위험을 평가하여 사채의 등급을 공시한다. 우리나라의 신용평가기관으로는 한국신용평가(주), 한국기업평가(주) 등이 있고, 국제적 신용평가기관으로는 Moody's, S&P 등이 있다. 발행기업의 신용도 이외에도 국채수익률(무위험이자율)의 변동, 인플레이션 위험 등이 사채의 시장이자율에 영향을 미친다.

3) 액면이자율(일명, 표시이자율)이 시장이자율과 동일한 경우에는 발행금액과 액면금액이 일치하게 되며, 이를 액면발행이라 한다. 액면이자율이 시장이자율보다 높은 경우에는 일반 투자대중들이 서로 사채를 구입하고자 하게 되어 발행금액이 액면금액보다 높아지게 되는데, 이런 경우의 사채발행을 할증발행이라 한다.

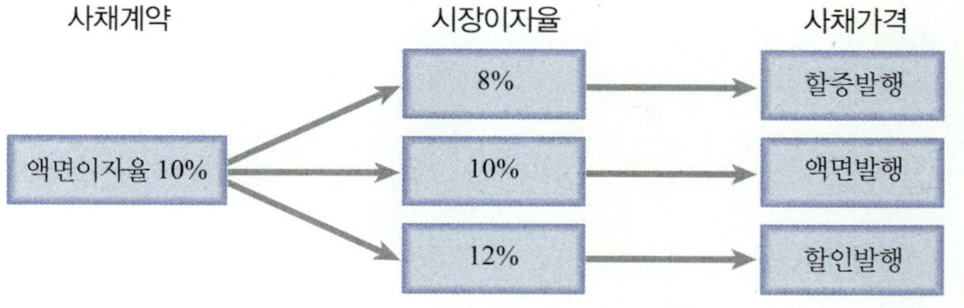

◀ 도표 11-4
사채발행 : 액면발행, 할인발행, 할증발행

할 것이다.

사채의 발행가격은 어떻게 결정될까? 발행가격이란 발행회사 입장에서는 사채를 발행할 때 지급받는 가격이고, 투자자 입장에서는 사채를 매입할 때 지급하는 가격이다. 발행가격은 사채로부터 발생하는 미래현금흐름의 현재가치로 결정된다. 즉, 각 기간 발생하는 사채의 액면이자와 만기에 발생하는 원금상환액을 현재시점에서 평가한 금액이다(부록 1 참조).

한편, 사채를 발행할 때는 사채를 살 사람들을 모으기 위한 광고비나 사채권의 인쇄비, 그리고 사채발행에 따르는 복잡한 업무를 증권회사에 대행시키는 데 드는 수수료도 지불해야 한다. 이처럼 사채발행과 관련하여 직접적으로 발생하는 원가를 사채발행원가라 한다. **K-IFRS** 제1039호(금융상품 : 인식과 측정)에 의하면 금융부채는 최초인식시 공정가치로 측정한다. 다만, 당기손익인식금융부채가 아닌 경우 당해 금융부채의 발행과 직접 관련되는 거래원가는 최초인식하는 공정가치에 차감하여 측정한다. 즉, 사채발행으로 조달한 현금 중에서 거래원가(사채발행원가)를 지불하고 난 후의 순액, 즉 기업이 실제로 이용할 수 있는 순액을 사채의 발행금액이라고 하며, 이것이 사채의 최초인식하는 공정가치가 된다. 사채의 액면금액에서 발행금액을 뺀 금액을 **사채할인발행차금**(社債割引發行差金, bond discount)이라고 한다.

사채할인발행차금 = 액면금액 — 발행금액

사채를 발행하면 발행금액(실제로 이용할 수 있는 순액)을 현금계정 차변에, 액면금액을 사채계정 대변에, 그리고 양자의 차액은 사채할인발행차금계정 차변에 각각 분개한다.

예제 11-1
사채의 할인발행

A사는 20×1. 1. 1.에 액면금액 ₩300,000, 만기 3년, 액면이자율 10%, 이자지급일이 매년 12월 31일인 사채를 발행일의 높은 시장이자율(14%)을 반영하여 할인발행한 후, 사채발행원가를 차감하여 다음과 같이 현금 ₩265,746을 조달하였다. 사채발행을 분개하라.

사채권자들로부터 받은 금액(시장이자율 14%)	₩272,148*
사채발행원가	(6,402)
실제 이용가능한 현금순액(= 발행금액)	₩265,746

* 시장이자율이 14%일 때 사채권자들이 지불하고자 하는 금액은 ₩272,148보다 크지 않기 때문에 A사는 이 금액을 받게 된다. 왜 이 금액보다 크지 않은지 그 이유는 본 장의 〈부록 〉에 설명되어 있다. 그러나 독자들은 지금은 그저 '이 금액인가 보다' 하고 지나가도 무방하다. 본 장을 모두 공부한 후에 궁금해지면 그때 〈부록〉을 읽어도 된다.

해답 사채할인발행의 분개

(차) 현　　금	265,746	(대) 사　　채	300,000*
사채할인발행차금	34,254		

* 사채계정은 항상 액면금액으로 기록한다는 사실을 유념할 것.

사채할인발행차금은 재무상태표의 대변에 사채의 액면금액에서 차감하는 형식으로 기재한다. 이렇게 기재하면 사채의 액면금액 정보(미래시점의 부채 규모 정보)와 재무상태표일에 있어서의 부채의 실질적 크기 정보를 외부이용자들이 모두 알 수 있게 된다.

재무상태표 20×1. 1. 1.

	비유동부채		
	사　　채	300,000	
	사채할인발행차금	(34,254)	265,746

summary 사채할인발행차금

1. 사채의 액면금액과 발행금액과의 차이
2. 사채의 차감 항목
3. 사채기간 동안에 유효이자율법에 의하여 이자비용을 인식하기 위한 결산정리분개가 필요함

4. 사채의 결산정리 : 사채할인발행차금의 상각

먼저, 사채의 결산정리가 필요한 이유를 살펴 보자. [예제 11-1]에서 사채 발행일의 부채는 ₩265,746이지만, 만기시 부채는 ₩300,000이다. 만기일에는 액면금액을 상환하여야 하기 때문이다. 따라서 두 금액 간의 차이인 ₩34,254을 사채기간 동안에 걸쳐 배분하여 점차 부채를 증가시켜 나가는 회계처리가 필요하다.

한편, 사채할인발행차금의 성격을 자세히 살펴 보자. 사채와 관련한 이자는 액면이자율에 의하여 사채권자에게 이자지급일에 지급하게 된다. 그런데, 액면이자율이 낮기 때문에 부득이 발행시에 이자율의 차이만큼 사채를 할인발행한 것이다. 즉, 사채할인발행차금은 사채와 관련한 이자비용의 일부를 사채권자에게 미리 지급한 것임을 알 수 있다. 따라서 사채할인발행차금은 사채기간 동안에 추가적으로 이자비용으로 인식하여야 한다.

그렇다면 어떤 방법으로 이 과정을 수행하여야 하는가? 결론을 먼저 말하면 이 과정은 사채할인발행차금 ₩34,254을 유효이자율법[4)]으로 상각(amortization)하는 과정을 통하여 수행된다는 것이다. 상각이란 "체계적인 감소"라는 뜻이다. 사채할인발행차금을 상각하면(즉, 감소시키면) 이에 따라 사채의 장부금액(= 사채의 액면금액 − 사채할인발행차금)은 증가하게 된다. 사채의 만기가 되면, 사채할인발행차금은 모든 상각(감소)하게 되어, 만기시 상환하여야할 사채금액은 사채의 액면금액과 일치하게 된다.

유효이자율(effective interest rate)이란 기업이 사채발행으로 현재시점에서 이용할 수 있게 된 순액, 즉 발행금액 ₩265,746과 미래 현금지급액(현금이자와 액면금액)의 현재가치를 일치하게 해 주는 이자율을 말한다. 본 예의 유효이자율은 아래식을 설정한 후에, 10%, 13% 등의 값을 적용해 보면서 시행착오법으로 계산한다(요즈음에는 컴퓨터가 신속정확하게 계산해 준다).

---

4) 유효이자율법이란 금융자산이나 금융부채(또는 금융자산이나 금융부채의 집합)의 상각후원가를 계산하고 관련 기간에 걸쳐 이자수익이나 이자비용을 배분하는 방법이다. 유효이자율은 금융상품의 기대존속기간이나 적절하다면 더 짧은 기간에 예상되는 미래 현금 유출과 유입의 현재가치를 금융자산 또는 금융부채의 순장부금액과 정확히 일치시키는 이자율이다. 유효이자율을 계산할 때에는 계약 당사자 사이에서 지급하거나 수취하는 수수료, 거래원가 및 기타의 할증액과 할인액 등을 반영한다.

$$₩265,746 = \frac{₩30,000}{(1+r)^1} + \frac{₩30,000}{(1+r)^2} + \frac{₩30,000}{(1+r)^3} + \frac{₩300,000}{(1+r)^3}$$

위 식을 만족시켜 주는 이자율 r이 바로 유효이자율인데, 위 식을 풀면 $r = 15\%$로 계산된다. 이것은 기업이 ₩265,746의 현금을 이용하는 대가로 실질적으로 부담하는 이자율이 연 15%라는 의미이다.

> ***summary*** 이자율 개념 정리(괄호 속은 본 서에 나온 예의 경우)
>
> **액면이자율** : 사채권에 기재된 이자율(10%)
> **시장이자율** : 자본시장에서의 이자율(14%)
> **유효이자율** : 사채의 발행금액(₩265,746)과 미래 현금지급액(현금이자와 액면금액의 합계인 ₩390,000)의 현재가치를 일치하게 해주는 이자율(15%)[5)]

회계에서는 형식보다는 실질(substance over form)을 중요시하므로 유효이자율법에 의해 회계처리한다. 이하에서 사채할인발행차금의 상각과정을 살펴 보자.

첫째, 포괄손익계산서에는 기초의 부채금액에 유효이자율을 곱한 금액을 사채의 이자비용으로 기재해야 한다. 이 점을 반드시 기억해 두어야 한다. 기초의 부채금액이란 곧 액면금액에서 기초의 할인발행차금을 차감한 금액이며, 기초 장부금액이라 칭한다.

사채의 이자비용 = 사채의 기초 장부금액 × 유효이자율 ··············· (1)

이것을 다음과 같이 이해해도 된다. 즉, [예제 11-1]의 사채발행은 현금 ₩265,746을 유효이자율인 연 15%로 차입한 거래와 경제적 내용이 동일하다. 따라서, 20×1년의 포괄손익계산서에 기재해야 할 이자비용은 다음과 같이 계산된다.

포괄손익계산서에 기재할 이자비용(유효이자율 적용)

= (₩300,000 − ₩34,254) × 15% = ₩39,862

유효이자율에 따라 계산된 이 금액은 뒤에 사채할인발행차금 상각액의 계산시 사용된다.

---

5) 사채발행원가가 없을 경우에는 시장이자율이 바로 유효이자율이다. 사채발행원가가 존재하는 경우에는 유효이자율이 시장이자율보다 높게 된다.

둘째, 발행회사는 사채권자와의 약속에 따라 현금이자를 다음과 같이 계산하여 지출한다.

현금이자 = 액면금액 × 액면이자율 .... (2)

[예제 11-1]에서 20×1년 12월 31일에 지출해야 할 현금이자는 다음과 같다.

현금이자 = ₩300,000 × 10% = ₩30,000

이 금액은 사채권자에게 현금으로 지급될 것이며, 이자지급일에 다음과 같이 분개된다.

(차) 사채이자비용	30,000	(대) 현　　금	30,000

셋째, 이상으로부터 다음과 같은 사실을 알 수 있다. 즉, 사채발행회사가 실질적으로 부담해야 하는 20×1년도 사채이자비용은 ₩39,862인데도 불구하고, 기업에서는 ₩30,000만을 사채이자비용으로 기록하고 있다. 따라서 차액 ₩9,862을 추가하기 위한 결산정리분개가 필요하다. 이는 다음과 같이 사채할인발행차금의 상각을 통해 이루어진다.

사채할인발행차금 상각액 = 사채이자비용(1) − 현금이자(2)

[예제 11-1]에 대한 20×1년도 사채할인발행차금 상각액과 결산정리분개는 다음과 같다.

사채할인발행차금 상각액

= 사채이자비용 − 현금이자 = ₩39,862 − ₩30,000 = ₩9,862

사채할인발행차금 상각을 위한 결산정리분개

(차) 사채이자비용	9,862	(대) 사채할인발행차금	9,862

유효이자(사채이자비용)		액면이자		사채할인발행차금 상각액
기초장부금액 × 유효이자율	−	액면금액 × 액면이자율	=	

* 장부금액 = 액면금액 − 사채할인발행차금

◀ 도표 11-5 사채할인발행차금 상각액의 계산

앞에서 살펴 본 현금이자 지급과 사채할인발행차금 상각을 동시에 분개하면 다음과 같다.

(차) 사채이자비용	39,862	(대) 현　　금	30,000
		사채할인발행차금	9,862

사채할인발행차금의 상각을 위한 결산정리분개로 말미암아 사채이자비용은 ₩39,862으로 적절히 조정되는 한편, 사채할인발행차금계정 차변잔액은 이제 ₩24,392(= ₩34,254－₩9,862)으로 감소하며, 이에 따라 사채의 기말 장부금액은 ₩275,608으로 증가한다. 이를 **상각후원가**(amortized cost)라 한다. 즉, 상각후원가는 금융자산이나 금융부채의 최초인식시점의 측정금액에서 상환된 원금을 차감하고, 최초인식금액과 만기금액의 차액에 유효이자율법을 적용하여 계산된 상각누계액을 가감한 금액이다.

도표 11-6 ▶ 사채할인발행차금의 상각

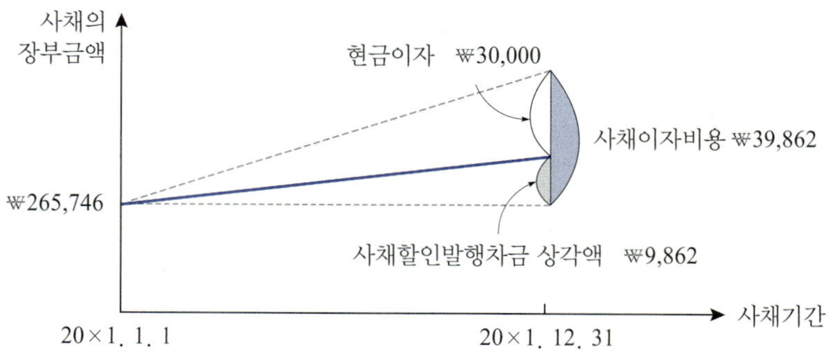

K-IFRS 제1039호(금융상품 : 인식과 측정)에서는 **사채와 같은 금융부채는 유효이자율법을 사용하여 상각후원가로 측정**하도록 규정하고 있다.

재무상태표 20×1. 12. 31.

	비유동부채		
	사채	300,000	
	사채할인발행차금	(24,392)	275,608

위의 과정을 매 결산일마다 반복할 경우, 만기시에는 사채할인발행차금계정은 모두 상각되어(즉, 잔액이 ₩0이 되어) 소멸하며, 사채의 장부금액은 액면금액인 ₩300,000과 일치하게 된다([**도표 11-7**] 참조).

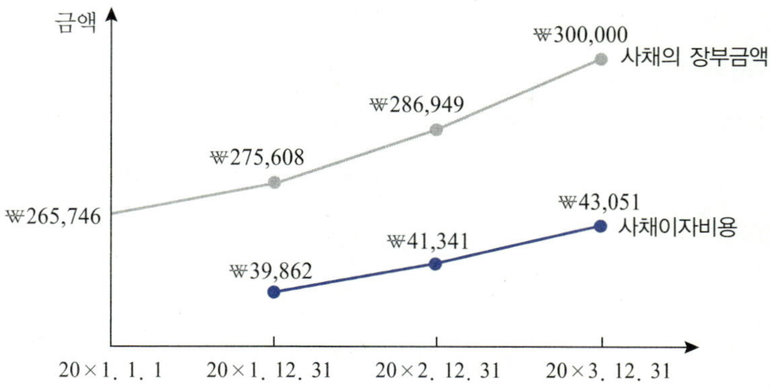

◀ **도표 11-7**
사채의 장부금액과 사채이자비용

사채발행 기간 동안 사채의 장부금액과 사채이자비용을 보면 [**도표 11-7**]과 같다. 유효이자율법에 의한 사채할인발행차금 상각은 다음과 같은 몇 가지 특징을 가지고 있다. [**도표 11-8**]을 통해 확인하기 바란다.

첫째, 사채이자비용의 합계액은 액면이자와 사채할인발행차금의 합계액이다. 사채할인발행차금은 액면이자율이 시장이자율보다 낮을 경우, 사채를 할인발행하게 되고, 사채할인발행차금은 이들 이자율의 차이만큼 사채발행시 미리 지급한 이자비용이기 때문이다.

사채이자비용 합계(B) ₩124,254
　　= 액면이자 합계(C) ₩90,000 + 사채할인발행차금 ₩34,254

◀ **도표 11-8**
사채할인발행차금의 상각 : 사채발행 원가가 있는 경우

(유효이자율 15% > 시장이자율 14% > 액면이자율 10%)

	(A) 기초 장부금액	(B) 사채이자비용 (15%)	(C) 액면이자 (10%)	(D) 상각액 B−C	(E) 할인차금	(F) 기말 장부금액
20×1	₩265,746	₩39,862	₩30,000	₩9,862	₩24,392	₩275,608
20×2	275,608	41,341	30,000	11,341	13,051	286,949
20×3	286,949	43,051*	30,000	13,051	0	300,000
합 계		₩124,254	₩90,000	₩34,254		

* 마지막 연도에는 사채할인발행차금계정 잔액이 ₩0이 되도록 조정함.
* 3차 연도말의 장부금액은 액면금액인 ₩300,000이 됨.
* 장부금액 = 액면금액 ₩300,000 − 할인차금
* 사채이자비용 = 기초장부금액(A) × 유효이자율 15%
* 액면이자 = 액면금액 ₩300,000 × 액면이자율 10%
* 상각액= 사채이자비용(B) − 액면이자(C)

둘째, 상환일이 가까워질수록 사채의 장부금액(= 액면금액 − 사채할인발행차금, [도표 11-8]의 A)이 커지고, 이에 따라 사채이자비용(B)도 증가하게 된다. 즉, 사채할인발행차금 상각액(D)은 상환일이 가까워질수록 증가한다.

셋째, 상각이 완료된 시점인 사채의 최종만기일에서의 장부금액은 액면금액과 일치하게 된다. 만기일에 상환해야하는 금액은 사채의 액면금액이기 때문이다.

지금까지 설명한 사채할인발행차금의 상각을 표로 요약하면 [도표 11-8]과 같다.

예제 11-2

사채의 결산정리 ; 사채할인발행차금의 상각

〔예제 11-1〕의 사채에 대하여 제 2 차년도말인 20×2. 12. 31.에 다음과 같이 사채할인발행차금 상각액을 계산하였다.

① 포괄손익계산서 이자비용 :	(₩300,000 − ₩24,392) × 15%	= ₩41,341
② 현금이자 :	₩300,000 × 10%	= 30,000
③ 사채할인발행차금 상각액 :		₩11,341

이에 따라 20×2. 12. 31.에 현금이자 ₩30,000을 사채권자들에게 지급하는 분개와, 사채할인발행차금 ₩11,341을 상각하는 분개를 하고, 사채를 재무상태표에 표시하라.

해답 (1) 현금이자 분개

(차) 사채이자비용	30,000	(대) 현 금	30,000

할인차금 상각분개

(차) 사채이자비용	11,341	(대) 사채할인발행차금	11,341

(2)

재무상태표 (20×2. 12. 31)

	사 채	300,000	
	사채할인발행차금	(13,051)*	286,949

* 기초의 사채할인발행차금은 ₩24,392이었으나 위의 결산정리분개로 인하여 기말에는 ₩11,341이 감소된 ₩13,051으로 기록됨.

예제 11-3

사채의 이자비용

A기업은 20×1년 1월 1일에 액면금액 ₩100,000의 사채(액면이자율 10%, 만기 3년)를 ₩95,200에 발행하였다. 발행사채의 유효이자율이 12%인 경우 A기업이 이 사채로 인하여 만기까지 부담해야 할 총이자비용은 얼마인가?

해답 총이자비용 = 현금이자 10,000 × 3회 + 사채할인발행차금 4,800 = 34,800* 또는

사채할인발행차금 상각표

	기초장부금액	사채이자비용(12%)	현금이자(10%)	상각액
20×1	95,200	11,424	10,000	1,424
20×1	96,624	11,595	10,000	1,595
20×1	98,219	11,786	10,000	1,786
합계		34,805*		

* 반올림 오차

5. 사채의 상환

주식회사는 사채를 발행한 이후에 회사의 현금 사정 여하에 따라 만기 이전에 액면금액이 아닌 다른 금액으로 사채를 상환할 수도 있고(조기상환), 만기일까지 기다렸다가 액면금액으로 상환할 수도 있다(만기상환). 사채가 증권시장에서 거래되고 있는 경우에는 회사는 자기가 발행했던 사채('자기사채' 라 함)를 다시 구입하는 방식을 통하여 사채를 조기에 상환할 수 있다. 자금사정이 넉넉한 경우에는 이처럼 조기상환을 함으로써 불필요한 이자발생을 막을 수 있다.

사채를 조기상환하는 경우에는 사채 관련 계정을 모두 제거한다. 즉, 액면금액이 기록되어 있는 사채계정은 물론, 그 시점의 사채할인발행차금계정도 제거한다. 아울러 상환가격과 그 시점의 사채의 장부금액을 비교하여 사채상환손익도 기록한다. 사채상환손익은 포괄손익계산서상 손익 항목이다.

그러나 사채를 만기상환하는 경우에는 그동안 사채할인발행차금계정이 전액 상각되어 더 이상 존재하지 않기 때문에 액면금액과 장부금액이 일치하게 되는데, 액면금액은 곧 만기시의 상환금액이므로 사채상환손익이 발생하지 않는다. 그러므로 이때는 사채계정만 제거하면 된다.

한편, 기초 시점이 아닌 기중의 어느 날에 유형자산을 처분하면 먼저 그 날까지의 감가상각비를 분개한 후에 처분거래를 분개해야 함을 살펴 본 바 있다. 이 점은 사채를 조기상환하는 경우에도 마찬가지로 적용된다. 즉, 상환하는 날까지의 사채할인발행차금 상각액을 먼저 분개하여 사채의 장부금액을 조정한 후에 조기상환거래를 분개하여야 한다.

예제 11-4
사채의 상환

〔예제 11-1〕의 사채에 대하여 제 3 차년도초인 20×3. 1. 1.에 증권시장에서 거래되고 있는 자기사채를 현금 ₩287,000에 매입하여 상환하였다. 사채상환손익을 구하라.

해답 사채의 장부금액 = ₩300,000 − ₩13,051(〔예제 11-2〕 참조) = ₩286,949
사채상환손익 = ₩287,000 − ₩286,949 = ₩51 상환손실

제 2 절 충당부채

1. 충당부채의 의의

충당부채(provisions)는 지출의 시기 또는 금액이 불확실한 미확정부채이다.

K-IFRS 제1037호(충당부채, 우발부채 및 우발자산; Provisions, Contingent Liabilities and Contingent Assets)에 의하면 **충당부채**는 다음의 요건을 모두 충족하는 경우에 인식한다.

① 과거사건의 결과로 현재의무가 존재한다.
② 당해 의무를 이행하기 위하여 경제적효익을 갖는 자원이 유출될 가능성이 높다.
③ 당해 의무의 이행에 소요되는 금액을 신뢰성 있게 추정할 수 있다.

위의 요건을 충족하지 못할 경우에는 어떠한 충당부채도 인식할 수 없다.

충당부채는 결제에 필요한 미래지출의 시기 또는 금액의 불확실성으로 인하여 매입채무와 미지급비용과 같은 기타 부채와 구별된다. 매입채무는 공급받았거나 제공받은 재화나 용역에 대하여 송장을 받았거나 공급자와 공식적으로 합의한 경우에 지급하여야 하는 부채이다. 미지급비용은 공급받은 재화나 제공받은 용역에 대하여, 아직 그 대가를 지급하지 않았거나, 송장을 받지 않았거나 공급자와 공식적으로 합의하지 못한 경우에 지급하여야 하는 부채이다. 미지급비용도 지급시기 또는 금액을 추정할 필요가 있는 경우가 있지만 일반적으로 충당부채보다는 불확실성이 훨씬 작다.

일반적으로 모든 충당부채는 결제에 필요한 지출의 시기나 금액이 불확실하므로 우발적이라고 할 수 있다. **K-IFRS** 제1037호에서는 충당부채와 우발부채를

충당부채

(주)한국은 판매시점부터 3년간 품질을 보증하는 조건으로 제품을 판매하였다. 판매일로부터 3년 이내에 제품의 결함이 발생하는 경우 수리 또는 교체해 주고 있다. 과거경험에 의하면, 이러한 보증판매에 따라 약간의 보증청구가 있을 가능성이 매우 높다. 기업의 회계연도말은 12월 31일이고 자원의 유출금액에 대하여 신뢰성 있는 추정이 가능하며 자원의 유출 가능성이 매우 높다고 가정한다. 충당부채를 인식해야 할까?

(답) 충당부채를 인식하기 위한 세 가지 조건을 검토해 보자.

1) 과거의 의무발생사건의 결과로 현재의무가 있는가? 의무발생사건은 제품의 보증판매이며 따라서 법적의무가 있다.
2) 의무이행을 위한 자원의 유출 가능성이 매우 높은가? 보증판매를 전체적으로 보면 자원의 유출 가능성이 매우 높다.
3) 자원의 유출금액에 대하여 신뢰성 있는 추정이 가능하다.

세 가지 조건을 모두 충족하므로, 재무상태표일 이전의 보증판매에 따른 하자보상비에 대한 최선의 추정치로 충당부채를 인식한다.

충당부채

(주)남북은 가방 도소매점이다. (주)남북은 법적의무가 없음에도 불구하고 제품에 대해 만족하지 못하는 고객에게 환불해 주는 정책을 펴고 있으며, 이러한 사실은 고객에게 널리 알려져 있다. 기업의 회계연도말은 12월 31일이고 자원의 유출금액에 대하여 신뢰성 있는 추정이 가능하며 자원의 유출 가능성이 매우 높다고 가정한다. 충당부채를 인식해야 할까?

(답) 충당부채를 인식하기 위한 세 가지 조건을 검토해 보자.

1) 과거의 의무발생사건의 결과로 현재의무가 있는가? 의무발생사건은 상품의 판매이며 의제의무(constructive obligation)가 있다. 왜냐하면 기업의 행위에 따라 기업이 환불해 줄 것이라는 정당한 기대를 고객이 가지게 되었기 때문이다.
2) 의무이행을 위한 자원의 유출 가능성이 매우 높은가? 환불을 받기 위해 반품된 금액 중 일정 비율만큼 자원의 유출 가능성이 매우 높다.
3) 자원의 유출금액에 대하여 신뢰성 있는 추정이 가능하다.

세 가지 조건을 모두 충족하므로, 환불비용에 대한 최선의 추정치로 충당부채를 인식한다.

다음과 같이 구분하고 있다. 현재의무이고 이를 이행하기 위하여 경제적효익을 갖는 자원이 유출될 가능성이 높고(즉, 확률적으로 발생확률이 50%를 초과할 경우), 당해 금액을 신뢰성 있게 추정할 수 있는 경우에는 충당부채로 인식한다. 반면에 ① 경제적효익을 갖는 자원의 유출을 초래할 현재의무가 있는지의 여부가 아직 확인되지 아니한 잠재적 의무이거나, ② 현재의무이지만 당해 의무를 이행하기 위하여 경제적효익을 갖는 자원이 유출될 가능성이 높지 아니하거나 당해 금액을 신뢰성 있게 추정할 수 없는 경우에는 **우발부채**라 하며, 우발부채는 부채로 인식하지 아니한다. 즉, 우발부채는 재무제표 본문에 인식하지 않으며, 의무를 이행하기 위하여 경제적 효익이 내재된 자원의 유출가능성이 희박하지 않으면 우발부채를 주석으로 공시한다.

충당부채에 속하는 대표적 사건은 판매 후 품질 등을 보증하는 경우의 관련 부채(제품보증충당부채, 하자보수충당부채)이다.[6)]

도표 11-9 ▶ 충당부채와 우발부채

자원 유출 가능성	금액 추정 가능성	
	신뢰성 있게 추정 가능	신뢰성 있게 추정 불가능
가능성이 높음	충당부채로 인식	우발부채로 주석 공시
가능성이 어느 정도 있음	우발부채로 주석 공시	우발부채로 주석 공시
가능성이 희박함	공시 않음	공시 않음

2. 충당부채의 회계처리

제품보증(warranty)이란 제품의 판매나 서비스의 제공 후에 판매자가 구매자에게 제품의 품질, 수량, 성능 등에 결함이 있을 때, 그것을 수리, 교환 혹은 보상하겠다는 약정이다. 이 경우 제품보증충당부채를 인식하여야 한다. K-IFRS 제1037호에 의하면 충당부채로 인식하는 금액은 현재의무를 보고기간말에 이행하기 위하여 소요되는 지출에 대한 최선의 추정치이어야 한다.

충당부채의 인식

(차) 제품보증비	×××	(대) 제품보증충당부채	×××

추후에 실제로 부품에 하자가 발생하여 수리 요청이 들어와 부품을 교체해 주는 경우에는 앞에서 설정한 제품보증충당부채와 재고자산(부품) 등을 상계시킨다.

부품 교체시

(차) 제품보증충당부채	×××	(대) 부　　품	×××

6) K-IFRS 제2113호(고객충성제도)에 의하면 고객충성제도(customer loyalty programs)로서 판매촉진을 위하여 시행하는 보상점수(award credits; 포인트, 마일리지 등)는 충당부채를 설정하지 아니한다. 즉, 보상점수에 배분되는 매출액은 매출의 인식 시기를 이연시킨다. 고객이 보상의 적격조건을 충족하고 기업이 직접보상을 제공하는 경우 보상점수에 배분된 대가를 수익으로 인식한다.

예제 11-5
충당부채

미래타이어회사는 타이어(단위당 판매가격 ₩10,000)를 판매하면서 판매 후 1년 이내에 타이어가 하자 있는 경우 타이어를 무상으로 교환해 주기로 보증하였다. 과거의 경험에 비추어 볼 때 1년간의 보증기간 동안에 교환율은 1%이며, 수리비는 타이어 1개당 평균 ₩8,000이 소요된다. 20×1년에 타이어 1,500개를 판매하였다.

물음

(1) 20×1년말 제품보증충당부채를 인식하기 위한 분개를 하라.
(2) 20×2년에 타이어 10개를 무상으로 교환해 주었다. 이를 분개하라.

해답

(1) 충당부채 분개

(차) 제품보증비	120,000	(대) 제품보증충당부채	120,000

* 1,500개 × 1% × 8,000 = 120,000

(2) 부품 교체시

(차) 제품보증충당부채	80,000	(대) 부　　품	80,000

* 10개 × 8,000 = 80,000

제 3 절 기타의 비유동부채

1. 장기차입금

은행등 금융기관으로부터 장기간 현금을 차입한 것을 장기차입금(long-term loans)이라 한다. 장기차입금을 조달한 경우에는 이를 장기차입금계정 대변에 기록하고 상환시에는 차변에 기록하여 제거한다. 장기차입금을 조달한 후 시간이 경과하면 지급기일이 결산일로부터 1년 이내로 다가오게 된다. 이때는 비유동부채에서 제거하고 대신 유동부채로 재분류를 해야 하는데 계정 명칭은 유동성장기부채(流動性長期負債)이다.

2. 장기매입채무

장기매입채무(long-term trade payables)는 1년 이후에 지급기한이 도래하는 외상매입금과 지급어음을 말한다. 상환기간이 장기인 만큼 채권채무를 분명히 해두기 위하여 현실에서는 거의 쌍방이 어음을 주고 받는다. 장기지급어음의 회계처리는 앞서 살펴 본 사채의 경우와 완전히 동일하기 때문에 설명을 생략한다. 장기어음에는 액면금액, 이자지급일, 액면이자율, 만기일 등 사채의 기재사항과 동일한 사항들이 기재되기 때문이다. 다만 한 가지 다른 점은 사채에서는 사채할인발행차금계정을 사용하는 반면, 장기지급어음에서는 **현재가치할인차금**(現在價値割引差金, present value discount)계정을 사용하여 부채의 실제금액을 나타내며, 상환기간 동안 유효이자율법으로 상각하여 이자비용으로 인식한다.

재무상태표

	장기매입채무	1,000,000	
	현재가치할인차금	(80,000)	920,000

3. 퇴직급여부채

퇴직급여(retirement benefits)란 퇴직 이후에 지급하는 종업원급여로서 해고급여를 제외한 것을 말한다. 종업원이 퇴직한 때 또는 퇴직한 후에 일시불이나 연금의 형식으로 급여를 지급하기로 하는 공식 또는 비공식 협약을 퇴직급여제도(retirement benefits plans)라 하는데, 이는 확정기여제도와 확정급여제도로 분류된다.

확정기여제도(defined contribution plans)는 고용계약에 따른 일정 기여금을 기업이 퇴직기금에 매년 적립하고, 종업원은 그 기금의 운용성과에 따른 결과로 결정된 금액을 퇴직후 급여로 받게 되는 퇴직급여제도이다. 확정기여제도에서는 기업이 퇴직기금에 출연하는 기여금과 그 기여금 운용에 따른 기금운용자의 투자수익 합계액이 퇴직종업원에게 지급되기 때문에 기업은 기금운용성과에 관계없이 매년 협약에 따른 기여의무액만을 출연하고 이를 퇴직급여비용으로 계산하면 된다.

확정기여제도의 회계처리는 각 기간에 대한 보고기업이 부담하는 채무가 당해 기간의 기여금으로 결정되기 때문에 비교적 단순하다. 일정기간 종업원이 근무용역을 제공하였을 때 기업은 그 근무용역과 교환하여 확정기여제도에 납부해야 할 기여금은 이미 납부한 기여금을 차감한 후 부채(미지급비용)로 인식한다. 이미 납부한 기여금이 보고기간말 이전에 제공된 근무용역에 대해 납부하여야 하는 기여금을 초과하는 경우에는 초과 기여금 때문에 미래 지급액이 감소하거나 현금이 환급되는 만큼을 자산(선급비용)으로 인식한다. 확정기여제도 하에서는 채무나 비용을 측정하기 위해 보험수리적 가정을 세울 필요가 없다.

한편, **확정급여제도**(defined benefits plans)는 확정기여제도 이외의 모든 퇴직급여제도이다. **K-IFRS** 제1019호(종업원급여, employee benefits, 2011년 개정)에 의하면 종업원이 당기와 과거기간에 제공한 근무용역의 대가로 획득한 급여액을 보험수리적 기법(actuarial valuation method)을 사용하여 신뢰성 있게 추정한다. 이 경우 당기와 과거기간에 귀속되는 급여액을 결정하고, 급여원가에 영향을 미치는 인구통계적 변수(예: 종업원의 이직률과 사망률)와 재무적 변수(예: 미래의 임금상승률 및 의료원가상승률)에 대해 추정(보험수리적 가정)을 한다. 확정급여채무의 현재가치와 당기근무원가를 결정하기 위해 예측단위적립방식을 사용하여 급여를 할인한다. 이와 같이 확정급여제도의 회계처리는 채무와 비용의 측정에 보험수리적 가정이 요구되기 때문에 복잡하다. 이에 대한 자세한 내용은 본서의 범위를 벗어남으로 생략한다.

부 록 사채의 현가 계산

[예제 11-1]에서 기업이 액면금액 ₩300,000, 만기 3년, 액면이자율 10%, 이자지급일이 매년 12월 31일인 사채를 시장이자율 14%에 발행할 경우, 사채권자들은 ₩272,148 이상의 금액을 지불하려고 하지 않게 된다고 하였다. 그 이유를 화폐의 시간적 가치(time value of money)라는 개념을 이용해서 살펴 본다. 독자들이 알고 있는 '은행이자율 개념'을 이용하는 것이라고 생각하면 된다.

만일 오늘 ₩0.8772을 이자율 14%로 은행에 1년간 예금하면 1년 뒤의 원리금 합계액은 ₩1.0이 된다. 즉, ₩0.8772×1.14 = ₩1.0이 된다. 이것은 오늘의 ₩0.8772과 1년 뒤에 받는 ₩1이 동일한 가치를 갖는다는 것을 뜻한다. 이 개념을 이용해서 사채의 현가를 계산한다.

사채권자들이 이 사채를 구입하면 향후 3년에 걸쳐 매년도말에 현금이자 ₩30,000(액면금액의 10%)을 받고 제3년도말에는 액면금액 ₩300,000을 받는다. 시장이자율이 14%일 경우, 사채권자들은 20×1. 1. 1. 시점에서 향후 받게 될 현금의 현재시점의 가치(=현가)를 ₩272,148로 생각한다.

도표 11-10 ▶ 사채의 현가 계산

20×1.1.1 | 20×1.12.31 | 20×2.12.31 | 20×3.12.31

₩30,000×0.8772 * ← ₩30,000 | ₩30,000 | ₩30,000

₩30,000×0.7694 **

₩30,000×0.6750 ***

₩300,000×0.6750*** ← ₩300,000

합 계 ₩272,148

표현을 약간씩 달리 해나가면서 소수들을 살펴 보자.

* 1년 뒤 받을 ₩1은 현재시점의 ₩0.8772에 해당한다는 뜻. 즉, ₩0.8772을 이자율 14%로 1년간 예금하면 1년 뒤의 원리금 합계액이 ₩1이 된다는 뜻. ₩0.8772×1.14 = ₩1.0

** 2년 뒤 받을 ₩1의 현가는 이자율이 14%일 때 ₩0.7694라는 뜻.
〔₩0.7694×1.14〕×1.14 = ₩1.0

*** 3년 뒤 받을 ₩1의 현가는 ₩0.6750이라는 뜻.

한편 사채권자들이 사채를 구입하려면 사채구입금액을 현재시점에서 지불해야 한다. 따라서 사채구입금액은 그 자체가 바로 현재시점의 가치, 즉 현가가 된다. 그러므로 사채권자들은 ₩272,148을 사채구입금액으로 지불할 수 있는 최대금액이라고 생각하는 것이며, 따라서 기업이 사채발행대가로 받을 수 있는 최대금액이 된다.

사채의 발행가격 = 사채권자들이 지불하고자 하는 최대금액
= 현금이자의 현가 + 액면금액의 현가
= 〔₩30,000×0.8772 + ₩30,000×0.7694 + ₩30,000×0.6750〕 + ₩300,000×0.6750
= ₩30,000×2.3216 + ₩300,000×0.6750
= ₩272,148

참고로, 위 계산에서 2.3216은 [**도표 11-12**]에서 이자율 14%이고 기간이 3년인 연금의 현가와 같다. 일정 기간마다 동일한 금액이 유입(유출)되는 현금을 연금(annuity)라 하며, 연금의 현가를 보다 쉽게 계산하기 위해 만든 표가 [**도표 11-12**]이다.

◀ 도표 11-11

단일금액 ₩1의 현가표 : $PV_{(n,\ i)} = \frac{1}{(1+i)^n}$

기간수 (n)	6%	7%	8%	9%	10%	11%	12%	13%	14%	15%
1	.9434	.9346	.9259	.9174	.9091	.9009	.8929	.8850	.8772	.8696
2	.8900	.8734	.8573	.8417	.8264	.8116	.7972	.7831	.7694	.7561
3	.8396	.8163	.7938	.7722	.7513	.7312	.7118	.6931	.6750	.6575
4	.7921	.7629	.7380	.7084	.6830	.6587	.6355	.6133	.5921	.5718
5	.7473	.7130	.6806	.6499	.6209	.5935	.5674	.5428	.5194	.4972
6	.7050	.6663	.6302	.5963	.5645	.5346	.5066	.4803	.4556	.4323
7	.6651	.6227	.5835	.5470	.5132	.4817	.4523	.4251	.3996	.3759
8	.6274	.5820	.5403	.5019	.4665	.4339	.4039	.3762	.3506	.3269
9	.5919	.5439	.5002	.4604	.4241	.3909	.3606	.3329	.3075	.2843
10	.5584	.5083	.4632	.4224	.3855	.3522	.3220	.2946	.2697	.2472

◀ 도표 11-12

단일금액 ₩1의 연금 현가표 : $PV_{(n,\ i)} = \frac{1}{i}\left(1 - \frac{1}{(1+i)^n}\right)$

기간수 (n)	6%	7%	8%	9%	10%	11%	12%	13%	14%	15%
1	.9434	.9346	.9259	.9174	.9091	.9009	.8929	.8850	.8772	.8696
2	1.8334	1.8080	1.7833	1.7591	1.7355	1.7125	1.6901	1.6681	1.6467	1.6257
3	2.6730	2.6243	2.5771	2.5313	2.4869	2.4437	2.4018	2.3612	2.3216	2.2832
4	3.4651	3.3872	3.3121	3.2397	3.1699	3.1024	3.0373	2.9745	2.9137	2.8550
5	4.2124	4.1002	3.9927	3.8897	3.7908	3.6959	3.6048	3.5172	3.4331	3.3522
6	4.9173	4.7665	4.6229	4.4859	4.3553	4.2305	4.1114	3.9975	3.8887	3.7845
7	5.5824	5.3893	5.2064	5.0330	4.8684	4.7122	4.5638	4.4226	4.2883	4.1604
8	6.2098	5.9713	5.7466	5.5348	5.3349	5.1461	4.9676	4.7988	4.6389	4.4873
9	6.8017	6.5152	6.2469	5.9952	5.7590	5.5370	5.3282	5.1317	4.9464	4.7716
10	7.3601	7.0236	6.7101	6.4177	6.1446	5.8892	5.6502	5.4262	5.2161	5.0188

예제 11-6
사채의 현가 계산

액면금액 ₩100,000, 만기 2년, 액면이자율 10%, 이자지급일이 매년 12월 31일인 사채를 시장이자율 14%에 발행할 경우, 사채권자들이 지불하고자 하는 최대금액은 얼마인가?

해답 매년 말 현금이자가 ₩10,000이므로 다음과 같이 계산한다.

사채권자들이 지불하고자 하는 최대금액

= 〔₩10,000×0.8772+₩10,000×0.7694〕+₩100,000×0.7694

= ₩93,406

예제 11-7
사채의 현가 계산

액면금액 ₩100,000, 만기 2년, 액면이자율 10%, 이자지급일이 매년 12월 31일인 사채를 시장이자율 8%에 발행할 경우, 사채권자들이 지불하고자 하는 최대금액은 얼마인가? 단, 이자율 8% 하에서 1년 후 ₩1의 현가는 0.9259, 2년 후 ₩1의 현가는 0.8573이다.

해답 매년말 현금이자가 ₩10,000이므로 다음과 같이 계산한다.

사채권자들이 지불하고자 하는 최대금액

= 〔₩10,000×0.9259+₩10,000×0.8573〕+₩100,000×0.8573

= ₩103,562

* 이 경우에는 액면금액보다도 더 높은 금액을 받고 사채를 발행하게 된다. 그 이유는 사채발행회사가 지급하는 액면이자율 10%가 시장에서 받을 수 있는 시장이자율 8%보다 높기 때문이다. 이런 경우를 할증발행이라고 한다. 반면 〔예제 10-1〕에서는 액면이자율보다 시장이자율이 높았기 때문에 할인발행된 것이다.

제 11 장 연 습 문 제

비유동부채

01 사채의 발행가격

다음 사채의 발행가격을 구하라. 단, 사채 발행시 시장이자율은 연 10%이다.

경우	액면금액	액면이자율	이자 지급	만기
A	₩100,000	8%	연1회	3년
B	100,000	10%	연1회	3년
C	100,000	12%	연1회	3년
D	100,000	8%	연2회	3년

단, 현재가치표는 다음과 같다.

할인율	₩1의 현재가치		연금 ₩1의 현재가치	
	3기간	6기간	3기간	6기간
5%	0.8638	0.7462	2.7232	5.0757
8%	0.7938	0.6302	2.5771	4.6229
10%	0.7513	0.5645	2.4868	4.3553

02 사채의 할인발행 분개

20×1. 1. 1.에 액면금액이 ₩600,000인 사채를 발행하고 사채발행원가를 지급한 후, 현금 ₩500,000을 조달하였다. 발행을 분개하고, 발행일의 재무상태표에 사채를 표시하라.

03 사채의 기말 결산정리분개

20×1. 1. 1.에 액면금액이 ₩600,000, 만기 5년, 액면이자율 10%인 사채를 발행하고 현금 ₩500,000을 조달한 적이 있다. 따라서 이 거래의 유효이자율은 15%로 계산되었다. 이 사채의 20×2. 1. 1.의 기초 장부금액은 다음과 같다.

₩500,000 + 〔₩500,000 × 15% − ₩600,000 × 10%〕
= ₩500,000 + 〔₩75,000 − ₩60,000〕
= ₩500,000 + ₩15,000
= ₩515,000

물음

(1) 20×2. 12. 31.에 현금이자를 지급하는 거래를 분개하라.
(2) 20×2. 12. 31.에 상각하여야 할 사채할인발행차금을 계산하라.
(3) 20×2. 12. 31.에 사채에 대한 기말 결산정리분개를 하라.
(4) 20×2. 12. 31.의 재무상태표에 위 사채를 표시하라.

04 유효이자율법에 의한 사채할인발행차금 상각

(1) (주)미래는 20×1. 1. 1.에 액면금액 ₩100,000, 만기 3년, 액면이자율 10%인 사채를 발행하고 사채발행원가를 지급한 후, 현금 ₩95,196을 조달하였다. 따라서 유효이자율은 12%로 계산되었다. 20×1. 12. 31.의 재무상태표에 기재될 사채의 장부금액은 얼마인가?

(2) (주)세무는 20×1년 초 5년 만기 사채를 발행하여 매년 말 액면이자를 지급하고 유효이자율법에 의하여 이자비용을 인식하고 있다. 20×2년말 이자와 관련하여 다음과 같은 회계처리 후 사채의 장부금액이 ₩84,000이 되었다면, 20×3년말 사채의 장부금액은? (18CTA)

(차) 이자비용	8,200	(대) 사채할인발행차금	2,000
		현　　　　금	6,200

(3) 12월말 결산법인인 (주)대한은 20×1. 7. 1.에 액면금액 ₩100,000, 만기 5년, 액면이자율 8%인 사채를 ₩90,000에 발행하였다. 이자 지급일은 매년 6월 30일이며 유효이자율은 10%이다. 20×1년말 사채할인발행차금은 얼마인가?

05 상각후원가

A회사는 20×1년 1월 1일에 액면금액 ₩100,000, 이자지급일 매년 12월 31일, 만기 3년인 사채를 ₩95,025에 발행하였다. 다음은 사채할인발행차금의 상각 스케줄 일부이다.

연도	기초장부금액	사채이자비용	표시이자	사채할인발행차금 상각	기말장부금액
20×1년	₩95,025	₩9,503	₩8,000	₩1,503	₩96,528

물음

(1) 사채의 유효이자율은 얼마인가?
(2) 사채의 표시이자율은 얼마인가?
(3) 20×2년말 사채의 상각후원가는 얼마인가?

06 사채의 유효이자율

(주)대한은 20×1년 1월 1일 만기가 2년을 초과하는 사채를 발행하였으며, 이는 회사의 유일한 사채이다. 동 사채는 액면이자를 매년 12월 31일에 지급하며, 액면금액을 만기일에 일시상환하는 조건이다. 사채 발행 이후 발행조건의 변경은 없다. 동 사채에 대한 20×1년도와 20×2년도의 관련 이자 정보는 다음과 같다.

구분	20×1년	20×2년
연도말 액면이자 지급액	₩120,000	₩120,000
포괄손익계산서상 연간 이자비용	₩148,420	₩152,400

상기 사채의 발행시점의 유효이자율은 얼마인가? 단, 사채발행원가와 조기상환, 차입원가 자본화는 발생하지 않았다. (19CPA)

07 사채의 조기상환

20×1. 1. 1.에 액면금액 ₩500,000, 만기 5년, 액면이자율 10%, 이자지급일 매년 12월 31일의 사채를 발행하고 사채발행원가를 지급한 후, 현금 ₩401,765을 조달하였다. 따라서 이 거래의 유효이자율은 16%로 계산되었다.

물음

(1) 20×1. 1. 1.의 사채발행을 분개하라.
(2) 20×1. 12. 31.의 현금이자를 지급하는 거래를 분개하라.
(3) 20×1. 12. 31.의 결산정리분개(사채할인발행차금 상각분개)를 하라.
(4) 20×2. 7. 1.에 회사가 이 사채를 경과이자를 포함하여 현금 ₩400,000에 전부 매입상환하였다. 이 날에 필요한 두 개의 분개를 하라.

08 사채의 조기상환

A사는 20×1. 12. 31.의 재무상태표에 액면금액 ₩10,000인 사채(액면이자율 연 6%, 이자지급일 연 2회, 6월 30일과 12월 31일)와 사채할인발행차금 ₩500을 계상하고 있다. 이 사채의 유효이자율은 연 8%였다. A사가 20×2. 7. 1.에 이 사채를 ₩10,000에 조기상환하였다면 상환손익은 얼마인가?

09 사채의 조기상환

B사는 20×1. 1. 1.에 다음과 같은 사채를 발행하고 사채발행원가를 지급한 후, 현금 ₩96,620을 조달한 바 있다. 이 거래의 유효이자율은 연 12%였다.

액면금액 : ₩100,000	액면이자율 : 연 10%
만　　기 : 2년	이자지급일 : 매년 12월 31일, 연 1회

20×2. 1. 1. 현재 사채할인발행차금계정 차변잔액은 ₩1,786이고, 장부금액은 ₩98,214(=₩100,000 − ₩1,786)이다. B사가 이 사채를 20×2. 4. 1.에 발생한 액면이자를 포함하여 현금 ₩90,000으로 조기상환하였다.

물음

상환과 관련하여 물음에 답하라.
(1) 20×2년도의 3개월간 사채이자비용 기록을 위한 분개
(2) 상환거래 기록을 위한 분개

10 사채의 조기상환

C사는 20×1. 1. 1.에 액면금액 ₩100,000, 만기 3년, 액면이자율 10%의 사채를 발행하고 사채발행원가를 지급한 후, 현금 ₩95,083을 조달하였다. 이 사채의 이자지급일은 매년 1월 1일과 7월 1일이며, 유효이자율은 12%로 계산되었다. 20×1. 12. 31에 액면금액 ₩20,000에 해당하는 금액을 현금 ₩19,800(이자는 별도 계산)에 상환하였다. 사채상환손익을 구하라. (KICPA 기출)

11 사채의 조기상환

(주)대한은 20×1년 초 액면금액 ₩1,000,000의 사채(만기 3년, 액면이자율 10%, 이자는 매년 말 지급)를 12%의 유효이자율로 발행하였다. (주)대한은 액면금액 중 ₩500,000을 20×3년 6월 30일에 경과이자를 포함하여 ₩525,000에 조기상환하였다. 사채의 조기상환손익은? (단, 현가계수는 아래 표를 이용한다.) (13CTA)

현가 계수표

할인율 기간	기간말 단일금액 ₩1의 현재가치		정상연금 ₩1의 현재가치	
	10%	12%	10%	12%
1	0.9091	0.8929	0.9091	0.8929
2	0.8264	0.7972	1.7355	1.6901
3	0.7513	0.7118	2.4868	2.4018

12 사채발행원가

(1) (주)민국은 20×1년 1월 1일 액면금액 ₩1,000,000, 액면이자율 연 5%(매년 말 이자지급), 3년 만기인 회사채를 발행하고 상각후원가측정금융부채로 분류하였다. 사채발행 당시 시장이자율은 연 8%이었으며, 사채할인발행차금에 대하여 유효이자율법으로 상각한다. 한편, (주)민국이 동 사채를 발행하는 과정에서 직접적인 사채발행원가 ₩47,015이 발생하였으며, (주)민국은 동 사채와 관련하여 20×1년도 포괄손익계산서상 이자비용으로 ₩87,564를 인식하였다. 동 사채와 관련하여 (주)민국이 20×2년도 포괄손익계산서상 이자비용으로 인식할 금액은 얼마인가? 단, 8%, 3기간 기간말 단일금액 ₩1의 현가계수는 0.7938이며, 8%, 3기간 정상연금 ₩1의 현가계수는 2.5771이다. 또한 법인세 효과는 고려하지 않는다. (11CPA)

(2) (주)대경은 20×1년 1월 1일 액면금액 ₩1,000,000, 액면이자율 연 7%(매년말 이자지급), 3년 만기인 회사채를 발행하고 상각후원가측정금융부채로 분류하였다. 사채발행 당시 시장이자율은 연 9%이었으며, 사채할인발행차금에 대하여 유효이자율법으로 상각한다. 한편, (주)대경이 동 사채를 발행하는 과정에서 직접적인 사채발행원가 ₩24,011이 발생하였다. (주)대경은 동 사채와 관련하여 20×1년도 포괄손익계산서상 이자비용으로 ₩92,538을 인식하였다. (주)대경이 20×2년 5월 31일에 상기 사채를 ₩1,050,000(미지급이자 포함)에 매입하였다면, 사채상환손실은 얼마인가? 법인세 효과는 고려하지 않는다. (14CPA)

할인율	기간말 단일금액 ₩1의 현재가치			정상연금 ₩1의 현재가치		
	1년	2년	3년	1년	2년	3년
7%	0.9346	0.8734	0.8163	0.9346	1.8080	2.6243
9%	0.9174	0.8417	0.7722	0.9174	1.7591	2.5313

13 제품보증충당부채

미래회사는 TV를 판매하면서 판매 후 1년 이내에 TV패널에 하자가 있는 경우 무상으로 교환해 주기로 보증하였다. 과거의 경험에 비추어 볼 때 2년간의 보증기간 동안에 교환율은 0.5%이며, 수리비는 TV패널 1개당 평균 ₩3,000이 소요된다.

물음

(1) 20×5년에 TV패널 5,000개를 판매하였다. 20×5년에 제품보증충당부채를 인식하기 위한 분개를 하라.

(2) 20×6년에 TV패널 20개를 무상으로 교환해 주었다. 이를 분개하라.

14 경품충당부채

(주)충경은 20×5년 1월 1일 판매 촉진을 위하여 상품 1상자마다 경품 교환에 사용할 수 있는 쿠폰 2개씩을 동봉하였다. 경품의 매입원가는 ₩1,500이며, 경품을 청구하기 위해서는 4개의 쿠폰과 ₩1,000의 현금을 제시하여야 한다. 20×5년 동안에 상품 10,000상자를 상자당 ₩2,000에 판매하였다. 회사의 과거 경험에 근거할 때 발행된 쿠폰의 40%가 회수될 것으로 추정되었으며, 이에 상당하는 양의 경품이 구매되었다. 20×5년 기간 중 총 500개의 경품이 쿠폰과 교환되었다. ㈜충경의 결산일이 12월 31일이라고 할 때 20×5년말의 경품충당부채는 얼마인가? (06CPA)

CHAPTER 12 자 본

비유동부채와 자본은 기업이 장기간에 걸쳐 이용가능한 자금의 주요 원천이다. 특히 자본은 이자에 대한 압박을 받지 않는 자기자본이라는 측면에서 중요하다.

경제적 관점에서 보면 자본은 크게 두 부분으로 구성된다. 하나는 출자자 내지 주주들이 출자한 납입자본(paid-in capital) 부분이고, 다른 하나는 이 납입자본을 운영하여 벌어들인 순이익 중에서 주주들이 찾아가지 않고 기업 내부에 남겨 둔 이익잉여금(retained earnings) 부분이다. 본 장에서는 주식회사를 대상으로 하여 납입자본과 이익잉여금, 그리고 기타자본구성요소를 살펴 본다.

제 1 절 주식회사의 자본의 특징

일반적으로 기업의 자본이 되기 위해서는 장기 거액의 자금이라야 한다. 그러나 주식회사제도는 다음과 같은 특징으로 말미암아 단기 소액의 자금도 기업자본화할 수 있다.[1)]

첫째, 소액으로 분할된 주식 제도이다. 최근에 개정된 상법(이하 개정상법, 2011. 4. 14. 의결, 제329조, 자본의 구성, 주식의 권면액)에 의하면 ① 회사는 정관으로 정한 경우에는 주식의 전부를 무액면주식으로 발행할 수 있다. 다만, 무액면주식을 발행하는 경우에는 액면주식을 발행할 수 없다. ② 액면주식의 금액은 균일하여야 한다. ③ 액면주식 1주의 금액은 100원 이상으로 하여야 한다. **액면주식**(par value stock)이란 권면액(券面額)이 각 주식과 정관에 기재되어 있는 주식을 말하며, 무액면주식(non-par value stock)이란 주권의 액면금액이 기재되어 있지 않는 주식을 말한다.[2)] 이로써 소액의 자금을 지닌 일반 투자대중들로부터도 광범위하게 거액의 자본을 모으는 것이 가능하다.

둘째, 주식의 자유양도 제도이다. 주주들은 언제든지 증권시장에서 자유로이 주식을 매각함으로써 출자액을 용이하게 회수할 수 있다. 이로써 자금이 장기간 기업에 묶이는 것을 회피할 수 있기 때문에 단기 자금을 가진 사람들로부터도 자본을 모으는 것이 가능하다.

셋째, 주주의 유한책임 제도이다. 주주들은 출자액까지만 채권자들에게 책임을 진다. 즉, 기업 운영이 잘 안되어 거액의 빚을 진 경우라도 주주들은 출자액만 포기하면 될 뿐, 개인재산까지 동원하여 채권자들에게 빚을 갚을 의무는 없다.

이러한 주식 제도, 주식의 자유양도 제도, 주주의 유한책임 제도라는 특징을 갖는 주식회사는 결국 위험을 싫어하는 자본가들에게 유한책임이라는 매력과 함께 단기 소액 자금도 기업자본화할 수 있는 길을 제공함으로써 대량생산체제를 뒷받

1) 우리나라는 회사의 종류 중 주식회사의 수가 압도적으로 많다. 2011년 국세청이 발표한 통계자료에 의하면, 법인세를 내는 회사의 수는 305,626개이며, 이 중 주식회사의 수는 290,602개(95.8%)이며, 유한회사는 11,716개, 합자회사 2,757개, 합명회사 551개로 나타났다. 한편, 직전 사업연도말 자산총액이 100억원 이상, 자산총액 70억원 이상에 종업원 300명 이상인 주식회사 등은 외부감사를 받아야 하는데, 2016년 12월 말 기준 외부감사대상 회사 수는 27,114개사이다.

2) 개정상법 이전에는 액면주식만 인정하고 무액면주식은 인정하지 않았다.

침할 대규모 산업자본을 일구고자 하는 서구 각국의 국가정책적 의도 하에서 19세기말에 본격적으로 탄생하였다.

KCC

케이시시정공주식회사주권

일주권

금 오 천 원 정

다 제 007532 호

1. 회사의 상호 케이시시정공주식회사
1. 회사의 성립년월일 서기 1995년 7월 1일
1. 회사가 발행할 주식의 총수 이십만주
1. 일주의 금액 금오천원정
1. 주식의 종류 기명식보통주식
1. 주식발행년월일 서기 2011년 4월 29일

본 주권은 당회사의 정관에 의한 주식 일주의 주주임을 증명하기 위하여 이면 기명자에게 교부함.

케이시시정공주식회사

대표이사 박 덕 규

見本

◀ 도표 12-1

주식 견본

주식(stock)과 사채(bond)

주식과 사채는 둘 다 주식회사만이 발행할 수 있고, 장기자금 조달수단으로 활용되며, 또한 자본시장을 통해 발행되는 유가증권이라는 점에서 공통점을 지닌다. 그러나 몇 가지 점에서 차이가 있는데, 회계와 관련된 것만을 정리하면 다음과 같다.

1. 사채는 부채로 분류되는 반면, 주식은 자본으로 분류된다.
2. 사채에 대해서는 이자를 지급하는 반면, 주식에 대하여는 배당금을 지급한다.
3. 사채에 대한 이자는 비용 항목인 반면, 주식에 대한 배당금은 이익잉여금 처분항목이다.
4. 사채의 할인발행은 자유로운 반면, 주식의 할인발행은 특별한 사유가 인정되어 법원이 인가하는 때만 가능하다.

종이증권이 사라지고 전자증권제도가 본격 시행

'16. 3. 22. 전자증권제도의 근거법률인「주식 · 사채 등의 전자등록에 관한 법률」(이하 "전자증권법")이 제정되었으며, 2019. 9. 16. 이후에는 주식 · 사채 등 대부분의 증권(양도성예금증서,「은행법」·「금융지주회사법」상 조건부 자본증권, 주식워런트증권(ELW), 국내증권예탁증권(KDR)도 전자증권제도 적용)에 대해 실물 없이 전자등록방식으로만 발행이 가능하고, 전자등록이 된 후에는 실물발행이 금지되며 이를 위반하여 발행되면 그 효력이 인정되지 않는다.

법무부와 금융위원회는 전자증권제가 증권 권리관계를 더욱 투명하게 하고, 거래비용을 절감하여 효율성을 달성하며, 다양한 법률 · 금융서비스 개발의 기반이 되어 공정경제 실현과 혁신성장 도모에 이바지할 것으로 기대하고 있다.

제 2 절 자본의 의의와 구성

1. 자본의 의의

자본의 의의는 두 가지 측면에서 살펴 볼 수 있다. 먼저 자산, 부채와의 관련하에서 자본을 살펴 보면 다음과 같다. 기업의 자산은 채권자들로부터 빌린 돈과 자기 돈을 합친 돈으로 구입된다. 이런 관점에서 보면 자산총액은 채권자 지분(부채)과 주주지분(자본)의 합계라고 볼 수 있으며, 따라서 **자본**이란 기업의 자산에서 채권자 지분을 차감하고 남은 잔여지분(residual equity), 즉 주주지분을 말한다고 볼 수 있다.

자 산 = 채권자 지분(부채) + 주주지분(자본)
∴ 자 산 − 채권자 지분(부채) = 주주지분(자본)

자본을 이처럼 잔여지분이라고 규정하는 이유는 자산이나 부채는 그 자체로서 독립적으로 측정될 수 있는 성질의 것인 반면, 자본은 그 자체로서 독립적으로 측정될 수 있는 성질의 것이 아니기 때문이다.

다음으로 발생원천의 관점에서 자본을 살펴 보면 다음과 같다. 자본은 주주들이 주머니에서 출자한 납입자본(paid-in capital)과 이 납입자본을 운용하여 벌은 순이익 중 그동안 배당으로 사외에 유출된 금액을 제외한 이익잉여금(retained earnings)의 두 가지 요소를 합한 것이다. 즉, 발생원천의 관점에서 보면 자본은 출자액과 순이익의 두 가지로 구성되어 있다. 이익잉여금은 설립 이후 기업이 벌어 들인 순이익에서 그동안의 배당지출액을 차감한 것으로 사내에 유보되어 있는 순이익이기 때문이다.

자 본 = 납입자본 + 이익잉여금
= 납입자본 + [설립 이후 순이익 − 배당지출액]

자본을 납입자본과 이익잉여금의 둘로 구분하는 것은 무척 중요한 구분이다. 기업은 경영활동을 통하여 벌은 이익잉여금으로만 배당을 하여야 하며, 납입자본으로 배당을 해서는 안된다. 납입자본으로 배당을 하는 것은 진정한 의미의 배당이 아니고, 주주들에게 납입자본을 환급하는 것이 되기 때문이다. 이러한 납입자본의 환급은 곧 자본의 잠식상태를 초래해 기업의 존립 자체를 위태롭게 한다. 자본을 납입자본 부분과 이익잉여금 부분으로 분명하게 구분하면 이익잉여금이 있는 경우에만 주주들에게 배당을 하게 된다. 이 구분을 해두지 않으면 이익잉여금이 얼마나 남아 있는지를 알지 못해서 이익잉여금을 초과하여 배당하는 잘못을 범할 우려가 있다. 자본을 납입자본과 이익잉여금의 둘로 구분하는 것은 결국 과거 및 당기의 순이익으로만 배당을 하게 함으로써 회사의 납입자본을 충실히 유지하기 위함이다.

2. 자본의 구성

현행의 기업회계기준서 제21호에서는 자본의 대분류로서 자본금, 자본잉여금, 자본조정, 기타포괄손익누계액, 이익잉여금(또는 결손금)의 다섯 가지 구성요소로 구분하고 그 세분류 항목의 구분 및 통합표시에 대해서도 구체적으로 규정하고 있으나, **K-IFRS** 제1001호(재무제표 표시)의 실무적용지침에서는 크게 납입자본, 이익잉여금 및 기타자본구성요소의 세 가지로 분류하고 있고 자본의 개별항목에 대해서는 구체적으로 예시하지 않고 있다.

본서에서는 **K-IFRS** 제1001호를 근간으로 하되, 납입자본과 이익잉여금을 중심으로 설명하기로 한다.

◀ 도표 12-2
자본의 구성

자본	납입자본	① 자본금 ② 자본잉여금(주식발행초과금, 감자차익, 자기주식처분이익)
	이익잉여금	① 법정적립금 : 이익준비금 ② 임의적립금 : 사업확장적립금, 감채적립금, 배당평균적립금 등 ③ 미처분이익잉여금
	기타자본구성요소	① 자기주식 ② 기타자본조정(주식할인발행차금, 미교부주식배당금, 감자차손, 자기주식처분손실 등) ③ 기타포괄손익누계액(매도가능금융자산평가손익, 자산재평가잉여금 등)

제 3 절 납입자본

주식회사는 장기간에 걸쳐 경영활동에 사용할 자금을 조달하기 위한 하나의 방법으로 주식을 발행한다. 주식을 발행하는 경우는 회사를 설립할 때 및 설립 후 필요에 따라 증자를 할 때이다. 상법에서는 주식회사의 정관에 정해진 수권자본(authorized stock)의 범위 내에서 이사회의 의결로 주식을 발행할 수 있도록 규정하고 있다.[3] 수권자본 범위에서 발행된 주식을 **발행주식**(issued stock)이라 한다. 발행주식 가운데 발행회사가 취득한 주식을 **자기주식**(treasury stock)이라 하는데, 이는 자본을 감소시키는 항목이다.[4] 발행주식에서 자기주식을 제외한 나머지가 주식시장에서 유통되는 **유통주식**(outstanding stock)이다.

도표 12-3 ▶ 발행주식과 유통주식

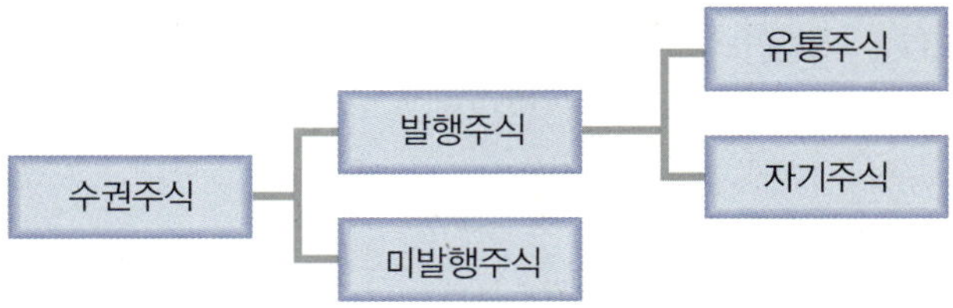

사채를 발행할 때와 마찬가지로, 자기지분상품을 발행하거나 취득하는 과정에서도 등록 및 기타 감독과 관련된 수수료, 법률, 회계 및 기타 자문수수료, 주권인쇄비 및 인지세 등 주식발행원가가 발생한다. **K-IFRS** 제1032호(금융상품 : 표시, 2010년 개정안)에 의하면 지분상품의 거래원가 중 당해 자본거래가 없었다면 회피가능하고 당해 자본거래에 직접 관련되어 발생한 증분원가에 대해서는 관련된 법인세혜택을 차감한 순액을 자본에서 차감하여 회계처리한다. 즉, 주식의 발행금액은 주주들로부터 받은 금액에서 주식발행원가를 차감하여 구한다.

주식의 발행금액 = 주주들로부터 받은 금액 − 주식발행원가

---

3) 개정상법 이전에는 회사를 설립할 때에는 수권주식수(수권자본÷1주당 액면금액)의 1/4 이상의 주식을 발행하도록 하였다. 그런데, 개정상법 제289조(정관의 작성, 절대적 기재사항)에서는 이 규정이 삭제되었다.

4) 개정상법 제341조(자기주식의 취득)에 의하면, 회사는 자기의 명의와 계산으로 자기의 주식을 취득할 수 있다. 자기주식에 대해서는 배당금을 지급하지 않는다.

따라서 주식의 발행금액은 기업이 주식발행을 통해 실질적으로 이용할 수 있게 된 금액이다.

주식의 발행금액을 두 가지로 구분하여 액면금액 부분은 자본금계정에, 그리고 나머지는 주식발행초과금계정에 분개한다.[5] 그런데 자본금은 항상 액면금액으로 기록되기 때문에 주식발행초과금은 결국 액면금액을 초과하여 주주들이 납입한 금액 중 주식발행원가를 차감한 금액이 된다.

예제 12-1

자본금과 주식발행초과금

A사는 보통주 100주(주당 액면금액 ₩5,000)를 주당 ₩7,000에 발행하여 발기인들로부터 현금 ₩700,000을 조달하였다. 이 중 주식발행원가 ₩10,000을 현금 지급하였다. 분개하라.

해답

(차) 현 금	690,000	(대) 자 본 금	500,000
		주식발행초과금	190,000*

* 액면금액 초과 부분 중 주식발행원가를 차감한 금액임.

일반적으로 과거 기간의 경영성과가 양호하여 출자액 외에 이익잉여금이 많이 누적되어 있는 기업은 신주발행시(유상증자시) 액면금액 이상으로 할증발행하는 것이 보통이다. 이익잉여금 누적액이 적거나 심지어 출자액까지 일부 까먹은 기업과 비교해 볼 때 일반 투자대중들이 서로 구입하려고 할 것이기 때문이다.

경제적 관점에서 보면 자본금이든 주식발행초과금이든 모두 주주들의 주머니에서 출자된 것이라는 점에서 전혀 다를 바가 없다. 그럼에도 불구하고 이처럼 양자를 구분해서 재무상태표에 기재하도록 한 이유는 무엇인가? 그 이유는 채권자를 보호하고자 하는 상법의 취지 때문이다. 채권자들의 권리가 안전하게 보호되기 위해서는 기업이 언제든지 일정 수준 이상의 실물자산을 보유하고 있을 것이 요구된다. 상법은 이 일정 수준에 해당되는 금액을 바로 액면금액 수준이라고 보고, 액면금액을 명시적으로 구분하여 자본금으로 기재하도록 하고 있다.

5) 주식의 발행금액이 액면금액보다 작을 경우, 즉 주식을 할인발행하는 경우도 있을 수 있다. 그 경우에는 그 미달하는 금액을 주식할인발행차금으로 회계처리한다. **주식할인발행차금**은 기타자본구성요소 가운데 자본의 차감항목에 속한다. 우리나라 상법(제330조, 액면미달발행의 제한)에 의하면 주식은 액면미달의 가액으로 발행하지 못한다. 다만 상법(제417조, 액면미달의 발행)에 의해 주식의 할인발행은 주주총회의 결의와 법원의 인가를 얻어야 가능하다.

만일 기업이 두 종류 이상의 주식(보통주와 우선주)을 발행한 경우에는 자본금을 보통주자본금과 우선주자본금으로 각각 구분하여야 한다. 일반적으로 보통주(common stock) 주주만이 회사의 제반 업무에 대한 의결권이 있다. 우선주(preferred stock)는 배당이나 청산 시 자산 청구에 관한 우선권이 주어지는 반면에 의결권이 없다. 이와 같이 보통주와 우선주는 배당금 지급 및 청산시의 권리가 상이하기 때문에 자본금을 구분하여 표시한다.

한편, K-IFRS 제1032호(금융상품 : 표시, 2010년 개정안)에 의하면 금융상품은 법적 형식이 아니라 실질에 따라 재무상태표에 분류되어야 한다고 하였다. 일반적으로 실질과 법적 형식이 일치하지만 반드시 그러한 것은 아니다. 예를 들어 상환우선주(callable preferred stock)는 우선주의 발행자가 보유자에게 확정되었거나 결정가능한 미래의 시점에 확정되었거나 결정가능한 금액을 의무적으로 상환해야 하거나, 우선주의 보유자가 발행자에게 특정일이나 그 이후에 확정되었거나 결정가능한 금액의 상환을 청구할 수 있는 권리를 보유한 경우이다. 이러한 상환우선주는 지분상품의 법적 형식을 가지고 있지만 실질적으로는 금융부채에 해당한다. 금융부채로 분류되는 상환우선주의 배당은 포괄손익계산서상 손익항목으로 표시하여야 한다.

제 4 절 이익잉여금

이익잉여금(retained earning)은 경영활동 과정에서 획득한 순이익으로 구성된다. 물론 순이익 중 일부는 그때그때 배당금으로 사외에 유출되기 때문에 설립 이후에 벌은 순이익 중 배당금으로 유출된 부분을 제외한 나머지가 사내에 남아 이익잉여금을 구성한다. 그런데 기업이 무상증자, 즉 주주들에게 무상으로 주식을 발행하여 자본금을 늘릴 경우도 있다. 이때에는 이익잉여금 중 일부를 자본금계정으로 대체하게 된다. 따라서 이익잉여금이란 과거 및 당해 연도의 경영활동을 통해 획득한 순이익 중에서 배당을 통해 사외로 유출되거나 자본금으로 대체되지 않고 남아 있는 것을 말하며, 이러한 의미에서 **유보이익**(retained earnings)이라고도 한다.

Retained Earnings와 이익잉여금/사내유보금

기업정보사이트인 재벌닷컴에 의하면 자산 상위 30대 그룹 소속 178개 상장사의 감사보고서(별도 기준) 기준 유보금은 2012년 말 515.4조원, 2013년 말 557.7조억원, 2014년 말 602.4조원, 2015년 말 655조원, 2016년 말 681조원 등으로 계속 늘어났다. 여기서 유보금은 "자본잉여금과 이익잉여금의 합계액"으로 산출하였다. 일부에서는 "기업들이 투자를 하지 않고 임금도 올리지 않고 사내에 현금만 쌓아놓고 있다. 이런 기업들이 보유한 유보금을 환수해야 한다"고 주장한다. 실제로 2014년도에는 "기업소득환류세"를 도입하여 "이익 중 80%를 투자, 배당, 임금으로 사용하지 않거나 이익의 40%를 배당과 임금으로 사용하지 않으면 차액이 적은 부분에 대해 10%의 세금을 부과"하는 제도를 한시적으로 운용되었다.

그런데, "사내유보금"이란 용어는 회계에서는 사용하지 않는다. Retained Earnings라는 용어를 회계학에서는 "이익잉여금"으로 표현하며, 일부에서는 "사내유보금"이라고 표현한 것이다. 한글 용어에서 "…금"이라는 표현 때문에 많은 사람들이 "회사 내에 보유하고 있는 돈" 또는 "쓰고 남은 돈"이라고 오해한다. 이익잉여금은 회계상 개념일 뿐, 기업이 '쌓아둔 현금'은 아니다. 일부는 현금성자산으로 회사 내에 남아 있지만, 많은 부분은 당좌자산, 재고자산, 투자자산, 유형자산, 무형자산 등의 형태로 존재한다. 특정 시점에 기업이 이용할 수 있는 현금은 재무상태표에 자산으로 표시되어 있는 현금뿐이다. 만약 기업의 이익을 전부 배당한다면 신규 투자에 쓸 현금이 없기 때문에 기업이 성장하지 못하고 정체 상태에 빠지게 된다.

이익잉여금은 크게 법정적립금, 임의적립금, 미처분이익잉여금의 세 가지로 구분할 수 있다.

1. 법정적립금[6)]

기업이 당기순이익을 얻었거나 또는 당기에는 순이익을 얻지 못하였더라도 과거 기간에 누적시켜 온 이익잉여금이 있는 경우에는 주주들에게 배당금을 지급할 수 있다. 주주들은 주식의 매매차익 뿐만 아니라 바로 이 배당금을 얻을 목적으로 기업에 출자를 하고 위험을 부담해 온 것이다.

그런데 기업에는 때때로 불황이 닥쳐온다. 불황은 거의 예외없이 모든 기업의 경영을 위태롭게 만들고, 심지어 경기변동설에서는 이러한 불황이 주기적으로 발생한다고까지 말하고 있다. 이에 오늘날 각국은 당기순이익을 전액 배당으로 사외에 유출하지 말고 일부를 사내에 비축해 둠으로써 불황시를 대비하도록 강제하고

6) 과거에는 상법 이외의 법규에 의해 강제적으로 적립해야 하는 기타법정적립금(예, 기업합리화적립금, 재무구조개선적립금)이 있었다. 이들 적립금 제도는 모두 폐지되어, 현재는 기타법정적립금이 없어졌다.

있다. 우리나라도 개정상법 제458조(이익준비금)에 의하여 자본금의 1/2에 달할 때까지 매 결산기에 이익배당액(주식배당 제외)의 1/10 이상을 **이익준비금**으로 사내에 유보시키도록 하고 있다.[7] 상법 규정에 의한 이익준비금은 배당지출을 제한하는 역할을 함으로써 회사의 재무적 기반을 튼튼히 해준다.

이익준비금이 자본금의 1/2에 달하면 더 이상 적립할 필요는 없다. 다만 기업이 증자를 실시하여 자본금 규모가 커지면 그때 다시 적립을 시작해야 한다. 개정상법 제460조(법정준비금의 사용)에서는 "이익준비금과 자본준비금은 자본금의 결손 보전에 충당하는 경우 외에는 처분하지 못하도록" 규정하고 있다.

2. 임의적립금

법규에 의하지 않고 기업이 채권자들과의 계약에 의해 또는 자발적 의사에 의해 정관의 규정이나 주주총회의 결의에 따라 배당지출을 제한하는 항목이 있는데, 이를 임의적립금이라 한다.

임의적립금(voluntary reserves)은 예컨대 사업확장이나 장기부채의 상환 등에 필요한 자금 마련을 위하여 배당을 제한할 필요가 있다고 판단될 때 설정하는 적립금을 말한다. 임의적립금에는 사업확장을 위한 사업확장적립금, 사채 상환을 위한 감채적립금, 매기 균등한 배당지급을 위한 배당평균적립금, 만일의 결손을 대비한 결손보전적립금[8] 등이 있다.

이익잉여금을 사업확장적립금으로 설정하더라도 이익잉여금 총액이나 자본 총액에는 아무런 영향을 미치지 않는다. 과거에 설정해 두었던 임의적립금은 필요하다고 판단될 경우 주주총회의 의결을 거쳐 당기의 배당가능액으로 활용할 수 있다.

적립금과 관련하여 많은 사람들이 "사업확장적립금을 설정하였으면 그만큼 실제 자금이 확보되었다"고 오해하는 경우가 많다. 아마도 '적립금'이라는 용어 때문에 이러한 오해가 생긴 것 같다. 앞에서 임의적립금이란 배당지출을 제한하는 항목이라고 하였다. **사업확장적립금을 설정하였다는 뜻은 이익잉여금 중에서 그만큼을 배당지출하지 못하도록 명칭(사업확장적립금 등)을 붙인 것에 불과하다. 실제로 그**

7) 개정상법 이전에는 "회사는 그 자본의 1/2에 달할 때까지 매 결산기의 금전에 의한 이익배당액의 1/10 이상의 금액을 이익준비금으로 적립"하도록 하였다.

8) 결손보전적립금에서 '보전(補塡)'이란 '부족한 부분을 보태어 채운다' 또는 '메꿔 넣는다'는 어려운 한자이다.

자금을 확보하기 위해서는 별도의 조치(사업확장기금 확보, 감채기금 확보 등)가 필요하다.

3. 미처분이익잉여금

미처분이익잉여금은 기업에서 아직 처분하지 않아 배당가능한 이익잉여금을 말한다.

미처분이익잉여금이 증가하는 원인은 크게 두 가지이다. 첫째, 당기순이익의 발생이다. 기업의 영업활동 결과 수익이 비용을 초과하면 당기순이익이 나타나게 되고 이는 재무상태표상의 미처분이익잉여금을 증가시킨다. 둘째, 앞에서 설명한 임의적립금의 이입 때문이다. 임의적립금의 이입이란 과거에 임의적립금으로 분류해서 배당을 제한했던 것을 해제시켜 다시 배당가능한 항목으로 재분류하는 것을 뜻한다.

한편, 미처분이익잉여금이 감소하는 원인은 당기순손실의 발생과 이익잉여금의 처분 때문이다. 이익잉여금의 처분은 미처분이익잉여금에서 배당이 불가능한 항목(법정적립금이나 임의적립금)으로 재분류하거나 배당의 형태로 이루어진다.

미처분이익잉여금이 증가(감소)하는 원인들을 수식으로 정리하면 다음과 같다.

기말 미처분이익잉여금 = 기초 미처분이익잉여금
+ 임의적립금 이입
− 이익잉여금의 처분 (적립금 설정, 배당)
+ 당기순이익 (− 당기순손실)

(1) 현금배당

일반적으로 배당이라고 할 때는 현금배당을 의미한다. **배당금**(dividend)이란 주주들의 납입자본을 이용하여 기업이 영업활동을 수행하여 획득한 이익을 주주들에게 지급하는 보상이다.

배당은 일련의 연속적인 과정을 통해 이루어진다. 먼저, 배당기준일(record date)은 배당을 받을 권리를 가진 주주를 확정하기 위해서 주주명부를 작성하는 날이다. 우리나라의 경우 배당기준일은 보통 회계연도말이다. 배당기준일에는 기업에서 아무런 회계처리를 하지 않는다.

도표 12-4 ▶
미처분이익잉여금의 변화

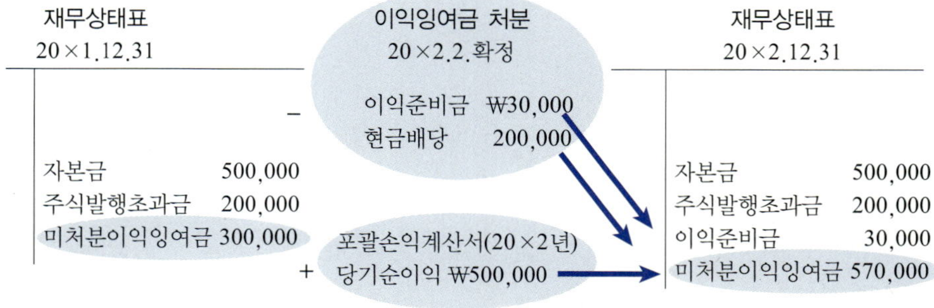

20×2년말 미처분이익잉여금
=20×1년말 미처분이익잉여금 − 이익잉여금처분 + 20×2년 당기순이익
=₩300,000 − (30,000+200,000)+500,000 =₩570,000

이어서 배당선언일(declaration date)은 현금배당에 대한 권리와 의무가 확정되는 날이다. 중간배당의 경우에는 이사회의 결의일이고 연차배당의 경우에는 주주총회의 결의일이다. 이때 기업에서는 주주들에게 배당금을 지급해야 할 의무가 발생한다. 즉, 미처분이익잉여금이 감소하면서 미지급배당금(부채)이 증가한다. 우리나라 상법(제354조, 주주명부의 폐쇄, 기준일)에서는 주주총회는 회계연도말로부터 3개월 내로 정하도록 하고 있다.

도표 12-5 ▶
배당의 연속적 과정

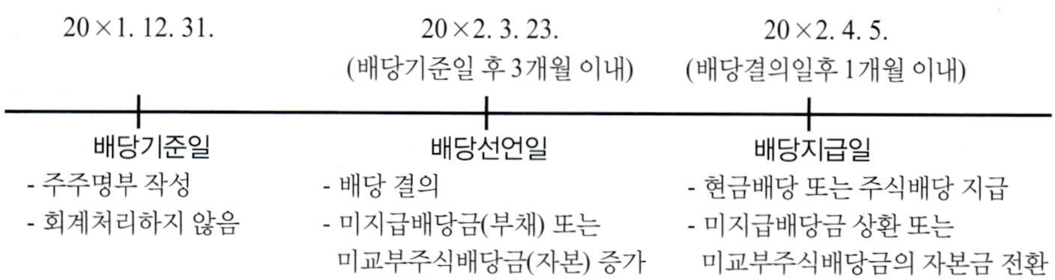

마지막으로 배당지급일(payment date)은 주주들에게 실제로 배당금을 지급하는 날이다. 이때에는 미지급배당금(부채)이 감소하면서 현금이 감소하게 된다. 상법(제464조의 2)에 의하면 기업에서는 배당결의일로부터 1개월 이내에 지급해야 한다.

현금배당선언일의 회계처리

(차) 미처분이익잉여금 ××× (대) 미지급배당금 ×××

현금배당지급일의 회계처리

(차) 미지급배당금 ××× (대) 현 금 ×××

(2) 주식배당

주식배당(stock dividend)이란 주식발행회사가 미처분이익잉여금을 현금으로 배당하지 않고 주주의 지분비율에 비례하여 회사의 미발행주식을 주주들에게 발행하는 것을 말한다. 주식배당이 이루어지면 기업에서는 현금배당으로 인한 자금 유출을 막으면서도 주주들의 배당 욕구를 충족시켜 줄 수 있다는 장점이 있다. 즉, 주식배당으로 인해 기업의 자산이나 부채에 아무런 변동이 발생하지 않는다. 아울러 주주의 지분비율에 비례하여 주식배당이 이루어지므로 각 주주들이 보유하는 주식 수는 증가하지만 지분율은 아무런 변동이 발생하지 않는다. 따라서 주식배당을 받는 기업에서는 어떠한 자산의 유입도 없으므로 수익으로 기록하지 않고 주식 수를 증가시키는 비망기록만 한다.

주식배당을 하면 자본총액은 아무런 변화가 없으며 단지 이익잉여금이 감소한 만큼 납입자본이 증가하게 된다. 즉, 이익잉여금이 자본금으로 대체되어 법정 자본화되므로 이익잉여금을 영구 자본화하여 미래의 성장기회에 활용할 수 있다. 우리나라 상법(제462조의2, 주식배당)에서는 주식배당은 이익배당총액의 2분의 1까지 할 수 있다고 규정하고 있다. 그리고 주식배당은 권면액(즉, 액면금액)으로 하도록 하여 액면금액만큼 미처분이익잉여금을 자본금에 대체시킨다.

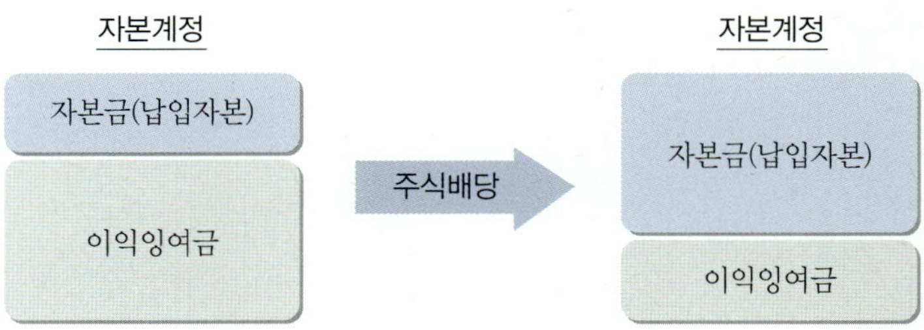

◀ 도표 12-6
주식배당의 영향

현금배당과 마찬가지로 배당기준일에 배당을 받을 권리를 가진 주주를 확정하며, 배당선언일에 주식배당에 대한 권리와 의무가 확정된다. 이때 기업에서는 미처분이익잉여금이 감소하면서 **미교부주식배당금**(unissued stock dividends)계정에 대기한다. 미교부주식배당금은 자본 중 기타자본조정항목에 속한다. 배당지급일에 주주들에게게 주식이 교부되면 미교부주식배당금이 자본금으로 바뀌게 된다.

주식배당선언일의 회계처리

(차) 미처분이익잉여금 ××× (대) 미교부주식배당금 ×××

주식배당지급일의 회계처리

(차) 미교부주식배당금 ××× (대) 자 본 금 ×××

도표 12-7▶ 주식 배당과 주식 분할의 효과

	자본금	자본잉여금	이익잉여금	자본	주식 수	주가
주식 배당	증가	불변	감소	불변	증가	하락
주식 분할	불변	불변	불변	불변	증가	하락

주식 분할(stock splits)

삼성전자의 2017년 실적은 매출 239조, 영업이익 53조를 기록하였으며, 이에 따라 삼성전자의 주가는 주당 2,500,000원을 상회하였다. 2018년 초 삼성전자 이사회에서는 당시 주당 액면금액 5천원인 주식을 액면금액 100원으로 분할하기로 하였다. 주식분할은 주식의 액면금액을 낮추는 것이다. 액면주식(5천원) 10주를 액면주식(100원) 500주로 바꿔주는 것이다. 액면분할로 인하여 주식수는 증가하고 주당액면금액은 낮아지지만, 자본과 자본금에는 아무런 영향을 미치지 않으므로 액면분할을 기록하기 위한 회계처리는 필요하지 않다. 다만, 투자자 저변 확대와 유동성 증대 효과 등 주식거래 활성화에 기여할 수 있다.

4. 이익잉여금처분계산서

K-IFRS 제1001호(재무제표 표시)에서는 재무제표에 (가) 기말 재무상태표, (나) 기간 포괄손익계산서, (다) 기간 자본변동표, (라) 기간 현금흐름표, (마) 주석 등으로 규정하고 있으며, 상법 등에서 이익잉여금처분계산서(또는 결손금처리계산서)의 작성을 요구하는 경우에는 재무상태표의 이익잉여금(또는 결손금)에 대한 보충정보로서 이익잉여금처분계산서(또는 결손금처리계산서)를 주석으로 공시하도록 하였다.

이익잉여금처분계산서(statement of appropriation of retained earnings)는 ①전기로부터 이월된 이익잉여금과 당기에 발생한 이익이 어떻게 처분되었는가를 나타내고, ② 다음 회계연도로 이월될 이익잉여금을 나타내는 재무보고서이다.

[도표 12-8]를 통하여 이익잉여여금처분계산서의 내용 및 구성항목을 살펴보자.

◀ 도표 12-8 이익잉여금처분계산서(안)

20×4년 1월 1일부터 20×4년 12월 31일까지

한국(주) 처분예정일 : 20×5년 3월 23일 (단위 : 원)

과 목	금 액	
I. 미처분이익잉여금		
1. 전기이월 미처분이익잉여금	20,000	
2. 회계정책변경 누적효과	1,500	
3. 전기오류수정이익	800	
4. 중간배당액	(300)	
5. 당기순이익	130,000*	152,000**
II. 임의적립금 등의 이입액		
1. 사업확장적립금	2,000	
2. 배당평균적립금	3,000	5,000
III. 이익잉여금 처분액		
1. 이익준비금	10,000	
2. 배당금	100,000	
3. 감채적립금	4,000	(114,000)
IV. 차기이월 이익잉여금 (I+II−III)		43,000

* 20×4년 포괄손익계산서상의 당기순이익과 일치하여야 한다.

** 20×4년말 재무상태표의 미처분이익잉여금으로 표시된다.

*** 중간배당은 이사회의 의결사항이므로 이익잉여금처분액에 포함하지 않고, 미처분이익잉여금의 변동사항의 하나에 포함된다.

(1) 미처분이익잉여금

20×4년말 미처분이익잉여금은 전기이월 미처분이익잉여금에 20×4년 당기순이익을 합한 금액이다. 만약 20×4년도 손익계산서와는 무관하게 직접적으로 이익잉여금을 조정해야 할 항목(회계정책변경 누적효과, 전기오류수정손익, 중간배당액 등)이 있을 경우에는 이를 포함한 금액이 된다. 만약 미처분이익잉여금이 음(−)인 경우에는 미처분이익잉여금이 아니라 미처리결손금이라 하며, 이 때에는 이익잉여금처분계산서 대신에 결손금처리계산서를 작성하여야 한다.

(2) 임의적립금 등의 이입액

임의적립금 이입액은 과거에 유보한 임의적립금을 해제하여 미처분이익잉여금으로 되돌리는 금액이다. 임의적립금은 배당에 필요한 미처분이익잉여금이 부족하거나 임의적립금이 더 이상 필요하지 않은 경우에 주주총회의 결의에 의하여 이입을 하여 다시 처분가능한 이익잉여금으로 환원시키게 된다. 기업이 과거에 임의적립금을 설정하였던 본래의 목적을 달성하였거나 혹은 적립금액에 대한 회사정책이 변동하는 경우가 이에 해당한다. [**도표 12-8**]의 내용을 분개하면 다음과 같다.

임의적립금 이입의 분개

(차) 사업확장적립금	2,000	(대) 미처분이익잉여금	5,000
배당평균적립금	3,000		

(3) 이익잉여금 처분액

이익잉여금 처분이란 처분가능이익을 이익준비금, 배당금, 임의적립금 등으로 분할하고 나머지를 차기로 이월시키는 과정을 말한다. 처분가능이익 총액은 미처분이익잉여금과 임의적립금 이입액의 합계액이다. 이익잉여금 처분은 이사회 의결을 거쳐 주주총회에서 확정된다. 이사회는 잠정적으로 미처분이익잉여금의 처분안을 의결하고, 이를 바탕으로 이익잉여금처분계산서(안)을 작성한다. 이 보고서는 잠정적인 것이기 때문에 '안(案)'이라는 꼬리말이 붙는다. 이익잉여금의 처분은 주주총회일에 확정되는데, 우리나라의 12월 말 결산법인들은 대개 2월 말에서 3월 중순 경에 걸쳐 주주총회를 열고 있다. 주주총회일은 이익잉여금처분계산서에 처분확정일로 기재된다. 만약 주주총회가 이사회의 처분안을 수정하면 그것을 확정된 것으로 보고 이익잉여금처분계산서를 다시 작성하게 된다. [**도표 12-8**]의 내용을 분개하면 다음과 같다.

이익잉여금 처분의 분개

(차) 미처분이익잉여금	114,000	(대) 이익준비금	10,000
		미지급배당금	100,000
		감채적립금	4,000

(4) 차기이월 이익잉여금

차기이월 이익잉여금은 처분가능이익 총액에서 처분액을 차감한 금액이다.

예제 12-2 이익잉여금의 처분

C사의 20×2년도 말 부분재무상태표는 다음과 같다.

명경사 **부분재무상태표** (20×2. 12. 31.)

자 본		
1. 자본금		₩800,000
2. 주식발행초과금		200,000
3. 이익잉여금		
이익준비금	₩340,000	
기업합리화적립금	500,000	
배당평균적립금	1,100,000	
미처분이익잉여금	360,000	2,300,000
자본합계		₩3,300,000

20×3. 3. 3.에 C사는 주주총회를 열고 미처분이익잉여금이 너무 작아 충분한 배당을 할 수 없다고 보고 과거에 적립해 두었던 배당평균적립금 가운데 ₩300,000을 헐어(이입하여) 당기 배당에 충당하기로 하였다. 그리고 다음과 같이 이익잉여금을 처분하기로 최종승인 하였다.

이익준비금	₩50,000	기업합리화적립금	₩80,000
현 금 배 당	440,000	잔액은 차기로 이월	

물음

(1) 20×2년말 주주들이 납입한 자본은 얼마인가?
(2) 20×2년말 법정적립금과 임의적립금은 각각 얼마인가?
(3) 20×3. 3. 3.에 처분대상이 되는 이익잉여금은 얼마인가?
(4) 배당평균적립금의 이입을 분개하라.
(5) 미처분이익잉여금의 처분을 분개하라.

해답 (1) 납입자본 = 자본금 + 주식발행초과금 = 1,000,000

(2) 법정적립금 : 이익준비금 340,000

임의적립금 : 기업합리화적립금 + 배당평균적립금 = 1,600,000

(3) 처분대상 이익잉여금 = 전기이월 이익잉여금 + 임의적립금 이입액

= 360,000 + 300,000 = 660,000

(4) 배당평균적립금의 이입

(차) 배당평균적립금	300,000	(대) 미처분이익잉여금	300,000

* 이 분개로 인하여 미처분이익잉여금은 ₩660,000으로 증가함.

(5) 미처분이익잉여금의 처분

(차) 미처분이익잉여금	570,000	(대) 이익준비금	50,000
		기업합리화적립금	80,000
		미지급배당금	440,000

제 5 절 자본변동표

기업의 주인인 주주들은 자신들의 몫(잔여지분)이 기초에 비하여 기말에 얼마나 변동하였는지에 대해 관심을 가지게 된다. **자본변동표**(statement of changes in equity)는 재무상태표에 표시되어 있는 자본의 변동 내용을 설명하는 재무보고서로서, 자본을 구성하고 있는 납입자본(자본금, 주식발행초과금), 이익잉여금, 기타자본조정항목의 변동에 대한 포괄적인 정보를 제공한다.

자본변동표에는 자본금, 주식발행초과금, 이익잉여금, 기타자본조정항목의 각 항목별로 기초잔액, 변동사항, 기말잔액을 표시한다. 이들을 체계적으로 나타내기 위한 자본변동표의 양식(예)은 [**도표 12-9**]와 같다.

유상증자가 이루어질 경우 자본금과 자본잉여금의 변동을 야기한다. 이익잉여금은 당기순이익에 의해 증가하고 당기에 이루어진 연차배당(및 중간배당)에 의해 감소한다. 당기중 유형자산재평가이익이 발생하면 이는 기타포괄손익으로서 재무상태표의 재평가잉여금(기타자본조정항목임)을 증가시키게 된다.

◀ 도표 12-9
자본변동표(예)

명경(주)　　제×기 20×1년 1월 1부터 20×1년 12월 31일까지　　(단위 : 원)

구 분	자본금	주식발행초과금	이익잉여금	기타자본조정항목	총계
20×1. 1. 1.	₩2,000	₩1,000	₩3,000	₩500	₩6,500
연차배당			(2,000)		(2,000)
처분후 이익잉여금			1,000		4,500
유상 증자	250	50			300
당기순이익			3,500		3,500
유형자산재평가이익				200	200
20×1. 12. 31.	2,250	1,050	4,500	700	8,500

예제 12-3
자본변동표

명경사의 20×0. 12. 31. 재무상태표상의 자본은 다음과 같다. 20×1년도 자본변동표를 작성하라.

명경사　　**부분재무상태표**　　(20×0. 12. 31.)

자 본		
1. 보통주자본금		₩2,000,000
2. 주식발행초과금		3,000,000
3. 이익잉여금		
이익준비금	₩500,000	
사업확장적립금	700,000	
미처분이익잉여금	2,300,000	3,500,000
자본 총계		₩8,500,000

20×1년도에 자본과 관련한 거래 내용은 다음과 같다.

① 3월 16일 주주총회에서 현금배당 ₩1,400,000을 의결하였다.
② 4월 1일 보통주 50주(액면금액 ₩5,000)를 ₩400,000에 발행하고 현금으로 납입받았다.
③ 12월 31일 20×1년도 당기순이익은 ₩1,500,000이다.

해답

자 본 변 동 표

명경사　　제×기 20×1년 1월 1일부터 20×1년 12월 31일까지　　(단위 : 천원)

구 분	자본금	주식발행초과금	이익잉여금	총 계
20×1. 1. 1.	₩2,000	₩3,000	₩3,500	₩8,500
연차배당			(1,400)	(1,400)
처분후 이익잉여금			₩2,100	
유상 증자	250	150		400
당기순이익			1,500	1,500
20×1. 12. 31.	₩2,250	₩3,150	₩3,600	₩9,000

제 6 절 주당순이익

보통주는 우선주 등에 이익을 분배한 후의 잔여이익에 대한 분배에 참가한다. 기본주당이익 정보의 목적은 회계기간의 경영성과에 대한 지배기업의 보통주 1주당 지분의 측정치를 제공하는 것이다.

주당순이익(EPS, earning per share)은 보통주 1주당 이익의 크기를 나타내며, 다음과 같이 구한다.

$$주당순이익 = \frac{당기순이익 - 우선주\ 배당금}{가중평균\ 유통보통주식수}$$

위 식의 의미를 분석하면 다음과 같다(**K-IFRS** 제1033호, 주당이익).

첫째, 기본주당이익은 지배기업의 보통주에 귀속되는 특정 회계기간의 당기순손익(분자)을 그 기간에 유통된 보통주식수를 가중평균한 주식수(분모)로 나누어 계산한다.

둘째, 당기순이익은 보통주 및 우선주 모두에게 귀속되는 금액이다. 따라서 기본주당이익을 계산할 때 지배기업의 보통주에 귀속되는 금액(분자)은 지배기업에 귀속되는 당기순손익에서 자본으로 분류된 우선주에 대한 세후 우선주 배당금 등을 차감한 금액이다.

셋째, 주당순이익(과 주당계속영업이익)에 대한 정보는 투자분석 등에서 그 유용성이 매우 크므로 포괄손익계산서의 한 항목으로 표시하고 그 산출근거를 주석사항으로 공시하여야 한다.

주당이익은 보통주 1주가 한 회계연도에 획득한 이익을 나타내므로 그 자체로서 회사의 이익창출능력을 나타내는 지표이다. 또한, 이익을 한 주 단위로 나누어 표시함으로써 기업의 규모를 통제하기 때문에 투자자들이 특정 기업의 경영성과를 다른 기업과 비교하거나 기간별로 비교하는 데 유용하여 투자결정에 중요한 지표로 사용된다.

넷째, 주당순이익 정보는 주가수익률 정보로 응용되어 투자 의사결정에 많이 활용되고 있다. **주가수익률**(PER, price-earning ratio)은 보통주의 주식가격과 주당순이익의 비율로 구하는데, 주당순이익 ₩1이 자본시장에서 얼마의 시장가치로 평가되느냐를 나타낸다.

$$주가수익률 = \frac{주가}{주당순이익}$$

PER는 해당 회사의 이익창출능력이 기업가치(firm value), 즉 주가에 어느 정도 반영되고 있는 지를 알려준다. PER가 10이라면, 이 기업의 주가가 주당이익의 10배이며, 이는 주당이익 1원이 주식시장에서 10원으로 평가된다는 것을 의미한다.

주가수익률은 기업의 주식이 자본시장에서 적정하게 평가되고 있는지를 판단하고 아울러 미래의 주가를 예측하는 데 활용되고 있다. 특정 기업의 주가수익률이 동종산업의 주가수익률보다 낮다면(이를 저(低)PER주라고 함), 그 기업의 가치가 현재 저평가되어 있을 가능성이 있음을 시사하므로 앞으로 주가가 상승할 가능성이 높다고 분석하게 된다.

한편, 기본주당이익을 계산하기 위한 보통주식수는 그 기간에 유통된 보통주식수를 가중평균한 주식수(분모)로 한다. 특정 회계기간의 **가중평균유통보통주식수**는 그 기간 중 각 시점의 유통주식수의 변동에 따라 자본금액이 변동할 가능성을 반영한다. 가중평균유통보통주식수는 기초의 유통보통주식수에 회계기간 중 취득된 자기주식수 또는 신규 발행된 보통주식수를 각각의 유통기간에 따른 가중치를 고려하여 조정한 보통주식수이다.

예컨대 20×1년 1월 1일 현대 보통주 유통주식 수는 12,000주이며, 8월 1일에 보통 주 6,000주를 추가로 발행했다면, 가중평균유통보통주식 수는 다음과 같이 계산한다.

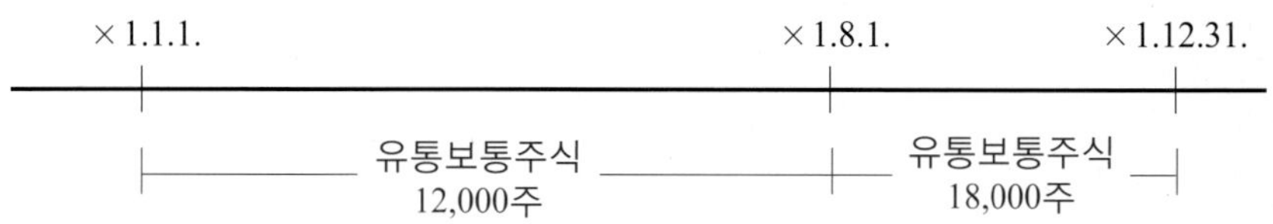

일자	주식수의 변동사유	유통주식수	가중치	가중평균유통주식수
1월 1일	기초	12,000주	7/12	7,000주
8월 1일	유상증자	18,000주	5/12	7,500주
합계				14,500주

기업이 기중에 유상증자, 감자, 자기주식 매입 및 소각이 이루어지는 경우, 이러한 행위로 인하여 자원의 변동을 유발하므로 그 행위일을 기준으로 유통주식수를 조정한다.

반면에, 무상증자, 주식배당, 주식분할 등은 추가로 대가를 받지 않고 기존주주들에게 보통주를 발행하므로 자원은 증가하지 않고 유통주식수만 증가한다. 이러한 사건이 발생하는 경우에는 사건이 실제로 발생한 날과 상관 없이 연초에 발생한 것으로 가정하고 유통주식수를 조정한다. 이와 같이 연초로 소급하여 조정하는 이유는 무상증자 등이 회사의 경제적 실질(자산과 자본)에 전혀 영향을 주지 않고 단순히 주식수의 변동만 초래하는 사건이므로 이러한 사건을 전후하여 유통주식의 수가 구별되어야 할 이유가 없기 때문이다.

예제 12-4

가중평균유통보통주식수

(주)대한의 2010회계연도 보통주에 귀속되는 당기순이익이 ₩1,000,000일 때, 2010년 12월 31일 결산일 현재 기본주당이익을 산출하기 위한 가중평균유통보통주식수는 얼마인가? 단, 가중평균유통보통주식수는 월할로 계산한다. (2011년 9급 공개경쟁채용시험 회계학)

일자	내용	주식수
2010년 1월 1일	기초	12,000주
2010년 3월 1일	유상증자	3,000주
2010년 7월 1일	자기주식 취득	3,000주
2010년 9월 1일	유상증자	6,000주

해답

일자	주식수의 변동사유	유통주식수	가중치	가중평균유통주식수
1월 1일	기초	12,000주	2/12	2,000주
3월 1일	유상증자	15,000	4/12	5,000
7월 1일	자기주식 취득	12,000	2/12	2,000
9월 1일	유상증자	18,000	4/12	6,000
합계				15,000주

예제 12-5

가중평균유통 보통주식수

(주)한국의 20×4년 초 유통보통주식수는 12,000주이며 20×4년도 중 보통주식수의 변동내역은 다음과 같다.

- 3월 1일에 보통주 1,200주를 유상증자하였다.
- 10월 1일에 10%의 주식배당을 하였다.
- 12월 1일에 자기주식 3,600주를 취득하였다.

(주)한국에서는 20×4년도 주당순이익을 산출하고자 한다. 이 과정에서 가중평균유통보통주식수는 얼마인가? (단, 가중평균유통보통주식수는 월할계산한다.)

해답

유상증자의 경우에는 실제로 현금유입이 있었으므로 유상증자를 실시한 발행일을 기준으로 보통주가 증가한다. 반면에 무상증자, 주식배당, 주식분할 등은 주식수(주당순이익의 분모)를 변동시키지만 그에 상응한 현금의 유출입이 없어 그로 인한 이익의 변화(주당순이익의 분자)가 없다. 이 문제를 해결하기 위하여 무상증자, 주식배당, 주식분할 등은 기초에 실시한 것으로 가정하고서 주당순이익을 산출한다.

일자	주식수의 변동사유	유통주식수 A	가중치 B	조정치 C	가중평균유통주식수 A×B×C
1월 1일	기초	12,000주	2/12	1.1	2,200주
3월 1일	유상증자	13,200	7/12	1.1	8,470
10월 1일	주식배당	14,520	2/12	1.0	2,420
12월 1일	자기주식 취득	10,920	1/12	1.0	910
합계					14,000주

* 조정치 : 주식배당의 효과를 연초로 조정하기 위함

제 12 장 연 습 문 제 자 본

01 주식발행의 분개

다음 A사에 발생한 일련의 자본거래를 분개하라.

(1) 20×1. 1. 1. A사는 보통주 500주(주당 액면금액 ₩1,000)를 주당 ₩1,200씩에 발행하여 발기인들로부터 현금 ₩600,000을 납입받고 설립되었다. 그리고 이 중 주식발행원가 ₩30,000을 현금 지급하였다.

(2) 20×2. 8. 1. A사는 이사회의 유상증자 결의에 따라 보통주 100주를 주당 ₩1,400씩에 할증발행하고 현금 ₩140,000을 조달하였다. 이 중 주식발행원가 ₩10,000을 현금 지급하였다.

(3) 20×3. 9. 1. A사는 지난해 자본금이 일부 잠식될 정도로 거액의 손실을 보아 현재 심각한 자금난에 처해 있다. 이에 자금을 조달할 목적으로 법원의 인가를 얻어 주식을 할인발행하였는데, 발행주식수는 200주, 주당 발행금액은 ₩800씩이었다. 이 중 주식발행원가 ₩15,000을 현금 지급하였다.

02 현금배당과 주식배당

D사의 20×1년 12월 31일 현재의 자본은 다음과 같다.

보통주자본금(액면금액 주당 ₩5,000, 발행주식수 1,000주)	₩ 5,000,000
주식발행초과금	2,000,000
이익잉여금	3,000,000
자본 합계	₩10,000,000

주주총회에서는 20×2년 2월 15일에 5%의 현금배당과 10%의 주식배당을 결의하다. 20×2년 3월 20일에 현금을 지급하고 주식을 발행하다.

물음

(1) 20×2년 2월 15일 배당 결의에 대한 분개를 하라.

(2) 20×2년 3월 20일 현금배당 지급 및 주식배당에 대한 분개를 하라.

03 자본의 분석

명경사의 20×1. 12. 31. 재무상태표상의 자본은 다음과 같다.

명경사	부분재무상태표	(20×1. 12. 31.)
자　본		
Ⅰ. 자본금		
	1. 보통주 (액면 ₩1,000)	₩800,000
	2. 우선주 (액면 ₩1,500)	600,000
	(액면금액 10% 배당)	
Ⅱ. 보통주 주식발행초과금		200,000
III. 이익잉여금		
	1. 이익준비금	100,000
	2. 사업확장적립금	50,000
	3. 미처분이익잉여금	1,500,000
	자본 총계	₩3,250,000

물음

(1) 발행한 보통주는 몇 주인가?
(2) 보통주의 평균발행금액은 얼마인가?
(3) 우선주에 대한 매년 총배당액은 얼마인가?
(4) 납입자본 총액은 얼마인가?

04 이익잉여금의 처분

명경사의 20×0. 12. 31. 재무상태표상의 자본은 다음과 같다.

명경사	부분재무상태표	(20×0. 12. 31.)
자　본		
	1. 보통주자본금	₩2,000,000
	2. 주식발행초과금	300,000
	3. 이익잉여금 : 미처분이익잉여금	500,000
	자본 총계	₩2,800,000

한편, 20×0년과 20×1년도의 당기순이익은 각각 ₩100,000, ₩200,000이다. 또한 20×1년도 2월말과 20×2년도 2월말에 주주총회를 개최하여 각각 현금배당 ₩50,000, ₩80,000을 의결하였다. 20×1년도말 미처분이익잉여금을 구하라.

05 이익잉여금의 처분

명경사의 20×0. 12. 31. 재무상태표상의 자본은 다음과 같다.

명경사	부분재무상태표	(20×0. 12. 31.)
자 본		
1. 보통주자본금		₩2,000,000
2. 이익잉여금		
이익준비금	₩300,000	
미처분이익잉여금	500,000	800,000
자본 총계		₩2,800,000

한편, 20×0년과 20×1년도의 당기순이익은 각각 ₩100,000, ₩200,000이다. 또한 20×1년도 2월말과 20×2년도 2월말에 주주총회를 개최하여 다음과 같이 의결하였다.

20×1년도 2월말 주주총회 결의 : 이익준비금 ₩10,000, 현금배당 ₩50,000
20×2년도 2월말 주주총회 결의 : 이익준비금 ₩20,000, 현금배당 ₩80,000

물음

(1) 20×1년도말 이익준비금을 구하라.
(2) 20×1년도말 미처분이익잉여금을 구하라.
(3) 20×1년도 자본을 나타내는 부분재무상태표를 작성하라.

06 이익잉여금의 처분

B사의 20×1년도 기말 재무상태표는 다음과 같다.

B사		재무상태표		(20×1. 12. 31.)
자 산		부 채		
현 금	₩ 400,000	매입채무		₩1,200,000
상 품	1,200,000	자 본		
건 물	2,000,000	자 본 금		1,000,000
		주식발행초과금		300,000
		이익잉여금		
		이익준비금	₩200,000	
		미처분이익잉여금	900,000	1,100,000
합 계	₩3,600,000	합 계		₩3,600,000

물음

(1) 주주총회에서 20×2. 3. 2.에 미처분이익잉여금 ₩900,000을 다음과 같이 처분하기로 최종 승인하였다. 필요한 분개를 하라.

이익준비금	₩50,000	사업확장적립금	₩80,000
현 금 배 당	500,000	배당평균적립금	120,000

* 잔액은 차기로 이월함.

(2) 20×2년도 당기순이익은 ₩300,000이다. 이를 미처분이익잉여금으로 대체하는 분개를 하라.

(3) 20×2년도말 재무상태표의 자본 부분을 표시하라.

07 이익잉여금의 처분

A기업의 20×1년 1월 1일 재무상태표상의 자본계정은 다음과 같다.

납입자본	보통주자본금 (액면금액 ₩5,000)	₩10,000,000	
	주식발행초과금	5,000,000	₩15,000,000
이익잉여금	이익준비금	2,000,000	
	사업확장적립금	1,000,000	
	미처분이익잉여금	2,000,000	5,000,000
자본총계			₩20,000,000

다음은 20×1년에 발생한 거래이다.

2월 1일 : 주주총회에서 미처분이익잉여금 처리를 다음과 같이 결의하였다.

이익준비금	₩200,000	사업확장적립금	₩300,000
현금배당	500,000	주식배당	300,000

2월 20일 : 현금배당과 주식배당 모두 실시하였다.

9월 1일 : 이사회에서 중간배당금 ₩200,000을 지급하였다.

10월 1일 : 증자를 결의하고 보통주 500주(액면 ₩5,000)를 주당 ₩4,000에 전액 현금으로 납입 받았다. 이 때 발생한 신주발행비 ₩200,000은 모두 현금으로 지급하였다.

12월 31일 : 20×1년의 당기순이익은 ₩1,500,000이다.

물음

(1) 각 시점에 적절한 분개를 하시오.

(2) 20×1년말 재무상태표에 표시될 이익잉여금은 얼마인가?

08 이익잉여금의 처분

다음은 유통업을 영위하는 (주)대한의 자본과 관련된 자료이다. 20×2년도 포괄손익계산서의 당기순이익은 얼마인가? (20CPA)

부분재무상태표 (20×1. 12. 31.)

Ⅰ. 자본금	₩2,000,000
Ⅱ. 주식발행초과금	200,000
Ⅲ. 이익잉여금	
이익준비금	45,000
사업확장적립금	60,000
미처분이익잉여금	250,000
자본총계	₩2,555,000

① (주)대한은 재무상태표의 이익잉여금에 대한 보충정보로서 이익잉여금처분계산서를 주석으로 공시하고 있다.

② (주)대한은 20×2년 3월 정기 주주총회 결의를 통해 20×1년도 이익잉여금을 다음과 같이 처분하기로 확정하고 실행하였다.

- ₩100,000의 현금배당과 ₩20,000의 주식배당
- 사업확장적립금 ₩25,000 적립
- 현금배당의 10%를 이익준비금으로 적립

③ 20×3년 2월 정기 주주총회 결의를 통해 확정될 20×2년도 이익잉여금 처분내역은 다음과 같으며, 동 처분내역이 반영된 20×2년도 이익잉여금처분계산서의 차기이월미처분이익잉여금은 ₩420,000이다.

- ₩200,000의 현금배당
- 현금배당의 10%를 이익준비금으로 적립

④ 상기 이익잉여금 처분과 당기순이익 외 이익잉여금 변동은 없다.

09 자본변동표

다음은 명경사의 20×1년과 20×2년의 재무상태표에 나타난 자본 부분이다. 20×2년도의 자본변동표를 작성하라.

명경사 부분재무상태표 (단위 : 천원)

자 본	20×2년	20×1년
1. 자본금	₩2,000	₩1,500
2. 주식발행초과금	3,000	2,000
3. 이익잉여금	4,000	3,000
자본 총계	₩9,000	₩6,500

명경사의 자본 변동 내역은 다음과 같다.

① 자본금과 자본잉여금이 증가한 것은 20×2년도에 총액면금액 ₩500,000을 ₩1,500,000에 유상증자하였기 때문이다.

② 이익잉여금의 변화는 20×2년도 당기순이익 ₩2,500,000과 현금배당 ₩1,500,000에 의한 것이다.

10 주당순이익

(주)한국의 20×3년 초 유통보통주식수는 5,000주이며 20×3년도 중 보통주식수의 변동내역은 다음과 같다.

- 20×3년 4월 1일에 보통주 1,000주를 시장가격으로 발행하였다.
- 20×3년 8월 1일에 10%의 주식배당을 하였다.
- 20×3년 12월 1일에 자기주식 600주를 취득하였다.

20×3년도 당기순이익이 ₩5,522,000이었다면, (주)한국의 기본주당순이익은 얼마인가? (단, 가중평균유통보통주식수는 월할계산한다.) (14CTA)

11 자본의 변동

(주)한국의 기초 자산총계는 ₩11,000,000이며, 부채총계는 ₩5,000,000이다. 또한 기말 자산총계는 ₩15,000,000이며, 부채총계는 ₩6,000,000이다. 당기 중 무상증자 ₩1,000,000이 있었으며, 현금배당 ₩500,000 및 주식배당 ₩300,000이 결의 및 지급되고 토지재평가이익 ₩100,000이 있었다면, 당기순이익은? 단, 토지재평가는 당기에 처음으로 실시하였다. (15CTA)

12 자본의 변동

20×1년 말 (주)세무의 자산총액은 기초 대비 ₩4,000,000 증가하였고, 부채총액은 기초 대비 ₩2,000,000 감소하였다. 20×1년 중에 유상증자를 하고 그 대가 전액 ₩500,000을 토지 취득에 사용하였으며, 이후 무상증자 ₩1,000,000을 실시하였다. 또한 현금배당 ₩800,000과 주식배당 ₩500,000을 결의 · 지급하였고, 자기주식을 ₩600,000에 취득하였다. 매도가능금융자산 기말 공정가치가 기초 대비 ₩400,000 증가하였다면, 20×1년도 당기순이익은? (17CTA)

13 자본의 변동

다음은 (주)코리아의 20×1년 기초 및 기말 재무상태표에서 추출한 자산과 부채의 자료이다.

구 분	20×1년 기초	20×1년 기말
자산총계	₩6,000,000	₩20,000,000
부채총계	₩2,800,000	₩10,000,000

(주)코리아는 20×1년 중에 유상증자로 ₩1,000,000의 자금을 조달하였고 ₩200,000의 무상증자를 실시하였다. 이익처분으로 현금배당 ₩600,000과 주식배당 ₩800,000을 지급하였고 법정적립금으로 ₩100,000의 이익준비금을 적립하였다. 20×1년도 당기에 재평가잉여금은 ₩500,000만큼 증가했고, 매도가능금융자산평가이익은 ₩800,000이 증가하였다. ㈜코리아의 20×1년 포괄손익계산서에 표시될 총포괄이익은 얼마인가? 단, (주)코리아의 자본은 납입자본과 이익잉여금 및 기타자본요소로 구성되어 있다. (15CPA)

CHAPTER

13 현금흐름표

본 장에서는 기본재무제표의 하나인 현금흐름표가 왜 유용하며, 어떠한 정보를 담고 있는지를 설명한다. 기업의 영업활동, 투자활동, 재무활동은 현금을 매개로 하여 이루어진다. 따라서 회계정보이용자들은 현금흐름표를 통해 기업의 현금지급능력과 미래현금흐름 창출능력을 보다 잘 평가할 수 있게 되며, 당기순이익과 영업활동으로 인한 현금흐름 간에 차이가 발생하는 이유를 알 수 있게 된다.

제 1 절 현금흐름표의 의의와 유용성

1. 현금흐름표의 의의

우리는 주위에서 가끔 흑자도산이라는 말을 듣는다. 흑자도산(黑字倒産)이란 장부상 흑자인데도 불구하고 기업이 도산하는 경우를 말한다. 어떻게 이런 일이 일어날 수 있을까?

부도는 회사가 대금을 약속 날짜에 갚지 못할 때 발생한다. 부도가 나는 이유는 갚을 현금이 부족하기 때문이다. 즉, 흑자도산은 당기순이익임에도 불구하고 현금이 부족하여 부도가 나는 것을 말한다. 이것은 흔히 자금 사정이라고 표현되는 기업의 현금흐름이 기업의 경영성과를 나타내는 순이익 흐름과 반드시 일치하는 것은 아니라는 것을 보여 준다.

기업의 현금흐름과 회계상의 순이익흐름이 일치하지 않는 대표적인 예를 들어보자. 기업에서 상품을 외상으로 판매하였다고 하자. 상품을 현금으로 판매하든 외상으로 판매하든 관계없이 판매하였기 때문에 '매출'이라는 수익을 인식한다. 그러나 판매시 현금의 유입은 없다. 따라서 회계상 수익을 인식하였지만 현금의 유입은 없다.

또 다른 예를 들어보자. 기업에서 광고활동을 수행하였으나 이에 대한 대가를 지불하지 않았다고 하자. 회계상으로는 대가의 지불 여부에 관계없이 어떤 활동이 발생했는가의 여부에 따라 처리하므로 '광고선전비'라는 비용을 인식한다. 그러나 이에 대한 현금의 유출은 없다. 따라서 회계상 비용을 인식하였지만 현금의 유출은 없다.

이와 같이 기업의 순이익흐름과 현금흐름은 반드시 일치하는 것은 아니다. 회계정보이용자들은 '기업의 혈액(blood)'과 같은 현금이 어떤 활동에서 유입되었고 어떤 활동에 사용되었는지 알고 싶어하기 때문에, 현금흐름에 대한 정보를 체계적으로 작성할 필요가 있다.

현금흐름표(SCF, statement of cash flows)는 일정 기간 동안 기업의 현금흐름, 즉 현금의 유입(원천)과 유출(사용)을 나타내는 보고서이다. 재무상태표상의 현금은 특정 시점에 기업이 보유하고 있는 현금의 크기만을 알려줄 뿐 기업이 어떠한 활동을 통하여 그만큼의 현금을 보유하게 되었는지를 설명해 주지 못한다. 현금

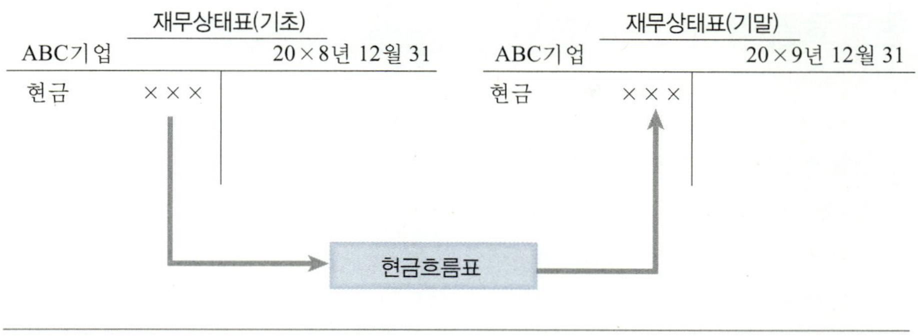

◀ 도표 13-1 재무상태표와 현금흐름표의 연계

흐름표는 기초재무상태표의 현금이 어떠한 유입과 유출과정을 통하여 기말의 현금으로 바뀌었는지를 설명해 주는 재무제표이다. **K-IFRS**에서는 현금흐름표를 기본재무제표의 하나로 중요시하고 있다.

2. 현금흐름표의 유용성

현금흐름표는 기업의 미래현금흐름 창출능력을 보다 잘 평가할 수 있게 한다. 기업은 주요 수익창출활동이 서로 다르더라도 영업활동을 수행하고, 채무를 상환하며, 투자자에게 투자수익을 분배하기 위하여 현금이 필요하다. 기업의 현금흐름 정보는 재무제표이용자에게 현금및현금성자산의 창출능력과 현금흐름의 사용 용도를 평가하는 데 유용한 기초를 제공한다. 재무제표이용자는 경제적 의사결정을 하기 위하여 현금및현금성자산의 창출능력 및 현금흐름의 시기와 확실성을 평가해야 한다.

현금흐름표는 다른 재무제표와 같이 사용되는 경우 순자산의 변화, 재무구조(유동성과 지급능력 포함), 그리고 변화하는 상황과 기회에 적응하기 위하여 현금흐름의 금액과 시기를 조절하는 능력을 평가하는 데 유용한 정보를 제공한다. 현금흐름정보는 현금및현금성자산의 창출능력을 평가하는 데 유용할 뿐만 아니라, 서로 다른 기업의 미래현금흐름의 현재가치를 비교 · 평가하는 모형을 개발할 수 있도록 한다. 또한 현금흐름정보는 동일한 거래와 사건에 대하여 서로 다른 회계처리를 적용함에 따라 발생하는 영향을 제거하기 때문에 영업성과에 대한 기업 간의 비교가능성을 제고한다.

제 2 절 현금흐름의 구분

현금흐름표상의 현금은 재무상태표상의 현금및현금성자산을 말한다. 여기서 현금성자산(cash equivalent)이란 유동성이 매우 높은 단기 투자자산으로서 확정된 금액의 현금으로 전환이 용이하고 가치변동의 위험이 경미한 자산이다.

현금흐름이란 현금및현금성자산의 유입과 유출을 말하며, 현금및현금성자산을 구성하는 항목 간 이동은 영업활동, 투자활동 및 재무활동의 일부가 아닌 현금관리의 일부이므로 이러한 항목 간의 변동은 현금흐름에서 제외한다. 현금관리는 잉여현금을 현금성자산에 투자하는 것을 포함한다.

현금흐름이 어떤 활동에서 발생하였는지를 알기 위해서는 기업의 활동을 먼저 알아야 한다. 기업은 자금공급자(주주 및 채권자)로부터 현금을 조달하여(재무활동) 영업을 위한 유형자산을 취득하고(투자활동) 그 자산을 사용하여 재화의 생산 판매 또는 용역의 제공을 통해(영업활동) 현금을 창출하고 이는 자금공급자에게 다시 배분된다(재무활동). 기업은 이러한 일련의 활동을 연속적으로 수행한다. 이와 같이 기업의 활동은 영업활동, 투자활동 및 재무활동의 세 가지로 구분할 수 있다.

영업활동은 주로 제품 및 서비스를 생산, 판매하는 활동이고, 투자활동은 영업활동을 하기 위해 필요한 유형자산에 투자하는 활동이다. 재무활동은 영업활동과 투자활동에 필요한 자금을 조달하는 활동이다. 현금흐름표는 회계기간 동안 발생한 현금흐름을 영업활동, 투자활동 및 재무활동으로 분류하여 보고한다.

1. 영업활동 현금흐름

영업활동(operating activities)은 기업의 주요 수익창출활동, 그리고 투자활동이나 재무활동이 아닌 기타의 활동을 말한다. 영업활동은 주로 제품의 생산과 판매활동, 상품과 용역의 구매와 판매활동 및 관리활동을 포함한다.

영업활동에서 발생하는 현금흐름의 금액은 기업이 외부의 재무자원에 의존하지 않고 영업을 통하여 차입금 상환, 영업능력의 유지, 배당금 지급 및 신규투자 등에 필요한 현금흐름을 창출하는 정도에 대한 중요한 지표가 된다. 역사적 영업현금흐름의 특정 구성요소에 대한 정보를 다른 정보와 함께 사용하면, 미래 영업현금흐름을 예측하는 데 유용하다.

영업활동 현금흐름은 주로 기업의 주요 수익창출활동에서 발생한다. 따라서 영업활동 현금흐름은 일반적으로 당기순손익의 결정에 영향을 미치는 거래나 그 밖의 사건의 결과로 발생한다. 영업활동 현금흐름의 예는 다음과 같다.

영업활동 현금흐름 (예)

① 재화의 판매와 용역 제공에 따른 현금유입 (예: 현금매출, 매출채권의 회수)
② 로열티, 수수료, 중개료 및 기타수익에 따른 현금유입
③ 재화와 용역의 구입에 따른 현금유출 (예: 현금매입, 매입채무의 상환)
④ 종업원과 관련하여 직·간접으로 발생하는 현금유출
⑤ 법인세의 납부 또는 환급. 다만 재무활동과 투자활동에 명백히 관련되는 것은 제외한다.[1)]
⑥ 단기매매목적으로 보유하는 계약에서 발생하는 현금유입과 현금유출

한편, 설비 매각과 같은 일부 거래에서도 인식된 당기순손익의 결정에 포함되는 처분손익이 발생할 수 있다. 이러한 거래와 관련된 현금흐름은 투자활동 현금흐름이다. 그러나 타인에게 임대할 목적으로 보유하다가 후속적으로 판매목적으로 보유하는 자산을 제조하거나 취득하기 위한 현금 지급액은 영업활동 현금흐름이다. 이러한 자산의 임대 및 후속적인 판매로 수취하는 현금도 영업활동 현금흐름이다.

아울러, 기업은 단기매매목적으로 유가증권이나 대출채권을 보유할 수 있으며, 이때 유가증권이나 대출채권은 판매를 목적으로 취득한 재고자산과 유사하다. 따라서 단기매매목적으로 보유하는 유가증권의 취득과 판매에 따른 현금흐름은 영업활동으로 분류한다.

1) 법인세는 현금흐름표에서 영업활동, 투자활동 또는 재무활동으로 분류되는 현금흐름을 유발하는 거래에서 발생한다. 법인세비용이 투자활동이나 재무활동으로 쉽게 식별가능한 경우에도 관련된 법인세 현금흐름은 실무적으로 식별할 수 없는 경우가 많으며, 당해 거래의 현금흐름과 다른 기간에 발생하기도 한다. 따라서 법인세의 지급은 일반적으로 영업활동 현금흐름으로 분류한다. 그러나 투자활동이나 재무활동으로 분류한 현금흐름을 유발하는 개별 거래와 관련된 법인세 현금흐름을 실무적으로 식별할 수 있다면, 그 법인세 현금흐름은 투자활동이나 재무활동으로 적절히 분류한다. 법인세 현금흐름이 둘 이상의 활동에 배분되는 경우에는 법인세의 총지급액을 공시한다.

2. 투자활동 현금흐름

투자활동(investing activities)은 장기성 자산 및 현금성자산에 속하지 않는 기타 투자자산의 취득과 처분을 말한다. 투자활동은 유 · 무형자산, 다른 기업의 지분상품이나 채무상품 등의 취득과 처분활동, 제3자에 대한 대여 및 회수활동 등을 포함한다.

투자활동 현금흐름은 미래수익과 미래현금흐름을 창출할 자원의 확보를 위하여 지출된 정도를 나타낸다. 재무상태표에 자산으로 인식되는 지출만이 투자활동으로 분류하기에 적합하다. 투자활동 현금흐름의 예는 다음과 같다.

투자활동 현금흐름 (예)

① 유형자산, 무형자산 및 기타 장기성 자산의 취득(처분)에 따른 현금유출(유입)
② 다른 기업의 지분상품이나 채무상품의 취득(처분)에 따른 현금유출(유입). 단, 현금성자산으로 간주되는 상품이나 단기매매목적으로 보유하는 상품의 취득에 따른 유출액은 제외함 (예 : 매도가능금융자산의 취득/처분)
③ 제3자에 대한 선급금 및 대여금의 대여와 회수

예제 13-1
투자활동 현금흐름

다음은 20×9년 (주)한국의 매도가능주식과 관련된 포괄손익계산서와 재무상태표 항목의 일부이다.

	기 초	기 말
매도가능주식	₩800,000	₩1,000,000
매도가능주식평가이익	50,000	100,000

한편, 당기에 매도가능주식 ₩250,000을 처분하였으며, 처분된 매도가능주식과 관련된 매도가능주식평가이익은 ₩150,000이었다. 처분으로 인하여 매도가능주식처분손실은 ₩20,000이 발생하였다. 매도가능주식 취득과 처분으로 인한 현금흐름을 각각 구하라.

해답 자료를 매도가능주식과 매도가능주식평가이익 계정에 옮기면 다음과 같다.

매도가능주식

기초	800,000	처분	250,000
취득	x	기말	1,000,000
평가	y		
계	1,250,000	계	1,250,000

매도가능주식평가이익

처분	150,000	기초	50,000
기말	100,000	기말	y
계	250,000	계	250,000

따라서, 기말보유 매도가능주식에 대한 평가이익(y)은 ₩200,000이며, 당기에 취득한 매도가능주식(x)은 ₩250,000이다.
한편, 당기에 매도가능주식 처분시 분개를 분석하면 처분으로 인한 현금유입은 ₩80,000이다.

(차) 현 금	80,000	(대) 매도가능주식	250,000
매도가능주식평가이익	150,000		
매도가능주식처분손실	20,000		

영업활동 현금흐름에서 투자활동 현금흐름을 차감한 잔액을 **잉여현금흐름**(free cash flow from operations)이라 한다. 이는 영업활동순현금흐름에서 유·무형자산의 취득과 같은 자본적 지출(capital expenditures)을 차감한 금액이다. 자본적 지출을 차감하여 잉여현금흐름을 산출하는 이유는 자본적 지출이 현재의 영업능력을 유지하고 성장하기 위해 투자될 현금지출액이기 때문이다. 잉여현금흐름은 기업이 마음만 먹으면 현재의 영업능력을 유지하면서도 성장을 위한 기업인수합병, 부채의 상환, 배당의 지급, 자사주 매입 등을 위해 재량적으로 사용할 수 있다. 잉여현금흐름이 많을수록 기업의 재무적 탄력성이 높아진다. **재무적 탄력성**(financial flexibility)이란 기업이 예기치 않은 상황에 대응하여 현금흐름의 크기와 시점을 조절할 수 있는 능력을 말한다. 재무적 탄력성이 높은 회사는 돌발적인 유동성 위기상황이 닥쳐오더라도 쉽게 극복할 수 있고, 또 예상치 못했던 투자기회를 쉽게 포착할 수 있게 된다.

앞에서 현금흐름표를 통하여 기업가치를 평가하는 데 필요한 기초자료를 제공할 수 있다고 하였다. 기업가치를 평가하는 경우 일반적으로 기업의 미래현금흐름을 할인하여 추정한다. 이때 미래현금흐름은 영업활동 현금흐름에서 투자활동 현금흐름을 차감한 잉여현금흐름을 주로 사용한다.

3. 재무활동 현금흐름

재무활동(financing activities)은 기업의 납입자본과 차입금의 크기 및 구성내용에 변동을 가져오는 활동을 말한다. 재무활동은 자본과 차입금의 조달, 환급 및 상환에 관한 활동을 포함한다.

재무활동 현금흐름은 미래현금흐름에 대한 자금 제공자의 청구권을 예측하는 데 유용하다. 재무활동 현금흐름의 예는 다음과 같다.

재무활동 현금흐름 (예)

① 주식이나 기타 지분상품의 발행에 따른 현금유입
② 주식의 취득이나 상환에 따른 소유주에 대한 현금유출
③ 담보 · 무담보부사채 및 어음의 발행과 기타 장 · 단기차입에 따른 현금유입
④ 차입금의 상환에 따른 현금유출

예제 13-2
재무활동 현금흐름

(1) 다음은 20×7년 (주)한국의 자본과 관련된 재무상태표 항목의 일부이다. 당기 중 유상증자로 인한 재무활동 현금흐름금액은 얼마인가?

	기 초	기 말
자본금	₩300,000	₩500,000
주식발행초과금	80,000	110,000

(2) 다음은 20×6년 (주)한국의 사채와 관련된 재무상태표 항목의 일부이다. 당기 중에 사채를 할인발행(액면 ₩100,000) 하였으며, 당기의 사채할인발행차금 상각액은 ₩6,000이다. 당기 중 사채의 상환은 없었다. 사채 할인발행으로 인한 현금유입액은 얼마인가?

	기 초	기 말
사채	₩700,000	₩41,000
사채할인발행차금	800,000	62,000

해답 (1) 유상증자로 인하여 다음과 같은 거래가 발생하였다. 따라서 현금유입액은 ₩230,000이다.

(차) 현 금	230,000	(대) 자본금	200,000
		주식발행초과금	30,000

(2) 사채할인발행차금 상각에 따른 분개는 다음과 같다.

(차) 이자비용	6,000	(대) 사채할인발행차금	6,000

사채 할인발행에 따른 다음의 분개를 통해 현금유입액은 ₩73,000임을 알 수 있다. 참고로, 사채할인발행차금 상각은 현금유출이 없는 항목이다.

(차) 현 금	73,000	(대) 사 채	100,000
사채할인발행차금	27,000		

4. 이자와 배당금

이자와 배당금의 수취 및 지급에 따른 현금흐름은 각각 별도로 공시한다. 각 현금흐름은 매 기간 일관성 있게 영업활동, 투자활동 또는 재무활동으로 분류한다. 금융회사의 경우 이자지급, 이자수입 및 배당금수입은 일반적으로 영업활동 현금흐름으로 분류한다. 그러나 다른 업종의 경우 이러한 현금흐름의 분류 방법에 대하여 합의가 이루어지지 않았다.

K-IFRS 제1007호(현금흐름표, Statement of Cash Flows)에서는 이자지급, 이자수입 및 배당금수입은 당기순손익의 결정에 영향을 미치므로 영업활동 현금흐름으로 분류할 수 있다. 대체적인 방법으로 이자지급, 이자수입 및 배당금수입은 재무자원을 획득하는 원가나 투자자산에 대한 수익으로 보아 각각 재무활동 현금흐름이나 투자활동 현금흐름으로 분류할 수도 있다.

또한, 배당금의 지급은 재무자원을 획득하는 비용이므로 재무활동 현금흐름으로 분류할 수 있다. 대체적인 방법으로, 재무제표이용자가 영업활동 현금흐름에서 배당금을 지급할 수 있는 기업의 능력을 판단하는 데 도움을 주기 위하여 영업활동 현금흐름의 구성요소로 분류할 수도 있다.

본 서에서는 이자지급, 이자수입 및 배당금수입은 영업활동 현금흐름으로 분류하였으며, 배당금의 지급은 재무활동 현금흐름으로 분류하였다.

5. 비현금거래

현금및현금성자산의 사용을 수반하지 않는 투자활동과 재무활동 거래는 현금흐름표에서 제외한다. 비현금거래의 예를 들면 다음과 같다.

① 자산 취득시 직접 관련된 부채를 인수하거나 금융리스를 통하여 자산을 취득하는 경우
② 주식 발행을 통한 기업의 인수
③ 채무의 지분전환

제 3 절 현금흐름표의 작성

1. 현금흐름표의 기초

현금흐름표는 현금흐름을 영업활동, 투자활동 및 재무활동 현금흐름으로 구분하여 표시하고, 이 세 가지 활동의 순현금흐름에 기초의 현금을 가산하여 기말의 현금을 산출하는 형식으로 표시한다. 여기에서 투자활동과 재무활동 현금흐름은 총현금유입과 총현금유출을 주요 항목별로 구분하여 총액으로 표시하는 것을 원칙으로 한다.

실제로 세 가지 경영활동은 매우 다양한 형태로 나타나며, 이를 하나하나 분석하여 현금흐름표를 작성하는 것은 쉽지 않다. 본 장에서는 현금흐름표를 작성하는 기본 원리와 작성 방법을 이해하는 것이 중요하므로 대표적 경영활동만을 대상으로 현금흐름표 작성원리를 이해하도록 하자.

예컨대, 특정 기업의 현금흐름이 [**도표 13-2**]와 같이 나타났다고 하자. 영업활동에서는 현금흐름의 순유입이 200원인 반면에, 투자활동에서는 순유출이 300원

도표 13-2 ▶ 현금흐름의 분석

Ⅰ. 영업활동 현금흐름

현금 유입 300		현금 유출 100	
상품 매출 300	−	상품 매입 대금지급 50 인건비 지급 50	= +200

Ⅱ. 투자활동 현금흐름

현금 유입 400		현금 유출 700	
토지의 처분 400	−	설비의 취득 700	= −300

Ⅲ. 재무활동 현금흐름

현금 유입 220		현금 유출 50	
단기 차입금 100 주식의 발행 120	−	현금 배당 50	= +170

Ⅳ. 현금의 증가	70
Ⅴ. 기초의 현금	30
Ⅵ. 기말의 현금	100

이다. 이에 따라 잉여현금흐름(free cash flow)은 −100원이다. 잉여현금흐름이 양수인 경우에는 재무활동에 잉여현금흐름이 배분된다. 반면에 잉여현금흐름이 음수인 경우에는 그만큼 부족한 현금을 보충하기 위하여 외부자금 조달이 필요하게 된다. 도표에서는 재무활동을 통해 현금흐름 순유입 170원이 이루어졌다. 이러한 세 가지 경영활동의 결과, 현금이 70원 증가하였고, 기초의 현금이 30원이었으므로 기말의 현금은 100원이 되었다.

2. 영업활동으로 인한 현금흐름의 중요성

기업의 세 가지 활동(영업활동, 투자활동, 재무활동) 가운데 가장 주요한 활동은 영업활동이라 할 수 있다. 왜냐하면 영업활동을 통해서 기업의 이익과 현금흐름이 직접적으로 창출되기 때문이다. 물론 건물 처분(투자활동)에 의해서도 이익이 창출될 수 있으나, 이는 기업의 본원적 활동이라 할 수는 없다.

회계정보이용자들이 영업활동으로 인한 현금흐름을 중요하게 생각하는 이유는 무엇일까? 투자자나 채권자 등은 위험은 낮고 수익성이 높은 기업, 즉 좋은 기업에 투자를 하고자 할 것이다. 현금흐름 관점에서 볼 때 좋은 기업은 기업의 본연의 설립 목적을 달성하기 위한 핵심 영업활동에서 충분한 현금을 창출하는 기업일 것이다. 영업활동에서 충분한 현금흐름을 창출하면, 그 현금을 바탕으로 미래의 수익성을 좌우할 생산설비 투자가 이루어질 수 있으며, 또한 자금제공자들에게 자금의 대가를 제공할 수 있게 된다. 영업활동에서 충분한 현금을 창출하지 못하는 기업은 미래를 위한 투자를 하지 못하여 결국에는 시장에서 경쟁력을 상실할 가능성이 높게 될 뿐만 아니라 잘못하면 영업에 중요한 생산시설을 비롯한 비유동자산을 처분하여 만기가 도래하는 사채의 상환자금을 마련할 수밖에 없게 된다. 그 결과 미래에는 영업활동의 수익성은 더욱더 악화되며 이러한 상태가 지속되면 기업은 결국 도산하게 되는 것이다. 이런 이유로 투자자들은 현금흐름표에 표시되는 영업활동 현금흐름을 매우 중요한 정보로 간주하는 것이다.

기업의 본원적 활동이라 할 수 있는 영업활동은 매우 빈번하고 다양하게 나타난다. 상품의 매입 및 매출, 종업원의 노동력 대가, 광고선전활동, 사무실이나 비품, 건물의 사용 등이 이루어진다. 이와 같은 영업활동의 현금흐름은 직접법과 간접법에 의해 분석할 수 있다. 어떤 방법으로 영업활동으로 인한 현금흐름을 구하든 그 금액은 항상 일치한다.

3. 직접법에 의한 영업활동 현금흐름

직접법(direct method)이란 총현금유입과 총현금유출을 주요 항목별로 구분하여 표시하는 방법이다. 직접법을 적용하여 영업활동 현금흐름을 표시하는 경우, 다음의 항목은 구분하여 총액으로 표시하는 것을 원칙으로 한다.

① 매출처로부터의 현금유입(매출)
② 종업원, 매입처 및 기타의 재화 · 용역 대한 현금유출
③ 법인세등의 납부. 단, 재무활동이나 투자활동과 명백히 관련되는 금액은 제외한다.
④ 기타의 영업활동 현금유입(임대료)
⑤ 기타의 영업활동 현금유출

직접법 공식	항 목 (예)
영업활동 현금흐름 = 영업활동 현금유입 − 영업활동 현금유출	 매출, 임대료 재고자산 매입, 종업원급여 및 기타 영업비용 지급, 법인세 납부 등

[도표 13-2]를 직접법에 따라 현금흐름표를 작성하면 [도표 13-3]과 같다.

직접법을 적용하여 표시한 현금흐름은 간접법에 의한 현금흐름에서는 파악할 수 없는 정보를 제공하며, 미래현금흐름을 추정하는 데 보다 유용한 정보를 제공한다. 또한 정보이용자들이 회계에 대한 깊은 지식이 없더라도 쉽게 이해할 수 있다는 장점을 갖는다.

그러나 직접법에 의한 현금흐름보고는 후술하는 간접법에 비해 작성하기가 번거롭기 때문에 기업의 재무제표작성 비용과 부담을 증가시킬 가능성이 있으며 미비한 기업의 회계정보시스템으로는 직접법을 적용한 현금흐름정보를 얻기가 어려울 수 있다.

K-IFRS 제1007호(현금흐름표, Statement of Cash Flows)에서는 영업활동 현금흐름을 보고하는 경우에는 직접법을 사용할 것을 권장하고 있다.

◀ 도표 13-3
현금흐름표
(직접법)

현 금 흐 름 표

20××년 ×월 ×일부터 20××년 ×월 ×일까지
20××년 ×월 ×일부터 20××년 ×월 ×일까지

회사명 (단위 : 원)

과 목	당 기		전 기
영업활동 현금흐름		200	×××
영업활동 현금유입액	300		
매출처로부터의 현금유입			
기타의 영업활동 현금유입			
영업활동 현금유출액			
종업원에 대한 현금유출	(50)		
매입처에 대한 현금유출	(50)		
법인세등의 납부			
기타의 영업활동 현금유출			
투자활동 현금흐름		(300)	×××
투자활동 현금유입액			
투자자산의 처분(투자부동산, 매도가능금융자산, 관계기업투자주식 등)			
유형자산의 처분(토지, 건물 등)	400		
무형자산의 처분			
투자활동 현금유출액			
투자부동산의 취득			
유형자산의 취득	(700)		
무형자산의 취득			
재무활동 현금흐름		170	×××
재무활동 현금유입액			
장 · 단기 차입	100		
회사채의 발행			
주식의 발행	120		
재무활동 현금유출액			
차입금의 상환			
유상감자			
배당금 지급	(50)		
재무자산의 취득			
현금의 증가(감소)		70	×××
기초의 현금		30	×××
기말의 현금		100	×××

예제 13-3
직접법

B사의 20×1년도 현금흐름은 다음과 같다. 기초현금이 ₩2,000일 때 기말현금은 얼마인가?

① 매출액 등의 현금유입액	₩30,000
② 매입, 종업원급여, 법인세 등의 현금유출액	₩21,000
③ 매도가능금융자산의 처분	17,000
④ 토지의 취득	25,000
⑤ 사채의 발행	40,000
⑥ 단기차입금의 상환	19,000

해답

영업활동으로부터의 현금흐름 (① − ②)	₩9,000
투자활동으로부터의 현금흐름 (④)	(25,000)
재무활동으로부터의 현금흐름 (③ + ⑤ − ⑥)	38,000
현금의 증가	₩22,000
기초 현금	2,000
기말 현금	₩24,000

4. 간접법에 의한 영업활동 현금흐름

대부분의 영업활동은 포괄손익계산서에 반영된다. 예컨대, 상품을 판매하면 포괄손익계산서상에 매출액이라는 수익으로 기록되며, 상품을 매입하면 매출원가에 기록되고, 종업원의 노동력의 대가, 광고선전활동, 사무실이나 비품, 건물의 사용 등은 포괄손익계산서에 비용으로 기록된다. 따라서 이들이 모두 반영된 당기순이익에는 웬만한 영업활동들이 거의 반영되어 있다.

간접법(indirect method)이란 당기순손익을 기초로 하여 여기에 당기순손익 조정항목을 가감하여 표시하는 방법이다. 당기순손익은 발생주의에 의해 산출된 정보이므로 당연히 현금흐름과 차이를 보인다. 당기순손익을 기초로 하여 영업활동 현금흐름을 분석하기 위해 조정해야 하는 항목은 크게 세 가지로 구분할 수 있다.

첫째, 현금흐름이 없는 수익과 비용을 조정하여야 한다. 이에 해당하는 대표적 항목은 감가상각비 등이다. 대부분의 비용항목은 현금 유출을 수반하지만, 감가상각비는 비용이면서도 현금 유출을 수반하지 않는다. 그런데, 당기순이익을 구하는 과정에서 감가상각비를 차감하므로, 당연히 그만큼 당기순이익과 현금흐름 사이에는 차이를 보이게 된다. 따라서, 현금흐름을 구하기 위해서는 당기순이익에 감가상각비를 가산해 주어야 한다.

둘째, 영업활동이 아닌 투자활동과 재무활동에서 나타난 수익, 비용을 조정하여야 한다. 회계상 당기순이익은 영업활동, 투자활동, 재무활동에서의 모든 수익과 비용이 포함된 결과이다. 영업활동 현금흐름을 구하기 위해서는 영업활동이 아닌 투자활동, 재무활동의 손익은 당연히 제외하여야 한다. 예컨대, 당기에 유형자산처분손실이 발생하였다고 하자. 유형자산처분손실은 당연히 포괄손익계산서의 당기순이익에 반영된다. 그런데, 유형자산처분은 영업활동이 아닌 투자활동에 해당하므로, 영업활동 현금흐름을 산출하기 위해서는 당기순이익에서 유형자산처분손실을 가산해 주어야 한다.

셋째, 회계기간 동안 발생한 재고자산과 영업활동에 관련된 채권 · 채무의 변동액을 조정하여야 한다. 매출채권을 중심으로 살펴 보자. 매출채권의 변화는 크게 (1) 상품의 외상매출, (2) 매출채권의 회수 등에 의해 이루어진다. 먼저 상품의 외상매출이 이루어진 경우, 포괄손익계산서상에는 매출이라는 수익이 기록되며 이것이 당기순이익에 반영된다. 그런데, 이로 인한 현금유입은 전혀 없다. 따라서 당기순이익으로부터 영업활동 현금흐름을 분석하기 위해서는 매출채권의 증가만큼 당기순이익에서 차감해 주어야 한다. 둘째, 매출채권이 회수된 경우 이는 회계상 매출채권의 감소와 현금의 증가로 나타난다. 즉, 포괄손익계산서에는 아무런 반영이 되지 않음으로 포괄손익계산서를 통해 현금의 변화를 알 수 없다. 따라서 영업활동 현금흐름을 산출하기 위해서는 매출채권의 감소에 따른 현금 증가를 추가로 조정해 주어야 한다. 위의 두 가지 경우를 한꺼번에 반영하는 방법은 매출채권의 변화를 당기순이익에서 조정해 주는 것이다.

간접법에 의한 영업활동 현금흐름을 수식과 그림으로 나타내면 다음과 같다.

◀ 도표 13-4 간접법에 의한 영업활동 현금흐름

수 식	대표적 항목
영업활동 현금흐름 = 당기순손익	
± 현금유출(유입)이 없는 비용(수익)	감가상각비
± 투자활동과 재무활동 현금흐름에 포함된 수익과 비용	유형자산처분손실(이익)
± 영업활동과 관련된 유동자산과 유동부채의 증감액	매출채권의 감소(증가), 재고자산의 감소(증가), 매입채무 등의 증가(감소)

( )는 당기순이익에서 차감하는 항목임.

도표 13-5 ▶
영업활동 현금흐름과 당기순이익의 관계

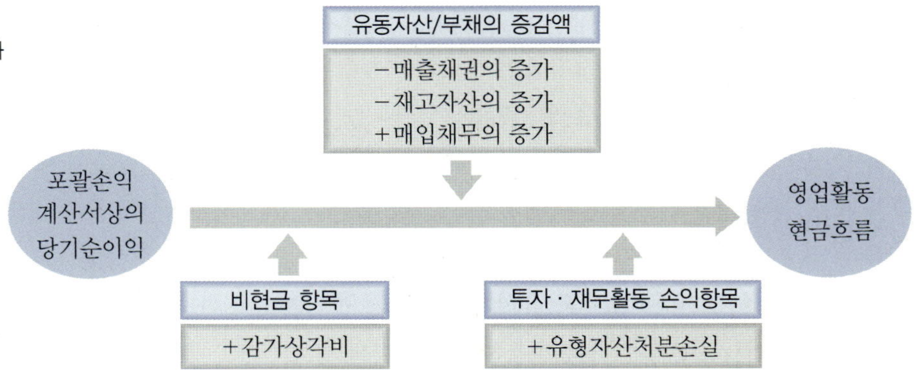

도표 13-6 ▶
현금흐름표 (간접법)

현 금 흐 름 표

20× ×년 ×월 ×일부터 20× ×년 ×월 ×일까지

회사명 20× ×년 ×월 ×일부터 20× ×년 ×월 ×일까지 (단위 : 원)

과 목	조정 이유	당 기	전 기
영업활동 현금흐름		×××	×××
당기순이익			
당기순이익 조정항목			
감가상각비	→ 비현금 항목		
유형자산처분손실(이익)	투자활동		
매도가능증권처분손실(이익)			
투자부동산처분손실(이익)			
지분법손실(이익)			
사채상환손실(이익)	재무활동		
매출채권의 감소(증가)	유동자산 또는 유동부채의 증감액		
재고자산의 감소(증가)			
선급비용의 감소(증가)			
매입채무의 증가(감소)			
미지급비용의 증가(감소)			

* 표에서 영업활동 이외의 투자활동과 재무활동은 직접법과 완전히 동일하므로 생략하였음.
* 실제 표에는 조정 이유가 나타나지 않으며, 설명의 편의상 표시하였음.
* ( ) 항목은 차감 항목임.

지금까지 설명한 간접법은 이미 작성이 완료된 포괄손익계산서를 이용하기 때문에 작성이 쉬우며, 당기순이익과 영업활동 순현금흐름간의 차이에 대한 정보를 제공한다는 장점을 지닌다. 아울러 포괄손익계산서에 의한 당기순이익의 정보가 미래수익력을 평가하고 예측하는 데 유용하므로 그러한 당기순이익과 영업현금흐름의 차이에 대한 정보도 기업을 분석하고 평가하는 데 유용하다. 또한 당기순이익과 현금흐름간의 차이를 분석하여 기업의 포괄손익계산서에 영향을 미치는 비현금성 거래에 대한 정보도 얻을 수 있다. 이러한 장점 때문에 실무계에서는 간접법을 널리 사용하고 있다.

그러나, 재무제표 이용자들은 회계에 대한 기초적 지식이 없이는 현금흐름표를 이해하는 데 어려움을 겪을 수 있다. 왜냐하면 회계상 비용항목인 감가상각비 등을 당기순이익에 가산하고, 매출채권의 증가 등을 차감하는 것들에 대해 과연 회계정보이용자들이 쉽게 이해할 수 있을까? 회계적 지식이 있어야만 간접법을 이해할 수 있다.

예제 13-4

매출로부터의 현금유입

다음은 20×6년 (주)한국의 재무상태표 항목의 일부이다.

	기 초	기 말
매출채권	₩100,000	₩150,000
대손충당금	(27,000)	(30,000)
선수금	90,000	110,000

한편, 당기의 매출액은 ₩800,000이고, 대손상각비는 ₩30,000이다. 매출로 인한 현금유입액은?

해답

매출채권 계정에서 회수액

= 당기매출 − 순매출채권의 증가 − 대손상각비 + 선수금의 증가

= ₩800,000 − (120,000−73,000) − 30,000 + (110,000−90,000)

= 743,000

예제 13-5

매입으로부터의 현금유출

다음은 20×6년 (주)한국의 매입활동과 관련된 포괄손익계산서와 재무상태표 항목의 일부이다.

	기 초	기 말
선급금	₩8,000	₩10,000
재고자산	30,000	20,000
매입채무	45,000	40,000

한편, 당기의 매출원가는 ₩300,000이다. 매입활동으로 인한 현금유출액은?

해답 매입으로부터의 현금흐름

= 발생기준 매출원가 − 매입채무의 증가 + 재고자산의 증가 + 선급금의 증가

= ₩300,000 − 5,000 + 10,000 − 2,000 = 303,000

예제 13-6

현금흐름의 분류

다음의 자료를 이용하여 영업활동, 투자활동, 재무활동 각각의 현금흐름을 구하라.

포괄손익계산서의 당기순이익	₩22,000	건물의 처분	₩ 2,300
감가상각비	3,000	매입채무의 증가	1,000
배당금 지급	800	매출채권의 감소	800
매도가능주식의 처분	500	장기차입금의 상환	1,700

해답 영업활동 현금흐름

= 당기순이익 ± 비현금 항목(감가상각비)

± 유동자산/부채의 증감(매출채권의 감소, 매입채무의 증가)

= ₩22,000 + 3,000 + 800 + 1,000 = ₩26,800

투자활동 현금흐름 = 매도가능주식의 처분 + 건물의 처분 = ₩500 + 2,300 = ₩2,800

재무활동 현금흐름 = 배당금 지급 + 장기차입금의 상환 = −800 − 1,700 = −2,500

예제 13-7
간접법 : 영업활동 현금흐름

다음은 (주)서교에 관련된 자료이다. 아래의 자료를 사용하여 영업활동 현금흐름을 구하라.

포괄손익계산서의 당기순이익	₩9,000	감가상각비	₩1,400
상품의 감소	₩900	이자비용	500
유형자산처분이익	200	사채의 증가	900
매입채무의 감소	1,200	배당금의 지급	1,500

해답

영업활동 현금흐름

= 당기순이익 ± 비현금 항목 ± 투자재무활동 손익 ± 유동자산/부채의 증감

= 당기순이익 + 감가상각비 − 유형자산처분이익 + 상품의 감소 − 매입채무의 감소

= ₩9,000 + 1,400 − 200 + 900 − 1,200 = ₩9,900

** 사채의 증가, 배당금의 지급 등은 재무활동에 속한다.

예제 13-8
현금흐름으로부터 당기순이익의 산출

(주)한국의 20×1년도 현금주의 당기순이익은 ₩80,000이다. 다음은 전기말에 비하여 증감된 자산, 부채와 당기에 발생된 비용이다. 이를 이용하여 이 회사의 20×1년 발생주의 당기순이익을 구하면 얼마인가? (00CPA)

매입채무 증가	₩5,000	매출채권 감소	₩25,000
선급비용 증가	3,000	미지급비용 감소	4,000
감가상각비	5,000		

해답

당기순이익	X(= 52,000)
감가상각비	5,000
매입채무 증가	5,000
매출채권 감소	25,000
선급비용 증가	(3,000)
미지급비용 감소	(4,000)
현금주의 순이익	80,000

제 13 장 연 습 문 제

01 직접법 : 매출로부터의 현금유입

(1) 다음은 (주)ABC의 재무상태표 중 매출채권과 대손충당금에 관한 부분이다. 회사가 20×6년 매출액이 ₩512,000이고 대손상각비 ₩23,000을 계상하였다고 할 때, 매출로부터의 현금유입액은 얼마인가?

	20×6년 12월 31일	20×5년 12월 31일
매출채권	₩480,000	₩490,000
대손충당금	(25,000)	(24,000)

(2) (주)대한은 제조업을 영위하고 있다. 모든 매출은 외상으로 이루어진다. 다음의 자료를 이용하여 2004년 매출로부터의 현금유입액을 계산하라. (선수금에 의한 매출, 매출에누리와환입, 매출할인 등 다른 경우는 없다고 가정한다.) (04CPA)

① 재무상태표 자료:

	2004. 1. 1.	2004. 12. 31.
매출채권	₩10,000	₩20,000
대손충당금(매출채권)	300	470

② 2004년 매출액 ₩560,000, 대손상각비(매출채권) ₩600

02 매출에서의 현금유입

(주)한국은 20×1년에 ₩100,000의 매출을 달성하였다. 20×2년에는 10%의 매출성장을 예상하고 있다. 이 회사는 총매출액과 기말매출채권을 기준으로 한 매출채권회전율 500%를 20×1년과 20×2년에 유지할 것이다. (00CPA) (참고 : 매출채권회전율 = 매출액 / 매출채권)

물음

(1) 20×2년 매출 추정액을 구하라.

(2) 기초매출채권 추정액을 구하라.

(3) 기말매출채권 추정액을 구하라.

(4) 20×2년 매출로 인한 현금유입액을 구하라.

03 직접법 : 매입활동에서의 현금유출

다음은 20×5년 ABC사의 포괄손익계산서와 재무상태표의 일부 자료이다. 당기상품의 매입대금으로 지급한 현금지출액은 얼마인가?

기초상품재고액	₩20,000	매출원가	₩60,000
기말상품재고액	25,000	매입채무 기초잔액	10,000
매입채무 기말잔액	23,000		

04 영업활동 현금흐름과 당기순이익의 관계

A기업의 20×1년 영업활동으로 인한 현금유출은 ₩3,000이고 현금배당과 건물처분이익은 각각 ₩70,000, ₩5,000이었다. 다음 A기업의 부분비교재무상태표를 활용하여 발생기준에 의한 당기순이익을 구하라.

부분 재무상태표

	20×0년 말	20×1년 말
재고자산	₩81,000	₩59,000
매입채무	47,000	94,000

05 당기순이익 조정항목

(주)베타의 경리과장인 김경리씨는 동 회사의 20×3년도 현금흐름표를 간접법으로 작성하고자 한다. 다음은 (주)베타의 유형자산과 매출채권에 관한 자료이다.

① 20×3년도에 순유형자산(즉, 유형자산 − 감가상각누계액)이 ₩100,000만큼 증가하였다. 또한 동 년도에 한 유형자산을 ₩35,000에 처분하였는데 그것의 취득원가와 매각당시 장부금액은 각각 ₩65,000과 ₩40,000이었다. 동 년도에 인식한 감가상각비는 ₩58,000이다.

② 20×3년도에 순매출채권(즉, 매출채권 − 대손충당금)이 ₩8,000만큼 증가하였다. 동 년도에 인식한 대손상각비는 ₩5,000이다.

물음 위의 자료를 이용하여 영업활동 현금흐름을 계산할 때 당기순이익에 가산 혹은 차감할 금액은 얼마인가? (04CPA)

06 영업활동 현금흐름

아래에 제시된 것 이외의 유동항목은 없는 것으로 가정하고 물음에 답하라. (01CPA)

유동비율(기초)	2.0	유동비율(기말)	1.5
당기순이익	₩10,000	매출채권의 감소	₩5,500
매입채무의 증가	3,000	감가상각비	4,000
미지급비용의 증가	1,500	재고자산의 증가	1,000

물음

(1) 영업활동 현금흐름을 구하라.

(2) 최근에는 유동성 위험을 나타내는 지표로서 유동비율과 함께 유동부채와 현금흐름의 관계를나타내는 지표인 $\frac{\text{유동부채(기말)}}{\text{영업활동 현금흐름}}$을 사용하기도 한다. 이 지표의 값을 구하라.

07 영업활동순현금흐름

다음은 유통업을 영위하는 (주)대한의 20×1년 현금흐름표를 작성하기 위한 자료이다. (주)대한은 간접법으로 현금흐름표를 작성하며, 이자지급 및 법인세납부는 영업활동현금흐름으로 분류한다. (주)대한이 20×1년 현금흐름표에 보고할 영업활동순현금흐름은 얼마인가? (20CPA)

법인세비용차감전순이익	₩534,000	건물 감가상각비	₩62,000
이자비용 ₩54,000(유효이자율법에 의한 사채할인발행차금상각액 ₩10,000 포함)			
법인세비용	₩106,800	매출채권 감소	₩102,000
재고자산 증가	₩68,000	매입채무 증가	₩57,000
미지급이자 감소	₩12,000	당기법인세부채 증가	₩22,000

08 현금흐름의 분류

다음은 (주)송광의 부분재무상태표와 추가정보이다.

부분 재무상태표

	20×2년말	20×1년말
미지급금	54,000	34,000
미지급배당금	15,000	11,000
유형자산	270,000	245,000
감가상각누계액	(178,000)	(167,000)
이익잉여금	115,000	100,000

〈추가정보〉

① 20×2년 3월 1일 원가 ₩45,000의 유형자산을 현금을 받고 처분하였으며, 유형자산 처분이익은 ₩13,000이었다. 또한 20×2년 8월 중 새로운 유형자산의 구입이 있었으며, 구입대금 중 현금지급하지 못한 ₩20,000은 미지급금으로 계상되었다. 20×2년도 감가상각비는 ₩32,000이다.

② 이익잉여금의 변동은 당기순이익과 현금배당의 선언에 의해서만 영향을 받았다.

③ 20×2년 당기순이익은 ₩28,000이다.

물음

(1) 유형자산 구입으로부터의 현금유출을 구하라.(02CPA)

(2) 유형자산 처분으로부터의 현금유입을 구하라.

(3) 투자활동 현금흐름을 구하라.

(4) 재무활동 현금흐름을 구하라.

09 영업활동 현금흐름

다음 자료는 P회사의 20×1년말 비교재무상태표와 20×1년의 기타 주요 회계자료이다. 20×1회계연도의 현금흐름표를 작성할 때 영업활동 현금흐름은 얼마인가? (02CTA)

비교재무상태표

자산:	20×1. 12. 31.	20×1. 1. 1.
현　　금	₩45,500	₩12,500
매출채권(순액)	21,000	26,000
재고자산	46,000	51,000
비　　품	65,000	60,000
비품감가상각누계액	(9,000)	(5,000)
자산합계	168,500	144,500
부채와 자본:		
매입채무	₩13,000	₩14,000
미지급비용	30,000	30,000
보통주자본금(액면 5원)	95,000	90,000
이익잉여금	30,500	10,500
부채와 자본합계	168,500	144,500

〈추가자료〉

① 당기순이익은 ₩25,000이다.

② ₩5,000의 배당을 선언하고 지급하였다.

③ 비품에 대한 연간 감가상각비는 ₩4,000이다.

④ 주식 ₩5,000을 액면발행하여 비품을 취득하였다.

10 간접법에 의한 현금흐름표 작성

다음은 (주)동교의 재무상태표와 추가정보이다. 간접법으로 현금흐름표를 작성하라.

(주)동교 **재 무 상 태 표**

	계정과목	20×9년	20×8년
자산	현금및현금성자산	₩114,000	₩28,000
	순매출채권	110,000	86,000
	상 품	100,000	24,000
	기 계 장 치	228,000	188,000
	감가상각누계액	(114,000)	(72,000)
	총 계	₩438,000	₩254,000
부채	매 입 채 무	₩46,000	₩84,000
	차 입 금	200,000	0
자본	자 본 금	90,000	90,000
	이익잉여금	102,000	80,000
	총 계	₩438,000	₩254,000

〈추가자료〉

① 20×9년의 당기순이익은 ₩44,000이다.

② 20×9년 중에 기계장치의 처분은 없었고, 신규로 취득한 기계장치는 현금으로 취득한 것이다.

③ 20×9년 4월에 배당금 ₩22,000을 현금으로 지급하였다.

11 영업활동 현금흐름과 포괄손익계산서의 관계

다음은 A기업의 20×1년 현금흐름표의 영업활동으로 인한 현금흐름과 재무상태표의 일부이다. 20×1년의 감가상각비는 ₩10,000이다. A기업의 20×1년 포괄손익계산서를 작성하라.

영업활동으로 인한 현금흐름 :	
판매활동으로부터의 현금유입액	₩330,000
매입에 대한 현금유출액	(60,000)
급여에 대한 현금유출액	(80,000)
이자비용에 대한 현금유출액	(20,000)
합계	₩170,000

재무상태표 항목	20×1년 12월 31일	20×1년 1월 1일
매 출 채 권	₩40,000	₩50,000
재 고 자 산	60,000	50,000
매 입 채 무	60,000	80,000
미지급급여	2,000	10,000

연습문제 주요 부분 해답

제 2 장 재무제표의 이해

01 ① 은행 ② 백화점 ③ 회계법인 ④ 자동차회사

02 (1) 12월 매출액 = 12월의 현금 매출액 ₩100,000 + 외상매출액 ₩200,000 = 300,000

(2) 매출수입 = 12월의 현금 매출액 ₩100,000 + 외상매출액 회수 ₩200,000 × 60%
= 220,000

03 이익잉여금 25만원

04 (2) 자산의 합계 130만원 − 부채의 합계 80만원 = 자본 50만원
이익잉여금 = 자본 50만원 − 자본금 30만원 = 20만원

(4) 기초이익잉여금(? = 15만원) + 당기순이익(5만원) − 배당금(0) = 기말이익잉여금(20만원)

05 (1) 당기순이익 30만원 (2) 당기순이익 90만원
(3) 기말자본 200만원 (4) 당기순이익 20만원
(5) 기초자본 50만원 (6) 추가출자액 40만원

09 ① 비용 ₩500 ② 추가출자 ₩20 ③ 당기순이익 ₩240
④ 기초자산 = 기초부채 + 기초자본 = ₩380 + (₩500 − ₩240 − ₩100) = ₩540

10 기초자산 1,850,000, 기초부채 420,000, 기초자본 1,430,000
기말자산 2,310,000, 기말부채 450,000, 기말자본 1,860,000, 당기순이익 430,000

12 당기순이익 60,000, 총포괄이익 100,000

13 영업이익 = 매출총이익 − 판매관리비
= 300,000 − 128,000 − 4,000 − 30,000 − 3,000 − 20,000 = 115,000
* 사채이자비용, 유형자산처분이익, 매도가능금융자산처분이익 : 영업외손익

14 (1) 당기순이익 30,000 (2) 기말이익잉여금 33,000 (3) 자본 500,000
(4) 기말자본 500,000 = 자본금(? = 467,000) + 기말이익잉여금 33,000
기초자본 = 자본금 467,000 + 기초이익잉여금 8,000 = 475,000

15 (1) 이익잉여금 45만원
(2) 4월의 기초자본 = 기말자본 − 당기순이익 = 65만원 − 10만원 = 55만원

16 (1) 당기순이익 7,500 = 기말자본 ₩32,500 − 기초자본 ∴ 기초자본 = ₩25,000
(2) 기초자본 ₩418,000, 기초부채 ₩164,000

17 기초자산 ₩1,052,000 기초자본 ₩870,000
기말자본 ₩1,269,000 기말자산 ₩1,589,000

18 (1) 기말자본 2,086,000 = 기초자본 2,000,000 + 기말이익잉여금(? = 86,000)
(2) 당기순이익 86,000 = 수익 총계 3,405,000 − 비용 총계(? = 3,319,000)
비용 총계 3,319,000 = 매출원가(? = 2,458,000) + 매출원가를 제외한 비용 합계 861,000

19 (1) 기초자산 = 기초부채 + 기초자본 = 기초부채 + (기초자본금 + 이익잉여금)
₩24,000 = ₩11,000 + 5,000 + 이익잉여금(? = 8,000)
(2) 기말자산 61,000
= 기말부채(? = 20,000) + 기말자본(= 기초자본 13,000 + 당기순이익 28,000)
(3) 기중 출자액과 이익잉여금은 별개의 것으로, 기말이익잉여금은 기초이익잉여금 8,000과 당기순이익 28,000의 합이다. 따라서 ₩36,000이다.

20 (1) 기초자산 14,000, 기초부채 9,000
기초자본 = 기초자산 − 기초부채 = 5,000 = 자본금(? = 3,500) + 이익잉여금 1,500
(2) 수익 16,200
당기순이익 = 수익 16,200 − 비용(매출원가+6,500) = 1,200 ∴ 매출원가 = 8,500
(3) 기말자산 = 기말부채 12,000 + 기말자본 6,200 = 18,200

제 3 장 분개와 전기

02 ① (차) 자산(현금)의 증가 (대) 자본(자본금)의 증가
② (차) 비용(임차료)의 발생 (대) 자산(현금)의 감소
③ (차) 비용(광고선전비)의 발생 (대) 자산(현금)의 감소
④ (차) 자산(차량운반구)의 증가 (대) 자산(현금)의 감소
⑤ (차) 자산(현금)의 증가 (대) 부채(단기차입금)의 증가
⑥ (차) 자산(외상매출금)의 증가 (대) 수익(매출)의 발생
⑦ (차) 비용(이자비용)의 발생 (대) 자산(현금)의 감소
⑧ (차) 자산(현금)의 증가 (대) 수익(매출)의 발생
⑨ (차) 비용(종업원급여)의 발생 (대) 자산(현금)의 감소
⑩ (차) 자산(현금)의 증가 (대) 자산(외상매출금)의 감소
⑪ (차) 부채(단기차입금)의 감소 (대) 자산(현금)의 감소
⑫ (차) 자산(현금, 외상매출금)의 증가(대) 수익(매출)의 발생

03 (1) 분개

	차변	금액	대변	금액
①	(차) 현금	1,000,000	(대) 자본금	1,000,000
②	(차) 광고선전비	100,000	(대) 현금	100,000
③	(차) 비품	200,000	(대) 현금	200,000
④	(차) 현금	300,000	(대) 단기차입금	300,000
⑤	(차) 외상매출금	400,000	(대) 매출	400,000

⑥ (차) 단기차입금 200,000 (대) 현 금 210,000
이자 비용 10,000
⑦ (차) 현 금 500,000 (대) 매 출 500,000
⑧ (차) 종업원급여 100,000 (대) 현 금 100,000
⑨ (차) 현 금 300,000 (대) 외상매출금 300,000
⑩ (차) 임 차 료 100,000 (대) 현 금 100,000

(3) 잔액시산표

차 변	계정과목	대 변
₩1,390,000	현 금	
	자 본 금	₩1,000,000
100,000	광고선전비	
200,000	비 품	
	단기차입금	100,000
100,000	외상매출금	
	매 출	900,000
10,000	이 자 비 용	
100,000	종업원급여	
100,000	임 차 료	
₩2,000,000	합 계	₩2,000,000

04 (1) 분개

① (차) 현 금 300,000 (대) 자 본 금 800,000
건 물 500,000
① (차) 보 험 료 200,000 (대) 현 금 200,000
③ (차) 비 품 100,000 (대) 현 금 100,000
④ (차) 현 금 600,000 (대) 매 출 600,000
⑤ (차) 외상매출금 300,000 (대) 매 출 300,000
⑥ (차) 단기대여금 300,000 (대) 현 금 300,000
⑦ (차) 현 금 330,000 (대) 단기대여금 300,000
이 자 수 익 30,000
⑧ (차) 현 금 100,000 (대) 외상매출금 100,000
⑨ (차) 광고선전비 200,000 (대) 현 금 200,000
⑩ (차) 현 금 300,000 (대) 자 본 금 300,000

(3) 잔액시산표

차 변	계정과목	대 변
₩830,000	현 금	
500,000	건 물	
	자 본 금	₩1,100,000
200,000	보 험 료	
100,000	비 품	
	매 출	900,000
200,000	외상매출금	
0	단기대여금	
	이자 수익	30,000
200,000	광고선전비	
₩2,030,000	합 계	₩2,030,000

05 (1) 당좌예금 → 현금 (2) 외상매출금 → 미수금
(3) 받을어음 → 단기대여금 (4) 선급비용 → 선급금
(5) 미수금 → 외상매출금 (6) 상품 → 비품
(7) 외상매입금 → 미지급금

06 (1) 외상매입금 → 미지급금 (2) 지급어음 → 단기차입금
(3) 선수수익 → 선수금 (4) 미지급금 → 외상매입금
(5) 외상매출금 → 미수금

07 (1) 현금 ₩10,000을 단기간 차입하다.
(2) 외상매출금 ₩20,000을 회수하다.
(3) 이자 ₩30,000을 현금으로 받다.
(4) 비품 ₩40,000을 현금으로 구입하다.
(5) 외상매입금 ₩50,000을 현금으로 상환하다.
(6) 현금 ₩100,000과 건물 ₩200,000을 출자하여 사업을 개시하다.
(7) 단기차입금 ₩100,000을 이자 ₩10,000과 함께 현금으로 지급하다.
(8) 토지를 구입하면서 현금 ₩200,000을 지급하고 나머지는 외상으로 하다.

08

	차변	금액	대변	금액
(1)	(차) 현 금	1,000,000	(대) 자 본 금	1,000,000
(2)	(차) 광고선전비	100,000	(대) 현 금	100,000
(3)	(차) 비 품	200,000	(대) 현 금	200,000
(4)	(차) 현 금	300,000	(대) 단기차입금	300,000
(5)	(차) 매 출 채 권	400,000	(대) 매 출	400,000
(6)	(차) 단기차입금	200,000	(대) 현 금	210,000
	이자 비용	10,000		
(7)	(차) 현 금	500,000	(대) 매 출	500,000
(8)	(차) 종업원급여	100,000	(대) 현 금	100,000
(9)	(차) 현 금	300,000	(대) 매 출 채 권	300,000

09

1.1	(차) 현 금	1,000,000	(대) 자 본 금	1,000,000
1.1	(차) 임 차 료	100,000	(대) 현 금	100,000
1.5	(차) 현 금	200,000	(대) 매 출	200,000
1.10	(차) 현 금	300,000	(대) 단기차입금	300,000
1.15	(차) 단기대여금	400,000	(대) 현 금	400,000
1.20	(차) 현 금	500,000	(대) 외상매출금	500,000
1.31	(차) 종업원급여	600,000	(대) 현 금	600,000

제 4 장 서비스기업의 기말결산과 재무제표 작성

01

(1)	(차) 선급임차료	3,000	(대) 임차료	3,000
(3)	(차) 소모품	10,000	(대) 소모품비	10,000
(5)	(차) 임차료	100,000	(대) 미지급임차료	100,000
(7)	(차) 선급보험료	600,000	(대) 보험료	600,000

02 ① 차변의 선급금 → 선급보험료 ② 차변의 미수금 → 미수임대료
③ 대변의 선수금 → 선수임대료 ④ 대변의 미지급금 → 미지급이자

04 당기순이익에 미치는 영향 = − 종업원급여 증가 100,000 + 이자수익 증가 200,000 + 보험료 감소 300,000 − 임대료 감소 500,000 = − 100,000(당기순이익 감소)

05

잔액시산표

차 변	계산과정	계정과목	계산과정	대 변
₩12,350		현 금		
8,250		외 상 매 출 금		
480		선 급 보 험 료		
5,000		비 품		
		외 상 매 입 금	23,000 − ③1,000	₩22,000
		자 본 금		10,000
3,000		종 업 원 급 여		
2,720	②전기 오류	소 모 품 비		
200	①전기 누락	수 도 광 열 비		
₩32,000		합 계		₩32,000

06 (1) 선급임차료 + 미수수익 = ₩100 + ₩50 = ₩150

(2) 기말자산 = 시산표상 자산총액 + 결산정리분개에 의한 자산
= ₩1,680 + 선급임차료(₩100) + 미수수익(₩50) = ₩1,830

(3) 당기순이익 = 매출 − (급여 + 임차료 + 이자비용) + 이자수익

= ₩1,000 − [(₩300 + ₩200) + (₩120 − ₩100) + ₩100)] + ₩50 = ₩430

07 당기순이익 ₩580,000

08 당기순이익 ₩390,000

09 잔액시산표의 금액과 정리후시산표의 금액을 비교하여 달라진 부분(소모품비, 종업원급여, 임차료)을 바탕으로 결산정리분개를 추정한다.

〈결산정리분개〉

(차) 소모품	10,000	(대) 소모품비	10,000
(차) 종업원급여	20,000	(대) 미지급급여	20,000
(차) 선급임차료	30,000	(대) 임차료	30,000

10 당기순이익 ₩1,400,000

11 당기순이익 ₩400,000

12 당기순이익 ₩30,000

13 당기순이익 ₩1,090,000

(1) 종업원급여 ₩500,000

(2) 결산정리분개

① (차) 단기매매금융자산	100,000	(대) 단기매매금융자산평가이익	100,000
② (차) 감가상각비	100,000	(대) 감가상각누계액	100,000
③ (차) 이자비용	10,000	(대) 미지급이자	10,000
④ (차) 미수임대료	200,000	(대) 임대료	200,000
⑤ (차) 종업원급여	300,000	(대) 미지급급여	300,000
⑥ (차) 선급보험료	400,000	(대) 보험료	400,000

14 잔액시산표 상의 수익 · 비용 금액과 포괄손익계산서의 금액을 비교하여 달라진 부분(임대료, 종업원급여, 단기매매금융자산평가이익, 감가상각비, 이자비용)을 바탕으로 결산정리분개를 추정한다.

(차) 임대료	400,000	(대) 선수임대료	400,000
(차) 선급급여	50,000	(대) 종업원급여	50,000
(차) 단기매매금융자산	100,000	(대) 단기매매금융자산평가이익	100,000
(차) 감가상각비	200,000	(대) 감가상각누계액	200,000
(차) 이자비용	300,000	(대) 미지급이자	300,000

15 결산정리분개 추정

① (차) 단기매매금융자산	30,000	(대) 단기매매금융자산평가이익	30,000
② (차) 감가상각비	200,000	(대) 감가상각누계액	200,000
③ (차) 종업원급여	100,000	(대) 미지급급여	100,000

제 5 장 상품매매기업의 기말결산과 재무제표 작성

04 (1) ₩700,000

05 (1) ₩900,000

06

부분 정산표 (9.1 – 9.30) (단위 : 천원)

계정과목	잔액시산표		결산정리분개		포괄손익계산서		재무상태표	
	차변	대변	차변	대변	차변	대변	차변	대변
상 품	(60)		(240)	(60)			(240)	
매 출		(250)				(250)		
매 입	(400)			(400)				
매출원가			(60) (400)	(240)	(220)			

07 ① 기초상품 (차) 매출원가 200,000 (대) 상 품 200,000
② 당기매입 (차) 매출원가 800,000 (대) 매 입 800,000
③ 기말상품 (차) 상 품 400,000 (대) 매출원가 400,000

08 결산정리분개
(차) 매출원가 1,500,000 (대) 상 품 1,500,000
매출원가 7,000,000 매 입 7,000,000
상 품 2,000,000 매출원가 2,000,000

09 당기순이익 ₩1,700,000

10 4월말 보험료계정잔액 ₩1,800,000, 당기순이익 ₩2,600,000

11 당기순이익 ₩450,000

결산정리분개 추정 (단위 : 천원)

① (차) 단기매매금융자산 100 (대) 단기매매금융자산평가이익 100
② (차) 매출원가 600 (대) 상품 600
매출원가 1,800 매입 1,800
상품 800 매출원가 800
③ (차) 감가상각비 100 (대) 감가상각누계액 100
④ (차) 선급급여 50 (대) 종업원급여 50
⑤ (차) 이자비용 300 (대) 미지급이자 300
⑥ (차) 임대료 800 (대) 선수임대료 800

12 (1) 잔액시산표상의 상품, 매입은 각각 기초상품재고액, 당기상품매입액을 뜻한다.
잔액시산표상의 매출은 대차평형의 원리에 의해 구한다.
상품 200,000, 매입 3,000,000, 매출 3,500,000

(2) 잔액시산표상의 금액과 포괄손익계산서상의 금액을 비교하여 차이 나는 항목을 중심으로 결산정리분개를 추정한다.

	차변	금액	대변	금액
①	(차) 매 출 원 가	200,000	(대) 상 품	200,000
	매 출 원 가	3,000,000	매 입	3,000,000
	상 품	500,000	매 출 원 가	500,000
②	(차) 종업원급여	20,000	(대) 미지급급여	20,000

(3) 당기순이익 680,000

13 매출원가 675,000, 기말재고자산 285,000

14 (1) 당기상품순매입액 = 900,000 − 10,000 = 890,000
매출총이익 = 당기상품순매출액 1,370,000 − 매출원가 840,000 = 530,000

(2) 당기상품순매입액 = 250,000 − 25,000 = 225,000
매출총이익 = 순매출액 400,000 × 25% = 100,000
매출원가 = 순매출액 400,000 − 매출총이익 100,000 = 300,000
매출원가 = 기초상품재고액 + 당기상품순매입액 − 기말상품재고액
= 150,000 + 225,000 − ? = 300,000
∴ 기말상품재고액 = 75,000

15 (1) (주)한국: 판매자

① 판매시점

차변	금액	대변	금액
(차) 매출채권	500,000	(대) 매 출	500,000

② 할인기간 이내에 회수한 경우

차변	금액	대변	금액
(차) 현 금	490,000	(대) 매출채권	500,000
매출할인	10,000		

③ 할인기간 경과 후 회수한 경우

차변	금액	대변	금액
(차) 현 금	500,000	(대) 매출채권	500,000

16 당기순이익 ₩1,000,000

* 전기시 유의사항 : 기초재무상태표에 있는 계정과목에는 반드시 기초금액을 기록하여야 함.
왜냐하면, 작년 연말 장부마감시 차기이월과 전기이월을 통해 이월된 상태이기 때문임.

제 6 장 현금및현금성자산

01 ₩900,000

*타인발행 약속어음은 회계상 받을어음(상품 매출 대가로 받은 경우)이나 미수금(건물 등의 매각 대가로 받은 경우)계정에 속함.

02 (2) 8월 31일의 현금계정 잔액 ₩100,000

05 (1)

은행계정조정표

회 사		은 행	
잔액	₩600,000	잔액	₩850,000
차감 당좌차월이자	(50,000)	차감 미인출수표	(300,000)
수정후잔액	₩550,000		₩550,000

(2) ₩550,000

(3) (차) 이자비용 50,000 (대) 당좌예금 50,000

06 (1)

은행계정조정표

회 사		은 행	
잔액	₩15,000	잔액	₩22,000
가산 : 받을어음 추심	13,000	차감 : 미인출수표	(13,000)
차감 : 부도수표	(18,000)		
추심수수료	(1,000)		
수정후금액	₩9,000		₩9,000

(2) ₩9,000

07 (1)

은행계정조정표 (단위: 천원)

회 사		은 행	
잔액	₩400	잔액	₩690
가산: ② 미통지예금	100	가산: ⑤ 미기록예금	80
차감: ③ 당좌차월이자	(50)	차감: ① 미인출수표	(330)
④ 자동이체	(10)		
수정후잔액	₩440	수정후잔액	₩440

(2) ₩440,000

(3) 결산정리분개

② (차) 당좌예금	100,000	(대) 외상매출금	100,000
③ (차) 이자비용	50,000	(대) 당 좌 예금	50,000
④ (차) 수도광열비	10,000	(대) 당 좌 예금	10,000

08 (1)

은행계정조정표

회사 잔액	₩2,000,000	은행 잔액	₩2,049,000
추심수수료	② − 1,000	미인출수표	① − 500,000
사채이자수익	③ + 30,000	미기록예금	④ +400,000
부도수표	⑤ − 50,000		
기록 오류	⑥ − 30,000		
올바른 잔액	₩1,949,000	올바른 잔액	₩1,949,000

09

은행계정조정표 (단위: 천원)

회 사		은 행	
잔액	₩200	잔액	? = 730
가산 ① 미통지예금	300	차감 ④ 미인출수표	(400)
차감 ② 당좌차월이자	(70)		
③ 자동이체	(100)		
수정후잔액	₩330	수정후잔액	₩330

10

① 장부상 당좌예금잔액	₩14,692,710
③ 은행 수수료	(−) 21,000
⑤ 이자를 포함한 매출채권회수액	(+) 1,045,000
⑥ 회사 장부기입 오류	(−) 63,000*
올바른 당좌예금잔액	₩15,653,710

11 미인출수표 ₩16,000

12 직원 횡령액 ₩40,000

제 7 장 채권과 채무

04 (1) 기말잔액이 ₩2,000일 때

① (차) 대손상각비 7,000 (대) 대손충당금 7,000

② 대손충당금

	잔 액	2,000
	대손상각비	7,000

③ 부분재무상태표

매출채권	300,000	
대손충당금	(9,000)	291,000

(2) 기말잔액이 ₩13,000일 때

① (차) 대손충당금 4,000 (대) 대손충당금환입 4,000

② 대손충당금

대손충당금환입 4,000	잔 액 13,000

③ 부분재무상태표

매출채권 300,000	
대손충당금 (9,000) 291,000	

06 ① (차) 대손충당금 200,000 (대) 매출채권 200,000
② (차) 대손충당금 50,000 (대) 매출채권 80,000
대손상각비 30,000
③ (차) 현금 50,000 (대) 대손충당금 50,000
④ (차) 현금 90,000 (대) 대손충당금 60,000
대손상각비 30,000

07 (차) 대손상각비 420,000 (대) 대손충당금 420,000

08 손익계산서에 계상될 대손상각비는 총 ₩7,500이다.

09 매출원가 ₩210,000, 매출액 ₩300,000, 기말매출채권 ₩70,000

10 매출원가 ₩270,000, 외상매출액 ₩250,000, 기말매출채권 ₩200,000

11 (1) ₩58,200 (2) 대손상각비 ₩7,000
(3) 매출채권 기말잔액 ₩400,000 (4) 대손상각비 ₩1,500
(5) 대손이 확정된 매출채권 ₩5,000

제 8 장 재고자산

01 (1) 가중평균 = (18,000+11,700+21,000)/(150+90+150) = 130
기말재고 = 110개 × 130 = 14,300 매출원가 = 280개 × 130 = 36,400
(2) 기말재고 = 110개 × 140 = 15,400 매출원가 = 50,700 − 15,400 = 35,300

02 (1) 매출원가 = 50개 × 1,300 = 65,000 (2) 매출원가 = 50개 × 833.33 = 41,667

03 (1) 총평균법 : 기말재고 ₩25,000, 매출원가 ₩225,000
선입선출법 : 기말재고 ₩30,000, 매출원가 ₩220,000
(3) 총평균법

04 선입선출법이나 가중평균법에 의해 영향을 받는 항목은 매출원가, 기말재고이다. 즉, 당기매입액은 어느 방법을 사용하느냐에 의해 영향을 받지 않는다.
매출원가(FIFO) = 기초 + 당기매입 − 4,000,000 = 8,000,000
매출원가(가중평균법) = 3,600,000 + 당기매입 − 4,300,000 = 8,200,000
따라서, 당기매입 ₩ 8,900,000, 20×2년초 재고자산(FIFO) ₩3,100,000

05 (1) 재고자산평가손실 ₩64,000 (3) 매출원가 1,928,000

06 20×1년도 매출원가 = 기초 100,000 + 당기매입 500,000 − 기말 150,000
= 450,000
20×2년도 매출원가 = 기초 150,000 + 당기매입 600,000 − 기말 100,000
= 650,000

07 감모손실 50,000, 평가손실 0, 매출원가 6,150,000

08 기말재고자산 = 3,500개 × (1,500 − 300) = 4,200,000
20×2년 매출원가 (감모손실과 평가손실 포함)
= 기초재고 4,000,000 + 매입 11,500,000 − 기말 4,200,000 = 11,300,000
20×2년 손익 = 매출 15,000,000 − 매출원가 11,300,000 = 3,700,000 이익

09 매출원가 = 기초 160,000 + 당기매입 1,600,000 − 기말장부재고 200개 × 2,200
+ 평가손실 (2,200 − 1,900) × 190개 = 1,377,000
참고: 20×2년 감모손실 = (200개 − 190개) × 2,200 = 22,000

10 (1) 기말재고자산 = 장부재고 1,460,000 − 감모손실 125,000 − 평가손실 45,000
= 1,290,000
(2) 매출원가 = 기초 1,240,000 + 당기매입 24,380,000 − 기말 1,290,000
− 비정상감모 125,000 × 60% = 24,255,000

11 (1) 항목별 저가법 : B2는 평가손실 발생하지 않음
저가법에 의한 기말재고 = 110개 × 700 + 200개 × 950 + 280개 × 800 + 300개 × 1,050
= 806,000
매출원가 = 기초 855,000 + 당기 7,500,000 − 기말 806,000 = 7,549,000
(2) 조별기준 저가법
B1의 평가손실 = 280개 × 100 = 28,000
B2의 평가이익= 300개 × 100 = 30,000
B조는 조별기준으로 할 경우 평가손실이 없음
저가법에 의한 기말재고 = 110개 × 700+200개 × 950+280개 × 900+300개 × 1,050
= 834,000
매출원가 = 기초 855,000 + 당기 7,500,000 − 기말 834,000 = 7,521,000

12 20×1년도 매출원가 = 기초 200,000 + 매입 6,000,000
− 실지재고(400개 × 400 + 450개 × 80) = 6,004,000
참고 : 재고 A 감모손실 = (500개 − 400개) × 400 = 40,000
평가손실 = 0
재고 B 감모손실 = (500개 − 450개) × 100 = 5,000
평가손실 = (100 − 80) × 450개 = 9,000
20×2년 재고자산평가손실환입 = 9,000

13 (1) 20×6년도 매출원가 = 기초 200,000 + 당기매입 610,000 − 장부상 기말 425,000 + 정상감모손실 33,000×40% + 평가손실 42,500 = 440,700

(2) 20×6년도 기말재고자산 = 장부상 425,000 − 감모손실 33,000 − 평가손실 42,500 = 349,500

(3) 20×7년도 매출원가 = 기초 349,500 + 당기매입 532,000 − 장부상 기말 228,000 + 정상감모손실 47,000×40% = 672,300

(4) 20×7년도 기말재고자산 = 장부상 재고 228,000 − 감모손실 47,000 = 181,000

14

종목 구분	장부 수량	실제 수량	단위당 원가	단위당 순실현가능가치	종목별 평가손실	조별 평가손실
상품A	150개	140개	₩1,000	₩900	140개×100 = 14,000	14,000+9,000 =23,000
상품B	180개	180개	500	450	180개×50 = 9,000	
상품C	200개	190개	750	650	190개×100=19,000	0
상품D	430개	400개	1,200	1,300	0	

조별기준을 적용하는 경우 평가손실이 19,000만큼 줄어든다.

20×1년도 매출원가(조별기준) = 20×1년도 매출원가(종목별기준) 8,000,000 − 19,000 = 7,981,000

제 9 장 금융자산

01 (차) FVPL금융자산 30,000 (대) FVPL금융자산평가이익 30,000

02 (1) 취득일

(차) FVPL금융자산 300,000 (대) 당좌예금 303,000
수수료비용 3,000

결산정리분개

(차) FVPL금융자산 1,000 (대) FVPL금융자산평가이익 1,000

(2) 취득일

(차) FVOCI금융자산 303,000 (대) 당좌예금 303,000

결산정리분개

(차) FVOCI금융자산평가손실 2,000 (대) FVOCI금융자산 2,000

03 (1) 20×2년 결산정리분개

(차) FVOCI금융자산 30,000 (대) FVOCI금융자산평가이익 30,000

20×2년 재무상태표의 기타포괄손익누계액 = ₩20,000 + 30,000 = ₩50,000

(2) 20×2년 결산정리분개

(차) FVOCI금융자산 50,000 (대) FVOCI금융자산평가이익 50,000

20×2년 재무상태표의 기타포괄손익누계액 = −₩10,000 + 50,000 = ₩40,000

04 (1) 20×2년 결산정리분개

(차) FVOCI금융자산평가손실 20,000 (대) FVOCI금융자산 20,000

20×2년말 재무상태표의 기타포괄손익누계액 = ₩30,000 − 20,000 = ₩10,000

(2) 20×2년 결산정리분개

(차) FVOCI금융자산 40,000 (대) FVOCI금융자산평가이익 40,000

20×2년말 재무상태표의 기타포괄손익누계액 = −₩50,000 + 40,000 = −₩10,000

05 20×1. 12. 31.

(차) FVOCI금융자산평가손실 10,000 (대) FVOCI금융자산 10,000

20×2. 12. 31.

(차) FVOCI금융자산 60,000 (대) FVOCI금융자산평가이익 60,000

재무상태표의 기타포괄손익누계액에는 전기말 −₩10,000과 당기의 FVOCI금융자산평가이익 ₩60,000이 누계되어 총 ₩50,000으로 기재됨.

20×2년도 포괄손익계산서에는 당기순이익 하단에 기타포괄손익으로 FVOCI금융자산평가이익 ₩60,000을 기록.

20×3. 12. 31.

(차) FVOCI금융자산 30,000 (대) FVOCI금융자산평가이익 30,000

재무상태표의 기타포괄손익누계액에는 전기말 ₩50,000과 당기의 FVOCI금융자산평가이익 ₩30,000이 누계되어 총 ₩80,000으로 기재됨.

20×3년도 포괄손익계산서에는 당기순이익 하단에 기타포괄손익으로 FVOCI금융자산평가이익 ₩30,000을 기록.

06 (1) (차) FVOCI금융자산 5,000,000 (대) 현 금 5,000,000

(2) (차) FVOCI금융자산 600,000 (대) FVOCI금융자산평가이익 600,000

*FVOCI금융자산평가이익은 기타포괄손익으로서, 재무상태표상의 기타포괄손익누계액에 반영된다. 즉, 당기순이익에 미치는 영향은 없으며 총포괄이익은 600,000 증가한다.

(3) (차) FVOCI금융자산평가손실 300,000 (대) FVOCI금융자산 300,000

*이로써 재무상태표상의 기타포괄손익누계액은 600,000 − 300,000 = 300,000이다. 당기순이익에 미치는 영향은 없으며 총포괄이익은 300,000 감소한다.

07 (1) 취득원가 ₩100

(2) 재측정 : (차) FVOCI금융자산 5 (대) FVOCI금융자산평가이익 5

처분 : (차) 현금 115 (대) FVOCI금융자산 115

08 (1) 총이익 증가액 = 처분금액 98,200 − 취득원가 95,000 = 3,200

(2) FVPL금융자산의 공정가치 변화분은 당기손익으로 인식한다.

20×1년 공정가치 변화분 = 97,000 − 95,000 = 2,000 이익 증가

20×2년 공정가치 변화분 = 98,000 − 97,000 = 1,000 이익 증가

20×3년 처분이익 = 98,200 − 98,000 = 200 증가

(3) FVOCI금융자산의 공정가치 변화분은 당기손익에 영향을 미치지 않는다. 처분후 이익잉여금이 3,200 증가한다.

09 관계기업투자주식이므로 B사 주식의 기말 공정가치는 무시하고 분개함.

① 20×1. 1. 5.

(차) 관계기업투자주식	500,000	(대) 당좌예금	500,000

② 20×1.12.31. B사 순이익의 30%는 ₩54,000임.

(차) 관계회사투자주식	54,000	(대) 지분법이익	54,000

③ 20×2. 4. 7.

(차) 현 금	39,000	(대) 관계기업투자주식	39,000

④ 20×2. 5. 6.

처분이익 : 처분대가 − 장부가액

장부가액 : ₩500,000+₩54,000 − ₩39,000 = ₩515,000

(차) 현 금	540,000	(대) 관계기업투자주식	515,000
		관계기업투자주식처분이익	25,000

제 10 장 비유동자산

01 (1) 토지의 취득원가 = 2,000,000 + 200,000 = 2,200,000

(2) 기계의 취득원가 = 1,000,000+100,000+20,000+5,000+8,000+7,000 = 1,140,000

02 기계의 대폭적 수선으로 자산의 내용연수가 연장되었으므로 자본적 지출로 처리한다.

2010년 말 장부금액 = 취득원가 − 감가상각누계액 = ₩3,000,000

2011년 초 장부금액 = 2010년 말 장부금액 + 자본적 지출 = ₩4,800,000

2011년도 감가상각비 = ₩4,800,000 ÷ 15년 = ₩320,000

03 처분시점의 감가상각누계액 : (₩2,000,000 − ₩200,000) ÷ 8년 × 3년 = ₩675,000

처분시점의 장부금액 : ₩2,000,000 − ₩675,000 = ₩1,325,000

처분가액 :	(1,000,000)
처분손실 :	₩325,000

04 (1) 제1차년도 감가상각비 : ₩100,000×0.25 = ₩25,000

(2) 제2차년도 감가상각비 : (₩100,000 − ₩25,000)×0.25 = ₩18,750

(3) 처분시점까지의 감가상각누계액 = ₩25,000 + ₩18,750 = ₩43,750

처분시점의 장부금액 : ₩100,000 − ₩43,750 = ₩56,250

처분가액 : (50,000)

처분손실 : ₩6,250

05 (2) 감가상각비 : 1차년도 ₩800,000, 2차년도 ₩640,000, 3차년도 ₩512,000

06 (2) 처분일의 장부금액 ₩2,953,125, 처분손실 ₩453,125

(3) 처분일의 장부금액 ₩4,850,000, 처분손실 ₩2,350,000

07 처분손실 ₩100,000

08 (1) 20×5년말 장부금액 = 21,000,000 − 2,000,000×6년 = 9,000,000

20×6년초 내용연수가 n이라고 추정한다면,

20×8년 감가상각비 = $9{,}000{,}000 \times (n-2) \,/\, \{\frac{n}{2} \times (n+1)\} = 1{,}500{,}000$

따라서 $n=3,\ 8$. 그런데, 내용연수가 늘어났다고 하였으므로 $n=8$

20×6년부터 20×8년까지의 감가상각비 합계 = 9,000,000×(8/36+7/36+6/36)

= 5,250,000

20×9년초 장부금액 = 9,000,000 − 5,250,000 = 3,750,000

(2) 20×3년 1월 1일 장부금액 = 1,000,000 − 250,000×2년 + 500,000 = 1,000,000

20×3년 감가상각비 = (1,000,000−100,000)×4/10 = 360,000

처분손실 (−60,000) = 처분액(?=580,000) − 처분시 장부금액(1,000,000−360,000)

09 (2) 연수합계법에 의한 매년도 감가상각비:

- 1차년도: (1,000,000 − 100,000)× 5/15 = ₩300,000
- 2차년도: (1,000,000 − 100,000)× 4/15 = ₩240,000

20×1년 감가상각비(월할계산) = ₩300,000× 4/12(4개월) = ₩100,000

20×2년 감가상각비 = 1차년도의 8개월분+2차년도의 4개월분

= ₩300,000× 8/12 + ₩240,000× 4/12

= ₩280,000

10 연간 감가상각비 : (₩70,000 − ₩14,000)÷5년 = ₩11,200

20×1년 ~ 20×3년까지의 감가상각누계액 : ₩11,200×3년 = ₩33,600

20×4년의 감가상각비 : ₩11,200×6/12 = ₩5,600

20×4. 6. 30까지의 감가상각누계액 : ₩33,600 + ₩5,600 = ₩39,200

처분시점의 장부금액 : ₩70,000 − ₩39,200 = ₩30,800

처분가액 : (40,000)

처분이익 : ₩9,200

11 (2) 1차년도 감가상각비 = ₩5,000,000 × 0.369 = 1,845,000

2차년도 감가상각비 = (5,000,000 − 1,845,000) × 0.369 = 1,164,195

20×1년의 감가상각비 = 1,845,000 × 6/12 = ₩922,500

20×2년의 감가상각비 = 1,845,000 × 6/12 + 1,164,195 × 6/12 = 1,504,598

20×3년의 감가상각비 = 1,164,195 × 3/12 = 291,049

처분시점의 장부금액 = ₩5,000,000 − 922,500 − 1,504,598 − 291,049
= 2,281,853

(3) 20×1년의 감가상각비 = (5,000,000 − 500,000) × 5/15 × 6/12 = 750,000

20×2년의 감가상각비 = (5,000,000 − 500,000) × 5/15 × 6/12
+ (5,000,000 − 500,000) × 4/15 × 6/12 = 1,350,000

20×3년의 감가상각비 = (5,000,000 − 500,000) × 4/15 × 3/12 = 300,000

처분시점의 장부금액 = ₩5,000,000 − 750,000 − 1,350,000 − 300,000
= 2,600,000

12 1차년도 감가상각비 = x(취득원가) × 0.36

2차년도 감가상각비 = (x × 0.64) × 0.36

20×2년 감가상각비 = x × 0.36 × 8/12 + (x × 0.64) × 0.36 × 4/12 = 253,440

∴ x = 800,000

20×3년 감가상각비

= (800,000 × 0.64) × 0.36 × 8/12 + (800,000 − 288,000 − 184,320) × 0.36 × 4/12

= 122,880 + 39,322 = 162,202

13 (1) 기계의 장부금액이라 함은 기계의 취득원가에서 감가상각누계액을 차감한 금액이다.
당기 중 증가한 기계의 취득원가를 x라 하면,

기계 (장부금액)

기초	250,000	처분	18,000(= ₩50,000 − ₩32,000)
취득	x(= 166,000)	기말	370,000
당기 감가상각비	(28,000)		
합계	222,000 + x	합계	388,000

(2) 당기 중 매각한 기계의 취득원가 : ₩48,000

14 (1) 연간 감가상각비 = (15,000,000 − 5,000,000) / 5년 = 2,000,000

20×2년말 감가상각누계액 = 2,000,000 + 2,000,000 = 4,000,000

20×2년말 장부금액 = 15,000,000 − 4,000,000 = 11,000,000

20×3년부터 연간감가상각비 = 변경후의 감가상각대상금액/변경후의 잔여내용연수
= (11,000,000 − 2,000,000) / (7년 − 2년)
= 1,800,000

(2) 20×6년~20×7년 감가상각비 = (1,000,000 − 50,000) × (5/15 + 4/15) = 570,000

20×8년초 장부금액 = 1,000,000 − 570,000 = 430,000

20×8년 감가상각비 = 430,000 / (7년 − 2년) = 86,000

(3) 20×1년 감가상각비 = (1,000,000 − 100,000) × 5/15 = 300,000

20×2년 초 장부금액 = (1,000,000 − 300,000) + 자본적 지출 20,000 = 900,000

20×2년 감가상각비 = 900,000 × 1/6 × 2배 = 300,000

(4) 1차년도 감가상각비 = 30,000 × 4/10 = 12,000

2차년도 감가상각비 = 30,000 × 3/10 = 9,000

20×1년 감가상각비 = 12,000 × 9/12 = 9,000

20×2년 감가상각비 = 12,000 × 3/12 + 9,000 × 9/12 = 9,750

20×3년 기초장부금액 = 취득 30,000 − 감누 18,750 = 11,250

20×3년 감가상각비 = (기초장부11,250 + 자본적지출 10,000 − 잔존500) / 5년 = 4,150

20×3년말 장부금액 = 기초장부11,250 + 자본적지출10,000 − 감가 4,150 = 17,100

15 (1) 2009년말 장부금액 (손상차손 인식전)

= 취득원가 1,100,000 − 감가상각누계액 300,000 = ₩800,000

(2) 손상차손 = 800,000 − 590,000 = ₩210,000

(3) 2009년 장부금액 (손상차손 인식 후)

= 취득원가 1,100,000 − 감가상각누계액 300,000 − 손상차손누계액 210,000

= ₩590,000

2010년 감가상각비 = (590,000 − 100,000) / 7년 = ₩70,000

16 20×2년 감가상각비 = (560,000 − 100,000) / 4 = 115,000

20×2년말 장부금액 = 560,000 − 115,000 = 445,000

20×2년 손상차손 = 130,000 − 115,000 = 15,000

= 회수가능액(?=430,000) − 장부금액 445,000

17 (1)

	20×1년 말	20×2년 말	20×3년 말
취득원가 기준 장부금액	1,600,000	1,200,000	80,000
회수가능액	max (100,000, 120,000) = 120,000	900,000	150,000
손상차손	40,000	300,000	
장부금액		120,000 − 감가 30,000 = 90,000	90,000 − 감가 30,000 = 60,000
손상차손환입			20,000(취득원가 기준 장부금액을 한도로 환입)

(2)

	20×1년 말	20×2년 말	20×3년 말	20×4년 말
취득원가 기준 장부금액	1,600,000	1,200,000	800,000	400,000
회수가능액	1,600,000	900,000	600,000	1,000,000
손상차손	0	300,000		
재평가 기준 장부금액		900,000	900,000 −감가상각비 300,000 = 600,000	600,000 −감가상각비 300,000 = 300,000
손상차손환입				100,000(취득원가 기준 장부금액을 한도로 환입)

20×4년말 손상차손누계액

= 20×2년 손상차손 300,000 − 20×4년 손상차손환입 100,000 = 200,000

(3)

	20×1년 말	20×2년 말	20×3년 말	20×4년 말
취득원가 기준 장부금액	550,000 −감가 54,000 = 496,000	496,000 −감가 54,000 = 442,000	442,000 −감가 54,000 = 388,000	388,000 −감가 54,000 = 334,000
회수가능액		300,000		340,000
손상차손		142,000		
재평가 기준 장부금액			300,000 −감가 36,250 = 263,750	263,750 −감가 36,250 = 227,500
손상차손환입				106,500(취득원가 기준 장부금액을 한도로 환입)

(4) 설치를 위한 지출은 부대원가로 취득원가에 가산

	20×1년 말	20×2년 말
취득원가 기준 장부금액	4,000,000	3,000,000
회수가능액	max (2,000, 1,800,000) = 2,000,000	max(3,500,000, 2,500,000) = 3,500,000
손상차손	2,000,000	
장부금액		2,000,000 − 감가 500,000 = 1,500,000
손상차손환입		1,500,000(취득원가 기준 장부금액을 한도로 환입)

20×2년도에 인식할 감가상각비는 ₩500,000이며, 20×2년 말 장부금액은 ₩3,000,000이다.

(5)

	20×1년 말	20×2년 말
취득원가 기준 장부금액	64,000	48,000
회수가능액	50,000	30,000
손상차손	14,000	
감가상각비		(50,000−5,000)/6=7,500
장부금액		50,000−7,500 =42,500
손상차손		12,500

20×2년말 손상차손누계액 = 14,000 + 12,500 = 26,500

18 (1) 20×1년말 결산정리분개 :

(차) 토 지 500,000 (대) 재평가이익 500,000

재평가이익은 기타포괄이익으로서, 재무상태표상에 기타포괄손익누계액인 재평가잉여금에 반영된다.

20×3년말에는 공정가치가 직전 공정가치에 비해 ₩300,000 감소하였다. 그런데, 전에 재평가잉여금의 잔액 ₩500,000이 있으므로 그 범위 내에서 우선 재평가잉여금을 감소시킨다.

20×3년말 결산정리분개 :

(차) 재평가손실(기타포괄손실) 300,000 (대) 토 지 300,000

(2) 공정가치가 직전 공정가치에 비해 ₩600,000 감소하였다. 그런데, 전에 재평가잉여금의 잔액 ₩500,000이 있으므로 우선 재평가잉여금을 감소시키고 나머지 금액 ₩100,000은 당기비용인 재평가손실로 인식한다.

20×3년말 결산정리분개 :

(차) 재평가손실(기타포괄손실) 500,000 (대) 토 지 600,000
재평가손실(당기비용) 100,000

19

	20×1년 말	20×2년 말	20×3년 말
장부금액	3,000	3,500	3,200
공정가치	3,500	3,200	2,900
재평가손익	500(기타포괄이익)	300(기타포괄손실)	200(기타포괄손실), 100(당기비용)

20×3년에 인식할 당기비용은 ₩100이며, 기타포괄손실은 ₩200이고 총포괄손실은 ₩300이다.

20 (1) 정액법의 감가상각비 = (4,000,000 − 400,000) / 10년 = 360,000

20×3년말 건물의 감가상각누계액 = 360,000 × 3년 = 1,080,000

20×3년말 건물의 장부금액 = 4,000,000 − 1,080,000 = 2,920,000

재평가일 :

(차) 감가상각누계액 1,080,000 (대) 건 물 1,080,000

(차) 유형자산재평가손실 420,000 (대) 건 물 420,000

20×4년 감가상각비 = (2,500,000 − 400,000) / 7년 = 300,000

20×4년말 결산정리분개 :

(차) 감가상각비 300,000 (대) 감가상각누계액 300,000

(2) 재평가일 :

(차) 감가상각누계액 1,080,000 (대) 건 물 1,080,000

(차) 건 물 280,000 (대) 유형자산재평가이익 280,000

20×4년 감가상각비 = (3,200,000 − 400,000) / 7년 = 400,000

20×4년말 결산정리분개 :

(차) 감가상각비 400,000 (대) 감가상각누계액 400,000

21 (1) 20×1년 감가상각비 = 1,000,000×40% = 400,000

20×1년말 장부금액 = 1,000,000 − 400,000 = 600,000

재평가이익 = 900,000 − 600,000 = 300,000

재평가의 분개 :

(차) 감가상각누계액 400,000 (대) 건물 100,000

재평가잉여금 300,000

(2)

	20×1년 말	20×2년 말
장부금액	3,000,000 − 감가상각비 600,000 = 2,400,000	3,200,000 − 감가상각비 800,000 = 2,400,000
공정가치	3,200,000	1,500,000
재평가손익	800,000(기타포괄이익)	800,000(기타포괄손실), 100,000(당기비용)

20×2년에 인식할 당기비용은 ₩100,000이다.

(3)

	20×1년 말	20×2년 말
장부금액	1,000,000 − 감가 200,000 = 800,000	780,000 − 감가 195,000 = 585,000
공정가치	780,000	650,000
재평가손익	20,000(당기비용)	20,000(당기수익), 45,000(기타포괄이익)

(4)

	20×5년 말	20×6년 말	20×7년 말
장부금액	240,000	250,000 − 감가상각비 62,500 = 187,500	150,000 − 감가상각비 50,000 = 100,000
공정가치	250,000	150,000	130,000
재평가손익	10,000(기타포괄이익)	10,000(기타포괄손실), 27,500(당기비용)	27,500(당기수익), 2,500(기타포괄이익)

20×6년 재평가손실은 ₩27,500이며, 20×7년 기타포괄이익(재평가잉여금)은 ₩2,500이다.

(5)

	20×1년	20×2년
감가상각	(600,000 − 50,000)/5 = 110,000	(490,000 − 50,000)/4 =110,000
장부금액	600,000 − 110,000 = 490,000	510,000 − 110,000 = 400,000
공정가치	510,000	365,000
재평가손익	20,000(기타포괄이익)	20,000(기타포괄손실), 15,000(당기비용)

20×1년 자본 변동액 = 감가상각비 110,000 − 기타포괄이익 20,000 = 90,000 감소

20×2년 자본 변동액 = 감가상각비 110,000 + 재평가손실 35,000 = 145,000 감소

22 (1)

	20×1년 말	20×2년 말
장부금액	5,000,000 − 감가 500,000 = 4,750,000	4,750,000 − 감가 531,250 = 4,218, 750
공정가치	4,750,000	3,900,750
재평가손익	250,000(기타포괄이익)	250,000(기타포괄손실), 68,000(당기비용)

20×2년 감가상각비 = (4,750,000 − 500,000) / 8년 = 531,250

20×2년 당기비용 = 유형자산재평가손실 68,000 + 감가상각비 531,250 = 599,250

(2) 20×1년말 장부금액 = 1,000,000 − 감가160,000 = 840,000

20×1년 재평가손실(당기비용) = 840,000 − 700,000 = 140,000

20×2년말 장부금액 = 700,000 − 감가125,000 = 575,000

20×2년 재평가이익 = 800,000 − 575,000 = 225,000 (당기이익 140,000, 나머지 85,000은 기타포괄이익)

20×2년 당기손익 효과 = 감가 − 125,000 + 재평가이익140,000 = 15,000 증가

23

토지	20×1년 말	20×2년 말
장부금액	100,000	95,000
공정가치	95,000	120,000
재평가손익	5,000(당기비용)	5,000(당기수익), 20,000(기타포괄이익)

건물	20×1년 말	20×2년 말
장부금액	10,000 − 감가 2,500 = 7,500	(7,000+2,000) − 감가 3,000 = 6,000
공정가치	7,000	6,500
재평가손익	500(당기비용)	500(당기수익)

20×2년 당기순이익에 미치는 영향 = 토지 5,000 + 건물 500 − 건물감가 3,000

= 2,500 증가

24 연구비 = 300,000 + 10,000 + 30,000 = 340,000

개발비 = 500,000 + 60,000 + 20,000 = 580,000

* 상업용 신약 생산에 필요한 설비취득은 연구개발활동이 아니며, 기계설비의 유형자산 취득원가에 속한다.

25 상표권 20×1년말 : 재평가이익 1,000

20×2년말 : 재평가이익 (1,000), 손상차손 2,000

특허권 20×1년말 재평가이익 78,000 − 60,000 = 18,000

20×2년말 장부금액 = 78,0000 − 상각 26,000 = 52,000

재평가이익 = 45,000 − 52,000 = (7,000)

20×2년말 특허권 관련 재평가잉여금 = 18,000 − 7,000 = 11,000

26

	20×1년 말	20×2년 말	20×3년 말
장부금액	5,400,000	5,400,000 − 상각 600,000 = 4,800,000	5,182,000 − 상각 647,750 = 4,534,250
공정가치	5,400,000	5,182,000	4,150,000
재평가손익		382,000(기타포괄이익)	382,000(기타포괄손실), 2,250(당기비용)

20×3년 당기손익 효과 = 재평가손실 2,250 + 특허권상각 647,750 = 650,000 감소

제 11 장 비유동부채

01 발행가격은 사채의 액면이자와 만기의 원금상환액을 시장이자율로 할인한 금액이다.

사채A : 액면이자 8,000, 시장이자율 10%, 3기간

발행가격 = 8,000 × 2.4868 + 100,000 × 0.7513 = 95,024 (할인발행)

사채B : 액면이자 10,000, 시장이자율 10%, 3기간

발행가격 = 10,000 × 2.4868 + 100,000 × 0.7513 = 100,000 (액면발행)

사채C : 액면이자 12,000, 시장이자율 10%, 3기간

발행가격 = 12,000 × 2.4868 + 100,000 × 0.7513 = 104,972 (할증발행)

사채D : 6개월 단위로 이자를 지급하는 경우, 6개월을 1기간으로 하여 할인한다.

액면이자 100,000 × 8% × 6/12 = 4,000, 시장이자율 5%, 6기간

발행가격 = 4,000 × 5.0757 + 100,000 × 0.7462 = 94,923

02 (차) 현　　금　　500,000　　(대) 사　　채　　600,000
　　사채할인발행차금　　100,000

03 (1) (차) 사채이자비용　　60,000　　(대) 현　　금　　60,000
(2) 할인발행차금 상각액 : ₩515,000 × 15% − ₩600,000 × 10% = ₩17,250
(3) (차) 사채이자비용　　17,250　　(대) 사채할인발행차금　　17,250
(4) 사채할인발행차금계정 잔액 계산 : ₩100,000 − 15,000 − 17,250 = ₩67,750

04 (1) 기초의 사채할인발행차금 : ₩100,000 − 95,196　　= ₩4,804
사채할인발행차금 상각 : ₩95,196 × 12% − ₩100,000 × 10% = (1,424)
기말의 사채할인발행차금 :　　₩3,380
기말의 사채 장부금액 = 액면금액 − 사채할인발행차금
= 100,000 − 3,380 = ₩96,620

(2)

연도	기초장부금액	사채이자비용	액면이자	상각	기말장부금액
20 × 2년	? = 82,000	₩8,200	₩6,200	₩2,000	₩84,000

20 × 2년 사채의 기초장부금액 = 기말장부금액 84,000 − 상각액 2,000 = 82,000
∴ 유효이자율 = 10%
20 × 3년 사채를 분석하면 다음과 같다.

연도	기초장부금액	사채이자비용	액면이자	상각	기말장부금액
20 × 3년	84,000	₩8,400	₩6,200	₩2,200	₩86,200

(3) 기중에 발행한 경우에는 월할계산이 필요하다.
기초의 사채할인발행차금 : ₩100,000 − 90,000　　= ₩10,000
사채할인발행차금 상각 : (₩90,000 × 10% − ₩100,000 × 8%) × 6/12 =　　(500)
기말의 사채할인발행차금 :　　₩9,500

05 (1) 사채이자비용(₩9,503) = 기초장부금액(₩95,025) × 유효이자율(? = 10%)
(2) 표시이자(₩8,000) = 액면금액(₩100,000) × 표시이자율(? = 8%)
(3) 20 × 2년도말 사채의 상각후원가 ₩98,181

연도	기초장부금액	사채이자비용	표시이자	사채할인발행차금 상각	기말장부금액
20 × 1년	₩95,025	₩9,503	₩8,000	₩1,503	₩96,528
20 × 2년	₩96,528	₩9,653	₩8,000	₩1,653	₩98,181

06

	사채이자비용	현금이자지급	사채차금상각액
20 × 1년도	148,420	120,000	28,420
20 × 2년도	152,400		

20×1년 사채 장부금액(x) × 유효이자율 = 148,420

20×2년 : (x +28,420) × 유효이자율 = 152,400

28,420×유효이자율 = 3,980 ∴ 유효이자율 = 14%

07 ⑶ 사채할인발행차금 상각액 ₩14,282 ⑷ 사채상환이익 ₩49,331

08

	기초장부금액	사채이자비용	현금이자	상각액
20×2. 6. 30.	9,500	9,500 × 8% × 6/12 = 380	10,000 × 6% × 6/12 = 300	80

사채상환손실 = ₩10,000 − 9,580 = ₩420

09 ⑵ 사채상환이익 ₩11,160

10 사채상환손실 ₩493

11 사채상환손실 4,453

12 ⑴ 사채의 발행금액

= 50,000 × 2.5771 + 1,000,000 × 0.7938 − 사채발행원가 47,015 = 875,640

20×1년 이자비용 = 장부금액 875,640 × 유효이자율 = 87,564

∴ 유효이자율 = 10%

연도	기초장부금액	유효이자(10%)	액면이자(5%)	상각액
20 × 1년	875,640	87,564	50,000	37,564
20 × 2년	913,204	91,320	50,000	41,320

20×2년의 포괄손익계산서상 이자비용은 ₩91,320이다.

⑵ 사채 발행금액 = 70,000 × 2.5313 (9%, 3년 연금)

+1,000,000 × 0.7722 (9%, 3년 현가) − 24,011 = 925,380

20×1년 이자비용 = 기초장부금액 × 유효이자율

= 925,380 × 유효이자율 = 92,538 ∴ 유효이자율 = 10%

연도	기초장부금액	유효이자	액면이자	사채차금 상각
20 × 1. 12.	925,380	92,538	70,000	22,538
20 × 2. 12.	947,918	94,792	70,000	24,792

20×2년 5월 31일까지의 사채할인발행차금 상각액

= (947,918 × 10% − 70,000) × 5/12 = 10,330

20×2년 5월 31일의 장부금액 = 947,918 + 10,330 = 958,248

사채상환손실 = 1,050,000 − (958,248 + 70,000 × 5/12)

= 1,050,000 − 987,415 = 62,585

13 (1) 충당부채 분개 (차) 제품보증비 75,000 (대) 제품보증충당부채 75,000

*5,000개 × 0.5% × 3,000 = 75,000

(2) 부품 교체시 (차) 제품보증충당부채 60,000 (대) 부 품 60,000

*20개 × 3,000 = 60,000

14 20×5년 경품 필요량 = 10,000상자 × 쿠폰2장/4장 × 40% = 2,000개

경품충당부채 = (2,000개 − 500개) × (경품매입원가 1,500 − 현금수입1,000)

= ₩750,000

제 12 장 자본

01 (1) 주식발행초과금 70,000

(2) 주식발행초과금 30,000

(3) 주식을 할인발행하는 경우 그 시점에서 주식발행초과금계정에 잔액이 있으면 주식할인발행차금을 우선 주식발행초과금과 상계하고 부족한 경우에만 부족액을 주식할인발행차금계정 차변에 분개한다. 지금은 주식발행초과금계정에 ₩100,000의 잔액이 존재하는 경우이기에 주식할인발행차금계정이 나타나지 않는다.

(차) 현 금	145,000	(대) 자 본 금	200,000
주식발행초과금	55,000		

02 (1)

(차) 이익잉여금	750,000	(대) 미지급배당금	250,000
		미교부주식배당금	500,000

03 (1) 보통주 자본금 ₩800,000 ÷ 액면 1,000 = 800주

(2) (보통주 자본금 800,000 + 보통주 주식발행초과금 200,000) ÷ 보통주 800주 = ₩1,250

(3) 우선주 자본금 600,000 × 배당률 10% = ₩60,000

(4) 납입자본 = 자본금 + 주식발행초과금 = 800,000 + 600,000 + 200,000 = ₩1,600,000

04 20×1년도말 미처분이익잉여금

= 20×0년도말 미처분이익잉여금 ₩500,000 − 20×1년도 2월 현금배당 ₩50,000

+ 20×1년도의 당기순이익 ₩200,000 = ₩650,000

05 (1) ₩310,000 (2) ₩640,000

06 (3)

20×2. 12. 31.의 부분재무상태표

자 본		
1. 자본금		₩1,000,000
2. 주식발행초과금		300,000
3. 이익잉여금		
이익준비금	₩250,000	
사업확장적립금	80,000	
배당평균적립금	120,000	
미처분이익잉여금	450,000	900,000
자본합계		₩2,200,000

07 (2)

20×1년 말 이익잉여금

이익준비금	2,000,000 + 200,000	= 2,200,000
사업확장적립금	1,000,000 + 300,000	= 1,300,000
미처분이익잉여금	2,000,000 − 1,300,000 − 200,000+1,500,000	= 2,000,000
합계		= 5,500,000

*주식할인발행차금 : 자본의 차감항목임

08 20×2년말 미처분이익잉여금
= 기초 250,000 − 처분액(100,000+20,000+25,000+10,000)+ 20×2년당기순이익(NI)
= 95,000+NI

20×3년 이익잉여금처분계산서의 차기이월미처분이익잉여금 420,000
= 기초(95,000+NI) − 처분액 (200,000+20,000)　　∴ 20×2년 NI = 545,000

09

자 본 변 동 표

명경사　　제×기 20×2년 1월 1일부터 20×2년 12월 31일까지　　(단위 : 천원)

구 분	자본금	주식발행초과금	이익잉여금	총 계
20×2. 1. 1.	₩1,500	₩2,000	₩3,000	₩6,500
연차배당			(1,500)	(1,500)
처분후 이익잉여금			₩1,500	₩5,000
유상 증자	500	1,000		1,500
당기순이익			2,500	2,500
20×2. 12. 31.	₩2,000	₩3,000	₩4,000	₩9,000

10

일자	주식수의 변동사유	유통주식수 A	가중치 B	가중치 C	가중평균유통주식수 A×B×C
1월 1일	기초	5,000주	3/12	1.1	1,375주
4월 1일	유상증자	6,000	4/12	1.1	2,200
8월 1일	주식배당	6,600	4/12	1.0	2,200
12월 1일	자기주식 취득	6,000	1/12	1.0	500
합계					6,275주

*조정치 : 주식배당의 효과를 연초로 조정하기 위함

기본주당 순이익 = ₩5,522,000 / 6,275주 = ₩880

11 무상증자는 자본 총액에 아무런 변화가 없다. (이익잉여금 감소, 납입자본 증가)
주식 배당은 자본 총액에는 아무런 변화가 없다. (이익잉여금 감소, 납입자본 증가)

기초자본 6,000,000	현금배당(이익잉여금 감소) −500,000	기말자본 9,000,000
	토지재평가이익(재평가잉여금 증가) + 100,000	
	당기순이익 (이익잉여금 증가) (? = 3,400,000)	

12

유상증자(납입자본 증가) + 500,000	자본 증가액 6,000,000
현금배당(이익잉여금 감소) − 800,000	
자기주식(자본의 감소) − 600,000	
재평가잉여금 증가 + 400,000	
당기순이익 (이익잉여금 증가) (? = 6,500,000)	

13 법정적립금은 자본 총액에 아무런 변화가 없다. (미처분이익잉여금 감소, 이익준비금 증가)
재평가잉여금의 증가와 매도가능금융자산평가이익은 총포괄이익의 일부이며, 기타자본요소를 구성한다. 총포괄손익은 기중 소유주의 투자와 소유주에 대한 분배거래를 제외한 순자산변동분이다.

기초자본 3,200,000	유상증자(납입자본 증가) + 1,000,000	기말자본 10,000,000
	현금배당(이익잉여금 감소) − 600,000	
	총포괄이익 (? = 6,400,000)	

제 13 장 현금흐름표

01 (1) ₩500,000

(2) ₩549,570

02 (1) 20×2년 매출 추정액 : 100,000 × 1.1 = 110,000

(2) 기초매출채권 추정액 : 100,000 / 5 = 20,000

(3) 기말매출채권 추정액 : 110,000 / 5 = 22,000

(4) 매출로 인한 현금유입액 = 매출액 − 매출채권의 증가 = 110,000 − 2,000 = 108,000

03 ₩52,000

04 영업활동 현금흐름 (−3,000)

= 포괄손익계산서상의 당기순이익 + 비현금항목(건물처분이익 −5,000)

± 유동자산/부채의 변화 (재고자산 감소 +22,000, 매입채무 증가 +47,000)

∴ 포괄손익계산서상의 당기순이익 = −67,000

05 당기순이익에 조정할 항목

= 유형자산처분손실 5,000 + 감가상각비 58,000 − 매출채권 증가 8,000 = 55,000

06 (1) 영업활동 현금흐름 ₩23,000 (2) 1.17

07 당기순이익 = 법인세비용차감전순이익 534,000 − 법인세비용 106,800 = 427,200

영업활동순현금흐름

=당기순이익 427,200+현금유출 없는 비용(감가 62,000+사채차금상각10,000)

± 유동자산/부채 변화(102,000−68,000+57,000−12,000+22,000) = 600,200

08 (1)

	기초잔액	당기 증가	당기 감소	기말잔액
유형자산	245,000	x = 70,000	45,000	270,000
감가상각누계액	(167,000)	(32,000)	y = (21,000)	(178,000)
장부금액	78,000	38,000	24,000	92,000

장부금액은 ₩24,000임을 알 수 있다. 그런데, 취득 유형자산에 대해 미지급금 ₩20,000이 증가하였으므로, 유형자산 취득에 따른 현금유출액은 ₩50,000이다.

(2) 처분한 유형자산의 장부금액은 ₩24,000인데 유형자산처분이익이 ₩13,000이므로, 처분금액은 ₩37,000이 된다.

(3) ₩13,000

(4) 재무활동은 배당금 지급이다. 이익잉여금 감소는 ₩13,000이며, 그 가운데 미지급 배당금 ₩4,000이 있으므로, 당기에 배당금 현금유출은 ₩9,000이다.

09 영업활동 현금흐름 ₩38,000

10 영업활동 현금흐름 (52,000)
투자활동 현금흐름 (40,000)
재무활동 현금흐름 178,000

11 영업활동 현금흐름 (170,000)
= 포괄손익계산서상의 당기순이익 + 비현금항목(감가상각비 +10,000) ± 유동자산/부채의 변화 (매출채권 감소 +10,000, 재고자산 증가 −10,000, 매입채무 감소 −20,000, 미지급급여 감소 −8,000)
∴ 포괄손익계산서상의 당기순이익 = 188,000

찾·아·보·기

Index

ㄱ

ㄴ

ㄷ

ㅈ

ㅊ

ㅌ

■ 저자 소개

최 웅 용(崔雄龍)
서울대학교 경영대학 및 대학원 졸업
서울대학교 대학원(경영학 박사)
University of Colorado at Boulder 객원 교수
전남대학교 재정관리본부장
전남대학교 경영전문대학원장
공인회계사/세무사/공무원/경영지도사 시험 출제위원
현, 전남대학교 경영대학 교수
uychoi@jnu.ac.kr

[주요 저서 및 논문]
「제4판 원가관리회계」(명경사, 2020)
"경제적 대리인이론에서 최적보상함수 및 최적투자경로의 결정"
"관리회계 관점에서 본 프로그램예산의 핵심 이슈 및 정부의 과제"(공저)
"납세자의 유형에 따른 납세마일리지의 효과"(공저) 등

제9판 K-IFRS 회계원리

1997년 8월 30일 초 판 1쇄 발행
1999년 2월 25일 개정판 1쇄 발행
2003년 2월 25일 제 3 판 1쇄 발행
2006년 8월 30일 제 4 판 1쇄 발행
2010년 8월 15일 제 5 판 1쇄 발행
2012년 2월 25일 제 6 판 1쇄 발행
2014년 1월 30일 제 7 판 1쇄 발행
2019년 2월 20일 제 8 판 1쇄 발행
2020년 1월 15일 제 9 판 1쇄 발행
2021년 8월 15일 제 9 판 2쇄 발행

저 자 **최 웅 용**
발행인 **한 의 명**
발행처 **명 경 사**
(본사) 서울특별시 강남구 선릉로 120 우성 B/D 3-102
전화: 010-6211-8981, 02)2164-1591(代)
팩스: 070-4064-8981, 02)2164-1594
(지사) 경기도 파주시 맥금동 557-24
팩스: 0504-338-2135
Home-page : www.mkpub.co.kr
E-mail : mkspub@daum.net
등록 2000년 8월 9일 제10-2024(倫)

• 정가 **33,000**원

ISBN 979-11-88052-25-7